ENSINANDO MATEMÁTICA para ADOLESCENTES

C444e   Chambers, Paul.
              Ensinando matemática para adolescentes / Paul Chambers, Robert Timlin ; tradução: Gabriela Wondracek Linck ; revisão técnica: Katia Stocco Smole. – 2. ed. – Porto Alegre : Penso, 2015.
              288 p. : il. ; 25 cm.

           ISBN 978-85-8429-025-3

           1. Matemática - Educação. I. Timlin, Robert. II. Título.

                                                                         CDU 51:373.5

Catalogação na publicação: Poliana Sanchez de Araujo – CRB 10/2094

PAUL CHAMBERS   ROBERT TIMLIN

ENSINANDO MATEMÁTICA para ADOLESCENTES

Tradução
Gabriela Wondracek Linck

Revisão técnica
Katia Stocco Smole
Doutora e Mestre em Educação (Ensino de Ciências e Matemática)
pela Universidade de São Paulo (USP)
Coordenadora do Grupo Mathema

2015

Obra originalmente publicada sob o título
Teaching Mathematics in the Secondary School, 2nd Edition
ISBN 9781446259016

English language edition published by SAGE Publications of London,
Thousand Oaks, New Delhi and Singapore, © Paul Chambers and Robert Timlin 2013.

Gerente editorial: *Letícia Bispo de Lima*

Colaboraram nesta edição

Editora: *Priscila Zigunovas*

Assistente editorial: *Paola Araújo de Oliveira*

Capa: *Márcio Monticelli*

Imagens da capa: *©thinkstockphotos.com / dashk, Business man presentation bubble
diagramms infographics
©thinkstockphotos.com / Roman Sigaev, Numbers seamless
©thinkstockphotos.com / Ekaterina_P, Black numbers on a white background.
Sketch. vector set
©thinkstockphotos.com / scyther5, White background*

Preparação de original: *Elisângela Rosa dos Santos*

Leitura final: *Grasielly Hanke Angeli*

Editoração eletrônica: *Formato Artes Gráficas*

Reservados todos os direitos de publicação, em língua portuguesa, à
PENSO EDITORA LTDA., uma empresa do GRUPO A EDUCAÇÃO S.A.
Av. Jerônimo de Ornelas, 670 – Santana
90040-340 – Porto Alegre – RS
Fone: (51) 3027-7000 Fax: (51) 3027-7070

É proibida a duplicação ou reprodução deste volume, no todo ou em parte,
sob quaisquer formas ou por quaisquer meios (eletrônico, mecânico, gravação,
fotocópia, distribuição na Web e outros), sem permissão expressa da Editora.

Unidade São Paulo
Av. Embaixador Macedo Soares, 10.735 – Pavilhão 5 – Cond. Espace Center
Vila Anastácio – 05095-035 – São Paulo – SP
Fone: (11) 3665-1100 Fax: (11) 3667-1333

SAC 0800 703-3444 – www.grupoa.com.br

IMPRESSO NO BRASIL
PRINTED IN BRAZIL
Impresso sob demanda na Meta Brasil a pedido de Grupo A Educação.

Agradecimentos

Gostaria de agradecer particularmente a Gaynor Edwards e a Alison McDonald, sem as quais este livro não teria chegado à sua forma atual. Elas dedicaram seu tempo, possibilitando que reuníssemos um valioso material em vídeos e entrevistas. Ambas são professoras inspiradoras. Agradeço também aos muitos mentores com quem trabalhei nos últimos anos, cujas visões e práticas incorporei ao livro como exemplos.

Diversas pessoas ajudaram e deram conselhos em capítulos específicos. Agradeço aos colegas Margaret Chambers, Carol Evans, Gordon Laing e Charles Rawding. Seus comentários foram inestimáveis. Agradeço também aos colegas de matemática Steve Feller, Don Pitchers e Julia Phillmore, por seu apoio e incentivo. Sou grato a Margaret Wood, por suas habilidades em transcrição, e a Joe Binks, por seu conhecimento técnico.

Escrever este livro possibilitou que eu resumisse grande parte do trabalho que realizei com estudantes do Postgraduate Certificate of Education (PGCE) e de graduação na Edge Hill University nos últimos 16 anos. Sou grato a todos esses estudantes, que me ajudaram em meu próprio desenvolvimento profissional no papel de formador de professores. Sou particularmente grato a Andrew Chambers, Michelle Doyle, Waqas Javed, Ellie Lunney e Natalie Robinson, por seus comentários e por sua permissão para utilizar trechos de seus planos e avaliações de aula.

Paul Chambers

Gostaria de agradecer aos colegas e estagiários da Liverpool John Moores University que me ajudaram, aconselharam e incentivaram durante a preparação deste livro. Sou especialmente grato aos meus colegas Amanda Chermside Sergison, Di Lloyd, Steven Lloyd e Andrea Pratt pelos muitos comentários perspicazes.

Robert Timlin

Os autores

Paul Chambers estudou nas universidades de Cambridge e Nottingham. Após graduar-se, trabalhou em três faculdades diferentes antes de passar muitos anos recrutando e orientando professores de matemática em uma das mais respeitadas instituições de formação de professores da Inglaterra. Trabalhou como avaliador externo para duas universidades, tendo adquirido vasta experiência em diferentes programas de educação inicial para professores, incluindo PGCEs de turno integral e flexível e um bacharelado em ciência (BSc) de três anos com Status de Professor Qualificado. Está plenamente familiarizado com as demandas por outros meios de ensino, como programas com base no emprego e centrados na escola. Publicou artigos em revistas de matemática para professores e também manuais para docentes, desenvolvidos em conjunto com outros autores, voltados à obtenção dos melhores níveis em matemática.

Robert Timlin estudou matemática e física teórica, tendo aprofundado seus estudos até a obtenção do título de PhD. Qualificou-se como professor após um curso de pós-graduação no qual estudou com Paul Chambers, coautor deste livro. Lecionou em escolas do norte da Inglaterra e em Londres. Já atuou como coordenador de departamento e assistente de coordenação, tendo sido bem-sucedido em ambos os cargos. Também trabalhou como consultor de ensino, orientando grupos de professores de instituições particulares no ensino de matemática. Lecionou em cursos de doutorado em matemática e foi um dos fundadores do curso de grande sucesso PGCE Mathematics, na Liverpool John Moores University. Também lecionou em cursos universitários e técnicos de matemática e ministrou aulas de mestrado em prática educacional. Atualmente, é professor titular da disciplina de Educação Matemática na Manchester Metropolitan University.

Sumário

Apresentação à edição brasileira 11

Como usar este livro 15

1 Ensinando matemática 21

2 Matemática em um contexto escolar amplo 40

3 Planejando uma aula de matemática 66

4 Os elementos de uma aula de matemática 95

5 Aprendendo matemática 115

6 Avaliação 134

7 Personalizando o aprendizado 162

8 Lecionando tópicos diferentes 189

9 Ensinando estratégias 215

10 As tecnologias da informação no ensino da matemática 237

11 Formação profissional continuada 256

Índice 280

Apresentação à edição brasileira

A formação inicial dos professores de matemática é um desafio constante nos mais diversos países. São inúmeras as discussões a respeito de como deveria ser o currículo que compõe essa formação, quais disciplinas deveriam ser mais relevantes, o papel do estágio, entre tantos outros temas.

De algum tempo para cá, um tema foi acrescentado a esse debate: o acolhimento aos professores que, saídos das licenciaturas em matemática, chegam à escola real, muitos deles entrando em uma sala de aula pela primeira vez. As perguntas a esse respeito são muitas: Como apoiar o professor iniciante? Como melhorar suas habilidades profissionais? Como ajudá-lo a encontrar as inúmeras respostas para as perguntas que ele, ainda quase um aluno, se fará diante do que vê e observa na escola? Para enfrentar essas questões, similares no mundo todo, diferentes soluções têm sido propostas, como o melhor aproveitamento do estágio obrigatório, programas nacionais de bolsas de iniciação à docência e estágios probatórios.

Na Inglaterra, cenário base deste livro, há um interessante sistema de formação de professores. Nele, todos os candidatos a professores passam por pelo menos um ano de estágio em uma escola, após a licenciatura. Nesse período, acompanham professores em atividades diversas, como elaborar planejamentos, dar aulas, preparar, aplicar e corrigir avaliações, desenvolver projetos e participar de reuniões com alunos, pais, diretores e outros professores. Tudo isso sob a supervisão atenta de um professor tutor da escola, em parceria com a administração educacional local. Após esse período, se cumprir suas tarefas de estágio, produzir os relatórios esperados e tiver bom desempenho, o estagiário estará apto a ser professor de matemática.

Nesse tempo de estágio, o futuro professor também conhecerá mais profundamente, na prática, as competências esperadas para os docentes, como são avaliadas, quem são as figuras governamentais que supervisionam o trabalho escolar, qual a estrutura de organização de alunos, como se dão as avaliações centralizadas de verificação da aprendizagem e como os resultados das avaliações realizadas pelo sistema governamental interferem ou são utilizados pela escola e pelo próprio governo, com o objetivo de aprimorar o atendimento aos alunos, entre outros tantos temas que compõem o cotidiano da escola inglesa e de seus educadores.

Este livro foi escrito com o objetivo de auxiliar no acolhimento aos professores recém-formados nas licenciaturas em Matemática e que participarão dos estágios obrigatórios. Os autores, profissionais com larga experiência como professores e formadores de docentes de Matemática, optaram por produzir um texto que pudesse ser lido pelos alunos-professores antes e durante seu estágio probatório.

Confesso que ao ler o livro original, passado o encantamento com a proposta de formação inicial presente no texto e, também, certo desassossego em ver que nosso sistema de formação ainda está longe da organização que conheci pelos olhos dos autores, perguntei-me por que um livro tão específico, tão impregnado da legislação e do contexto inglês nos seria útil. aos poucos, mergulhando no original e estudando o *site* indicado no livro e os documentos publicados pelo Ministério da Educação inglês à dúvida sucedeu o encantamento por conhecer uma forma organizada de acolher os novos educadores, para que não desistam de ser professores. A decisão de substituir óculos que me faziam ver um sistema estrangeiro distante de nossa realidade por outros que me permitiram aprender mais a respeito da formação inicial do educador matemático propiciou um encantamento com as contribuições que o livro pode trazer para as aulas de prática de ensino ou didática da matemática e para os programas nacionais de formação inicial para docência promovidos pelo Ministério da Educação do Brasil. A obra também é uma importante contribuição aos professores que já estão nas escolas iniciando sua docência, e que sentem a solidão do início de carreira, e aos responsáveis pelas licenciaturas em matemática de nosso país, entre tantos outros atores envolvidos na formação inicial do professor de matemática.

É certo que ao ler alguns trechos do livro há que se ter paciência com a descrição da legislação inglesa, seja para a escola básica, seja com relação à formação do educador, ou mesmo com as leis e decretos reais que definem parâmetros para atuação e avaliação docente. Abstraídas as siglas, tais descrições são inspiradoras em função da valorização docente e discente que revelam, sem contar a organização que explicitam. Cada um dos onze capítulos do livro é um mundo de possibilidades para aprender, refletir, discordar e inspirar-se.

Cada capítulo traz fundamentação teórica, aporte de pesquisas relacionadas ao tema em estudo, relatos de práticas de estagiários e de professores titulares. Há também estudos de caso, propostas de reflexões e atividades para o leitor desenvolver e indicação de leituras complementares. Em particular, destaco os capítulos destinados ao planejamento de matemática, à forma como os alunos aprendem, à avaliação da aprendizagem e à personalização do ensino, sendo que este último apresenta elementos para atender alunos com necessidades especiais e alunos que podem aprender mais.

Um último destaque para o capítulo que trata da incompletude da formação de um educador. Como os autores dizem de modo indireto, um professor não se torna profissional ao finalizar a licenciatura, nem mesmo o estágio probatório. Ele se torna profissional na soma das suas experiências com outros educadores, em diferentes escolas, na convivência com os alunos que passaram por suas aulas. Um educador aprende ao longo de toda a sua vida profissional após a universidade. Para todos os que concordam com isso, este livro é uma excelente oportunidade para ampliar a aprendizagem a respeito da desafiadora profissão de professor de matemática.

Katia Stocco Smole
Doutora e Mestre em Educação (Ensino de Ciências e Matemática)
pela Universidade de São Paulo (USP)
Coordenadora do Grupo Mathema

Como usar este livro

Este livro foi projetado para ajudá-lo a obter êxito em seu curso de formação. Ele mostra como preparar planos de aula, como fazer um bom uso de recursos e como avaliar o progresso dos alunos efetivamente. Porém, seu principal objetivo é ajudar a melhorar o seu desempenho na sala de aula. Para melhorar, você deverá ter habilidades de análise e autoavaliação e deverá saber o que está tentando alcançar e por quê. Também precisará de exemplos de como professores experientes dão boas aulas, e de como mesmo os melhores professores sempre tentam melhorar cada vez mais.

O livro tem um foco prático, que lhe ajudará a se sentir mais confortável com o que se espera de você em sua prática de ensino, demonstrando boas práticas no ensino de matemática, mas também colocando essas boas práticas no contexto de toda a escola e do país. Por exemplo, você encontrará sugestões sobre como as aulas de matemática podem contribuir para iniciativas de âmbito escolar e com o desenvolvimento das habilidades de raciocínio dos alunos, e também exemplos de como os professores de matemática podem contribuir para a agenda nacional.

Um aspecto fundamental deste livro é o *site* que o acompanha, www.sagepub.co.uk/chamberstimlin. Ele contém *links* (em inglês) para todos os *sites* citados nos diversos capítulos, junto com outros *links* para páginas que proporcionam apoio valioso para professores iniciantes de matemática. O ícone mostrado ao lado aparece ao longo dos capítulos sempre que há material adicional. O livro faz várias referências a um exemplo de aula de matemática, e um arquivo de vídeo dessa aula pode ser encontrado no *site*, em inglês (dividido em oito partes). À medida que ler o livro, você poderá ver (em clipes de 5 a 10 minutos) como um bom professor coloca em prática certos aspectos básicos do planejamento, do ensino e da avaliação.

As entrevistas com professores foram transcritas para dar exemplos de como os docentes respondem a determinadas questões, como permitir a utilização de uma variedade de habilidades na sala de aula. Particularmente interessante é a seção que lida com o desenvolvimento profissional dos professores. Você verá como o processo reflexivo está em evidência para orientar o desenvolvimento profissional continuado.

Embora o foco ao longo do livro seja melhorar as suas habilidades profissionais, não se pretende apresentar um *checklist* para as melhores maneiras de alcançar cada um dos Padrões Profissionais para o Status de Professor Qualificado.* Acreditamos que uma abordagem mais holística é mais adequada a este tipo de publicação. O livro aborda atributos, conhecimentos e habilidades profissionais de um modo mais holístico do que são apresentados nos Padrões. Todavia, você encontrará referências frequentes aos Padrões, e espera-se que, usando o livro reflexivamente, adquira as habilidades gerais necessárias para reunir e apresentar suas evidências em relação a cada um deles. Um guia aproximado que relaciona os assuntos tratados no livro com cada Padrão individual é apresentado na Tabela 1.

Este livro tem o objetivo de ajudá-lo a se tornar um profissional reflexivo. Cada capítulo contém diversos pontos de reflexão, que o incentivam a interromper a leitura e considerar a questão discutida. Às vezes, você deve comparar as informações do texto com a sua própria experiência; às vezes, deve fazer uma atividade simples. Espera-se que você não esteja com pressa para ler todo o livro. Relaxe, reflita sobre as questões apresentadas e, se possível, discuta-as com colegas.

O principal foco do livro são os conselhos práticos, mas existe outra área do seu curso para a qual este livro pode ser útil. Se você está fazendo um curso com diploma (por exemplo, PGCE ou um diploma com Status de Professor Qualificado), deverá cumprir tarefas. Suas tarefas exigirão que leia sobre a pesquisa em ensino de matemática, para que possa defender seu ponto de vista. Este livro apresenta algumas das evidências, junto com indicações de onde buscar mais informações.

---

* N. de R.T.: Refere-se aos padrões ingleses. O Brasil tem os Parâmetros Curriculares para Formação de Professores, mas eles são indicadores e não documentos de regulação, como os mencionados pelos autores.

Ensinando matemática para adolescentes **17**

Tabela 1 Padrões profissionais para professores

Um professor deve:

Padrões	Oportunidades de aprender mais
PARTE 1: ENSINAR	
1 Ter expectativas que inspirem, motivem e desafiem os alunos I Estabelecer um ambiente seguro e estimulante para os alunos, baseado no respeito mútuo II Estabelecer objetivos que desafiem o histórico, as habilidades e as disposições dos alunos III Demonstrar consistentemente atitudes, valores e comportamentos positivos que são esperados dos alunos	*Capítulo 1 – Profissionalismo*
2 Promover progressos e resultados satisfatórios dos alunos I Atentar para as suas obtenções, seus progressos e seus resultados II Planejar o ensino para estimular capacidades e uso dos conhecimentos prévios dos alunos III Orientar os alunos para refletirem sobre os progressos que fizeram e suas emergentes necessidades IV Demonstrar conhecimento e entendimento do que os alunos aprendem e de como isso tem impacto no ensino V Incentivar os alunos a tomarem atitudes responsáveis e conscientes com relação a seus trabalhos e estudos	*Capítulo 6 – Avaliação para aprendizagem; Relatórios* *Capítulo 11 – Avaliação das aulas durante sua carreira*
3 Demonstrar conhecimento da matéria e do currículo I Ter segurança de seus conhecimentos do currículo e das matérias programadas, estimulando e mantendo o interesse dos alunos na matéria e sabendo lidar com mal-entendidos II Demonstrar um entendimento crítico do desenvolvimento das matérias e do currículo e promover a valorização da sabedoria III Demonstrar responsabilidade pela promoção de altos níveis de bom, articulado e correto uso da língua inglesa (serve para todos os professores, independentemente da área em que atuam) IV No caso do ensino alfabetizante, demonstrar claro entendimento dos sistemas fonéticos V No caso do ensino dos primeiros contatos com a matemática, demonstrar um claro entendimento das estratégias de ensino apropriadas	*Capítulo 2 – As demonstrações no currículo escolar* *Capítulo 3* *Capítulo 4* *Capítulo 5* *Capítulo 8*

continua

Tabela 1 *Continuação*

Um professor deve:

Padrões	Oportunidades de aprender mais
PARTE 1: ENSINAR	

4 Planejar as aulas e ensinar de forma bem estruturada
   I Disseminar o conhecimento e desenvolver o entendimento por meio do uso eficiente do tempo de aula
   II Promover o amor pelo aprendizado e a curiosidade intelectual nas crianças
   III Planejar tarefas de casa e outras atividades extraclasse, para consolidar e estender o conhecimento e o entendimento que os alunos já adquiriram
   IV Refletir sistematicamente sobre a eficácia das aulas e das abordagens de ensino
   V Contribuir para o desenvolvimento e o oferecimento de um currículo ligado a matérias relevantes da aula
	Capítulo 2 – Progressão em matemática
	
	Capítulo 3 – Planejamento de longo prazo; Tarefas de casa
	
	Capítulo 4
	
	Capítulo 7
	
	Capítulo 8

5 Adaptar o ensino para atender às habilidades e necessidades dos alunos
   I Saber quando e como fazer diferenciações apropriadamente, usando abordagens que possibilitem um ensino eficaz para os alunos
   II Ter pleno conhecimento de como uma série de fatores pode inibir a habilidade dos alunos de aprender, e saber como superar isso
   III Demonstrar consciência dos desenvolvimentos físico, social e intelectual das crianças, e saber como adaptar o ensino para ajudar na educação dos alunos em diferentes estágios de desenvolvimento
   IV Ter pleno entendimento das necessidades dos alunos, incluindo aqueles com necessidades de educação especial, aqueles superdotados ou muito capazes, aqueles cujo inglês não é a língua materna e aqueles com deficiências; e ser capaz de usar e avaliar diferentes abordagens de ensino para envolve-los e ajuda-los.
	Capítulo 2 – Proteção
	
	Capítulo 7 – Inclusão; Gênero; Etnia; Necessidades educacionais especiais; Alunos com altas habilidades ou muito capazes; Lecionando para alunos cuja primeira língua não é o inglês; Evidências de pesquisa

6 Fazer uso preciso e produtivo da avaliação
   I Saber e entender como avaliar aspectos relevantes do conteúdo e do currículo, incluindo exigências estatutárias de avaliação
   II Usar avaliações formativas e somativas para assegurar o progresso dos alunos
   III Usar informações relevantes para monitorar o progresso, traçar metas e planejas aulas subsequentes
   IV Dar *feedback* regularmente para os alunos, tanto oralmente quanto em marcações e comentários escritos, e incentivá-los a retornar esse *feedback*
	Capítulo 6 – O propósito da avaliação; A natureza da avaliação; Avaliação para aprendizagem; O uso de dados

continua

Ensinando matemática para adolescentes **19**

Tabela 1 *Continuação*

Um professor deve:	
Padrões	**Oportunidades de aprender mais**
PARTE 1: ENSINAR	
7 Administrar o comportamento efetivamente para garantir um ambiente de aprendizado bom e seguro	*Capítulo 5*
	Capítulo 7
I Contar com regras e rotinas claras em sala de aula, assumindo a responsabilidade de promover comportamento bom e cordial – tanto em sala de aula quanto em outros contextos escolares, de acordo com a política de comportamento da escola	*Capítulo 8*
II Ter expectativas elevadas quanto ao comportamento e estabelecer um plano de disciplina com várias estratégias; usar elogios, sanções e recompensas constantemente e de forma justa	
III Administrar as aulas de forma eficaz, usando abordagens apropriadas às necessidades dos alunos, a fim de envolvê--los e motivá-los	
IV Manter um bom relacionamento com todos os alunos, exercer a autoridade de modo apropriado e agir decisivamente quando necessário	
8 Assumir responsabilidades profissionais mais amplas	*Capítulo 1 – Profissionalismo*
I Contribuir positivamente no contexto escolar mais amplo	*Capítulo 6 – Questionamento; Registros; Relatórios*
II Desenvolver relacionamentos efetivos com colegas e saber quando procurar conselhos ou ajuda de especialistas	*Capítulo 9*
III Usar de fato a equipe de apoio	*Capítulo 11 – Avaliações das aulas durante sua carreira; Desenvolvimento profissional na escola; Perfil de início de carreira e desenvolvimento*
IV Assumir a responsabilidade de melhorar o ensino por meio do desenvolvimento profissional apropriado, respondendo aos conselhos e comentários dos colegas	
V Comunicando-se efetivamente com os pais para informá-los dos progressos e do bem-estar dos alunos	

continua

Tabela 1 *Continuação*

Um professor deve:	
Padrões	**Oportunidades de aprender mais**
PARTE 2: COMPORTAMENTO PESSOAL E PROFISSIONAL	
Espera-se que um professor demonstre consistentemente altos padrões de conduta pessoal e profissional. As seguintes colocações definem o comportamento e as atitudes necessárias durante a carreira de um professor.	*Capítulo 1 – Profissionalismo* *Capítulo 1 – O que é matemática?* *Capítulo 2 – O desenvolvimento do Currículo Nacional em matemática; Progressão em matemática*
I Os professores reforçam a confiança pública em sua profissão, bem como altos graus de ética e bom comportamento, dentro e fora da escola das seguintes formas: – tratando os alunos com dignidade, construindo relacionamentos baseados no respeito mútuo e observando constantemente os limites apropriados para sua posição profissional na relação aluno/professor; – tendo consideração pela necessidade de assegurar o bem-estar dos alunos, de acordo com as provisões estatutárias – mostrando tolerância e respeito pelos direitos dos outros; – Não ferindo valores britânicos fundamentais, incluindo a democracia, as regras da lei, a liberdade individual e o respeito mútuo e a tolerância daqueles com religiões e crenças diferentes; – garantindo que as crenças pessoais não sejam expressas de forma que explorem a vulnerabilidade dos alunos ou possam levar à infração da lei; II Professores precisam ter consideração profissional e correta pelas políticas e práticas das escolas onde lecionam e manter níveis elevados de cumprimentos de assiduidade e pontualidade. III Professores devem entender as estruturas estatutárias que regulamentam seus deveres e responsabilidades profissionais e devem sempre cumpri-las.	

Ensinando matemática

Este capítulo

✓ analisa as motivações e ansiedades típicas de professores estagiários de matemática quando começam sua formação;

✓ resume as demandas profissionais da formação;

✓ discute diferentes percepções da natureza da matemática: se é principalmente um tema interessante por si só ou um instrumento para resolver problemas;

✓ considera por que as pessoas acreditam que a matemática é importante;

✓ analisa o nível em que a matemática é um construto humano.

SEUS PRIMEIROS DIAS COMO PROFESSOR ESTAGIÁRIO[*]

A formação para ser professor é desafiadora e difícil, mas proporciona enormes gratificações. Uma das maiores satisfações é o momento em que os olhos de um aluno iluminam-se com uma sensação de entendimento, e você sabe que uma pequena parte da aprendizagem se deve a você. Durante a sua formação, você sentirá a satisfação de observar que suas habilidades profissionais estão desenvolvendo-se e terá a oportunidade de trabalhar com equipes de pessoas dedicadas, cuja energia você passará a admirar.

É comum que, ao começarem um curso de formação de professores, as pessoas tenham muitas ansiedades. Uma delas costuma envolver o conhecimento do conteúdo. Muitas pessoas que começam a formação vêm direto da universidade, e outras chegam depois de um intervalo de muitos anos sem estudar. Seja qual for a sua origem, provavelmente estará "enferrujado" em alguns elementos da matemática escolar, seja por causa da passagem do tempo, seja porque os

[*] N. de R. T.: A formação do professor de matemática na Inglaterra tem como peculiaridade um estágio probatório realizado diretamente na escola, com a supervisão da equipe de professores que atuam na instituição de ensino, mais um supervisor de estágio. Esse processo, falando de forma genérica, se assemelharia ao tempo de residência que é comum em nossos cursos de medicina.

tópicos matemáticos que você estudou na universidade eram muito abstratos ou especializados e não exigiam o domínio de tópicos do currículo escolar.

Em seu primeiro dia no curso, você ficará aliviado ao encontrar outras pessoas como você: talvez outros estudantes mais maduros, pessoas cujo primeiro diploma não seja em matemática ou que nunca tenham estudado essa matéria. Elas vêm com uma ampla variedade de bases para se tornarem professores de matemática.

Durante esses primeiros dias, você pode ter outras ansiedades: se conseguirá controlar a classe; se dará conta da carga de trabalho; se será colocado em uma escola difícil. Essas preocupações são comuns, mas podem ser respondidas:

- Você terá bastante apoio de outros professores.
- Você não ficará com a pior turma da escola.
- Você aprenderá técnicas de controle da classe.
- A carga de trabalho será pesada, mas administrável.
- Os estagiários que trabalham em escolas "difíceis" costumam ser bastante positivos em relação a suas experiências posteriores.

Nos primeiros dias, é importante conhecer outros alunos do curso, que lhe proporcionarão um apoio inestimável à medida que você avançar em seu treinamento. Eles não apenas compartilharão seus altos e baixos com você, como também poderão compartilhar ideias e recursos que podem ajudá-lo a economizar tempo e esforço.

Assim que o curso começa, você deverá concentrar-se nos padrões pelos quais será julgado durante o seu treinamento e ao final desse processo. Esses padrões são nacionais e conhecidos como os Padrões Profissionais para Status de Professor Qualificado (TEACHING..., 2013). O documento é dividido em três partes: o Preâmbulo, que explica o propósito dos padrões; a Parte 1, que apresenta oito padrões de ensino que ampliam cada padrão estabelecido; e a Parte 2, que delineia padrões para comportamentos sociais e profissionais. Para ser qualificado como professor, você terá de fornecer evidências de que sua prática condiz com os princípios delineados no Preâmbulo e de que se encaixa em cada um dos padrões listados na Parte 1. Uma lista dos padrões é fornecida na seção "Como usar este livro", com um *link* para uma listagem eletrônica no *site* que acompanha o livro. Seu curso de formação tem por objetivo ajudar você a atender aos padrões.

Uma das melhores maneiras de trilhar seu caminho pelo curso é desenvolver o seu conhecimento do currículo de matemática escolar. Tendo isso em mente ou não, é de grande ajuda obter um exame recente do General Certificate of Secundary Education (GCSE) e resolvê-lo. O melhor exercício é trabalhar nisso como membro de um grupo, discutindo as partes que esqueceu e explicando aos outros as partes que puder lembrar. Não demorará muito para a sua confiança retornar, mas certifique-se de conferir se as respostas que pensa que estão certas realmente são as corretas! Às vezes, sua confiança pode estar equivocada, e é melhor descobrir e corrigir seus enganos em uma companhia solidária do que quando está na sala de aula.

PROFISSIONALISMO

Fazer um curso de formação de professores é diferente de outros estudos universitários. Devido à natureza profissionalizante do curso, são esperados padrões elevados de frequência, pontualidade e comprometimento, tanto na universidade quanto nas escolas. Lembre-se de que você é um convidado na escola onde faz o estágio, pois ela aceitou receber um estagiário de matemática e não é obrigada a ter um.

Quando você vai à escola, deve estar ciente do comportamento e dos padrões esperados dos professores, devendo cumprir esses padrões desde o primeiro dia. Embora talvez não se sinta um professor no primeiro dia, deverá agir como tal, pois os alunos observarão a maneira como você age e formarão opiniões a seu respeito! Além deles, a equipe de ensino formará suas opiniões e, obviamente, é importante que você passe a mensagem certa pela maneira como trabalha e age. Eis algumas sugestões fundamentais para o comportamento aceitável na escola:

- Chegue adiantado a cada manhã; seja pontual para as aulas e reuniões.
- Sempre informe à escola antecipadamente se precisar faltar.
- Trate todos os membros da equipe escolar com respeito. Você deve demonstrar que pode trabalhar bem com outras pessoas.
- Vista-se adequadamente. (Resguarde-se no primeiro dia e, depois disso, baseie-se nos outros membros da equipe.)
- Trate os alunos com respeito. Demonstre preocupação por sua aprendizagem e seu bem-estar, mas não seja amigável demais (especialmente quando for novo na escola). Comece a construir relacionamentos positivos, por meio dos quais os alunos vejam você como alguém que merece confiança, que é justo e que pode ajudá-los a se saírem bem.
- Dê um bom exemplo para os alunos. Isso vai além da sua aparência e do seu comportamento, pois inclui seus valores e posturas; você deve demonstrar posturas positivas e incentivá-las em seus alunos.
- Permaneça na escola durante o dia escolar normal. De modo geral, você não deve deixar a escola, exceto na hora do almoço.
- Use os momentos livres de forma produtiva. Não fique desperdiçando tempo na sala dos professores; os professores são bastante ocupados e esperam ver você trabalhando tanto quanto eles. Não caia na armadilha de pensar que o seu dia de trabalho termina quando você para de ensinar.
- Dê apoio aos colegas, especialmente na sala de aula.
- Certifique-se de aprender as regras da escola. Quando começa a fazer parte da equipe escolar (mesmo como estagiário), você compartilha da responsabilidade coletiva pela implementação das políticas escolares. Essa responsabilidade profissional supera suas opiniões pessoais, de modo que você deve promover, por exemplo, políticas sobre o uniforme escolar, mesmo que discorde da necessidade de os alunos usarem uniforme.

Você terá um mentor no departamento de matemática. Os mentores são pessoas fundamentais em seu treinamento. Eles dão apoio e conselhos, além de fazer avaliações sobre você. Você deve demonstrar o seu profissionalismo para toda a equipe, mas particularmente ao seu mentor no decorrer de sua permanência na escola. Por exemplo, você deve demonstrar seu compromisso com o trabalho em equipe, apresentando todo trabalho original que tiver criado para o restante do departamento. (Os departamentos muitas vezes têm sistemas de compartilhamento eletrônico de planilhas, apresentações e *links*.)

Acima de tudo, mantenha-se ciente de que, durante a sua permanência nas escolas, não são apenas suas habilidades como professor que estão sendo avaliadas, mas também os seus atributos profissionais. A Parte 2 do documento é dedicada aos comportamentos social e profissional. Ela apresenta três itens principais com mais algumas subdivisões contendo oito frases que definem as expectativas. Ter atitudes positivas ajuda, mas você deve ir além e deixar claro para todos (alunos, professores e, em certas ocasiões, os pais), em tudo o que diz e faz, que tem expectativas elevadas e está comprometido em ajudar os alunos a alcançar o melhor que puderem.

MOTIVAÇÕES

As motivações para querer ensinar são muitas e variadas. Minha própria pesquisa (CHAMBERS, 2007) sobre as razões para começar um curso de formação de professor em matemática teve alguns resultados interessantes, com as razões mais comuns apresentadas sendo:
- transmitir meu entusiasmo pelo assunto;
- fazer uma diferença positiva;
- fazer algo louvável;
- é algo que eu espero gostar de fazer/considerar gratificante.

Muitos que responderam à pesquisa mencionam gostar de trabalhar com matemática. Às vezes, eles têm fascínio pelo assunto e uma curiosidade que desejam compartilhar com os outros; em outros casos, seu amor pela matemática baseia-se em pouco mais que uma experiência pessoal de sucesso com o tema. Exemplos das motivações de estagiários são vistos nas seguintes citações:

Quero deixar as crianças interessadas pela matemática, assim como eu sou.

Tive uma professora de matemática que admirava muito, e ela fez a diferença para mim. Eu gostaria de ser aquela professora inspiradora para os outros.

Adoro a matemática e, ainda assim, ela tem uma imagem tão negativa. Quero ajudar a mudar essa imagem.

Quero mostrar às crianças que a matemática é um tema fascinante.

Muitas pessoas explicam sua razão para querer lecionar, como o desejo de fazer algo louvável, de sentir que seus esforços podem fazer a diferença nas vidas dos jovens. Às vezes, esse sentimento vem depois de muitos anos trabalhando na indústria, cuja principal motivação da força de trabalho é fazer dinheiro. Em comparação a isso, lecionar é visto como uma contribuição para o bem comum e para o benefício da sociedade.

Outros mencionam seu desejo de trabalhar com os jovens. Muitos citam alguma experiência que ajudou a confirmar sua decisão. Essa experiência pode envolver uma ou mais das seguintes situações:

- ajudar um amigo ou colega com a matemática;
- ajudar uma criança em matemática escolar (possivelmente em preparação para um exame);
- trabalhar com grupos de jovens (como escoteiros, guias, grupos de jovens de igrejas);
- observar aulas de matemática em escolas.

Na prática, muitos cursos de formação pressupõem que os interessados já tenham passado alguns dias em uma escola secundária, observando aulas de matemática. Não há dúvida de que isso oferece uma visão mais clara do seguinte fato: se o ensino de matemática é algo que lhe proporcionará uma carreira adequada.

Uma questão recorrente na pesquisa diz respeito às principais preocupações dos estagiários quando começam o curso de formação. A ansiedade mais comum é em "manter o controle das minhas turmas", que é compreensível, particularmente em vista das histórias veiculadas na mídia, que tendem a enfatizar os aspectos sensacionalistas e negativos acerca do que acontece nas escolas. De maneira mais surpreendente, a próxima maior preocupação é lidar com a carga de trabalho antecipada durante o ano de formação. Essa questão foi consideravelmente mais citada do que a preocupação com a carga de trabalho prevista para um professor em longo prazo (embora essa ainda seja a terceira ansiedade mais comum).

Também é surpreendente que mais de um terço dos alunos que responderam à pesquisa não sabe no início do curso se lecionar é a carreira certa para eles. Eles começam o curso esperando ter êxito, mas com uma preocupação incômoda sobre se dará certo. Um pequeno número dos sujeitos menciona ansiedades com o conhecimento do conteúdo, problemas com condução e transporte e se a equipe da escola os receberá bem.

Infelizmente, as reações das outras pessoas tendem a ser bastante dominadas por atitudes negativas para com a matemática. Quando contam a elas que pretendem fazer formação como professores de matemática, as respostas mais comuns que recebem são:

- Você deve estar louco.
- Eu jamais poderia trabalhar com matemática.
- Você deve ser inteligente.
- Eu detestava matemática.

Isso nos dá uma indicação, se fosse necessária, do medo disseminado e/ou da aversão à matemática entre a população adulta.

> ## Ponto para reflexão
>
> Considere suas próprias motivações para querer tornar-se professor de matemática e se elas se encaixam nas razões mais comuns citadas. Com certeza, você já deve ter conversado com sua família, seus amigos e possíveis futuros colegas de trabalho sobre a sua decisão de se tornar professor de matemática... Qual foi a reação deles? Reflita sobre de onde pode vir a imagem negativa que eles têm da profissão. Pense sobre o motivo de tantos adultos se sentirem confortáveis (e mesmo orgulhosos) de suas limitadas habilidades matemáticas. Alguém ficou com inveja da sua decisão?
>
> Liste três aspectos que acredita que gostará em relação a ensinar.
> Liste algum aspecto do qual talvez poderá não gostar.
>
> Quando falar com as pessoas de fora durante a sua formação, observe como muitas delas dão uma resposta negativa à sua pretensão profissional.

O QUE É MATEMÁTICA?

Qualquer um que pense em seguir a carreira de professor de matemática deve, em algum momento, considerar essa importante questão. De algumas maneiras, é possível que os matemáticos especialistas em universidades e escolas a negligenciem. Esses especialistas muitas vezes se perdem no conhecimento e no entusiasmo pelo tema. Eles partem do pressuposto de que compreendem o que é matemática e de que, como disciplina, é uma área de estudo valorosa. Em níveis superiores, o estudo torna-se tão especializado que muitas vezes não há necessidade de ver o quadro mais amplo. Mesmo nas escolas, há professores que têm um conhecimento minucioso dos elementos do tema, mas cujo entendimento do assunto como um todo é frágil.

Muitas pessoas tentaram descrever o que é matemática. A maior parte das definições usa palavras como ideias lógicas, ideias interconectadas, relacionamentos e padrões. Algumas incluem outros aspectos, como comunicação, ou determinadas subseções, como o entendimento numérico. Muitas discussões acerca da sua natureza fazem distinções entre a matemática como um tema de estudo de direito próprio e como um tema de utilidade. Ernest (1991) caracteriza a distinção como decidir o que é mais importante:

- entender que 5 x 23 = (4 x 23) + (1 x 23) ou
- entender que, para saber o custo de 5 maçãs a 23 centavos cada, deve-se calcular 5 x 23 e saber um meio de fazer o cálculo.

Essa distinção é típica das diferentes perspectivas dos matemáticos puros (visões puristas) e dos matemáticos aplicados ou engenheiros (visões utilitárias).

As visões dos puristas podem ser sintetizadas nos seguintes termos: a matemática

- são fatos objetivos;
- é o estudo da razão e da lógica;
- é um sistema de rigor, pureza e beleza;
- é livre de influências da sociedade;
- é autocontida;
- são estruturas interconectadas.

Do ponto de vista do purista extremo, considera-se que a matemática aplicada baseia-se mais em habilidades do que em entendimento. As aplicações são inferiores ao conjunto de estruturas que formam a matemática pura, tornando-se irrelevante se um ramo da matemática é útil ou não. A partir desse ponto de vista, a matemática é um exercício intelectual superior, uma forma de arte e um exemplo da criatividade da mente humana. Palavras como estética e elegância são importantes para o purista (SCOPES, 1973).

A descrição da matemática como "aquilo que os matemáticos fazem" costuma ser usada às vezes, mas parece evitar uma resposta clara. De modo semelhante, descrever o objetivo de realizar investigações matemáticas como um meio "de cultivar a arte de fazer matemática" (GARDINER, 1987) parece ser uma justificativa insuficiente. Smith (2004, p. 11) refere-se ao valor de aprender a matemática como algo que "[...] disciplina a mente, desenvolve o raciocínio lógico e crítico e desenvolve habilidades analíticas e de resolução de problemas em um grau elevado.", que é uma articulação mais proveitosa do ponto de vista do purista. "Não se deve imaginar", escreve Bell (1953, p. 2), "[...] que a função única da matemática seja servir à ciência [...] a matemática tem luz e sabedoria próprias e recompensará fartamente qualquer ser humano que tente conhecer o que ela significa por si só" Pedoe (1958, p. 9) refere-se à matemática como algo que é do interesse não apenas do estudante de ciências, mas também de pessoas com formação em ciências humanas, que contém "[...] muitas coisas bonitas, que devem interessar a todos".

O currículo de matemática tende a refletir o espírito dos tempos. A década de 1960 foi uma época de expressão livre, experimentação e desafios à autoridade, e foram as visões puristas da matemática que levaram às mudanças curriculares que ocorreram nas salas de aula no Reino Unido nesse período. Temas como teoria dos conjuntos, bases numéricas e matrizes foram estudados pela primeira vez no currículo de 11 a 16 anos. A geometria da transformação substituiu a geometria euclideana tradicional, com mais ênfase na probabilidade e na estatística. A filosofia subjacente a tais mudanças era a de que os alunos precisavam da oportunidade de ver as ricas estruturas da matemática, ao passo que o currículo existente tinha um foco exagerado em rotinas e técnicas. Muitos professores de matemática aceitaram as mudanças com entusiasmo, mas consideraram difícil transferir esse entusiasmo aos pais, que viam a "nova matemática" com desconfiança.

Na década de 1980, essa visão foi substituída gradualmente por uma visão bem mais utilitária do tema. O espírito dos tempos voltou-se muito mais para o sucesso econômico, e isso se refletiu nas salas de aula de matemática. Com certeza, ao final da década, a educação em geral estava sendo fortemente influen-

ciada pelas necessidades percebidas da indústria. Assim, as aplicações tornaram-se a parte mais importante da matemática, tendo sido a partir desse ponto de vista que o Currículo Nacional* foi desenvolvido inicialmente. Na visão utilitária da matemática, aprender a fazer cálculos pode tornar-se mais importante do que entender os princípios subjacentes. Assim, a matemática caracteriza-se como
- um instrumento para resolver problemas;
- o fundamento do estudo científico e tecnológico;
- uma oferta de maneiras para modelar situações reais.

De forma alguma a pressão para que a matemática escolar afaste-se de suas influências puristas provém do campo político. No mundo matemático, muitos compartilham da visão de que a matemática deve ser apresentada como algo que tem utilidade, e essa visão teve forte influência nas introduções do GCSE e do Currículo Nacional. Assim, a matemática começou a ser ensinada por meio de aplicações e situações contextuais, com o objetivo de aumentar a motivação dos alunos por meio dessas demonstrações de sua relevância (por exemplo, Burkhardt, 1981; Mason; Burton; Stacey, 1982). Segundo essa visão, a matemática diz menos respeito a saber e mais a fazer. Existe uma aceitação de que os alunos devem estudar as habilidades matemáticas puras, mas são as aplicações que conferem vida ao tema. Essa filosofia do ensino da matemática é sustentada pela ampla variedade de aplicações, "as ciências sociais, a biologia e a medicina, a administração e, parece, qualquer campo de atuação humana" para o qual a matemática faça uma contribuição (BURGHES; WOOD, 1984).

A ampla revisão de 2007 do Currículo Nacional de Matemática ainda promove a ideia de que ela é, acima de tudo, útil. Existe um reconhecimento de que a matemática se desenvolveu como "[...] um meio de resolver problemas e também por si só" (QUALIFICATIONS AND CURRICULUM AUTHORITY, 2007, p. 139), mas a sua importância afirma-se principalmente por meio de sua utilidade: nos negócios e nas finanças, nas ciências e na engenharia, na tomada de decisões públicas. Os críticos rejeitam a atual preferência pela utilidade, segundo a qual, se um tópico matemático não for usado na vida cotidiana, ele é omitido do currículo. Típica dessa crítica é a visão de que os currículos modernos "[...] substituíram a alegria da aritmética pelo utilitarismo da numeralização" (LINGARD, 2000, p. 40). O Relatório Smith (SMITH, 2004) começa com vários parágrafos sobre o lugar da matemática no currículo. Porém, a tendência da época talvez esteja refletida no fato de que apenas o primeiro parágrafo dedica-se a uma discussão da matemática em si. Depois disso, seguem vários parágrafos dedicados à utilidade da matemática em uma variedade de campos – para a economia do conhecimento, para a ciência, a tecnologia e a engenharia e para o local de trabalho. Contraponha essa ideia com a síntese de definições da matemática apresentada por Orton (1994, p. 11):

> [...] um corpo organizado de conhecimento, um sistema abstrato de ideias, um instrumento útil, a chave para entender o mundo, um modo de pensar, um

---
* N. de R. T.: No currículo inglês foram estabelecidos níveis de complexidade de aprendizagem matemática (de 1 a 6), aos quais os alunos devem ascender conforme progridem na escola. Esses níveis, além de estarem no currículo, são balizadores das avaliações nacionais realizadas para avaliar o nível de proficiência matemática dos alunos.

sistema dedutivo, um desafio intelectual, uma linguagem, a lógica mais pura possível, uma experiência estética, uma criação da mente humana em que a utilidade do tema é apenas um aspecto secundário.

Em janeiro de 2011, o governo exigiu uma revisão de todo o Currículo Nacional. As razões pelas quais solicitou essa revisão incluem o fato de o currículo ter ficado muito prescritivo em suas disposições e de os professores precisarem de mais liberdade para formular seus próprios programas de estudo. Os novos programas de estudo de matemática (assim como os de inglês, ciências e educação física) entraram em vigor em setembro de 2013.

O Currículo Nacional é apenas um documento restrito que reflete um conjunto de conhecimentos necessários para os aprendizes em início de carreira: "O novo Currículo Nacional enfatizará o conteúdo temático, delineando os conhecimentos e entendimentos essenciais que são esperados de nossos alunos para que possam tomar seu lugar como educadores da sociedade." (OFFICE FOR STANDARDS IN EDUCATION, 2012, p. 1).

A visão utilitária da matemática continua influenciando o currículo, mas cada vez mais está espalhando-se a ideia acertada de que ela deve ser apresentada como uma matéria que vale por si só, uma matéria que pode inspirar e desafiar em todos os sentidos. Duas das citações escolhidas para introduzir a versão de 1999 do Currículo Nacional de Matemática claramente se esforçam para indicar que a matemática é tão útil para resolver problemas quanto interessante simplesmente por existir e fazer sentido.

> A matemática é o estudo de padrões abstraídos do mundo que nos rodeia – de modo que tudo o que aprendemos em matemática tem literalmente milhares de aplicações, em artes, ciências, finanças, saúde e lazer! (LAWRENCE, apud UNITED KINGDOM, 1999a, p. 15).

> Ninguém deve preocupar-se com o fato de que a matemática pura acabe não sendo usada. A matemática – mesmo a matemática mais abstrata que pensávamos que nunca seria útil – hoje é usada cada vez que você usa o seu cartão de crédito, cada vez que usa o seu computador. (WILES, apud UNITED KIMGDOM, 1999a, p. 15).

Além disso, pode-se argumentar (por exemplo, WIGNER, 1967) que o simples fato de que a matemática é tão útil para descrever o mundo físico beira o mistério. Se o universo inteiro é uma estrutura matemática, podemos questionar o porquê disso. Assim, a utilidade da matemática leva-nos de volta ao estudo da natureza da matemática em si.

Portanto, a matemática é o estudo de padrões, relacionamentos e ideias ricas interconectadas (a visão purista). Ela também é um instrumento para resolver problemas em uma ampla variedade de contextos (a visão utilitária). Existe uma terceira resposta comum para a questão do que é a matemática, segundo a qual ela é um meio de comunicação. A linguagem matemática é um modo maravilhoso de comunicar ideias, que funciona por meio de fronteiras internacionais e que não está sujeita a interpretações individuais de significados. Adrian Smith descreve a matemática como algo que proporciona "[...] uma poderosa linguagem universal e uma caixa de ferramentas intelectual para a abstração, a generalização e a síntese" (SMITH, 2004, p. 11). Usando a matemática, "[...] transmitimos ideias que as palavras não conseguem transmitir" (WOLF, apud UNITED KINGDOM, 1999a, p. 15).

A matemática como linguagem tem muitas facetas. Na língua inglesa, como em outras línguas, a matemática usa o seu vocabulário especializado, que ajuda a transmitir determinadas ideias de um modo claro e preciso. É necessário desenvolver esse vocabulário matemático para que os alunos tenham acesso a níveis superiores de aprendizagem matemática, nos quais os especialistas usam esse vocabulário rotineiramente. Outra faceta da matemática como linguagem é a álgebra. Essa é uma linguagem verdadeiramente universal, que às vezes ajuda a unir a comunidade matemática internacional. O uso de letras arábicas para elementos desconhecidos é universal, mesmo quando as línguas faladas usam sistemas linguísticos diferentes. De maneira semelhante, convenções simbólicas como potências, raízes, integrais, e assim por diante, são reconhecidas pela comunidade internacional, de modo que o ensino de matemática ajuda os alunos a terem acesso a esse rico corpo de ideias comunicadas em âmbito internacional.

Outra dimensão do debate sobre a natureza da matemática é o nível em que ela é um corpo de conhecimento, em vez de um meio de trabalho. Por exemplo, em um livro sobre pesquisas matemáticas, Gardiner (1987) apresenta uma série de problemas que não são importantes em si, mas "o que importa é a maneira como os problemas são estudados". Na comunidade educacional matemática, muitos concordam com Gardiner (1987) de que grande parte do ensino enfatiza demais os elementos do conteúdo em detrimento dos processos matemáticos. Argumentam que é mais importante, por exemplo, aprender a trabalhar sistematicamente do que abordar o significado da simetria rotacional. Um é um fato matemático; o outro é um processo que tem utilidade em uma variedade de aplicações matemáticas.

POR QUE SE DEVE ENSINAR MATEMÁTICA?

Todos os professores estão sob pressão para gerar bons resultados em exames, o que pode fazer alguns sentirem que um bom conjunto de resultados é o principal propósito de seu ensino. Embora esse aspecto seja obviamente relevante, é importante considerar o contexto mais amplo e analisar por que a matemática detém sua posição como parte do currículo básico.

Se a matemática é principalmente uma ferramenta para resolver problemas, sua razão de ser no currículo é clara: ela existe para que os alunos possam adquirir as habilidades de que necessitam para resolver problemas. Se, por outro lado, a matemática é um corpo de conhecimento fascinante ou um meio para entender padrões, a razão para ensiná-la deve ser que ela faz parte da cultura e que é necessário ter uma compreensão da matemática antes que alguém possa ser considerado plenamente educado. Essa ideia, embora seja mais difícil de articular, ainda assim é uma justificativa perfeitamente razoável para ensinar o tema.

A Mathematical Association (1995, p. 8) identifica uma série de objetivos matemáticos que definem o que os professores da área estão tentando alcançar.

O estudante deve desenvolver a capacidade de:

- ler e entender um exemplo de matemática;
- comunicar-se de maneira clara e precisa usando meios apropriados;
- trabalhar de maneira clara e lógica usando linguagem e notação apropriadas;
- usar métodos apropriados para manipular números e símbolos;
- operar com formas na realidade e na imaginação;
- aplicar a sequência "fazer, analisar, prever, testar, generalizar, demonstrar";
- construir e testar modelos matemáticos de situações da vida real;
- analisar problemas e selecionar estratégias apropriadas para a sua solução;
- usar habilidades matemáticas na vida cotidiana;
- usar ferramentas mecânicas, tecnológicas e intelectuais de maneira eficiente.

Essa lista parece incluir todas as referências esperadas para fins utilitários e faz uma clara referência à comunicação matemática, mas pode ser considerada uma representação insuficiente da perspectiva purista. "Trabalhar de maneira clara e lógica" é uma habilidade matemática que diz respeito igualmente ao pensamento e à resolução de problemas, e os conceitos da generalização e demonstração são ideias básicas da matemática pura, porém há apenas uma menção da palavra "entender" e nenhuma referência explícita ao entendimento ou ao interesse pelo tema.

As questões da comunicação e das habilidades matemáticas na vida cotidiana são claramente relevantes. Em um nível básico, a linguagem matemática faz parte da comunicação cotidiana e envolve o enorme número de apresentações gráficas usadas nos meios de comunicação para transmitir informações. Assim, é importante ensinar matemática de modo que os alunos tornem-se cidadãos informados, capazes de entender as informações que lhes são apresentadas em uma variedade de formas gráficas.

A importância da matemática é enfatizada na revisão de 2007 do Currículo Nacional, que se refere a ela como algo útil no local de trabalho e fundamental para a prosperidade nacional (QUALIFICATIONS AND CURRICULUM AUTHORITY, 2007). No entanto, depois de um parágrafo dominado principalmente por uma visão utilitária do tema, há uma curta declaração de que a matemática é uma disciplina criativa, que "[...] pode estimular momentos de prazer e admiração para todos os alunos quando resolvem um problema pela primeira vez, quando descobrem uma solução mais interessante ou quando encontram conexões ocultas" (QUALIFICATIONS AND CURRICULUM AUTHORITY, 2007, p. 139).

O ensino da matemática costuma ser justificado pelo argumento de que ela treina a mente (por exemplo, Queen Mary University of London, 2007;

Smith, 2004) e, assim, ajuda na aprendizagem de outras disciplinas. Como uma justificativa em si, isso parece ser exagerado, e precisamos de evidências exatamente do que significa esse treinamento da mente. Em geral, é mais aceita a ideia de que a aquisição de habilidades gerais de raciocínio é um objetivo transcurricular da educação, em vez de uma justificativa para ensinar qualquer tema específico.

Por fim, nesta seção, devemos mencionar as justificativas humanistas mais gerais para ensinar matemática. O estudo da matemática contribui para a valorização social e para o modo como as pessoas se sentem em relação a si mesmas e ao seu ambiente (BISHOP, 1991). A matemática pode proporcionar um sentimento de controle sobre o meio em que se vive e, portanto, aumenta a sensação de poder por meio do conhecimento. Podemos controlar os acontecimentos porque sentimos que são previsíveis. Em segundo lugar, o estudo da matemática sugere que os problemas podem ser resolvidos, se não totalmente, ao menos em parte. Desse modo, a matemática reforça a visão de que é possível fazer avanços na sociedade e de que as aspirações a uma melhor forma de vida são realistas. Em terceiro lugar, a matemática reforça a crença na racionalidade. As coisas podem ser explicadas por meio de argumentos lógicos. Podemos convencer as pessoas de que nosso pensamento está correto por intermédio da razão. Vistas em conjunto, essas três justificativas significam que a matemática ajuda-nos a nos sentirmos mais confortáveis no mundo onde vivemos.

Ponto para reflexão

Analise a sua própria base para aprender matemática. Em uma era utilitária, é fácil justificar a matemática em termos de sua utilidade; porém, como matemáticos especialistas, devemos considerar que o tema é genuíno por si só. Como podemos convencer alguém de que a matemática escolar deve ser estudada porque é uma área de estudo que faz parte da cultura humana?

NUMERALIZAÇÃO E MATEMÁTICA

A "numeralização" é uma daquelas palavras cujo significado parece ter mudado nos últimos anos. Antigamente, ela era usada para representar um subconjunto da matemática que envolvia números, particularmente o entendimento do que significam os números, e ser capaz de fazer cálculos.

Depois disso, ela começou a ser usada como uma abreviatura para a numeralização básica, entendida como o tipo de matemática "cotidiana" que todos aqueles que concluem a escola devem saber usar. Esse é o sentido em que a palavra é usada no Relatório Cockcroft. Em Cockcroft (1982), numeralização significa sentir-se confortável trabalhando com números, mas também é o subconjunto de habilidades matemáticas usadas na vida cotidiana. Essa definição, por si só, está aberta a interpretações, porém a maior parte das pessoas aceitaria que a matemática essencial envolve aspectos da interpretação de dados ou do uso de gráficos, mapas e escalas, que não são trabalhos predominantemente numéricos. É nesse sentido que os políticos e os meios de comunicação costumam usar essa palavra.

Quando, em 1996, o governo estabeleceu uma revisão do ensino de matemática nas escolas fundamentais, o título escolhido foi National Numeracy Project. A relação entre a numeralização e o trabalho com números é mantida na definição funcional apresentada por Askew et al. (1997) de que a numeralização é a capacidade de "processar, comunicar e interpretar informações numéricas em uma variedade de contextos". Todavia, à medida que o National Numeracy Project aproximava-se do fim, seu nome foi parcialmente retido no título *The National Numeracy Strategy: Framework for Teaching Mathematics* (UNITED KINGDOM, 1999b). Assim, nas escolas fundamentais, a palavra "numeralização" tornou-se quase sinônimo da palavra "matemática". Ser numeralizado é entendido como a capacidade de usar a matemática (em vez de um subconjunto da matemática).

Existe um debate que discute se ainda há alguma distinção proveitosa a fazer no uso dessas duas palavras, "numeralização" e "matemática". A discussão sugerida por Tanner e Jones (2000) encara a numeralização como uma base para toda a matemática, e não como o todo. A numeralização envolve "[...] uma interação entre fatos matemáticos, processos matemáticos, autoconhecimento metacognitivo e aspectos afetivos, incluindo a autoconfiança e gostar do *trabalho numérico*" (TANNER; JONES, 2000, p. 146, grifo nosso). Minha própria visão é de que numeralização é praticamente sinônimo de matemática, mas com duas diferenças. A primeira distinção é de que a numeralização é uma palavra levemente mais ativa que matemática. Ela é menos provável de ser entendida como um corpo de conhecimento e está mais associada ao uso da matemática. A segunda distinção é de que a numeralização tem um limite superior (indefinido). Os níveis elevados de estudo sempre serão chamados de matemática, ao passo que níveis inferiores de estudo podem ser chamados de matemática ou de numeralização.

A falta de um verbo curto para descrever o fato de ser numeralizado tem causado dificuldades para aqueles que querem um título ou algo sonoro. Em 1997, o Department of Education and Employment descreveu as principais funções da educação, como garantir que cada criança saiba ler, escrever e somar (UNITED KINGDOM, 1997). A matemática básica foi reduzida aqui ao básico total! Em outro exemplo, quando um líder de empresários criticou os níveis de inglês e matemática dos egressos das escolas, esta foi uma manchete de jornal: "Patrões dizem que egressos da escola não sabem escrever ou contar" (STEWART, 2005). O restante do artigo não faz nenhuma referência à capacidade de contar, mas refere-se a habilidades matemáticas e de resolução de problemas. O trabalho que se faz nas salas de aula de matemática é completamente banalizado por esse uso popular, que iguala ter capacidade de usar a matemática básica à capacidade de somar ou contar.

MATEMÁTICA NO CURRÍCULO

A principal razão pela qual a matemática mantém seu lugar no currículo é que ela é considerada útil, embora uma análise do currículo mostre que as pessoas usam pouquíssimo o seu conteúdo em uma semana normal. Infelizmente, a ênfase na utilidade não se transfere para os resultados. Ainda que os alunos possam ser capazes de realizar operações matemáticas nas escolas, eles muitas vezes não conseguem transferir essas habilidades para outros contextos sociais (LAVE, 1988). Essa incapacidade de aplicar a matemática está no centro do argumento em favor da ênfase maior na matemática funcional para todos.

As habilidades funcionais são vistas como os elementos fundamentais do inglês, da matemática, da informática e das novas tecnologias de informação e comunicação (NTIC), que proporcionam que os indivíduos tenham acesso à educação superior, sejam efetivos no local de trabalho e confiantes em sua vida cotidiana. Office for Standards in Education (2012) chegou à conclusão de que mais ou menos 20% dos jovens adultos que chegam para integrar a força de trabalho estão despreparados e desprovidos de um grande número das habilidades necessárias. A mesma pesquisa chegou à conclusão de que esses adolescentes entre 16 e 19 anos estavam muito mal qualificados e, em um teste vocacional numérico que lhes foi aplicado, apenas a metade deles conseguiu qualificar-se acima do nível 2. Um ensino mais eficiente da matemática na escola secundária que abordasse a aplicação funcional da matemática certamente ajudaria a remediar tal situação.

A matemática funcional é mais difícil do que aquilo que, no passado, chamava-se de habilidades básicas ou numeralização básica. Para ter êxito na numeralização básica, os candidatos deveriam mostrar que conseguiam realizar certas tarefas matemáticas que eram consideradas essenciais para a vida cotidiana, como calcular porcentagens ou interpretar gráficos. A matemática funcional diz respeito a essas mesmas habilidades, mas também à capacidade de aplicar habilidades, de explicar porquês e de justificar conclusões. Em outras palavras, a matemática funcional aumenta a importância de comunicar efetivamente ideias matemáticas. Por exemplo, os testes da matemática funcional analisam a capacidade dos candidatos de:

- usar a matemática em contextos diferentes;
- tirar conclusões e justificá-las;
- interpretar resultados e discutir sua validade.

A partir de 2013, passou-se a exigir que todos os estudantes continuem sendo educados se não estiverem empregados (em escolas/faculdades ou cursos técnicos), e uma questão básica diz respeito a quais medidas serão tomadas com relação ao ensino de matemática a esses aprendizes. Já foram feitos pedidos para que o ensino de matemática seja compulsório até os 18 anos (COOK, 2012). Como as escolas e as faculdades tratarão essa questão ainda não está claro. Ajudar efetivamente os alunos que não conseguiram alcançar um conceito C no GCSE pode exigir mais do que reorganizar aulas, e aqueles que conseguiram

Ensinando matemática para adolescentes **35**

nota C ou superior, mas não A, provavelmente porque não quiseram, podem não considerar nem útil nem estimulante continuar estudando matemática.

EVIDÊNCIAS DE PESQUISAS

A filosofia da matemática é uma área rica para discussão. Já discutimos a natureza do tema em termos dos pontos de vista purista/utilitário, mas também existe um debate considerável sobre o nível em que a matemática é uma atividade social.

Os filósofos tradicionais da matemática a tratam como um tema que tem valor intrínseco. Ela não precisa da contribuição de outras disciplinas, permanecendo constante ao longo do tempo, e não é afetada de nenhum modo por construtos sociais. "Um teorema é verdadeiro independentemente de ser demonstrado por uma pessoa, um computador ou um alienígena" (TEGMARK, 2003, p. 13). Outros (por exemplo, Hersh, 1998) argumentam o contrário: que a matemática deve ser compreendida como uma atividade humana que evoluiu historicamente e que ocorre em um contexto sociocultural. Esses autores afirmam que há uma dimensão humana na maneira como os matemáticos trabalham.

Essa é uma das discussões fundamentais da filosofia matemática. Um grupo acredita que essa verdade matemática é correta, incontestável e inteiramente objetiva. Por exemplo, Kassem (2001, p. 72) relata "[...] uma visão arraigada de que o tema é livre de valor, independente da sociedade e um exemplo da verdade absoluta". Essa é conhecida como a visão da verdade da matemática. Os seus seguidores são acusados de adotar uma visão idealizada do tema, ignorando o modo como a matemática é em favor de como ela deveria ser (KÖRNER, 1960). A visão mais aceita atualmente é de que a matemática é construída. Suas verdades estão sujeitas à argumentação, podendo ser desafiadas e revistas a qualquer momento no futuro. Essa é conhecida como a visão construtivista da matemática.

Todos concordam que todas as verdades matemáticas são demonstradas a partir de axiomas, usando-se regras de inferência. Os construtivistas argumentam que existe uma falácia fundamental em considerar a matemática como a verdade absoluta. Toda matemática usa demonstrações dedutivas para demonstrar verdades baseadas em pontos de partida axiomáticos. Contudo, independentemente dos axiomas escolhidos, eles são apenas escolhidos, e não absolutos. Exemplos de axiomas podem ser que $1 + 1 = 2$ ou que o número de números naturais é infinito. Esses axiomas podem ser considerados acima de qualquer dúvida, mas sua existência enfraquece a visão da verdade absoluta da matemática. Ernest (1991, p. 13) defende que a "[...] lógica dedutiva apenas transmite a verdade, ela não a injeta, e a conclusão de uma demonstração lógica está, no máximo, tão certa quanto sua premissa mais fraca".

Lakatos (1978) demonstra a fragilidade de se procurar certeza na matemática. Qualquer sistema matemático depende de um conjunto de pressupostos. Para demonstrar uma afirmação, devemos ter pressupostos anteriores, e assim por diante. Nunca podemos nos livrar dos pressupostos. O papel do matemático é reduzir os pressupostos ao menor número possível.

> A verdade matemática depende essencialmente de um conjunto irredutível de pressupostos, que são adotados sem demonstração. Porém, para qualificar como conhecimento verdadeiro, os pressupostos exigem uma garantia para sua asserção. Contudo, não existe garantia válida para o conhecimento matemático além da demonstração. Portanto, os pressupostos são crenças, e não conhecimento, permanecendo abertos ao questionamento e, assim, à dúvida. (ERNEST, 1991, p. 14).

Existe outra fragilidade na visão da verdade da matemática: assim como os axiomas são afirmados sem demonstrações, as regras da lógica dedutiva também não são demonstráveis. Desse modo, os fundamentos da matemática como verdade inquestionável tornam-se ainda mais frágeis.

Assim, se rejeitarmos a filosofia da matemática como verdade, torna-se necessário articular uma filosofia de que as verdades matemáticas estão abertas à argumentação e podem ser refinadas com o passar do tempo. Segundo Hersh (1998), a filosofia matemática não deve estar relacionada com a busca da verdade universal, mas deve procurar uma explicação do conhecimento matemático como ele realmente é: falível, em evolução e sujeito a argumentação, como qualquer outra área do conhecimento.

Conforme discutido anteriormente no capítulo, a matemática é mais que um corpo de conhecimento. Ela também é a atividade de adquirir conhecimento e entendimento. Ao aceitarmos essa mudança de ponto de vista, a matemática torna-se uma atividade humana. Os filósofos mais antigos consideravam a matemática separada de outros campos da aprendizagem humana; porém, depois que se aceita que a matemática não é infalível, o tema torna-se parte do conhecimento humano mais amplo, que inclui as ciências. Segundo essa perspectiva, a matemática faz parte da sociedade e, por isso, é produto da cultura que a produziu. O desenvolvimento da matemática está, então, sujeito às influências da sociedade, como valores e influências culturais.

Uma ênfase maior no aspecto social da matemática foi proposta como um modo de tornar o tema mais interessante para mais alunos. Lingard (2000) propõe o consistente argumento de que a aprendizagem sobre a história da matemática pode promover a motivação e, assim, o desempenho. A história da matemática mostra que o tema desenvolveu-se ao longo do tempo (e ainda está desenvolvendo-se) e lembra aos alunos que os matemáticos são humanos.

Se a matemática consiste em um conjunto de verdades universais e indisputáveis, ela não deve incluir incoerências observáveis. Em um nível simples, é possível argumentar que o decimal periódico 0,99999... é igual a um e também que ele é um pouco menos que um (ver, por exemplo, o argumento no TEACHING..., 2013). Um desafio famoso para a posição da matemática como um corpo de verdades lógicas aparece na forma do paradoxo de Russell, que sugere que podemos dividir todos os conjuntos em duas pilhas: uma para conjuntos que são membros de si mesmos e outra para conjuntos que não são membros de si mesmos. Depois, se considerarmos o conjunto de todos os conjuntos que não são membros de si mesmos, teremos um paradoxo. Não sabemos a qual pilha esse conjunto pertence, pois ele parece ser um membro de si mesmo se e somente se não for um membro de si mesmo. Esse paradoxo ilustra um fato contraintuitivo: é possível encontrar falta de lógica na matemática!

> **Ponto para reflexão**
>
> Considere o nível em que a matemática é influenciada pela sociedade. Se a matemática é construída, em lugar de ser um corpo de verdade absoluto, o contexto social da época deve influenciar o seu desenvolvimento e o tipo de diálogo matemático que acontece. Será que a matemática se desenvolveria em uma sociedade totalitária do mesmo modo que em uma democracia liberal? Considere exemplos de como a matemática seria independente do contexto e exemplos em que o caso seja o contrário.

LEITURAS COMPLEMENTARES

ORTON, A. The aims of teaching mathematics, In: Orton, A.; Wain, g. (Eds.). *Issues in teaching mathematics.* London: Cassell, 1994.
O curto capítulo de Orton é um interessante resumo das razões para ensinar matemática, incluindo uma discussão do nível em que a prática nas escolas é dominada por objetivos utilitários. O autor analisa diferentes ideias sobre a natureza da matemática, com particular ênfase na distinção entre aprender um corpo de conhecimento e aprender processos matemáticos. Além disso, situa a matemática no contexto dos objetivos da educação como um todo e apresenta uma seção sobre a matemática como linguagem.

ERNEST, P. *The philosophy of mathematics education.* Basingstoke: Falmer Press, 1991.
O autor é um conhecido especialista no campo da filosofia da educação em matemática e, nesse livro, cobre as grandes questões sobre a natureza da matemática e por que a ensinamos. Compara diferentes influências externas sobre o currículo de matemática a partir do ponto de vista de um purista e de um utilitarista. Além disso, considera o nível em que a matemática é um conjunto de verdades e argumenta que ela deve ser vista como uma entidade construída no âmbito de uma filosofia geral de "construtivismo social".

SITES ÚTEIS

Os Padrões Profissionais para SPQ podem ser encontrados no *site* do Department for Education (DfE) em http://www.education.gov.uk/schools/leadership/deployingstaff/a00205581/teachers-standards1-sep-2012.
Uma cópia do Relatório Smith sobre matemática pode ser obtida em http://www.mathsinquiry.org.uk/report/.
O *site* NRICH, mantido pela Cambridge University, apresenta discussões, artigos e problemas de aprofundamento ligados ao currículo escolar. A homepage é https://nrich.maths.org/.

REFERÊNCIAS

ASKEW, M. et al. *Effective teachers of numeracy*: report of a study carried out for the Teacher Training Agency. London: King's College, 1997.

BELL, E. Temple. *Men of Mathematics*. London: Penguin, 1953.

BISHOP, A. J. Mathematics education in its cultural context. In: HARRIS, Mary (Ed.). *School Mathematics and work*. Basingstoke: Falmer, 1991.

BURGHES, D. N.; WOOD, A. D. *Mathematical models in the Social, Management and Life Sciences*. New York: John Wiley & Sons, 1984.

BURKHARDT, H. *The real world and Mathematics*. Glasgow: Blackie, 1981.

CHAMBERS, P. *Mathematics trainee teachers*. Ormskirk: Edge Hill University, 2007.

COCKCROFT, W. H. *Mathematics counts*. London: HMSO, 1982. (The Cockcroft Report).

COOK, C. *Lords call for compulsory maths post-16*. [S.l.]: The Financial Times, 2012. Disponível em: <http://www.ft.com/intl/cms/s/0/09b43cc4-d4c0-11e1-9444-00144feabdc0.html#axzz3D1 op7bt5>. Acesso em: 11 set. 2014.

ERNEST, P. *The Philosophy of Mathematics education*: studies in Mathematics education. Basingstoke: Falmer, 1991.

GARDINER, A. *Discovering Mathematics*: the art of investigation. Oxford: Oxford University, 1987.

HERSH, R. *What is Mathematics, really?* London: Vintage, 1998.

KASSEM, D. Ethnicity and mathematics education. In: GATES, Peter. (Ed.). *Issues in Teaching Mathematics*. London: Routledge, 2001.

KÖRNER, S. *The Philosophy of Mathematics*. London: Hutchinson, 1960.

LAKATOS, I. *Mathematics, science and epistemology*. Cambridge: Cambridge University, 1978.

LAVE, J. *Cognition in practice*. Cambridge: Cambridge University, 1988.

LINGARD, D. The history of mathematics: an essential component of the mathematics curriculum at all levels. *Australian Mathematics Teacher*, v. 56, n. 1, p. 40-44, 2000.

MASON, J.; BURTON, L.; STACEY, K. *Thinking mathematically*. London: Addison Wesley, 1982.

MATHEMATICAL ASSOCIATION. *Why, what, how?* Some basic questions for Mathematics teaching. Leicester: Mathematical Association, 1995.

OFFICE FOR STANDARDS IN EDUCATION. *Mathematics:* made to measure. London: OFSTED, 2012. Disponível em: <http://www.ofsted.gov.uk/resources/mathematics-made-measure>. Acesso em: 04 set. 2014.

ORTON, A. The aims of teaching mathematics. In: ORTON, A.; WAIN, G. (Ed.). *Issues in Teaching Mathematics*. London: Cassell, 1994.

PEDOE, D. *The gentle art of Mathematics*. London: Penguin, 1958.

QUALIFICATIONS AND CURRICULUM AUTHORITY. *Mathematics programme of study*: key stage 3. London: QCA, 2007.

QUEEN MARY UNIVERSITY OF LONDON. *Prospectus*: mathematical science. London: QMUL, 2007.

SCOPES, P. G. Mathematics in secondary schools. Cambridge: Cambridge University, 1973.

SMITH, A. *Making Mathematics count*: the report of professor Adrian Smith's inquiry into post-14 Mathematics Education. London: HMSO, 2004. Disponível em: <http://www.mathsinquiry.org. uk/report/MathsInquiryFinalReport.pdf>. Acesso em: 04 set. 2014.

STEWART, H. Bosses say school-leavers can't read, write or count. The *Observer,* 21 aug. 2005. Disponível em: <http://www.theguardian.com/business/2005/aug/21/gcses.schools>. Acesso em: 04 set. 2014.

TANNER, H.; JONES, S. *Becoming a successful teacher of Mathematics*. London: Routledge, 2000.

TEACHING mathematics in the secondary school. 2nd ed. [S.l.]: Sage, 2013. Disponível em: <http://www.uk.sagepub.com/chamberstimlin/>. Acesso em: 11 set. 2014.

TEGMARK, M. Parallel universes. In: BARROW, J. D.; DAVIES, P. C. W.; HARPER, C. L. (Ed.). *Science and ultimate reality*: from quantum to cosmos. New York: Cambridge University, 2003.

UNITED KINGDOM. Department for Education and Employment. *Excellence in schools*. London: HMSO, 1997.

UNITED KINGDOM. Department for Education and Employment. *The national curriculum for England:* Mathematics. London: HMSO, 1999a.

UNITED KINGDOM. Department for Education and Employment. The National Numeracy Strategy: framework for teaching Mathematics from reception to year 6. London: DfEE, 1999b.

WIGNER, E. P. *Symmetries and reflections*. Cambridge: MIT, 1967.

Leitura recomendada

TRAINING AND DEVELOPMENT AGENCY FOR SCHOOLS. Professional Standards for Teachers: Why Sit Still in your Career? London: TDA, 2007. Disponível em: <https://www.merton.gov.uk/learning/training-development/professional_standards_for_teachers.pdf>. Acesso em: 04 set. 2014.

Matemática em um contexto escolar amplo

Este capítulo

✓ discute como o ensino de matemática insere-se em um contexto mais amplo de políticas escolares;
✓ sintetiza a sua responsabilidade de resguardar as crianças;
✓ apresenta um resumo das bases do Currículo Nacional inglês;
✓ descreve a estrutura do Currículo Nacional inglês;
✓ discute a questão da progressão em matemática.

POLÍTICAS ESCOLARES

Durante os seus primeiros dias de estagiário em uma escola, aqueles que são responsáveis por supervisionar o seu treinamento (comumente chamados de mentores) começarão a deixá-lo a par das realidades da vida escolar. A maior parte dos treinamentos iniciais para professores envolve dois mentores: um mentor "temático", membro do departamento de matemática, que será responsável pelo seu desenvolvimento como professor de matemática, e um mentor "profissional", que costuma ser responsável por uma administração mais generalizada de todos os estagiários da escola e que também deve ajudá-lo a desenvolver habilidades de ensino e responsabilidades profissionais. Isso envolve questões cruciais, como a segurança das crianças e o que fazer em casos de emergência, como incêndios, e também questões mais triviais, como aquelas relacionadas ao horário em que você deve chegar à escola pela manhã, o que fazer se você tiver de faltar ou se atrasar ou como conseguir tomar uma xícara de café durante o tempo em que não estiver em sala de aula e ainda fazer fotocópias.

Os seus mentores devem ter cópias tanto do manual da equipe escolar quanto do departamento de matemática. Esses documentos fornecerão todas as informações que você precisa saber sobre como a escola e o departamento funcionam, além de alguns comentários filosóficos, ligados ao motivo de a escola existir e de ter optado pela política A ou B, em geral na forma de uma "Apresentação da Missão da Escola". Manuais de equipe costumam conter os nomes de todos os membros da equipe escolar, professores e outros funcionários, seguidos de suas respectivas responsabilidades na instituição; também devem conter os horários e feriados previstos pela escola para o próximo ano letivo.

Além desses conselhos mais gerais que constam nos manuais, todas as escolas dispõem de orientações adicionais para os membros de sua equipe na forma de políticas escolares. Algumas políticas são exigidas por lei, enquanto outras são formuladas para esclarecer alguns aspectos da administração escolar. As políticas são aprovadas depois de entrarem em discussão entre os membros do corpo docente da escola, depois de terem sido discutidas pelos administradores, pela equipe geral e, em alguns casos, também pelos pais, cuidadores e alunos da escola. Uma vez que se opte por determinada política, toda a equipe é convidada a implementá-la. É comum que cada escola tenha cerca de vinte políticas, que determinam desde as habilidades necessárias para ser condutor de ônibus escolar (em regulamentos que ocupam de uma a duas páginas frente e verso) até políticas mais substanciais (de muitas páginas) relativas à proteção de crianças e adultos vulneráveis.

Muitas dessas políticas terão interesse para você por um período limitado, durante a sua fase como professor estagiário, mas existem outras políticas que você levará para o resto da sua vida profissional. As mais importantes dizem respeito à proteção, à política ligada à administração do comportamento, à política sobre o desenvolvimento da educação espiritual, moral e social, aliadas às políticas escolares ligadas à numeralização e à alfabetização. Em alguns momentos, quando se fizer necessário, você também precisará de muitas referências de outras políticas.

Certamente você se deparará com o fato de que sua escola tem uma política de administração comportamental (alguns chamam de política de sanções), e este é um documento com o qual você deve logo se familiarizar, não só lendo o papel, como também observando de que modo essa política é colocada em prática pelos professores em sala de aula. Se você estiver inseguro quanto ao funcionamento da política, converse sobre suas dúvidas com seus mentores e pergunte se há alguma possibilidade de observar professores que são conhecidos por serem eficientes no uso dessa política em suas aulas.

Ressaltamos que este livro não é sobre administração de comportamentos ou salas de aula, a não ser pelo fato de que acreditamos que aulas empolgantes e bem-dadas são a melhor forma de administrar uma sala de aula, mas ainda assim precisamos frisar que você, como professor em sua escola, tem a obrigação de ajudar os colegas a seguirem as políticas de proteção da maneira mais rigorosa possível, mesmo que não concorde com alguns aspectos. Se você acha que pode dispensar algum critério envolvido, deve sempre antes disso falar com os seus mentores: você nunca deve agir unilateralmente se for infringir esta nem quaisquer outras políticas escolares.

Discutiremos a numeralização no Capítulo 3 e a alfabetização no Capítulo 7. Na próxima seção deste capítulo, abordaremos a proteção e a educação espiritual, moral, social e cultural.

PROTEÇÃO

As escolas têm a responsabilidade estatutária de fazer arranjos para proteger e promover o bem-estar das crianças e dos adultos vulneráveis sob seus cuidados. Como professor, você tem um dever: "[...] zelar pela necessidade de proteger o bem-estar dos alunos, de acordo com as regras estabelecidas" (UNITED KINGDOM, 2012, p. 10). Dentro da escola, deve haver uma pessoa com a responsabilidade designada de proteger as crianças; escolas secundárias maiores em geral têm dois setores dedicados à proteção da criança. A primeira coisa que você deve fazer quando chegar à escola é descobrir o nome do secretário responsável pela proteção das crianças. Essa informação constará no manual e, em muitas escolas, também no mural. Você deve saber quem é essa pessoa. Como professor, você deve trabalhar conforme as políticas de proteção à criança da escola e reagir a situações que vê ou ouve durante o seu tempo de permanência na escola que lhe causem preocupação. Com relação a essa política, mais do que a qualquer outra, você está estritamente proibido de tomar qualquer atitude em sigilo. Isso não é nada profissional e pode ser, inclusive, ilegal.

Para os propósitos do Registro de Proteção da Criança, o abuso infantil divide-se em abuso emocional, negligência, agressão física e abuso sexual. Sua responsabilidade como professor exige agir quando observar sinais de qualquer tipo de abuso, ou mesmo quando começar a suspeitar (possivelmente por algo que tiver ouvido) que um aluno esteja sofrendo abuso. Por exemplo, machucados na boca, nos ouvidos ou no pescoço devem levantar suspeitas e indicar a necessidade de levar a questão ao encarregado da proteção das crianças. Os sinais de outras formas de abuso são mais difíceis de ver. Mudanças súbitas no comportamento, automutilação ou comportamento sexualmente agressivo para com outros alunos podem ser sintomas de abuso sexual, ou talvez não sejam, mas, se você tiver uma preocupação genuína de que uma criança possa ser vítima de abuso, não pode ignorar tal situação.

É possível que um aluno faça-lhe confidências. Sua reação a qualquer alegação de abuso é vitalmente importante. As afirmações do aluno sempre devem ser levadas a sério e jamais ser rejeitadas ou diminuídas. Tenha em mente a noção de que tem de considerar as crianças tão confiáveis quanto os adultos. Não as influencie com perguntas, nem tente corrigir a linguagem delas quando se referirem a partes do corpo. Você deve permitir que a criança use seu próprio linguajar, mesmo se isso incluir gírias ou outros termos normalmente encarados como muito ofensivos. Em nenhuma circunstância você deve garantir à criança que o que for falado ali será mantido em segredo, devendo ficar claro que, se for necessário, você passará a informação ao seu superior.

O crescimento das possibilidades da internet e o aumento do uso dos aparelhos de comunicação móvel trouxeram muitos benefícios para a educação, porém um malefício dos mais comuns é aquele conhecido como *cyberbullying*. *Cyberbullying* é quando uma pessoa ou grupo de pessoas tentam intimidar alguém ou fazer essa pessoa sentir-se desconfortável usando celulares ou internet. O *cyberbullying* é tão prejudicial quanto o *bullying* da vida real. Se você observar ou suspeitar que isso esteja acontecendo, deve denunciar o fato. Outra forma abusiva de usar a internet é conhecida como "contatos perniciosos" e envolve um abusador que se faz passar por criança em salas de bate-papo e outros programas sociais para conquistar a confiança de crianças de verdade. O abuso dessa categoria pode variar desde conversas *on-line* impróprias até combinações de encontros ao vivo, que podem ter implicações perturbadoras. Mais uma vez: caso você testemunhe qualquer situação de abuso, o fato deve ser denunciado ao responsável pela proteção das crianças.

Se você testemunhar algo que se pareça com um comportamento impróprio por parte de professores ou outros membros da equipe de sua escola, como um toque inapropriado em alguma criança ou comunicações inadmissíveis por celular, isso deve ser informado imediatamente ao seu supervisor, que levará suas preocupações ao encarregado de proteção. Embora esse processo possa ser perturbador, o bem-estar da criança deve ser prioridade.

Se você for estagiário em uma universidade ou outro tipo de instituição de ensino superior, certamente terá aulas sobre proteção infantil. Existe uma exigência de que todos os professores estejam em dia com o seu treinamento de proteção.

EDUCAÇÃO ESPIRITUAL, MORAL, SOCIAL E CULTURAL (SMSC)[*]

Desde 1988, exige-se das escolas por lei (pela Education [Schools] Act 1988) que promovam o desenvolvimento espiritual, moral, social e cultural. Essa exigência tem sido repetida na legislação subsequente e continua sendo uma forte marca do currículo (UNITED KINGDOM, 2011). De fato, tanto na Inglaterra quanto em outros países, o desejo de produzir bons cidadãos foi com frequência uma motivação tão grande para configurar a educação pública quanto o desejo de promover o aprendizado de temas específicos do currículo. Nesse sentido, a inclusão da SMSC no currículo não é particularmente uma novidade. Em 1919, a Mathematical Association já recomendava (usando "menino" para se referir a alunos de ambos os sexos):

> Que o trajeto educativo de um menino deva por fim adaptá-lo à cidadania em um sentido mais amplo da palavra: é para este fim que os aspectos científicos físicos (incluindo a matemática) e estéticos de sua natureza devem ser desenvolvidos. Até onde concerne à matemática, a educação dele deve possibilitar não só que aplique a matemática em questões práticas, mas também que a utilize para refletir sobre as grandes questões de nosso mundo, cuja solução depende tanto da matemática quanto das ciências. (HOWSON, 1982, p. 228).

Partindo dessa premissa, fica claro que você, como professor de matemática, tem a responsabilidade de ir além do currículo na hora de ensinar: você também deve incentivar valores sociais e educacionais de maior amplitude em seus alunos. Essa é uma exigência explícita dos *Teachers' Standards*, ainda que seja feita em uma linguagem negativa, aconselhando-o a fazer isso "[...] sem ferir os valores britânicos tradicionais, incluindo a democracia, as

---

[*] N. de T.: Abreviatura do original *Spiritual, Moral, Social and Cultural Education*.

regras legais, a liberdade individual, o respeito mútuo e a tolerância com aqueles que têm crenças diferentes das suas" (UNITED KINGDOM, 2012, p. 10). No mesmo documento, aconselha-se que os professores "[...] promovam o amor ao aprendizado e a curiosidade intelectual" (UNITED KINGDOM, 2012, p. 8).

Tais objetivos não devem ser encarados como exigências adicionais ao seu planejamento de aulas; eles constituem uma exigência primordial e devem ser integrados às suas aulas em vez de serem vistos como um *plus* do ensino. Os desenvolvimentos dos aspectos espiritual, social e cultural da educação estão intimamente interligados, mas é de grande ajuda estudá-los um por vez para pensar como cada um impacta especificamente o currículo.

Espiritual

O desenvolvimento espiritual pode ser entendido como o percurso dos indivíduos na busca do entendimento de si mesmos, dos outros e dos conhecimentos envolvidos em suas relações. Ele não está ligado ao desenvolvimento de nenhuma doutrina específica e é independente da educação religiosa. O Office for Standards in Education sugere que o desenvolvimento espiritual seja pensado como o elemento que

> [...] está relacionado àquele aspecto da vida interior por meio do qual os alunos adquirem *insights* a partir de suas experiências pessoais que têm valor permanente e duradouro. Esse aspecto é caracterizado pela reflexão, pela atribuição de significado às experiências e pela valorização de dimensões não materiais da vida, bem como por convites à realidade. (OFFICE FOR STANDARDS IN EDUCATION, 1994, p. 86).

A matemática tem o poder de gerar uma sensação de encantamento e respeito quando se consideram ideias como a do infinito ou aquelas relacionadas a padrões como o de Fibonacci, que se repetem frequentemente na natureza. Os números Fibonacci constituem uma área de investigação particularmente empolgante, dadas suas ligações com a proporção áurea, que parece ocorrer constantemente em nosso dia a dia. O número π é outro campo muito rico para exploração; por exemplo, o experimento conhecido como "agulha de Buffon" levanta questões interessantes sobre como π pode ser estudado por esse método, que não é exatamente óbvio. O simples fato de a matemática nos equipar com uma linguagem para a exploração de tais ocorrências nos estimula a nos maravilharmos diante do mundo natural que testemunhamos e também da capacidade humana que nos permite capturar algo tão complexo com relativa facilidade.

O exercício da imaginação, da intuição e da inspiração também é um aspecto da espiritualidade que aparece naturalmente na matemática. As lutas persistentes para resolver problemas como o último teorema de Fermat ou a batalha constante para solucionar a hipótese de Riemann são exemplos que, pelo menos, agradam aos estudantes da escola secundária; começando por simples definições que rapidamente se desenvolvem e se transformam em matemática complexa. Esses problemas ilustram a natureza abstrata da matemática e a crença de que resolver problemas sozinho tem um grande mérito; mesmo que o problema original continue sem solução, ele terá gerado *insights* de valor muito maior do que essa solução. Uma discussão sobre o "problema das quatro cores" e se realmente foi resolvido pode levar a outra discussão, muito estimulante, sobre o que de fato significa "demonstração".

Moral

Os professores têm grande responsabilidade no que diz respeito ao desenvolvimento moral de seus alunos (OFFICE FOR STANDARDS IN EDUCATION, 2004). Os professores com frequência devem pedir que seus alunos pensem e reflitam sobre suas responsabilidades quanto a situações como falar a verdade e lidar com conflitos e diferenças de opinião. Também é comum que tenham de explicar por que suas decisões são justas e por que certas recompensas e sanções são apropriadas em determinada configuração de circunstâncias. Nesse sentido, os professores devem demonstrar o mais alto grau de integridade pessoal, dando exemplos de comportamentos aceitáveis para seus alunos. Essa integridade baseia-se na tolerância e no respeito mútuo.

A matemática dá mais poder aos alunos para que tomem decisões baseadas no pensamento racional, o qual por sua vez pode ajudar a decidir se certas situações são justas ou injustas. O "jogo da divisão das bananas"* (CATHOLIC AGENCY FOR OVERSEAS DEVELOPMENT, c2014), por exemplo, examina a ideia do comércio justo e se a recompensa do comércio de bananas é proporcional ao trabalho de todos os envolvidos na produção da fruta. Ideias semelhantes envolvem investigar distâncias de transporte de alimento ou comparar ofertas de supermercados para descobrir quais têm realmente o menor preço e quais tratam seus fornecedores de modo mais justo. Os alunos também podem analisar uma ampla gama de anúncios de outros setores e descobrir maneiras de verificar se aquilo que eles prometem é verdadeiro e justo com os clientes (uma boa discussão pode ser travada a respeito da falta de sentido da afirmação de que um produto é "mais do que 100%" funcional). Outra possibilidade é que eles analisem se as taxas de juros de determinadas instituições de empréstimo e financiamento são justas. Fazer um julgamento justo e equilibrado tem a ver com a habilidade de entender e fazer inferências a partir de informações ou mesmo de elaborar meios de coletar informações para realizar tal julgamento. Por isso, discutir se as questões de certas pesquisas são tendenciosas ou não pode ser especialmente útil.

Social

Em termos gerais, os estudantes devem frequentar as aulas regularmente, ter prazer no aprendizado e desenvolver-se tanto pessoal quanto socialmente. Além disso, devem tirar o máximo proveito de suas oportunidades de aprendizado e ter bom rendimento escolar. Gostar de aprender e obter resulta-

---

* N. de R.T.: Trata-se de uma atividade elaborada para discutir "quem recebe o quê" da venda de bananas. Está disponível em um *site* específico de uma associação de famílias católicas (CAFOD).

dos satisfatórios são dois aspectos fundamentais e complementares em todas as aulas e, com certeza, isso também se aplica às aulas de matemática. Pode-se dizer que você não está estagiando para ensinar matemática: você está estagiando para ajudar os alunos a gostarem de matemática e a terem sucesso ao usá-la. No Capítulo 9, exploraremos mais a fundo as ideias que envolvem o aprendizado coletivo, elaborado para promover um maior desenvolvimento social durante o envolvimento com o aprendizado.

Além de promover um comportamento social aceitável na sala de aula, a matemática desempenha um papel importante ao possibilitar que os aprendizes atuem socialmente de forma mais ampla. Na seção anterior, falamos sobre como a matemática pode ajudar as pessoas a julgar e equilibrar as decisões; contudo, a matemática também pode ajudar os estudantes a controlar suas finanças, um ramo matemático algumas vezes chamado de "aritmética social", ou seja, ela pode ajudar os alunos a administrar o dinheiro, calcular taxas, administrar uma conta bancária ou lidar com folhas de pagamento.

Pesquisas indicam que pessoas nível A em matemática (mesmo com notas modestas) tendem a obter significantemente mais lucros do que seus pares (VIGNOLES, 1999); logo, é possível argumentar que o estudo da matemática pode colaborar com o crescimento e o bem-estar econômico. É fácil encontrar exemplos de como os professores de matemática podem ajudar a promover bem-estar econômico. Todos os departamentos de matemática precisam considerar as possibilidades de desenvolver habilidades nessas áreas. Isso pode envolver fazer mais ligações explícitas com outras matérias durante momentos específicos do ano letivo, como, por exemplo, na hora de interpretar informações estatísticas ou de usar equipamentos de medida ou durante determinadas atividades em que o risco de análise é um dos tópicos.

Cultural

O desenvolvimento cultural dos seus alunos inclui a necessidade de que eles entendam sua própria bagagem cultural, a cultura de sua cidade ou região, assim como as normas culturais de nossa sociedade. A promoção de expectativas culturalmente compartilhadas está ligada à promoção da boa cidadania e da valorização da diversidade. Etnomatemática é o nome por vezes dado ao estudo da matemática e de sua relação com a cultura (D'AMBROSIO, 1999).

A história da matemática é bastante rica e beneficiou-se das contribuições de muitas culturas e sociedades. Talvez não seja exagero dizer que a história da civilização é a história da matemática. Uma característica especificamente marcante do desenvolvimento histórico da matemática é o modo como, em diferentes épocas e contextos, os mesmos aspectos matemáticos são repetidamente descobertos. Por exemplo, os números negativos foram "descobertos" por matemáticos da Europa, da China e da Índia em épocas diferentes. De maneira semelhante, conceitos geométricos como a trigonometria e a geometria plana foram desenvolvidos em diferentes épocas e diferentes lugares, mas sempre levando essencialmente aos mesmos resultados. O que em geral se chama de triângulo de Pascal na Europa já havia sido descoberto por matemáticos chineses séculos antes. Isso nos remete novamente às ideias relativas à espiritualidade e à discussão sobre a natureza especial da matemática, que faz com que tudo seja aparentemente igual em todos os lugares (ao contrário de muitas normas culturais, que variaram bastante com o tempo e em regiões distintas), e à especulação referente a se a matemática é algo que se descobre ou se inventa.

O número de maneiras eficazes de ensinar matemática em diferentes contextos culturais e o modo como esses ensinamentos culturalmente diversos afetaram nosso atual entendimento da matemática são quase ilimitados. Todos os tópicos da matemática podem ser discutidos com certa facilidade simplesmente fazendo referência às suas respectivas (múltiplas) origens. Alguns tópicos podem trazer à tona a discussão sobre por que alguns ramos da matemática se desenvolveram apenas em determinadas culturas (em muitas culturas islâmicas, por exemplo, é proibida a representação artística de seres humanos, o que implica que os ornamentos devem ser abstrações da natureza, gerando o que costumamos chamar de padrões "islâmicos" de contagem). Do mesmo modo, na Europa, o redescobrimento da geometria dos gregos antigos permitiu que os artistas experimentassem usar a perspectiva, o que sedimentou o caminho para a arte renascentista. Em muitas regiões, a trigonometria foi desenvolvida para possibilitar o transporte comercial por terra e mar, enquanto em outras regiões ela foi desenvolvida por propósitos astronômicos associados à prática de festas religiosas.

> ### Ponto para reflexão
>
> Pense em outros exemplos que se encaixem em cada uma dessas categorias SMSC no currículo de matemática. Pode ser útil encontrar recursos da sua escola para analisar como promover SMSC. Em sua primeira visita à escola, observe como o departamento incorpora essas categorias ao currículo.

O DESENVOLVIMENTO DO CURRÍCULO NACIONAL EM MATEMÁTICA

Desde 1989, o ensino de matemática nas escolas secundárias inglesas[*] é prescrito pelo Currículo Nacional. A sua introdução foi uma tentativa de garantir que todos os alunos tivessem acesso ao mesmo currículo e teve o apoio de uma exigência legal de que todas as escolas o seguissem. Em matemática, isso significava que as bancas de exames tinham muito menos oportunidades para oferecer tipos variados de conteúdo de matemática e, como resultado, os professores tinham menos oportunidade para escolher o tipo de matemática que consideravam adequado para seus alunos.

---

[*] N. de R.T.: Nível de ensino que abrange a faixa etária dos 11 aos 18 anos, equivalente no Brasil aos anos finais do ensino fundamental e ao ensino médio. A escola secundária na Inglaterra inicia no 7º ano (faixa etária de 11 a 12 anos) e termina no 13º ano (antes da universidade).

Por exemplo, em 1988, o Southern Examining Group,[*] uma das principais bancas de exames do GCSE, oferecia três opções diferentes em matemática. Outras bancas, das quais havia várias, ofereciam uma variedade semelhante de alternativas. A escola poderia escolher qualquer um desses planos de ensino e preparar os alunos para o exame ensinando os temas específicos listados no plano. Os professores escolhiam a opção que acreditavam proporcionar que seus alunos se saíssem bem ou possivelmente se adequassem à filosofia subjacente do que significa a matemática. O trabalho nos primeiros dias da escola secundária costumava envolver seguir o plano do GCSE de trás para frente, cada escola determinando a ordem em que os tópicos eram introduzidos e o ano em que eram vistos pela primeira vez.

É fácil perceber que a introdução do Currículo Nacional deu muito mais estrutura ao currículo e que a experiência dos alunos em matemática dependia muito menos das escolhas feitas por seus professores. Embora tenha havido algumas queixas de perda de liberdade, a maioria dos professores de matemática recebeu bem a mudança. Eles valorizavam a progressão estruturada prevista no Currículo Nacional, aceitando que o conteúdo era, em termos amplos, aceitável. É justo dizer que, entre esse grupo, o conteúdo do Currículo Nacional causou alguma discussão, mas pouca controvérsia.

Grande parte da nova estruturação envolveu atribuir níveis a tópicos específicos e fortalecer a progressão de uma ideia para outra conforme uma determinada linha de pensamento. A alocação de níveis deveu-se basicamente a pesquisas recentes realizadas pela Assessment of Performance Unit, que realizou testes nacionais de grande escala para as idades de 11 e 14 anos (ASSESSMENT OF PERFORMANCE UNIT, 1980; 1981). Esses testes proporcionavam evidências de uma "facilidade" para um grande número de questões matemáticas. A facilidade para uma questão é simplesmente a porcentagem da amostra que conseguia fornecer a resposta correta à questão. Em termos amplos, se uma questão tinha baixo nível de facilidade, era atribuída a um nível mais elevado na hierarquia do currículo de matemática.

Desde 1989, o Currículo Nacional de matemática passou por várias revisões (em 1993, 1997, 1999, 2007 e 2012), mas os princípios gerais permaneceram os mesmos. Além disso, é notável como o conteúdo mudou pouco nas várias revisões. Quando foram introduzidas mudanças, elas tiveram mais a ver com a maneira como o currículo é estruturado (por exemplo, colocando todos os temas em uma estrutura comum) do que com qualquer outra questão.

O conteúdo do currículo, chamado de programa de estudo, divide-se em seções no estágio 3 (Key Stage 3 – 7º, 8º e 9º anos) e no estágio 4 (Key Stage 4 – 10º e 11º anos). É recente a introdução obrigatória do estágio 5. As declarações para cada um desses estágios fundamentais reafirmam a importância da matemática, oferecendo razões para estudar o tema, e apresentam um conjunto de conceitos básicos que fundamentam a disciplina. Esses conceitos identificam o

---

[*] N. de R.T.: Na Inglaterra, há sistemas de avaliação dos alunos em escalas, cuja finalidade é classificá-los ao longo do tempo para orientar o ingresso (ou não) nos cursos sugeridos. Elas são conhecidas como bancas examinadoras.

que os alunos devem entender para "aprofundar e ampliar seu conhecimento, suas habilidades e seu entendimento" em matemática. Os conceitos básicos são:

- competência – ser capaz de trabalhar de maneira adequada e precisa;
- criatividade – combinar abordagens e trabalhar de maneiras novas;
- aplicações e implicações da matemática – compreender como e por que nos envolvemos com a matemática, bem como as raízes históricas do tema;
- entendimento crítico – entender a modelagem matemática.

Infelizmente, não existe indicação da importância relativa dos quatro conceitos fundamentais. Como resultado, talvez o primeiro da lista mantenha-se no currículo.

PROCESSOS BÁSICOS

Assim como os conceitos básicos, o currículo identifica um conjunto de processos básicos, descritos como as habilidades que devem ser desenvolvidas por meio do ensino de matemática. Essas habilidades são listadas como:

- representar situações por meios matemáticos, incluindo a seleção de abordagens adequadas;
- analisar – usar o raciocínio matemático e os procedimentos adequados;
- interpretar e avaliar – avaliar as evidências e justificar os resultados;
- comunicar e refletir.

As habilidades representativas envolvem ser capaz de pensar em como a matemática pode ajudar a resolver um problema. Elas também implicam a capacidade de explorar abordagens alternativas, criar maneiras de trabalhar à luz da experiência e decompor um problema complexo em estágios mais administráveis. Os alunos devem aprender que podem adquirir entendimento de um problema complexo se trabalharem em um caso simples e progredirem até o caso geral. Em estatística, eles devem entender como fazer perguntas adequadas e como coletar dados de maneira eficiente, evitando vieses.

A análise envolve a capacidade de fazer e testar conjecturas, incluindo generalizações, usando o raciocínio dedutivo. Os alunos devem ser capazes de construir um argumento matemático, mostrando como deduziram uma afirmação de outra. Eles devem tirar seu conhecimento de diferentes partes da matemática. As habilidades de análise também envolvem fundamentar argumentos matemáticos com cálculos corretos e precisos e/ou representações gráficas, usando a tecnologia quando adequado. Os alunos devem aprender a usar rotineiramente suas habilidades de estimação e aproximação, bem como a conferir suas respostas para avaliar se são razoáveis.

Interpretar e avaliar são habilidades que envolvem a capacidade de avaliar a força de um argumento, de ver suas limitações. Diz respeito a entender a diferença entre evidências e demonstrações. Queremos que todos os alunos possam responder a argumentos e generalizações fracos. Por exemplo, diante da afirmação de que "os garotos são mais altos do que as garotas", os alunos devem ser capazes de dizer quais evidências ou informações são necessárias para avaliar tal alegação. Também devem ser capazes de analisar de modo crítico as estratégias adotadas, avaliando a eficiência e, possivelmente, a validade da metodologia.

Comunicar e refletir envolve comparar métodos alternativos de solução e representação. Exige refletir sobre experiências matemáticas anteriores e identificar similaridades ou diferenças em relação ao trabalho em questão. Acima de tudo, envolve a capacidade dos alunos de expressar suas ideias de forma clara e concisa, de um modo que seja adequado para o público pretendido.

A ESTRUTURA DO CURRÍCULO NACIONAL

Existem pequenas diferenças na variedade e no conteúdo de matemática que os alunos encontram nos diferentes estágios fundamentais. Nos estágios 3 e 4, o conteúdo curricular é organizado em três categorias matemáticas:
- Números e álgebra
- Geometria e medidas
- Estatística

No estágio 1, não existe conteúdo na seção de estatística. Nos estágios 1 e 2, a categoria Números e álgebra foi substituída por Números.

Cada programa de estudo tem orientação sobre como desenvolver abordagens coerentes de ensino e aprendizagem. Isso inclui exemplos de como o programa de estudo de matemática está relacionado a todo o currículo escolar, contribuindo para que se alcancem os objetivos curriculares e pessoais, as habilidades de aprendizagem e raciocínio, o desenvolvimento pessoal e as habilidades funcionais.

O programa de estudo também proporciona apoio e orientação para garantir que o currículo seja coerente e motivador para os alunos. Pretende-se que todas as escolas proporcionem oportunidades para os alunos trabalharem com problemas que mostrem a matemática sendo aplicada para resolver problemas em outras disciplinas. Isso pode envolver disciplinas "tradicionais", como ciências, ou problemas gerais de um projeto administrativo, por exemplo. Também se especifica que os alunos devem ser capazes de resolver problemas que surjam em contextos além da escola, como o planejamento de férias ou a criação de produtos.

Uma crítica ao Currículo Nacional é que ele incentiva uma abordagem fragmentada da matemática, na qual os alunos aprendem uma série de mini-habilidades que consideram difíceis de reunir. Isso não é totalmente infundado, e a orientação para o Currículo Nacional de 2008 deixa claro que se deve evitar a abordagem fragmentada, estabelecendo-se relações sempre que possível e também oferecendo oportunidades para que os alunos trabalhem com problemas expandidos. Deve-se proporcionar experiência com problemas que reúnam a aprendizagem de diferentes partes do programa de estudo de matemática. Um exemplo é trabalhar com os alunos o "ciclo de tratamento e análise dos dados", que envolve:
- especificar o problema e planejar;
- coletar dados;
- processar e apresentar os dados;
- interpretar e discutir os resultados.

Esse ciclo representa os estágios em uma pesquisa estatística e reúne diversos processos matemáticos básicos. Como parte do processo, os alunos também podem aplicar determinadas técnicas, como calcular médias e apresentar informações em forma de gráfico.

Existem muitas oportunidades para estabelecer relações entre tópicos matemáticos. Diversas ligações, como entre decimais e porcentagens, serão óbvias para você, mas talvez devam ser explicitadas para os alunos. Outras ligações são menos claras, como relacionar fatores com o cálculo de área (o número de retângulos com lados inteiros que compõem uma área de, por exemplo, 40 cm^2), relacionando a ideia de um quadrado em geometria com o quadrado em números e álgebra e relacionando operações inversas em cálculo com transformações inversas. Você deve tentar estabelecer essas relações sempre que possível.

A avaliação do programa de estudo do estágio 3 é organizada em quatro metas com as três categorias: números e álgebra, geometria e medidas e estatística, além de uma adicional, chamada processos e aplicações matemáticos. Essa última meta testa a capacidade dos alunos nas habilidades de trabalhar de forma matemática, como explicar, justificar, generalizar e refletir. Cada meta contém um descritor para cada nível de realização, de modo que você pode avaliar alunos específicos em comparação aos níveis do Currículo Nacional. O programa de estudo do estágio 4 centra-se nos exames do GCSE, quando em geral os alunos estão conscientes de quais notas de A a G esperam alcançar.

No Capítulo 7, discutiremos a avaliação mais a fundo, incluindo o processo de avaliação formal no fim do programa de estudo do estágio 3 e para os exames GCSE.

PROGRESSÃO EM MATEMÁTICA

A matemática é uma das disciplinas, como as línguas modernas, na qual a aprendizagem é hierárquica. É impossível fazer cálculos sem uma compreensão detalhada da álgebra. Mesmo em se tratando de um tema como a álgebra, as habilidades necessárias para resolver equações quadráticas dependem do entendimento de como combinar os termos algébricos e do uso de parênteses. A introdução do Currículo Nacional fortaleceu a ideia da progressão, particularmente entre os estágios fundamentais. O estágio 3 do modelo da estratégia nacional para a matemática (agora incluído na Secondary National Strategy) tornou mais explícita a progressão nos estágios fundamentais (UNITED KINGDOM, 2001).

Em seus primeiros dias na sala de aula, você terá dificuldade para entender a aprendizagem prévia de que os alunos necessitam para a aula em questão. Talvez você consiga identificar o que os alunos precisam saber, mas será difícil planejar a aula, pois você não conhece a turma o suficiente. Ser informado pelo professor regente que a turma "viu porcentagens" é apenas parte da história. Você deverá estimar o grau de detalhamento da compreensão dos alunos e quantos precisarão de reforço antes que possam avançar.

Uma atividade muito produtiva que você pode fazer durante a sua formação é identificar uma progressão de ideias em uma área específica da matemática. De fato, você deve fazer isso com o maior número de tópicos que puder, pois ajudará a se familiarizar com o currículo e também ajudará a compreender melhor as conexões entre temas afins. Nas próximas páginas, analisaremos o tema da probabilidade como exemplo e mapearemos a progressão à medida que avançam pelos níveis do Currículo Nacional.

Na probabilidade, não é difícil identificar dois aspectos gerais que devem ser entendidos: os alunos calculam a probabilidade de um acontecimento e depois a de acontecimentos combinados. Porém, é muito mais difícil detalhar como as ideias em probabilidade são desenvolvidas ao longo de vários anos no currículo escolar. A lista a seguir descreve a ordem prescrita para a apresentação de novas ideias e como se aplica essa linha da matemática. De modo geral, cada afirmação é um avanço a partir da anterior.

- Os alunos desenvolvem um entendimento das palavras "razoável", "mais provável", "menos provável", "certo" e "impossível" para descrever os resultados dos acontecimentos. Por exemplo, podem discutir o que é mais provável: que chova amanhã ou que neve amanhã; que uma moeda caia como cara ou coroa; ou que encontrem um elefante ou um cachorro no caminho da escola para casa.
- Os alunos entendem a palavra probabilidade e sabem que as probabilidades são descritas como frações entre zero e um. Isso normalmente envolve o uso de uma escala de probabilidade, desenhada como uma linha no quadro, com um extremo representado por zero e o outro por um. Assim, aprendem a estimar a probabilidade de uma variedade de situações e representam cada probabilidade como um ponto na escala de probabilidade. Nesse estágio, é importante tentar estabelecer as relações entre a palavra "impossível" e a probabilidade zero, assim como entre "certo" e a probabilidade um.
- Os alunos calculam a probabilidade de resultados igualmente prováveis. Por exemplo, dado um saco com dez contas coloridas, sete vermelhas e três amarelas, eles entendem que a probabilidade de tirar uma conta vermelha é de sete décimos.

Observe a progressão de ideias nessas três afirmações. A primeira exige que os alunos comparem probabilidades; a segunda, que estimem probabilidades; e a terceira, que calculem probabilidades. Os alunos devem entender que, às vezes, é possível calcular probabilidades, mas que, em outras ocasiões, isso não é possível. No segundo caso, quando devem ser estimadas por meio de evidências experimentais, também é importante transmitir a ideia de que, se repetirmos um experimento, poderemos obter resultados diferentes. A progressão de ideias continua:

- Os alunos podem criar um diagrama para apresentar os resultados de dois experimentos, usando-o para calcular a probabilidade de determinado resultado. Por exemplo, podem dispor os resultados de um jogo de dados em uma tabela e usá-la para calcular a probabilidade de tirar um escore de dez.

- Os alunos aprendem que a soma das probabilidades é um e podem usar a probabilidade de algo acontecer para calcular a de não acontecer.
- Os alunos aprendem a relação entre frequência relativa e probabilidade. Mesmo os estagiários muitas vezes não conseguem articular essa relação quando começam sua formação. Você deve saber duas questões em relação a esse aspecto da teoria da probabilidade. A primeira é que a frequência relativa descreve o resultado de um experimento, que pode mudar quando o experimento é repetido, ao passo que a probabilidade é um construto teórico, que tem um valor único. Se uma moeda é jogada 100 vezes, a frequência relativa da cara é o número de caras obtido dividido por 100; a probabilidade de sair cara sempre é a metade. A segunda questão que se deve saber é que a frequência relativa se aproximará da probabilidade à medida que o número de tentativas aumentar. Dito matematicamente:

$$\text{Frequência relativa} \to \text{Probabilidade, assim como } n \to \infty$$

Em termos gerais, é isso que os alunos devem aprender, embora possa ser apresentado em um estilo muito menos formal. O tipo de questão que devem saber responder é:

Três amigos, A, B e C, querem estimar a probabilidade de um jogador de basquete acertar um lance livre. O amigo A observa que o jogador acerta sete dos dez lances que arremessou e conclui que a probabilidade é $\frac{7}{10}$ ou 0,7.

B observa que o jogador acerta 20 vezes nos 25 lances que arremessou e conclui que a probabilidade é $\frac{20}{25}$ ou 0,8.

C observa que o jogador acerta 68 vezes nos 100 lances que arremessou, concluindo que a probabilidade é $\frac{68}{100}$ ou 0,68.

Quem você considera que tem a melhor estimativa da probabilidade e por quê? Nesse nível, espera-se que os alunos entendam que uma estimativa baseada em mais tentativas será mais correta.

- Os alunos podem calcular a probabilidade de um acontecimento combinado ao combinar probabilidades. Por exemplo, podem usar um diagrama de árvore para responder a questões sobre a probabilidade de dois eventos independentes.
- Os alunos entendem que podem somar probabilidades para encontrar a probabilidade de o evento A ou o evento B ocorrer, desde que ambos sejam mutuamente excludentes.
- Os alunos usam diagramas de árvore para calcular probabilidades combinadas quando existem probabilidades condicionais envolvidas (por exemplo, seleção sem substituição).

É muito importante seguir a progressão pelo currículo para cada tema específico, mas também é importante pensar em quais outras ideias matemáticas estão sendo usadas para fundamentar a aprendizagem do tema. Para o tema da probabilidade, os alunos devem ter certa compreensão de frações e da equivalência entre frações, decimais e porcentagens. Para trabalhos de nível mais elevado, precisam saber adicionar e multiplicar frações e decimais.

Ponto para reflexão

Considere como os alunos constroem sua compreensão acerca de representações gráficas. É fácil identificar o uso de coordenadas como ponto de partida, mas pense na progressão de pontos para linhas e regiões e nas diferentes representações com que os alunos devem familiarizar-se.

A seguir, apresentamos um rápido exercício para você experimentar. Você deve olhar as questões descritas à esquerda da folha, que são associadas a representações gráficas. Sua tarefa é identificar a progressão da dificuldade nas questões. Nesse caso, a progressão é descrita em referência aos níveis do Currículo Nacional.

Você pode desejar saber se outras pessoas concordam com a sua escolha dos níveis. Quando terminar, procure os níveis corretos no *site* (TEACHING..., 2013) e reflita sobre o seu desempenho, identificando em que ponto teve dificuldade.

ATIVIDADE COM REPRESENTAÇÕES GRÁFICAS

Atribua um nível a cada um dos seguintes trabalhos escolares:

- Um está no nível 4
- Um está no nível 5
- Quatro estão no nível 6
- Dois estão no nível 7
- Cinco estão no nível 8 (aproximadamente o equivalente a uma nota B no GCSE) ou acima.

Questão ilustrativa	Nível
Desenhe o gráfico de $y = x^2 + 3$	
Use um diagrama para ilustrar o gráfico de $x \to 4x + 3$	
Desenhe o gráfico de $y = \operatorname{sen} x$. Nos mesmos eixos, mostre o gráfico de $y = \operatorname{sen} 2x$	
Desenhe o gráfico de $y = \frac{1}{x}$	
Mostre as seguintes informações em um gráfico de distância e tempo. Emily visita sua amiga Alice, que mora a 10 milhas de distância. Ela sai de casa às 13h e anda 4 milhas a 12 m/h. Para por 5 minutos e continua a uma velocidade constante, chegando à casa de Alice às 13h47min.	

Questão ilustrativa	Nível
Plote o gráfico de $y = 4x + 3$, calculando os pares de coordenadas	
Mostre em um gráfico o conjunto de soluções para as seguintes desigualdades: $y \leq \dfrac{3x}{x} + 1$ $x + y \geq 11$	
Use um método gráfico para resolver as seguintes equações matemáticas: $y = 3x + 1$ $x + y = 11$	
Marque o ponto (–6, 4) em um diagrama de coordenadas	
Qual é mais íngreme, o gráfico de $y = 4x + 3$ ou o gráfico de $y = 2x - 2$? Explique.	
Desenhe o gráfico de $y = 4x + 3$	
Marque o ponto (6, 4) em um diagrama de coordenadas	
Mostre a solução da desigualdade $x - 1 < -2$ em uma reta numerada	

AS DEMONSTRAÇÕES NO CURRÍCULO ESCOLAR

Depois de analisar a estrutura e a progressão do Currículo Nacional, abordaremos um aspecto fundamental da matemática: a ideia de demonstração matemática. Ela foi escolhida como foco desta seção porque os estagiários costumam ter pouca experiência com demonstrações, fato evidenciado pelas seguintes citações de estagiários recentes:

> Não me lembro de trabalhar com demonstrações na escola. Minha primeira experiência com uma demonstração foi durante meu primeiro ano na universidade.

> Duas áreas do Currículo Nacional que escolhi imediatamente como minhas preocupações foram os teoremas do círculo e a demonstração.

> Eu estava contente com quase todo o trabalho do GCSE que fizemos na primeira semana, mas não sabia o que esperar da questão sobre demonstrações. Então, decidi fazer disso meu objeto de estudo para o trabalho final da pós-graduação.

Uma das críticas às primeiras versões do Currículo Nacional foi que elas atribuíam pouca ênfase à noção de demonstração (ver, por exemplo, Gardiner, 1993). A demonstração, conforme se argumenta, é uma ideia fundamental da matemática, e em um estudo minucioso do tema "não é possível evitar a demonstração" (OPEN UNIVERSITY, 1971, p. 23). Na década de 1990, tutores universitários reclamavam que mesmo matemáticos hábeis no curso de matemática tinham pouca noção de como construir uma demonstração ou mesmo do que significava uma demonstração. Como resultado disso e de outras pressões da comunidade matemática, o currículo escolar mudou para incluir mais trabalho sobre esse assunto. Na revisão de 1999 do Currículo Nacional e na revisão curricular de 2007, existem referências explícitas a esse tópico (QUALIFICATIONS AND CURRICULUM AUTHORITY, 2007a, 2007b; UNITED KINGDOM, 1999).

A importância da demonstração é reafirmada por Waring (2000), que destaca que uma das principais razões para ensinar matemática é que ela pode proporcionar experiências com raciocínio lógico aos alunos, saudando a introdução do estudo da demonstração no Currículo Nacional. Pela discussão da demonstração, argumenta a autora, os alunos adquirem um entendimento mais aprofundado de conceitos matemáticos e, portanto, precisam de menos tempo para realizar tarefas de rotina que demonstrem suas habilidades. Ela acrescenta que a "matemática voltada para a demonstração é uma abordagem alternativa de ensino de matemática". Outros exemplos e discussões valiosos sobre a demonstração na escola secundária são fornecidos pela Mathematical Association (2005) e pela Association of Teachers of Mathematics (GILES, 2002).

A partir de 2003, os exames do estágio 3 e do GCSE passaram a ter referências explícitas a demonstrações. Um exemplo do trabalho de 2003 para o Higher Tier é:

Se $p = \sqrt{a}$, onde a é um número inteiro, demonstre que sempre é possível encontrar um número q, $p \neq q$, de modo que pq também seja um número inteiro.

Se você se sentir um pouco alarmado com essa questão, é um indício de que a demonstração é uma área da matemática em que deve trabalhar. Se sua experiência com demonstrações é fraca, talvez não tenha visto demonstrações rigorosas nas aulas de matemática na escola. Por exemplo, considere se você já viu uma demonstração de que os ângulos de um triângulo somam 180º. O resultado costuma ser justificado na sala de aula de duas maneiras:
- Os alunos desenham triângulos, medem os ângulos e somam as medidas dos três. Em todos os casos, verificam que a soma dos ângulos sempre se aproxima de 180º.
- O professor e os alunos recortam um triângulo de cartolina. Depois, recortam os três cantos e os encaixam, formando uma linha reta. Assim, descobrem que, quando reunidos, os ângulos formam uma linha reta.

Ponto para reflexão

Considere as duas maneiras descritas para se apresentar a soma dos ângulos de um triângulo na sala de aula. Decida se uma tem mais mérito em comparação com a outra. Então, considere se essas abordagens representam uma demonstração. Pense como justificaria sua resposta para outra pessoa.

DEMONSTRAÇÃO E JUSTIFICATIVA

Das duas atividades antes descritas, a primeira é boa como justificativa, mas não funciona como demonstração. A razão é que, por mais triângulos que desenhem, pode haver um triângulo especial que seja uma exceção à regra, e nele pode ser que a soma procurada não seja 180°. Também está claro que queremos um resultado exato, e o método da medição somente pode sugerir que a soma dos ângulos é aproximadamente 180°.

A segunda atividade também não cumpre todos os requisitos para ser uma demonstração. Igualmente nesse caso pode haver um triângulo específico cujos cantos não se encaixem em uma linha reta, e apenas não o encontramos. Além disso, o fato de que os ângulos parecem se encaixar em uma linha reta não é suficiente como demonstração matemática. Nosso método não é exato, pois a soma dos ângulos pode ser 180,0001°, e o diagrama, na verdade, seria enganoso.

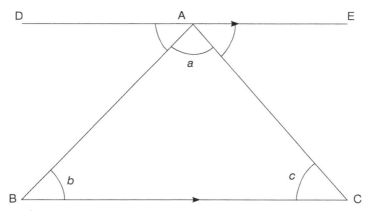

Figura 2.1 Ângulos e um triângulo.

Uma demonstração é fornecida na Figura 2.1 com o argumento a seguir. Aqui, o argumento que nos convence que a soma dos ângulos é 180° não depende do triângulo específico que escolhemos e não existe aproximação no resultado.

A demonstração diz o seguinte:

> Na Figura 2.1, o triângulo ABC tem os ângulos a, b e c, e DE é paralelo a BC. Nossas deduções dizem-nos que:
>
> Ângulo EAC = c (EAC e ACB são ângulos alternados, com DE paralelo a BC)
> Ângulo DAB = b (DAB e ABC são ângulos alternados, com DE paralelo a BC)
> Ângulo BAC + ângulo DAB + ângulo EAC = 180° (ângulos em uma linha reta)
>
> Então, $a + b + c = 180$
>
> Portanto, a soma dos ângulos do triângulo resulta 180°.

Esse nível de argumentação está dentro da capacidade da maioria dos alunos do 7º ano. A demonstração, é claro, depende de que eles estejam familiarizados com as propriedades dos ângulos, o que envolve linhas paralelas e transversais. No passado, isso era ensinado depois que os alunos estudavam os ângulos do triângulo; porém, com uma leve adaptação à ordem, essa demonstração pode ser usada na sala de aula.

Todavia, a ênfase maior na demonstração tem seus perigos. Um deles é que a demonstração é apresentada aos alunos com pouca explicação de como o próximo passo decorre da linha anterior. Essa abordagem linha por linha pode significar que os alunos saibam seguir o argumento, mas torna bastante improvável que eles visualizem como a demonstração é construída. Um foco no processo mecânico pode tirar a beleza do argumento como um todo. Cada demonstração deve ser acompanhada por uma visão do problema (COLES, 2005). De fato, a visão do problema que se apresenta com a discussão em torno da demonstração pode ser no mínimo tão importante quanto a própria demonstração.

Um dos aspectos interessantes da matemática é como novas técnicas podem ser aplicadas a situações familiares. Existem muitos exemplos disso na área da demonstração. Um exemplo é o uso de triângulos semelhantes para demonstrar o teorema de Pitágoras. Precisa-se do resultado de que a razão das áreas de formas semelhantes é o quadrado da razão de lados correspondentes.

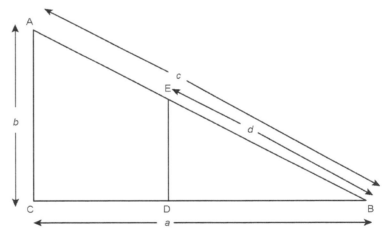

Figura 2.2 Triângulos semelhantes.

Por exemplo, na Figura 2.2, os triângulos ABC e EBD são semelhantes; o lado c é o lado de ABC, que corresponde ao lado marcado como d em EBD. Assim, a razão entre os comprimentos no triângulo EBD e os comprimentos no triângulo ABC é $\frac{d}{c}$. Para as áreas, usamos o quadrado dessa razão, de modo que a razão das áreas dos triângulos é dada por $\frac{\text{Área EBD}}{\text{Área ABC}} = \left(\frac{d}{c}\right)^2$

Agora, usamos esse resultado em um diagrama diferente (Figura 2.3), em que os três triângulos (ABC, ACP e CBP) são semelhantes. Por questões de brevidade, omitimos a demonstração de que esses três triângulos são de fato semelhantes, o que envolve mostrar que cada triângulo tem um ângulo igual ao ângulo A, um ângulo igual ao ângulo B e um ângulo reto.

A razão entre os lados correspondentes para os triângulos CBP e ABC é $\frac{a}{c}$, de modo que a razão das áreas para esses dois triângulos é $\left(\frac{a}{c}\right)^2$.

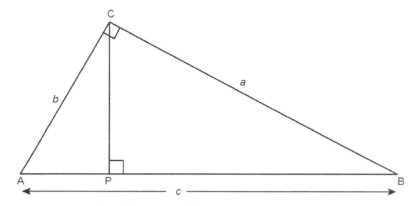

Figura 2.3 Teorema de Pitágoras usando triângulos semelhantes.

Sendo a área do triângulo grande ABC = X. Obviamente

Área de CBP + Área de ACP = Área de ABC.

Usando triângulos semelhantes,

$$\left(\frac{a}{c}\right)^2 \cdot X + \left(\frac{b}{c}\right)^2 \cdot X = X$$

Dividindo cada termo por X,

$$\left(\frac{a}{c}\right)^2 + \left(\frac{b}{c}\right)^2 = 1$$

Multiplicando, obtemos $a^2 + b^2 = c^2$

Existem muitas demonstrações para o teorema de Pitágoras (certamente mais de 50). É difícil fornecer um número exato, pois várias demonstrações têm muito em comum, de modo que nem sempre fica claro o que constitui uma demonstração distinta. Todavia, esse tema oferece uma oportunidade para se escolher entre demonstração e justificativa (CHAMBERS, 1999), assim como para se escolher entre várias alternativas de demonstração e justificativa.

DEMONSTRAÇÃO E FALÁCIA

A demonstração tem significados diferentes para pessoas diferentes. Em particular, fora da matemática, usa-se a palavra "demonstrado" no sentido de "aceito como verdadeiro acima de qualquer dúvida razoável". No entanto, um matemático não aceitará algo como demonstrado se houver qualquer tipo de dúvida. Considere o argumento apresentado a seguir, adaptado de um exemplo do professor John Cassels, da Cambridge University. A apresentação enfatiza como um matemático pode satirizar o tipo de demonstração que costuma ser aceito.

AFIRMAÇÃO: TODO NÚMERO INTEIRO ÍMPAR > 1 É PRIMO

Demonstração: a demonstração do economista é assim: 3 é primo, 5 é primo, 7 é primo. Três casos seguidos certamente são suficientes para qualquer economista.

Contudo, se imaginarmos um economista idealizado, que não se satisfaz com isso, o resto da demonstração seria assim: olhe o próximo número inteiro ímpar, 9. Ora, realmente ele não é um número primo. Deve haver algum fator inusitado em atuação. Continuemos a olhar os números: 11 é primo, 13 é primo. Mais dois casos, de modo que 9 deve ser um resultado espúrio, e a conjectura deve estar certa.

Às vezes, apresentar os argumentos em forma matemática pode fazê-los parecer mais convincentes. Considere o seguinte argumento matemático, que tem o objetivo de demonstrar que todo número natural é interessante. Ao ler, reflita sobre o ponto em que o argumento matemático falha.

AFIRMAÇÃO: TODO NÚMERO NATURAL É INTERESSANTE

Demonstração: sem dúvida, existem números naturais interessantes. Ora, 1 é interessante porque é o único número natural cujo recíproco é o mesmo número; 2 é o único primo que é par; 3 é um número triangular; e assim por diante.

Suponhamos que a afirmação seja falsa. Então, deve haver certos números naturais que não sejam interessantes.

Suponhamos que X_0 seja o menor desses números. Então, X_0 tem a propriedade de ser o menor número desinteressante – um fato que o torna bastante interessante. Assim, a suposição de que a afirmação é falsa leva a uma contradição. Portanto, a afirmação não pode ser falsa e foi demonstrada como verdadeira.

Nesse caso, é o uso da linguagem que proporciona a fraca relação no argumento. A palavra "interessante" não é definida com precisão; portanto, é possível ter algo definido como interessante *porque* é desinteressante!

Ponto para reflexão

Considere o seguinte argumento matemático, o qual parece demonstrar que 1 = 2. As deduções em cada estágio parecem seguir as regras normais da álgebra. Veja se você consegue identificar a falha no raciocínio dedutivo.

Afirmação: 1 = 2

Demonstração: *Sendo a = b*

$\Rightarrow ab = b^2$

$\Rightarrow ab - a^2 = b^2 - a^2$

$\Rightarrow a(b - a) = (b + a)(b - a)$

$\Rightarrow a = b + a$

$\Rightarrow a = 2a$

$\Rightarrow 1 = 2$

Considere se você pode usar essa "demonstração" na escola. Se for o caso, que nível de trabalho os alunos precisariam aprender para encontrar a lei no argumento?

EVIDÊNCIA DE PESQUISAS

Existem muitas pesquisas e discussões recentes sobre a área da demonstração. Grande parte delas se concentra nas percepções dos alunos sobre o que constitui uma demonstração. Healy e Hoyles (2000) afirmam que mesmo alunos de 14-15 anos, com um nível elevado de desempenho, são fracos em construir demonstrações. Os alunos tendem a confundir a distinção entre empirismo e demonstração, e muitos consideram um argumento empírico suficiente para demonstrar uma afirmação. Considere o seguinte exemplo simples:

Demonstre que a soma de dois números ímpares sempre é par.

Uma abordagem comum a esse problema é citar vários exemplos de pares de números ímpares, demonstrar que a afirmação é verdadeira para todos os exemplos apresentados e dizer, portanto, que sempre é verdadeira. Como talvez não seja de surpreender, quanto mais os alunos acreditarem na afirmação original, mais provável será que eles pensem que ela não precisa de uma abordagem rigorosa para ser demonstrada (HEALY; HOYLES, 2000). Se o resultado for óbvio, como no exemplo de dois números ímpares formarem um número par, os alunos o consideram matemática simples e, assim, algo que não exige um nível superior de matemática para justificá-lo.

Baldwin (2005) lista quatro concepções equivocadas sobre a demonstração que encontrou quando trabalhava com alunos hábeis no 8º ano e 11º anos da escola secundária, a saber:

- a demonstração é uma sequência de passos que leva à resposta;
- a demonstração precisa de álgebra para estar correta;

- a citação de vários exemplos é suficiente para demonstrar um resultado;
- a demonstração é o mesmo que proporcionar evidências convincentes.

A autora apresenta evidências interessantes de posturas diferentes em relação à demonstração entre alunos que foram ensinados segundo os princípios e a estrutura do Currículo Nacional e os que não foram. Ela relata que era mais provável que os alunos do 8º ano debatessem sobre as demonstrações, ao passo que os alunos do 11ª ano nunca haviam se deparado com a ideia de demonstração antes de começar seu trabalho no GCSE e consideraram as ideias bastante inusitadas. Os alunos do 8º ano eram no mínimo tão competentes para construir demonstrações quanto os do 11ª ano na amostra testada. Uma conclusão clara do estudo é a de que é mais provável que os alunos entendam e lembrem uma demonstração se tiverem tido um papel ativo na construção dessa demonstração, em vez de simplesmente a verem como demonstração.

Uma crítica ao tratamento atualmente dispensado à demonstração na matemática escolar é que ela é introduzida tarde demais. Quando isso acontece, pode parecer algo estranho e desconhecido (BALL et al., 2002), além de desconectado de qualquer matemática que os alunos tenham visto no passado. Stylianides (2007) concentra-se em como as noções de demonstração podem ser introduzidas no currículo para alunos na faixa etária dos 7 aos 11 anos. Embora as demonstrações formais talvez não sejam adequadas para esse estágio, o autor argumenta que a demonstração pode ser conceituada segundo dois princípios básicos. O primeiro princípio é de que a demonstração deve ser intelectualmente honesta, ou seja, ser matematicamente correta e não tentar subestimar as capacidades dos alunos. O segundo princípio é de que as noções de demonstração devem formar um *continuum* de desenvolvimento ao longo de diferentes idades.

Stylianides (2007) discute o que constitui uma demonstração e identifica uma classe de argumentos que podem ser chamados de demonstrações para alunos pequenos, prestando especial atenção aos aspectos sociais de que "[...] um argumento que possa contar como demonstração deve ser convincente para os estudantes com base em regras do discurso socialmente aceitas" (STYLIANIDES, 2007, p. 12). A ideia de desenvolver habilidades de raciocínio é parte integral do Currículo Nacional. A descrição de Waring (2000) a respeito da progressão como algo que vai de aprender sobre demonstrações até aprender a demonstrar também enfatiza a necessidade de apresentar as habilidades de raciocínio de maneira estruturada. Em particular, a autora identifica um estágio informal na aprendizagem da demonstração que se concentra em uma discussão das ideias básicas.

Não resta dúvida de que os alunos consideram as demonstrações difíceis, sendo que muitos preferem argumentos empíricos (DREYFUS, 1999; PORTEOUS, 1990). Mesmo quando lhes são apresentadas ideias de demonstrações dedutivas, ou quando construíram uma demonstração geral, muitos alunos não conseguem entender a natureza geral do argumento e sentem que são necessários mais exemplos para completá-lo (BALACHEFF, 1990; HEALY; HOYLES, 2000).

O fato de que a demonstração, na sociedade, significa algo diferente da demonstração na matemática pode ser uma explicação para a dificuldade das demonstrações. Em termos sociais, alguns exemplos de uma situação podem ser suficientes para demonstrar que algo é verdadeiro. Por exemplo, existem evidências convincentes de que o aquecimento global tem ocorrido nos últimos 50 anos e de que a atividade humana é responsável por isso. Muitas pessoas consideram que as evidências demonstram isso como um fato. Esse entendimento da demonstração é muito mais vago do que seria aceitável na matemática. Esse tipo de distinção levou à consideração da demonstração em um contexto social, com o entendimento de que níveis diferentes de evidência são necessários em situações diferentes (HANNA, 1991; NARDI; LANNONE, 2006).

LEITURAS COMPLEMENTARES

CHEMINAIS, R. *Every child matters:* a practical guide for teachers. London: David Fulton, 2006.
Rita Cheminais analisa o impacto da agenda Every Child Matters para os professores. O livro apresenta uma visão geral das principais mudanças que ocorreram ou que estão em andamento, bem como do seu impacto na prática em escolas e outros ambientes educacionais. Também há uma revisão da noção de oportunidades de aprendizagem especializadas para os alunos, além de uma síntese de como os professores devem interagir com outros profissionais da escola e de serviços externos. A autora oferece orientações e recursos práticos criados para ajudar os professores que desejarem saber mais sobre suas responsabilidades no modelo Every Child Matters.

WARING, S. *Can you prove it?* Developing concepts of proof in primary and secondary schools. Leicester: Mathematical Association, 2000.
Esse interessante livro justifica por que se deve ensinar o tema das demonstrações como parte do currículo de matemática. Ele sugere um processo em três estágios para desenvolver habilidades em demonstração: aprender sobre demonstrações, aprender a demonstrar e aperfeiçoar as habilidades de demonstrar. Apresenta-se um grande número de demonstrações, todas relevantes ao currículo existente de matemática, algumas conhecidas e outras um pouco menos. A autora reconhece que muitos professores jovens nunca tiveram experiência com demonstrações no nível escolar e busca conscientizar sobre a importância das demonstrações entre esse grupo e outros. Ela sugere um modelo para ensinar demonstrações que demonstra a progressão das ideias e que proporciona as habilidades necessárias para um pensador matemático plenamente funcional.

SITES ÚTEIS

O livreto What To Do If You're Worried a Child is being Abused – Summary, é um guia para todos aqueles que trabalham com crianças, publicado em 2006 pelo então Department for Education and Skills. Pode-se obter cópias. Está disponível por para *download* em https://www.gov.uk/government/publications/what-to-do-if-youre-worried-a-child-is-being-abused.

Referências específicas para o uso de demonstrações no contexto do teorema de Pitágoras estão disponíveis em https://www.ncetm.org.uk/public/files/262622/2074.pdf.

REFERÊNCIAS

ASSESSMENT OF PERFORMANCE UNIT. *Mathematical development*: primary survey report no. 1. London: HMSO, 1980.

ASSESSMENT OF PERFORMANCE UNIT. *Mathematical development*: secondary survey report no. 2. London: HMSO, 1981.

BALACHEFF, N. Beyond a psychological approach: the psychology of mathematics education. *For the Learning of Mathematics*, v. 10, n. 3, p. 2-8, 1990.

BALDWIN, C. Are we making progress? Proof. *Mathematics in School*, v. 34, n. 1, p. 9-13, 2005.

BALL, D. L. et al. The teaching of proof. In: THE INTERNATIONAL CONGRESS OF MATHEMATICIANS, 2002. *Proceedings...* Beijing: Higher Education, 2002. v. 3.

CATHOLIC AGENCY FOR OVERSEAS DEVELOPMENT. *The banana split game*. Lonodn: CAFOD, c2014. Disponível em: <http://www.cafod.org.uk/curation/search?SearchText=Banana+split+game&SearchButton=Search>. Acesso em: 13 set. 2014.

CHAMBERS, P. Teaching Pythagoras' theorem. *Mathematics in School*, v. 28, n. 4, p. 22-24, 1999.

COLES, A. Proof and insight. *Mathematics Teaching*, v. 190, 2005.

D'AMBROSIO, U. Literacy, matheracy, and tecnocracy: a trivium for today. *Mathematical Thinking and Learning*, v. 1, n. 2, p. 131-153, 1999.

DREYFUS, T. Why Johnny can't prove. *Educational Studies in Mathematics*, v. 38, n. 1, p. 85-109, 1999.

GARDINER, T. Recurring themes in school mathematics. *Mathematics in School*, v. 22, n. 4, p. 20-21, 1993.

GILES, G. *Proof in elementary geometry*. Derby: ATM, 2002.

HANNA, G. Mathematical proof. In: TALL, D. (Ed.). *Advanced mathematical thinking*. London: Kluwer Academic, 1991.

HEALY, L.; HOYLES, C. A study of proof conceptions in algebra. *Journal for Research in Mathematics Education*, v. 31, n. 4, p. 396-428, 2000.

HOWSON, A. G. *A history of mathematics education in England*. Cambridge: Cambridge University, 1982.

MATHEMATICAL ASSOCIATION. *Why, how?* Some basic questions for mathematics teaching. Leicester: Mathematical Association, 1995.

NARDI, E.; LANNONE, P. *How to prove it*: a brief guide for teaching proof to year 1 mathematics undergraduates. Norwich: University of East Anglia, 2006.

OFFICE FOR STANDARDS IN EDUCATION. *Handbook for the inspection of schools 2005/06*. London: OFSTED, 1994.

OFFICE FOR STANDARDS IN EDUCATION. *Promoting and evaluating pupils spiritual, moral, social and cultural development*. London: OFSTED, 2004.

OPEN UNIVERSITY. *Mathematics foundation course unit 17*: logic II-proof. Bletchley: Open University, 1971.

PORTEOUS, K. What do children really believe? *Educational Studies in Mathematics*, v. 21, n. 6, p. 589-598, 1990.

QUALIFICATIONS AND CURRICULUM AUTHORITY. *Mathematics programme of study*: key stage 3. London: QCA, 2007a.

QUALIFICATIONS AND CURRICULUM AUTHORITY. *Mathematics programme of study*: key stage 4. London: QCA, 2007b.

STYLIANIDES, A. J. The notion of proof in the context of elementary school mathematics. *Educational Studies in Mathematics*, v. 65, n. 1, p. 1-20, 2007.

TEACHING mathematics in the secondary school. 2nd ed. [S.l.]: Sage, 2013. Disponível em: <http://www.uk.sagepub.com/chamberstimlin/>. Acesso em: 11 set. 2014.

UNITED KINGDOM. Department for Education and Employment. *Key stage 3 national strategy*: framework for teaching Mathematics years 7, 8 and 9. London: DfEE, 2001.

UNITED KINGDOM. Department for Education and Employment. *Spiritual, moral, social and cultural development*. London: DfEE, 2011.

UNITED KINGDOM. Department for Education and Employment. *Teachers' standards*. London: DfEE, 2012.

UNITED KINGDOM. Department for Education and Employment. *The national curriculum for England*: mathematics. London: DfEE, 1999.

VIGNOLES, A. A levels: does less mean more? *Centre Piece Magazine Spring*, p. 8-11, 1999. Disponível em: < http://cep.lse.ac.uk/centrepiece/v04i1/vignoles.pdf>. Acesso em: 13 set. 2014.

WARING, S. *Can you prove it?* Developing Concepts of proof in primary and secondary schools. Leicester: Mathematical Association, 2000.

Leitura recomendada

OFFICE FOR STANDARDS IN EDUCATION. *The annual report of her majesty's chief inspector of schools 2005/06.* London: OFSTED, 2006.

3

Planejando uma aula de matemática

Este capítulo

✓ discute definições de planejamento de longo, médio e curto prazo;
✓ oferece exemplos de bom planejamento de médio e curto prazo;
✓ discute o processo de planejamento;
✓ apresenta uma síntese em um fluxograma criado para ajudá-lo em suas primeiras experiências planejando aulas;
✓ analisa como diversas questões mais gerais, como conexões e diferenciação curriculares, têm um impacto no planejamento da aula.

Qualquer um que tenha falado para um grupo de pessoas entende a necessidade de se preparar bem, e os professores, em particular, estão cientes de que as aulas bem-planejadas têm maior probabilidade de êxito. Durante a sua formação, você deverá passar mais tempo em planejamento do que os professores experientes, pela simples razão de que ainda não tem a experiência para ajudá-lo. Como diz Jones (2005), para você, o planejamento deve ser explícito e detalhado, particularmente nos estágios iniciais em que assume as turmas, pois não terá um banco de memórias e anotações de aulas semelhantes e anteriores que possa adaptar às necessidades da turma atual. As habilidades de planejamento são adquiridas facilmente por certos professores estagiários, que aprendem algumas diretrizes e depois conseguem produzir planos que levem em conta questões importantes e formem a base de uma boa aula. Outros estagiários podem receber exatamente a mesma orientação, mas, ainda assim, consideram extremamente difícil produzir planos que pareçam coerentes e dispensem suficiente atenção aos detalhes.

Existem várias terminologias diferentes para o planejamento, de modo que talvez seja importante que o estágio 3 da National Strategy: Framework for Teaching Mathematics (chamado daqui em diante de Estratégia) identifique três níveis de planejamento conectados – longo prazo, médio prazo e curto prazo – que são definidos de maneira prática (UNITED KINGDOM, 2001). No passado, era difícil saber o que se queria dizer exatamente com a expressão "planejamento de longo prazo". Quão longo é esse prazo? Usando as definições da Estratégia, os professores hoje sabem que não serão mal-entendidos, ao menos não por outros professores.

O Teachers' Standards inclui um grande número de declarações referentes ao planejamento. A fim de estar qualificado para ensinar, você deve mostrar evidências que revelem sua habilidade de:

- transmitir o conhecimento e desenvolver o entendimento por meio do uso eficiente do horário de aula;
- promover o amor ao aprendizado e a curiosidade intelectual dos alunos;
- planejar tarefas de casa ou outros trabalhos extraclasse para sustentar o progresso dos alunos, bem como ampliar e consolidar a sua aprendizagem;
- refletir sistematicamente sobre a eficiência das lições e das abordagens do ensino;
- contribuir para a elaboração e a implantação de um currículo envolvido com tópicos relevantes na área (UNITED KINGDOM, 2011, p. 8).

PLANEJAMENTO DE LONGO PRAZO

A Estratégia descreve o planejamento de longo prazo como um esboço do que deve ser ensinado a cada ano. Para muitas escolas, isso é principalmente questão de usar os objetivos básicos e o conteúdo para os 7º a 9º anos da escola secundária conforme listados na Estratégia, e depois para os 10º e 11º anos usando o plano de ensino relevante para o GCSE a fim de listar os temas que devem ser cobertos. Todavia, isso não é tudo. Muitas escolas decidem diferenciar as atividades planejadas nesse estágio para levar em conta os diferentes objetivos para diferentes grupos de capacidades. Por exemplo, conforme declarado no documento da Estratégia,

> [...] os alunos do 7º ano que ainda não tiverem alcançado o Key Stage 4 talvez precisem seguir um programa de trabalho baseado principalmente nos objetivos dos programas anuais de ensino do 5º e do 6º ano, deixando o trabalho de nível mais elevado – particularmente álgebra – para mais adiante, no estágio 3. (UNITED KINGDOM, 2001, p. 47).

Muitos departamentos de matemática acreditam que a estrutura sugerida na Estratégia não se aplica aos alunos de sua escola ou, mais provavelmente, não se aplica a todos os alunos de sua escola e, consequentemente, fazem algum tipo de adaptação aos planos sugeridos.

Depois de decidir os objetivos matemáticos para o ano, a equipe deve decidir o que será ensinado para ajudar os alunos a alcançar seus objetivos. Os professores, em sua maioria, são bons nisso. Eles seguem a orientação dos outros, identificam a progressão matemática nos estágios básicos e listam os temas matemáticos relevantes de modo coerente. Muitos departamentos têm maior dificuldade para situar esses planos de longo prazo no contexto da aprendizagem geral dos alunos, como os resultados prioritários nacionais e os objetivos mais amplos do Currículo Nacional. O relatório da Office for Standards in Education (2008, p. 6), intitulado *Mathematics – Understanding the Score*, afirma que:

O conteúdo do currículo de matemática, na maior parte das escolas pesquisadas, estava de acordo com a idade. Contudo, a maioria dos alunos teve poucas oportunidades para usar e aplicar a matemática, para fazer conexões com diferentes áreas, para estender seu raciocínio ou usá-lo com vistas às novas tecnologias da informação e da comunicação (NTIC). Os alunos com melhor desempenho nem sempre foram desafiados o suficiente nas aulas. As relações com outros temas foram julgadas insuficientes.

O planejamento de longo prazo deve ter em vista os três objetivos básicos listados no início do Currículo Nacional, para criar: 1. aprendizes de sucesso, que gostem de aprender, façam progressos e alcancem resultados; 2. indivíduos seguros, que sejam capazes de viver vidas seguras, saudáveis e gratificantes; 3. cidadãos responsáveis, que possam contribuir positivamente para a sociedade. Deve existir um delineamento dos conceitos e competências básicos do Currículo Nacional de matemática: criatividade, aplicações e implicações da matemática e entendimento crítico. A maior parte desses conceitos básicos é bastante fácil de incorporar em um esquema de trabalho de matemática, mas deve ser considerada com base anual para garantir uma abordagem coerente. Por exemplo, um bom esquema de trabalho faz referência aos tópicos em que se pode promover a criatividade a cada ano e deve proporcionar orientação sobre como os alunos podem desenvolver sua compreensão das raízes históricas e culturais da matemática. Os planos de longo prazo também devem proporcionar orientação sobre como as aulas de matemática podem desenvolver as habilidades dos alunos em alfabetização, discurso e NTIC.

O Currículo Nacional exige que todas as escolas ensinem habilidades de processo matemático. Isso acontece de maneira mais efetiva se esse ensino for incorporado a planos de longo prazo. Em muitos temas, é possível planejar oportunidades para que os alunos explorem, raciocinem e expliquem seu raciocínio matemático, tanto na forma oral quanto escrita. As habilidades de resolução de problemas e de raciocínio são desenvolvidas por meio da apresentação de problemas ampliados, nos quais os alunos testam e experimentam, passando por vários estágios de trabalho para explorar o problema e apresentar a sua solução. Um relatório da Ofsted sobre o aparente sucesso dos alunos finlandeses em comparação a alunos de outros países chegou à conclusão de que uma das principais diferenças do currículo de matemática era a de que "[...] todos passam grande parte do tempo de trabalho das aulas resolvendo problemas, sejam quais forem seus níveis de habilidade em alcançar resultados, e persistem nesses problemas quando têm expectativa de resolvê-los" (OFFICE FOR STANDARDS IN EDUCATION, 2010, p. 8). A Estratégia de 2001 sugere que esse trabalho deve ocupar 15-20% do tempo de ensino e expandir-se no trabalho com números, álgebra, geometria e estatística, de modo que, obviamente, é necessário bastante planejamento para garantir que isso aconteça. Falaremos mais detalhadamente sobre a resolução de problemas no Capítulo 9.

Os departamentos de matemática também podem desempenhar um papel importante no desenvolvimento da educação espiritual, moral, social e cultural (SMSC). A maior parte deles tem um parágrafo sobre a SMSC em seus manuais. Um exemplo de como se pode desenvolver a cidadania por meio das aulas de matemática é trabalhar com administração financeira e taxas de juros, assuntos que se relacionam com o desenvolvimento de um cidadão ativo. De maneira semelhante, o trabalho com interpretação de dados contribui para a capacidade dos alunos de fazer escolhas informadas e ajuda a evitar que sejam atraídos por anúncios enganosos. Outros exemplos incluem comparar métodos de investigação estatística, garantir que os métodos de amostragem não sejam tendenciosos e pesquisar a poluição por meio da análise de dados estatísticos.

O bom planejamento de longo prazo não apenas ajuda com o equilíbrio e a progressão, mas também proporciona orientação sobre a boa prática e uma variedade de ideias para o ensino. Uma síntese de inspeções escolares (OFFICE FOR STANDARDS IN EDUCATION, 2005, p. 9) conclui que os melhores esquemas garantem a coerência do ensino e levam a uma progressão tranquila na aprendizagem porque:

- deixam claro o conhecimento prévio em que se baseia cada unidade ou programa e como a aprendizagem deve avançar;
- contêm uma ampla variedade de tarefas ricas e estimulantes para a sala de aula, com resultados claros para a aprendizagem;
- exigem o uso de uma variedade de abordagens de ensino e aprendizagem;
- integram habilidades de raciocínio, investigativas e resolução de problemas, reconhecendo que são essenciais para o pensamento matemático;
- apresentam experiências adequadas com a informática em diversos estágios para promover a aprendizagem matemática;
- fazem referência ao desenvolvimento de habilidades transcurriculares, como alfabetização e informática.

PLANEJAMENTO DE MÉDIO PRAZO

Quando o planejamento de longo prazo está completo, o departamento terá decidido o conteúdo que será ensinado a cada ano, além de como e quando as questões de âmbito escolar serão abordadas. Assim, o planejamento de médio prazo aumenta o grau de detalhamento desse processo. O trabalho do ano é dividido no que será ensinado em cada período ou meio período, garantindo que haja a progressão durante o ano e que haja um equilíbrio razoável entre os temas a cada meio período. Por exemplo, é claramente desejável dividir o trabalho de álgebra em determinado ano em unidades de trabalho separadas, cada uma durando talvez três semanas, e abordar as diferentes unidades de álgebra em diferentes épocas do ano, em vez de fazer todas em uma sequência.

O documento da Estratégia (UNITED KINGDOM, 2001) oferece diretrizes sobre como conduzir o planejamento de médio prazo e apresenta tabelas de planejamento. Embora não tenha mais um *status* oficial, a Estratégia continua sendo um documento influente, e é provável que grande parte das práticas escolares estejam baseadas nela. Por esse motivo, quando o *site* oficial foi fechado, houve um arquivamento para futuros acessos, que podem ser feitos pelos arquivos nacionais (o *link* consta no final deste capítulo). Nesse *site*, há um conjunto de exemplos de planos de médio prazo que as escolas já usaram muito no passado. O uso atual restringe-se à necessidade de dar abertura a mudanças no Currículo Nacional desde 2001. Na prática, muitas escolas utilizam os exemplos fornecidos como ponto de partida para seus planos de médio prazo. Elas aproveitam a orientação, mas adaptam os planos às necessidades de sua escola e de seus alunos.

Para a maioria dos professores estagiários e professores recém-qualificados, o planejamento até esse estágio costuma ser feito pelo departamento de matemática. Quando você chegar à escola, é provável que lhe forneçam uma cópia do manual do departamento e um esquema de trabalho que liste detalhadamente o que deve ser ensinado em cada classe e quando. Sua tarefa, como você estará na escola por um número limitado de semanas, é determinar qual parte do esquema de trabalho deverá assumir e monitorar, a cada aula, como está indo o ensino para cobrir o material nas semanas disponíveis. Uma boa prática nesse estágio é refletir sobre o principal objetivo de cada aula e quais recursos serão usados. Também é importante pensar se deve propor tarefas de casa e planejar quais tarefas serão usadas.

Eis a abordagem de planejamento de médio prazo de um professor experiente. A descrição ilustra uma análise a respeito da estruturação de um novo material e considera o ritmo em que novas ideias são introduzidas. Ela também ilustra com clareza a determinação em evitar o ensino isolado de uma matéria por meio da realização de ligações explícitas com o aprendizado prévio.

> Quando planejo uma série de aulas, avalio o esquema de trabalho e a descrição do conteúdo. Depois decomponho tudo em unidades menores. Tento relacionar a abertura de algum modo com a parte principal da aula, seja revisando algum conhecimento anterior, seja conectando com alguma área relacionada do currículo. Por exemplo, hoje dei uma aula sobre trigonometria, e a abertura abordou o teorema de Pitágoras, de modo que, ao final da aula, podíamos facilmente ver quando usar trigonometria e quando usar Pitágoras. O trabalho com o grande grupo concentrou-se em ver se os alunos haviam entendido o que devíamos usar em cada situação. Sempre que possível, estabeleço relações com outras áreas da disciplina. Depois que decomponho o tema, procuro refletir e anotar um plano de assunto que pretendo cobrir e as áreas básicas. Se houver uma ideia básica que eu queira garantir que os alunos entendam, escrevo isso nas minhas notas para a aula.

A seguir, apresentamos dois exemplos de planejamento de estagiários nesse nível. Observe que, em cada exemplo, são exigidas evidências de planejamento estratégico, garantindo que os planos de aula encaixem-se para haver uma progressão coerente das ideias. Indivíduos diferentes inevitavelmente farão planos de médio prazo que difiram em sua aparência, mas você deve garantir que os seus planos identifiquem quantas aulas devem ser dedicadas a cada tema e quais são essas aulas (com datas). Seus planos devem mostrar que o tema é desenvolvido em uma série de objetivos graduais e como o tema será abordado. Outro exemplo de um plano de médio prazo é fornecido no *site* (SECONDARY..., 200-?), acompanhado de versões eletrônicas desses dois planos, para que você possa adaptá-los para uso próprio.

Plano de ensino para médio prazo
Medidas – Unidade 2 (12 aulas) – 9º ano

Aula	Tópicos a abordar	Tarefa de casa	Recursos	Referência ao Currículo Nacional
Aula 1 (seg)	Circunferência de um círculo. Fórmula da circunferência.		Medir diâmetros e circunferências dos objetos para calcular o pi. Apresentação de *slides*.	Ma3/4h Encontrar circunferências de círculos.
Aula 2 (ter)	Uso da fórmula para a circunferência do círculo. História do pi.	Preparada: 5 questões para segunda	Abertura com apresentação de *slides*. Ex. 6b do livro-texto. Problema com enunciado apresentado em *slides*.	Igual ao anterior
Aula 3 (qua)	Questões com enunciado sobre circunferência.		Folha de exercícios (10 de marcar) – problemas com enunciado.	Igual ao anterior
Aula 4 (qui)	Questões com enunciado sobre circunferência. Questão mais ampla: atividade em grupo para desenhar uma roda de carrinho.	Questões do livro de exercícios	10 questões com enunciado de marcar (para terminar). Folha de exercícios.	Ma3/1b,c (Usando e aplicando matemática)
Aula 5 (seg)	Área de um círculo. Fórmula para a área. Praticar cálculo de área.		Caderno Apresentação sobre área do círculo Ex. 6c q 2 4, 5, 6. Apresentação de *slides*.	Ma3/4h Encontrar áreas cobertas por círculos.
Aula 6 (ter)	Unidades métricas por área e volume. Área Volume Capacidade	Revisão para o teste	Abertura com apresentação de *slides* sobre unidades perdidas. Apresentação de *slides* sobre conversões de unidades. Ex 6d livro-texto	Ma3/4i Conversão entre medidas de área
Aula 7 (qua)	Conversão entre unidades métricas relacionadas.		Apresentação de *slides* sobre conversões Ex 6d livro-texto	Ma3/4i Conversão entre medidas de área
Aula 8 (qui)	TESTE SOBRE CIRCUNFERÊNCIA E ÁREA DE CÍRCULOS		Questões de teste usando banco de testes.	
Aula 9 (seg)	Revisão do teste. Consolidação de conversões, incluindo unidades imperiais.		10 questões mentais sobre conversões. Folha de exercícios preparada.	Ma3/4i Conversão entre medidas de área
Aula 10 (ter)	Volume e área superficial de prismas. Definição de um prisma.	Folha de exercícios: questões 1-5	Apresentação de *slides* sobre definição de prisma. Seleção de prismas para demonstrar. Folha de exercícios (a preparar).	Ma3/4g Calcular volumes de prismas retos.
Aula 11 (qua)	Recapitular VOLUME de prismas.		Apoio visual – pacotes de prismas variados. Folha de exercícios.	Ma3/4g Calcular volumes de prismas retos.
Aula 12 (qui)	Recapitular ÁREA SUPERFICIAL de prismas.	Questões com enunciado 6 e 7	Apresentação de *slides* sobre área superficial de prismas. Folha de exercícios.	

72 Paul Chambers e Robert Timlin

Aula nº	Data	Tópicos da aula	Objetivos de aprendizagem	Recursos	Referência do Currículo Nacional
1	08/01	Álgebra	Uso de regras da álgebra para escrever fórmulas algébricas corretamente.	Pincéis atômicos, livro-texto, livros de exercícios	KS3, Ma,5a: "distinguir os diferentes papéis desempenhados pelas letras na álgebra".
2	09/01	Álgebra	i. Usar tabelas e identificar padrões ii. Relacionar padrões em geometria e números iii. Expressar problemas de forma algébrica	"Questões rápidas", folhas de exercícios, livros de exercícios, pincéis atômicos, regras	KS, Ma2, 1b: "decompor um cálculo complexo em etapas mais simples antes de tentar resolvê-lo", 5f: "derivar uma fórmula".
3	15/01	Álgebra	i. Relacionar um padrão com uma tabela ii. Encontrar uma regra da tabela em palavras iii. Escrever a regra como uma fórmula algébrica	Retroprojetor, lâminas e pincéis atômicos, livro-texto e de exercícios	Igual ao anterior
4	16/01	Álgebra	i. Substituir números por letras em uma fórmula algébrica	Pincéis atômicos, livro-texto, livro de exercícios	KS3, Ma2, 5f: "substituir números na fórmula".
5	17/01	Álgebra	i. Substituir números em expressões ii. Substituir números para resolver fórmulas iii. Retirar informações do enunciado das questões	Livro-texto 7.2, livro de exercícios, quadrados mágicos, folha de abertura, pincéis atômicos	Igual ao anterior
6	19/01	Álgebra	i. Revisar as questões de álgebra com substituição ii. Revisar e praticar todo o conhecimento algébrico aprendido	Projetor, PPT, livro-texto, livro de exercícios, livretos de atividades, pincéis atômicos	Igual ao anterior
7	22/01	Números negativos	i. Identificar os números negativos ii. Ordenar os números negativos	Livro-texto, livro de exercícios, pincéis atômicos, cartões numerados	KS3, Ma2, 2a: "entender e usar números inteiros negativos como posições e traduções em uma reta numerada; ordenar os números inteiros".
8	23/01	Números negativos	i. Usar uma reta numerada para encontrar a diferença entre dois números, incluindo números positivos e negativos ii. Usar a calculadora para encontrar a diferença entre dois números, incluindo números negativos	Livro-texto, livro de exercícios, pincéis atômicos, calculadoras, folha de exercícios	Igual ao anterior
9	29/01	Números negativos	i. Somar e subtrair números negativos ii. Usar números negativos em outros contextos	Livro-texto 7.7, livro de exercícios, pincéis atômicos, PPT, folhas de abertura	Igual ao anterior

Ensinando matemática para adolescentes 73

Aula nº	Data	Tópicos da aula	Objetivos de aprendizagem	Recursos	Referência do Currículo Nacional
10	30/01	Números negativos	i.Plotar pontos nos quatro quadrantes ii. Projetar formas sobre os eixos	Regras, lápis, projetor, montar sobre o quadro--branco, e não na tela	Igual ao anterior
11	31/01	Números negativos	i. Plotar coordenadas corretamente; unir e estender retas numeradas ii. Dada a equação de uma reta, encontrar o valor da coordenada y, dado o valor da coordenada x	Livro-texto, livro de exercícios, regras, lápis/canetas, projetor, pincéis atômicos	KS3, Ma2: igual ao anterior e "entender que uma coordenada identifica um ponto na reta numerada, duas coordenadas identificam um ponto em um plano e três coordenadas identificam um ponto no espaço; usar eixos e coordenadas para especificar pontos nos quatro quadrantes; localizar pontos com coordenadas dadas; encontrar as coordenadas de pontos idênticos com informações geométricas".
12	02/02	Números negativos	i. Escrever as regras das retas, dadas as coordenadas ii. Encontrar o ponto de intersecção de duas retas	Projetor (se possível), livros-texto, livro de exercício, pincéis atômicos, regras, lápis	Igual ao anterior
13	05/02	Revisão	i.Colocar dados em uma tabela de contagem, pictogramas, histogramas, gráficos de pizza, diagramas de dispersão, correlação ii. Álgebra: escrever regras da álgebra, coletar termos, substituir iii. Números negativos; >, <, ordenar números usando a calculadora, plotar pontos nos quatro quadrantes, regras das retas, pontos de intersecção	Livro-texto, livro de exercícios, projetor, PPT sobre revisão	Não disponível (N/D)
14	06/02	Teste da unidade	i. Desenvolver habilidades para exames futuros	Papéis para teste, caneta/lápis	N/D
15	19/02	Unidades de comprimento: desenho de escalas	i. Saber quantos pés há em uma jarda, quantas jardas há em um pé, etc. ii. Converter pés, polegadas e jardas	Regra de medição, régua, pincéis atômicos	KS3, Ma3, 4a: "converter medições em uma unidade para outra; conhecer equivalentes métricos aproximados para libra, pé, milha, *pint* e galão, fazer estimativas razoáveis de uma variedade de medições em situações cotidianas".

continua

continuação

Aula nº	Data	Tópicos da aula	Objetivos de aprendizagem	Recursos	Referência do Currículo Nacional
16	20/02	Unidades de comprimento: desenhar escalas	i. Saber quantos milímetros há em um centímetro, etc. ii. Converter mm, cm, m e km	Livro-texto, livro de exercícios, pincéis atômicos	Igual ao anterior
17	21/02	Revisão do teste da unidade	Teste de revisão. Os alunos revisam seu próprio trabalho e corrigem os erros	Papéis de teste, pincéis atômicos	Igual ao anterior
18	23/02	Unidades de comprimento: desenhar escalas	i. Estimar conversões usando aproximações ii. Converter do sistema imperial* para o sistema métrico	Livro-texto, livro de exercícios, pincéis atômicos, calculadoras (pedir na sala 12).	Igual ao anterior

Um bom plano de médio prazo também terá alguma indicação dos recursos que serão usados aula por aula. Infelizmente, ainda ocorre que certas escolas baseiam o seu planejamento de médio prazo no uso de um único livro-texto. É fácil ver como isso pode facilitar a vida dos professores, para o planejamento do esquema de trabalho, mas, muitas vezes, é um sério fator limitante para o estilo e o conteúdo do ensino. Em 1992, os supervisores observaram que os livros-texto eram a influência dominante na criação do currículo em muitas escolas (HER MAJESTY'S INSPECTORATE, 1992). Os supervisores criticaram os professores alegando que os livros-texto haviam feito o planejamento para eles e que, como resultado, os docentes não precisavam fazer mais nenhum planejamento detalhado. No final da década de 1990, uma iniciativa nacional para melhorar o planejamento curricular envolveu o treinamento de chefes de departamento, sendo oferecida orientação sobre como desenvolver esquemas de trabalho.

É provável que poucas escolas atualmente se encaixem na categoria descrita por Millett e Johnson (1996, p. 59) como planejadores "voltados para esquemas", em que o livro-texto publicado é o ponto de partida para o planejamento curricular. Todavia, resta uma questão, pois evidências de inspeções de 2005 identificaram um ponto fraco em comum no planejamento curricular: a "[...] confiança exagerada em materiais publicados, que são adotados de forma acrítica e sem uma avaliação para garantir que sejam adequados às necessidades e experiências anteriores dos alunos" (OFFICE FOR STANDARDS IN EDUCATION, 2005, p. 9). Mesmo que isso tenha melhorado até o relatório de 2012, ainda era notável uma preocupação com o fato de que "[...] raramente os esquemas de trabalho das escolas secundárias configuraram uma jornada de aprendizado em matemática coerente para os alunos, à medida que eles progridem na escola" (OFFICE FOR STANDARDS IN EDUCATION, 2012, p. 48).

Os exemplos fornecidos mostram como os estagiários planejam usar o livro-texto como fonte de material, mas eles também tomaram decisões sobre como e quando o livro-texto deve ser complementado com material adicional

---

* N. de R. T.: Ver nota na página 207.

ou alternativo. Mesmo quanto a um tema específico, usar apenas um livro-texto como o único recurso de ensino às vezes é visto como um ponto fraco. Se você decidir basear-se em uma única fonte, estará dizendo que o autor do livro-texto fez tudo certo e que sua abordagem não pode ser aperfeiçoada de nenhum modo. Seu trabalho é ser sempre seletivo com relação à maneira de apresentar determinada aula e usar seu juízo profissional, levando em conta as necessidades da classe para a qual está lecionando. Assim, os planos de médio prazo devem mostrar que você selecionou materiais de uma variedade de fontes e que os complementou com algum material original, quando isso for necessário ou produtivo.

Nos exemplos, os estagiários fazem referência ao Currículo Nacional (UNITED KINGDOM, 1999) ou à Estratégia. Dessa forma, eles garantem que o nível do trabalho está correto e que ele se encaixa na aprendizagem anterior. Além disso, garantem que sabem como o trabalho se desenvolverá nos anos futuros. Especificando as tarefas de casa que devem ser pedidas e quando, os estagiários garantem que o planejamento dessas tarefas não seja deixado para o último minuto, mas receba alta prioridade. Esse aspecto do planejamento estratégico também ajuda a administrar a carga de correção de trabalhos, garantindo que ela seja feita no decorrer da semana.

Alguns planos de médio prazo apresentam informações que vão além do que é dado nesses dois exemplos. Alguns proporcionam detalhes extras sobre a diferenciação, possivelmente objetivos fundamentais separados e objetivos de extensão para as séries de aulas. Outros proporcionam uma abertura, ou atividades mais específicas ou ainda conexões transcurriculares (ver, por exemplo, Laing; Macinnes, 2000). Também é importante considerar os estilos de trabalho, tomando-se decisões sobre se haverá uma oportunidade para trabalho prático, discussão com os alunos ou outras formas de trabalho em grupo. Independentemente das categorias escolhidas, deve-se partir do planejamento da escola e adicionar detalhes suficientes para criar um plano de trabalho produtivo e funcional para uma série de aulas.

PLANEJAMENTO DE CURTO PRAZO

Um desafio considerável para todos os professores inexperientes é como planejar cada aula. Nos primeiros estágios da sua carreira, você deverá escrever esses planos com muito mais detalhe do que será necessário para os professores mais experientes. Existem várias razões para isso. Em primeiro lugar, fazer anotações (particularmente seguindo pontos) promove o pensamento minucioso sobre todos os aspectos da aula. O planejamento que não foi escrito costuma omitir algum detalhe de como a aula avançará. Em segundo lugar, fazer anotações esclarece o pensamento, assim como colocar as ideias em palavras auxilia a aprendizagem. O processo de escrever o plano ajuda a concentrar a mente nos aspectos básicos da aula.

Saber que a aula está bem-planejada possibilita que você a aborde com muito mais confiança do que se estivesse preparada apenas em parte, e a própria confiança é um importante fator na percepção que os alunos terão de você. Por fim, um plano escrito é extremamente útil para ajudar a memória durante a aula. Você pode referir-se a diferentes partes da aula, como, por exemplo, para lembrar os exemplos que pretende usar com a turma toda ou qual página lerá no livro-texto. Algo que parece ser irrelevante pode fazer uma diferença significativa na maneira como a aula flui e na imagem que você passa para os alunos.

Apenas porque vê poucas evidências de planejamento escrito, você pode ser levado a pensar erroneamente que os professores experientes não planejam suas aulas. Eles planejam sim! Sua experiência auxilia justamente em poder manter grande parte desse planejamento em suas mentes, com o apoio das anotações que possam ser necessárias. À medida que a sua experiência aumentar, você notará que a quantidade de detalhes que precisa escrever em seus planos de aula diminui.

Enquanto o formato detalhado do plano de aula está sujeito a interpretações individuais, existe um consenso considerável sobre o que um bom plano de aula deve conter. Perguntar a um grupo de professores o que eles esperariam do plano de aula de um estagiário invariavelmente gera uma lista com as seguintes categorias:

- detalhes da aula;
- objetivos;
- atividades de abertura/principais/grande grupo;
- referência ao Currículo Nacional ou aos planos de exames;
- equipamentos ou recursos necessários;
- diferenciação;
- avaliação.

Uma lista bastante semelhante (embora, estranhamente, omita qualquer referência a avaliações planejadas) pode ser encontrada na orientação da Estratégia Nacional (UNITED KINGDOM, 2002). Outras categorias também são sugeridas, e os planos escritos podem apresentar uma seção sobre um ou mais dos seguintes aspectos:

- palavras-chave, vocabulário matemático, desenvolvimento da alfabetização;
- objetivos de aprendizagem;
- estilos de aprendizagem;
- atividades do professor e atividades dos alunos;
- conexões transcurriculares;
- perguntas-chave a serem feitas;
- possíveis concepções errôneas, erros prováveis;
- aprendizagem prévia;
- uso de equipe de apoio;
- tarefas de casa.

Um elemento básico do plano de aula é a lista de objetivos de aprendizado. Na maioria dos casos, você trabalhará a partir de um esquema de trabalho de médio prazo ao planejar sequências de lições individuais. O esquema de trabalho deve indicar os objetivos de aprendizado de cada unidade do trabalho, bem como os objetivos escolhidos para cada aula. Deve estar claro para você o principal propósito da aula e o que os alunos conseguirão fazer ao final da aula. Muitos estagiários não têm clareza suficiente quanto aos objetivos da aula ou banalizam os objetivos. Outros estabelecem objetivos que não podem ser mensurados, o que impossibilita a avaliação da aula. Apresentamos a seguir alguns exemplos de objetivos inconsistentes (com uma indicação entre parênteses da razão pela qual são inconsistentes).

Objetivos:

Os alunos aprenderão a:
- Criar equações e resolvê-las. (Qual o grau de dificuldade dessas equações?)
- Reconhecer e visualizar a simetria de duas formas bidimensionais. (Podemos testar se eles sabem reconhecer a simetria, mas seria muito difícil saber se conseguem visualizá-la.)
- Fazer o exercício 3.2 do Capítulo 10. (Isso é bastante preciso e mensurável, mas não está relacionado a nenhuma aprendizagem matemática.)
- Entender o teorema de Pitágoras. (Queremos que eles saibam repeti-lo, usá-lo ou aplicá-lo em uma variedade de contextos? São necessários mais detalhes a esse respeito.)
- Dividir uma linha, um ângulo e construir um triângulo com três lados fornecidos. (A proposta está boa, mas ficaria melhor se fosse escrita como três objetivos separados, que possam ser medidos separadamente.)

Um, dois ou no máximo três objetivos costumam ser suficientes para uma aula. Mais do que isso provavelmente significará que a aula não tem foco suficiente. É importante criar objetivos diferenciados, como os que são apresentados a seguir.

Ao final dessa aula:
- Todos os alunos saberão calcular a hipotenusa de um triângulo retângulo, dados os outros dois lados.
- Alguns alunos saberão calcular o terceiro lado de um triângulo retângulo, dados os outros dois lados.
- Alguns alunos saberão aplicar o teorema de Pitágoras em uma variedade de contextos.

Talvez seja importante distinguir os objetivos da aula e os objetivos de aprendizagem. Os objetivos da aula são aqueles que os alunos devem entender ou saber fazer ao final da aula, enquanto os objetivos de aprendizagem são as evidências que mostram que eles alcançaram os objetivos. Resultados de aprendizagem algumas vezes são definidos segundo critérios de sucesso que indicam o tipo de questões às quais os alunos podem responder ou o conhecimento que eles podem demonstrar no final de cada aula. Em qualquer caso, é de suma importância que você pense cuidadosamente sobre o modo como formula os objetivos de aprendizado e os resultados, bem como a linguagem que você usa para explicá-los. De Cortes (1995) sugere que o verdadeiro e significativo aprendizado ocorre apenas quando existe uma explícita consciência, por parte dos alunos, daquilo que o professor espera para o final da aula. Simplesmente colocar alguns objetivos no quadro no início da aula não é o mesmo que compartilhar objetivos e resultados. A fim de facilitar um maior entendimento, os objetivos e resultados são algumas vezes resumidos por acrônimos:

OEAH – O que estamos aprendendo hoje (para os objetivos da aula).
OEP – O que estou procurando (para os resultados de aprendizagem).

Isso pode ajudar a transmitir os objetivos da aula para a classe. A primeira afirmação representa os objetivos de aprendizagem, e a segunda representa os critérios de sucesso. Compartilhar esses critérios com os alunos mostra como eles podem alcançar os objetivos. Decida por você mesmo se pensa que a distinção entre objetivos e resultados da aprendizagem é útil.

Ponto para reflexão

Muitas pessoas recomendam que um bom ponto de partida para o planejamento seja listar objetivos. Argumenta-se (JONES; SMITH, 1997) que tal procedimento pode ter a desvantagem de levar a um ensino mecânico, no qual se perdem oportunidades de ser criativo na sala de aula. Reflita sobre o nível em que você concorda com isso. Sugira maneiras por meio das quais possa garantir que seus objetivos especificados não levem a uma aprendizagem especificada.

PLANEJANDO MATEMATICAMENTE

Depois de decidir sobre os objetivos da aula, você deve pensar detalhadamente sobre a matemática envolvida. Os objetivos identificam o que você quer que os alunos aprendam, mas não como essa aprendizagem ocorrerá. Como uma próxima etapa, convém listar no papel todas as maneiras possíveis em que se pode ensinar matemática, de modo que cada uma seja considerada e avaliada segundo suas vantagens e desvantagens.

Eis como alguns professores experientes descrevem seu raciocínio nesse estágio do processo de planejamento:

Se eu tiver feito algo que funcionou bem, tendo a continuar com esse modo de transmitir a matemática. Porém, procuro ter mais de um modo de fazer coisas diferentes, o que depende da capacidade do grupo e dos indivíduos no grupo para decidir como ensinar cada tópico individual.

Penso muito sobre as características da matemática e da avaliação, pois elas são o aspecto fundamental. Planejo cuidadosamente o conteúdo matemático da lição. Com a experiência, você vê as armadilhas e os problemas que são prováveis de ocorrer, porque já fez aquilo antes.

Em meu planejamento, penso bastante sobre o ponto em que os problemas surgirão. Identifico quais são as ideias básicas e onde estarão os obstáculos. Muitas vezes, reflito sobre os diferentes métodos que usei no passado e avalio o quanto foram efetivos. Em geral, penso que posso melhorar a maneira como ensinei na última vez.

Muitos professores estagiários têm ideias bastante limitadas sobre as diferentes abordagens matemáticas para ensinar determinado tópico. A menos que você tenha feito longas observações de aulas, é provável que comece seu raciocínio referindo-se à maneira como lhe ensinaram o tópico quando você estava na escola. Durante o treinamento, você deve desenvolver seu conhecimento de abordagens alternativas, compartilhando ideias com outras pessoas, ou talvez pedindo que seu mentor faça uma lista de abordagens alternativas para você avaliar.

Considere, por exemplo, uma aula cujo objetivo é que os alunos aprendam a multiplicar duas expressões algébricas lineares. Uma discussão com grupos de estagiários costuma apresentar as seguintes sugestões de maneiras de ensinar esse tema:

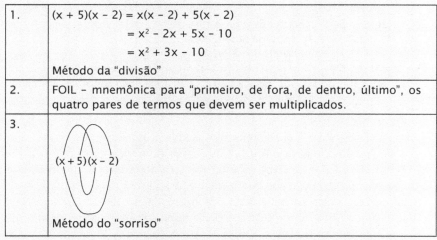

1.	$(x + 5)(x - 2) = x(x - 2) + 5(x - 2)$ $= x^2 - 2x + 5x - 10$ $= x^2 + 3x - 10$ Método da "divisão"
2.	FOIL – mnemônica para "primeiro, de fora, de dentro, último", os quatro pares de termos que devem ser multiplicados.
3.	$(x + 5)(x - 2)$ Método do "sorriso"

continua

continuação

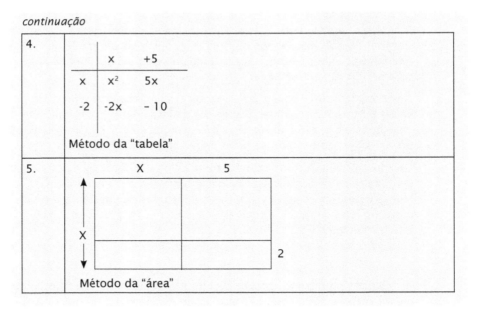

Tabela 3.1 Benefícios e desvantagens de cada método

Método	Benefícios	Desvantagens
1. Método da "divisão"	Aborda a matemática lógica. Desenvolve habilidades algébricas.	Pode ser entediante.
2. FOIL	É fácil de lembrar.	É apenas mnemônica. Não tem relação com outras ideias matemáticas.
3. Método do "sorriso"	É fácil de lembrar e divertido.	É uma imagem conhecida.
4. Método da "tabela"	Relaciona-se bem com o método da tabela para multiplicar números.	Tem um aspecto informal.
5. Método da "área"	Constitui uma boa abordagem visual. Relaciona-se bem com o conhecimento sobre áreas.	A ilustração é mais complexa para termos negativos.

    Essas cinco abordagens são usadas atualmente, de modo que cada uma delas deve ter algum mérito. Existe uma diferença clara entre os métodos 2 e 3 (mnemônica e sorriso) e os outros três métodos. A mnemônica e o sorriso não tentam explicar por que o método funciona, mas são maneiras simples de descrever o que se deve fazer. Os outros três métodos estabelecem relações com o que já foi aprendido e esperam que os alunos aprendam o que significa multiplicar esses termos. Outra etapa do processo de planejamento pode ser avaliar as vantagens e desvantagens de cada método (Tabela 3.1).

Depois de decidir qual abordagem matemática será empregada, a próxima etapa do processo de planejamento é pensar sobre a estrutura da aula. Isso dependerá bastante da quantidade de tempo disponível, mas consideremos, por exemplo, planejar uma aula de 60 minutos sobre a multiplicação de termos lineares. Digamos que você decida empregar o método 1, o método da divisão, com a intenção de usar a ilustração do sorriso ao final da aula. Você deve planejar como usará o tempo da aula. Você pretende que a aula envolva o máximo de atividade dos alunos, mas também quer empregar alguns métodos de ensino interativo direto, assim como deseja que o método usado faça sentido para os alunos, em vez de apenas mostrar a eles um método para obter uma resposta correta.

Uma abertura adequada seria uma atividade rápida de revisão sobre o tópico dos termos algébricos. Por exemplo, você pode planejar para gastar cinco minutos na atividade a seguir.

Encontre os pares equivalentes:

A	$4(x - 5)$	1	$4x - 4$
B	$4(x - 1)$	2	$-2x^2 - 10x$
C	$x(x +2)$	3	$6x - 10$
D	$2(3x - 5)$	4	$12x - 8$
E	$x(3 + x)$	5	$4x - 20$
F	$-4(2 - 3x)$	6	$4 - x$
G	$-2x(x + 5)$	7	$x^2 + 3x$
H	$-(x - 4)$	8	$x^2 + 2x$

Pode-se esperar que a classe faça essa atividade cometendo relativamente poucos erros, mas ainda se podem gastar alguns minutos discutindo as respostas e pedindo que os alunos expliquem ou justifiquem suas respostas.

Para a atividade principal, uma abordagem possível é escrever no quadro as duas expressões matemáticas

$$A = (x + 6)(x - 1)$$
$$B = x^2 + 5x - 6$$

e pedir que os alunos escolham um valor para x. Para o valor atribuído a x, peça-lhes que avaliem cada uma das expressões e então os desafie a descobrir o que acontece com outros valores de x. Depois de estabelecer que existe um caso intuitivo em que as duas expressões são iguais, você pode trabalhar com a justificativa matemática escolhida a partir da lista de alternativas citada.

No estágio de planejamento, é vital não apenas que a abordagem matemática seja bem pensada, mas também que os exemplos específicos sejam escolhidos cuidadosamente. A experiência sugere que, em geral, professores em treinamento tendem a preparar poucos exemplos e costumam ser pouco claros quanto ao motivo de terem escolhido determinados exemplos (ROWLAND, 2008) – e a exemplificação é uma área que deve ser levada seriamente em consideração. No caso de multiplicar parênteses, uma abordagem na escolha dos exemplos é primeiramente considerar apenas fatores lineares que contenham coeficientes positivos e números inteiros positivos, como $(x + 3)(x + 6)$. Somente quando os alunos se sentirem seguros com a ideia matemática de multiplicar os parênteses é que você desenvolverá as ideias para cobrir casos mais gerais. Isso ilustra um princípio geral que os professores estagiários às vezes demoram um pouco para entender: é preciso que as novas ideias sejam apresentadas lentamente aos alunos. Ideias demais de uma vez só podem deixá-los saturados. Nesse caso, quando os alunos tiverem êxito em multiplicar fatores lineares apenas com termos positivos, a aula pode avançar para casos como $(x + 4)(x - 5)$, $(x - 2)(x - 1)$. Dependendo da turma, talvez você só avance até esse ponto em uma aula. Questões do tipo $(2x + 1)(2x - 5)$, $(4 - 3x)(2 - x)$, $(x - 1)(3 + 7x)$, em que a dificuldade extra vem de coeficientes de x diferentes de 1 e de variações na ordem dos termos em cada fator, podem ser usadas como trabalho de extensão.

A escolha da abordagem matemática pode ser influenciada por fatores além da escolha pessoal, devendo-se também considerar a aprendizagem anterior. Uma abordagem específica pode encaixar-se na maneira como os tópicos foram introduzidos no passado, ao passo que outras abordagens talvez não se encaixem confortavelmente na aprendizagem anterior. Até certo ponto, pode-se fazer isso com base no esquema da escola ou na Estratégia para verificar como é desenvolvida a progressão de ideias nesse tópico. Porém, quase certamente, você deverá falar com o professor regente sobre a turma, o trabalho que já foi feito e as abordagens utilizadas.

Acima de tudo, você deve usar o tempo de planejamento para garantir que a matemática contida em sua aula seja correta em cada detalhe. Sua linguagem deve ser precisa e exata, assim como as explicações devem ser perfeitas em sua lógica. Dedique um tempo para verificar tais aspectos, mesmo quando estiver confiante nos fundamentos da matemática envolvida. Será mais provável que você cometa erros nos detalhes.

Os dois planos de aula apresentados a seguir são exemplos de como podem ser os planos completos. Cada um foi elaborado por um estagiário diferente e tem seu próprio estilo, mas ambos têm os mesmos aspectos importantes que foram listados antes, como objetivos da aula, equipamentos necessários e o modo de avaliação da aprendizagem. Observe que os planos estimam o tempo previsto para as diferentes partes da aula, o que pode ser um enorme apoio durante a aula, seja para ajudá-lo a se manter no plano, seja para que você tenha consciência de que está adaptando o plano conforme as circunstâncias. Versões eletrônicas desses planos e de outros planos de aula estão disponíveis no *site* que acompanha o livro.

Ensinando matemática para adolescentes **83**

Plano de aula

Ano: 7   Grupo de capacidades: 2 de 4   Número de alunos: 24   Sala: 6

Data: sexta-feira,12 de janeiro de 2007   Duração: 50 minutos   Período 2

Currículo Nacional:

MA4 – Lidando com dados 1 (a, e, f), 3(a)

Nível 4

Objetivos de aprendizagem: os alunos aprenderão a...
- inserir dados brutos em uma tabela de frequência agrupada.
- representar a tabela de frequência em um histograma.

Recursos de trabalho:

Livro-texto Collins

Papel A4 quadriculado

Tarefas de casa:
- Escrever um breve relatório sobre a investigação feita na aula anterior.
- Data de entrega: segunda-feira, 15 de janeiro.

Equipamentos:

Quadro de Prometeu

Quadro-branco

Régua para o quadro

Alunos individuais:

Acompanhar Molly para ver tarefa de casa pendente.

Vocabulário básico:

Tabela de frequência agrupada, dados brutos, classes, amostra, frequência.

ATIVIDADE DE ABERTURA

9h50min

- Explicar as regras do jogo do círculo e como uma pessoa deve responder à pergunta da outra.
- Entregar os cartões para alunos específicos.
- Usar um cronômetro para avaliar a velocidade em que o exercício é concluído.

Tempo alocado: 10 minutos

ATIVIDADE PRINCIPAL

Fase 1

10h

1. Organize os alunos nos mesmos grupos da aula anterior para completar o histograma representando os resultados da pesquisa (*por volta de 5 a 10 minutos*). (*Extensão: escrever um breve relatório explicando a investigação realizada e os resultados obtidos. Uma lista de pontos a incluir pode ser apresentada no quadro.*)
2. Chame a atenção dos alunos e então os instrua a escrever no caderno os detalhes da tarefa de casa. Entregue as folhas da tarefa e peça para que as completem. (*3 a 5 minutos.*)

continua

continuação

Fase 2

1. Peça para que os alunos escrevam o título "frequências agrupadas" ao lado da data.
2. **Produza tabelas de frequência agrupada e represente em um histograma.**
3. Mostre o exemplo na apresentação de PPT "tabelas de frequências agrupadas", fazendo pausa para as perguntas.
4. Questões básicas:
   - Como você pode apresentar esses dados de um modo razoável?
   - Para os valores diferentes – seria fácil/adequado desenhar um histograma com uma faixa/variedade tão grande de valores?
   - O que tornaria mais fácil para mostrar esses resultados em um histograma?
   - Que tipos de grupos podemos usar para dividi-los?
   - Como podemos registrar esses dados em uma tabela?
   - Que nomes devemos usar para os eixos?
     (Os alunos devem estar prontos para tentar o exercício às 10h25min)
5. Peça à turma para que responda às perguntas 1 e 2 do exercício 8C, página 88. (*Extensão: questão 3.*)

Tempo alocado: 35 minutos

ATIVIDADE COM O GRANDE GRUPO

10h35min

1. O que é uma classe? Que classes de tamanho devemos escolher?
2. Por que precisamos desenhar uma tabela de frequência agrupada?
3. Como sabemos quais valores devem ser incluídos nas diferentes barras ou classes?

Tempo alocado: 5 minutos

AVALIAÇÃO

- Enquanto a classe trabalha na tarefa, devo caminhar pela sala monitorando o progresso e respondendo às perguntas.
- Fazer comentários individuais, verificando as tabelas de frequência enquanto ando pela sala.
- Pedir aos alunos que mostrem seu trabalho aos colegas no começo da aula e discutam seus resultados.
- A tarefa de casa foi criada para consolidar o trabalho realizado principalmente na aula anterior, mas concluído nesta aula. Esse assunto será discutido no começo da aula de segunda-feira, quando também pegarei os livros dos alunos para corrigi-los.

Ensinando matemática para adolescentes **85**

Plano de aula – área de triângulos

Ano: 7	Capacidade: grupo 2	Número de alunos: 26
Data: 17.01	Período: 1	Duração: 50 minutos

Metas
Os alunos aprenderão:
– de onde é derivada a fórmula para a área de triângulos;
– a usar essa fórmula para encontrar a área de triângulos diferentes.

Objetivos
Os alunos aprenderão:
– a encontrar a área de triângulos retângulos;
– a encontrar a área de outros triângulos.
Palavras-chave: área, centímetro quadrado, perpendicular, base, altura.

Referência ao Currículo Nacional: MA3 Nível 5.

Recursos: retroprojetor para atividade de abertura, materiais preparados, folhas para tarefa de casa, lápis, régua, adesivos autocolantes e parede.

Atividade de abertura: 9h05min (5-10 minutos)
Fatos correspondentes sobre ângulos no retroprojetor. Garotas contra garotos; alunos alternam-se para escolher referências e tentar identificar fatos correspondentes. Explique exatamente o que fará primeiro. Talvez precise discutir afirmações (p.ex., ângulos verticalmente opostos).

Atividade principal: 9h15min (30-35 minutos)
Alunos copiam título, data e objetivos. Recapitular como encontrar a área de um retângulo. Depois, desenhar um triângulo retângulo no quadro. Reflexão de dois minutos para cada aluno pensar em como encontrar a área e discutir com o vizinho. Compartilhe ideias. Formalize em uma fórmula. Exemplifique para mostrar que funciona, com base de 4 cm e altura de 3 cm. **Exercício 10F pág. 208.** Para a questão 1, talvez tenha de discutir o que significa perpendicular. Depois de 15-20 minutos, interromper a atividade e apresentar um exemplo de um triângulo sem ângulos retos. Use o material preparado para demonstrar que a fórmula usada é a mesma. Trabalho de acompanhamento do **Exercício 10G pág. 210.** Os alunos que tiverem concluído o exercício podem começar a folha de extensão.
Diferenciação: folha de extensão preparada, anotações preparadas para o quadro.

Atividade com o grande grupo: 9h50min (5 minutos)
Dê um adesivo autocolante a cada aluno e peça para que escrevam como avaliam seu desempenho na aula de hoje. Podem colar os adesivos na parede.

Tarefa de casa: não disponível.

Avaliação
Avaliação do conhecimento prévio na atividade de abertura. Questionamento na atividade principal e na atividade de abertura, pedindo para os alunos para que venham à frente da sala e corrigindo o trabalho enquanto estiverem fazendo a tarefa.

QUESTÕES RELACIONADAS COM O PLANEJAMENTO

Um aspecto do planejamento que costuma ser negligenciado é considerar aquilo que se pode chamar de o quadro mais amplo. Uma boa prática é fazer a si mesmo a seguinte pergunta: "por que estamos estudando esta parte da matemática?", pois é uma pergunta que os alunos fazem com frequência. Em muitos casos (por exemplo, tópicos algébricos), uma resposta possível é a de que esse estudo aumenta a nossa compreensão da matemática e ajuda-nos a resolver problemas. Outros tópicos têm respostas mais óbvias, como transformações em desenhos ou números primos em criptografia.

Outra área proveitosa de reflexão é como a lição pode ser relacionada com outras áreas da matemática, outras disciplinas escolares ou a vida fora da escola. A Estratégia enfatiza a necessidade de apresentar o conteúdo como mais que um conjunto de tópicos isolados. É preciso mostrar explicitamente aos alunos as relações com outras áreas da matemática, com o bom planejamento garantindo que as "[...] ideias matemáticas sejam apresentadas de um modo inter-relacionado, e não isoladas umas das outras" (UNITED KINGDOM, 2001, p. 46).

Materiais de apoio visual auxiliam a mostrar como a matemática está ligada a situações que ocorrem fora da escola. Durante seus anos de formação e primeiros anos como professor, é importante coletar exemplos do uso da matemática nos meios de comunicação ou na internet. Goulding (2004) oferece algumas sugestões para um arquivo de materiais:
- horário do ônibus local;
- horário do trem;
- lista de câmbio de moedas estrangeiras;
- temperaturas ao redor do mundo;
- resultados esportivos;
- páginas de catálogos;
- página de um guia de serviços da área próxima à escola;
- fotocópia de um mapa da localidade.

A internet é uma excelente fonte de material de apoio para as aulas de matemática. Isso vale especialmente para gráficos, tabelas e listas de dados, mas também se aplica a outras áreas da matemática, como mosaicos, simetria ou mapas e escalas.

Depois de usar os objetivos para planejar o conteúdo matemático principal da aula, você deve considerar se o trabalho planejado é adequado para todos os alunos da turma. Em muitos casos, você pode ter concebido um plano concentrado nas necessidades da faixa média de capacidade da classe e terá de avaliar novamente o plano para ver como ele aborda as necessidades de grupos diferentes.

Mesmo quando o ensino de matemática é organizado em classes divididas por capacidade, sempre existe uma faixa de capacidade na classe e uma faixa de necessidades individuais acima dela. Segundo Haggarty (2002), você deve fazer um esforço consciente para evitar que suas aulas sejam adequadas apenas à faixa média de capacidade da classe.

É provável que o plano precise ser adaptado para levar em conta as necessidades de todos os alunos. Em matemática, esse planejamento diferenciado muitas vezes significa proporcionar materiais de apoio para os menos capazes e trabalho de extensão para os mais capazes, envolvendo também a necessidade de prover trabalho para alunos com estilos de aprendizagem diferentes. Kinchin (2007) cita um "consenso geral" de que os indivíduos diferem em suas preferências para reunir e processar informações. Esses diferentes estilos de aprendizagem costumam ser divididos em três categorias: visual, auditivo e sinestésico. Os alunos descritos como visuais aprendem mais efetivamente quando as informações são apresentadas na forma de imagens ou diagramas. Os aprendizes auditivos aprendem ouvindo, tanto o professor quanto outros alunos. Os aprendizes sinestésicos aprendem mais quando têm materiais físicos para manipular ou mexer.

Os aprendizes visuais são com frequência bem-atendidos nas aulas de matemática, já que os professores costumam amparar sua explicação oral com um diagrama ou um objeto matemático para olhar. Os aprendizes auditivos respondem bem quando o professor cria oportunidades para discussão em grupo ou incentiva os alunos a explicar seus métodos para o resto da classe. Os aprendizes sinestésicos respondem bem à atividade física. Existem muitos exemplos na matemática, como cartões, cubos, medições ou a construção de formas e sólidos. Em seu planejamento, considere se o seu estilo de ensino inclina-se para determinado estilo de aprendizagem e certifique-se de que, com o tempo, proporcione oportunidades para que todos os alunos aprendam em seu estilo preferido. Além disso, tente estimulá-los a se tornarem mais flexíveis em seus estilos de aprendizagem, pois as pesquisas sugerem que "[...] os alunos mais bem-sucedidos são aqueles que conseguem acessar e processar informações em uma variedade de maneiras" (UNITED KINGDOM, 2004, p. 8).

Uma abordagem comum para atender às diferentes capacidades é permitir (ou esperar) um ritmo de trabalho diferente em uma classe normal. Isso não significa que os alunos estejam continuamente acelerando, como costumava acontecer nos primeiros anos da escola secundária, quando os alunos trabalhavam individualmente em um esquema matemático em seu ritmo próprio. Significa que os alunos, nas aulas individuais, estão trabalhando em velocidades diferentes e que alguns terminarão o trabalho básico antes de outros. O bom planejamento deve considerar esse fator, proporcionando atividades de extensão que envolvem mais questões indutivas ou atividades alternativas. No início de sua prática de ensino, será suficiente que você planeje/analise as atividades; porém, à medida que você for progredindo, seu planejamento deve tornar-se mais sofisticado quanto à diferenciação. Ao estabelecer mais tarefas sobre o mesmo tópico, é importante que o plano garanta que esse trabalho realmente proporcione mais aprendizado, de modo que o trabalho de extensão seja mais desafiador, ocorra em um contexto novo ou conduza a um entendimento mais geral do tópico. Infelizmente, em algumas aulas, muitos alunos capazes ou que trabalham rápido recebem "o mais do mesmo" para mantê-los ocupados, enquanto outros fazem o trabalho básico, o que os desmotiva.

Em geral, o apoio para alunos específicos implica entender o que eles já sabem fazer e quais potencialidades, debilidades e necessidades específicas foram identificadas no passado. As necessidades específicas de alguns alunos são documentadas em planos educacionais individualizados, e as necessidades de outras pessoas podem ser reconhecidas de modo menos formal em registros escolares ou departamentais. No estágio de planejamento, deve-se considerar como a aula talvez precise adaptar-se para necessidades especiais. Por exemplo, para ajudar a ilustrar determinada ideia matemática, convém trazer materiais específicos para a aula. Em uma aula sobre simetria rotacional, você pode planejar apoio para os menos capazes, fornecendo cubos com os quais o aluno possa construir a forma e girá-la. Todos os alunos são beneficiados com oportunidades de aprendizagem que sejam adequadas às suas necessidades e capacidades, mas isso é particularmente importante para alunos que tenham necessidades educacionais especiais (SCHOOL CURRICULUM AND ASSESSMENT AUTHORITY, 1996).

O planejamento da aula preenche outra função relevante no atendimento das necessidades de todos. É nesse estágio do planejamento que você deve considerar o apoio que outros adultos podem oferecer na sala de aula. Tirar o máximo proveito desse apoio não é tarefa fácil; porém, nas aulas mais planejadas, o trabalho do assistente de ensino é organizado, em vez de ser deixado à sua (talvez considerável) experiência profissional. No mínimo, qualquer pessoa da equipe que for ajudá-lo deve ter uma cópia do seu plano de aula em tempo de se familiarizar com os objetivos e resultados propostos. Você pode considerar providenciar um "miniplano" específico para os assistentes de aula.

É essencial pensar cuidadosamente sobre a classe para a qual se planejou a aula e refletir se as atividades planejadas não excluem algum indivíduo de participar plenamente da lição. Talvez isso exija considerar se questões de gênero ou culturais podem ter algum efeito sobre a participação na lição, bem como considerar se todos os estilos de aprendizagem são abordados e se existem demandas linguísticas que possam causar dificuldades para indivíduos com poucas habilidades linguísticas ou para aqueles cuja língua materna seja diferente da do resto da turma.

Um aspecto do planejamento que costuma ser bastante frágil entre os estagiários é o planejamento para a avaliação. A maior parte dos modelos de planejamento traz uma seção de "Avaliação", que ajuda a concentrar o foco em como se avaliará o progresso dos alunos. Tome cuidado para evitar a tentação de copiar e colar a mesma frase nessa categoria em cada plano que elaborar. Não há nada de errado em uma frase como "dar as respostas; fazer perguntas ao grande grupo", desde que não se pense que isso se aplica a todas as aulas. No estágio de planejamento, você deve considerar maneiras diferentes por meio das quais a aprendizagem pode ser avaliada durante a lição. Entre os exemplos, estão

- recorrer a questionamentos para avaliar o grau de compreensão;

- avaliar os livros de exercícios para monitorar a realização do trabalho escrito;
- escutar a discussão entre os alunos;
- interagir com os alunos individualmente;
- tomar nota da avaliação dos alunos sobre a sua aprendizagem;
- levantar as mãos para indicar o número de respostas corretas;
- propor uma atividade com o grande grupo concentrada em avaliar a atividade.

Nos primeiros estágios do trabalho em uma escola, você deve incluir em seu plano uma lista do equipamento de que necessitará em aula. Talvez esse pareça um nível banal de planejamento, mas anotar o equipamento e os recursos que são necessários torna muito menos provável que você tenha de sair correndo no último minuto para encontrar algum equipamento essencial. O uso de equipamentos é um problema particular para você como professor estagiário, pois estará sempre trabalhando na sala de aula de outra pessoa e talvez não saiba onde o professor regente guarda o estoque de transferidores, lápis, calculadoras, cubos ou o que for. Lecionar em diversas salas diferentes, como muitas vezes ocorre, significa que você deverá saber onde cada professor guarda cada equipamento – um desafio para qualquer pessoa.

TAREFAS DE CASA

O papel e o valor das tarefas de casa são muito discutidos e contestados. Cooper, Robinson e Pattal (2006) observaram poucas correlações entre as tarefas de casa e o progresso dos alunos, por exemplo. Em 2012, a Secretary of State for Education anunciou que pretendia abolir a exigência estatutária de que as escolas solicitassem tarefas de casa, deixando as decisões a respeito da frequência e da quantidade de tarefas a critério dos professores. De qualquer modo, é importante que você se familiarize com as políticas de tarefas de casa e que seus planos concedam a devida consideração a elas. Não é uma boa prática pensar sobre a tarefa de casa durante a aula! Pense no propósito duplo da tarefa, que se concentra em consolidar e ampliar a aprendizagem. Na maioria das vezes, o melhor é passar uma tarefa sobre o que está sendo aprendido no momento, mas você também deve, de vez em quando, solicitar trabalhos que sejam mais desafiadores. É bom dar uma tarefa ocasional que envolva os alunos em encontrar ou tentar aplicar seu conhecimento de maneiras novas.

Você não deve passar tarefas de casa, rotineiramente, que peçam para os alunos concluírem o exercício que estão fazendo. Embora isso possa ser adequado ocasionalmente, não é apropriado como prática regular. Tarefas de "concluir" provavelmente exigirão pouco de muitos alunos, e é melhor planejar suas tarefas tendo o grupo todo em mente, com um trabalho que seja separado do trabalho da sala de aula.

Resumo do processo de planejamento

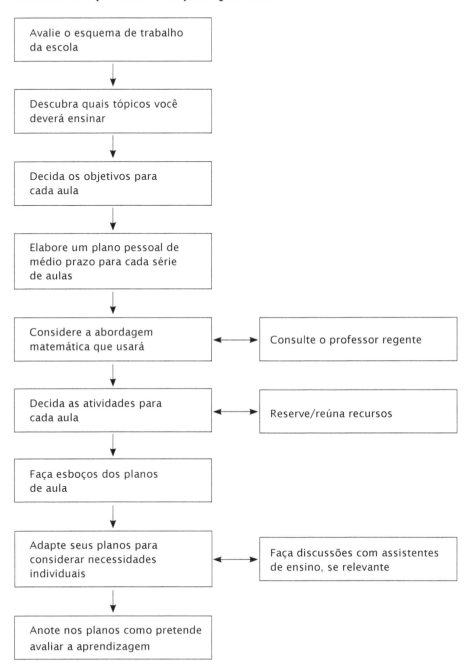

EVIDÊNCIAS DE PESQUISAS

A Estratégia apresenta orientações consideráveis para o planejamento, tanto em âmbito escolar quanto departamental, já que sua influência tende a impactar diretamente o planejamento departamental, sejam quais forem as mudanças feitas no Currículo Nacional. Esse nível de planejamento tem um impacto sobre o planejamento de cada professor, porém, de maneira mais relevante, ajuda a garantir a coerência do ensino. Evidências de pesquisas sugerem que a maior parte das escolas tem esquemas de trabalho adequados, mas muitos deles poderiam ser melhor desenvolvidos. Os pesquisadores relatam que, em muitos departamentos, os esquemas de trabalho não são suficientemente desenvolvidos para oferecer a professores inexperientes ou não especialistas o apoio de que necessitam (OFFICE FOR STANDARDS IN EDUCATION, 2005). Nas melhores escolas, os departamentos seguem seu esquema de trabalho como base para uma ampla variedade de atividades de desenvolvimento profissional, nas quais os professores discutem diferentes abordagens matemáticas, compartilham ideias sobre aulas bem-sucedidas e desenvolvem a boa prática em equipe.

Grande parte das pesquisas sobre a eficácia do planejamento de aulas é generalizada para todos os professores. Por exemplo, John (1993) sugere um guia prático de planejamento que discute os conteúdos esperados de um plano de aula e proporciona vários modelos alternativos, os quais podem ser copiados e adaptados.

Anteriormente, mencionamos que as ideias dos estudantes que começam sua formação docente sobre como se deve ensinar certo tópico eram extremamente influenciadas por sua própria experiência na escola. John (1991) leva esse estágio adiante e afirma que os estagiários lembram-se não apenas das abordagens matemáticas, mas também de ideias sobre a estrutura de uma lição e o modo como os alunos aprendem. Os estagiários trazem consigo um conjunto de ideias preconcebidas sobre como deve ser uma aula de matemática. Para eles, é difícil rejeitar a sua própria visão imediatamente, apesar dos conselhos e das orientações de outras pessoas. Isso significa que a ênfase nos objetivos da aula e em abordagens não tradicionais no curso de formação pode ser insuficiente para desafiar a visão tradicional de uma aula de matemática como um padrão de exposição, exemplos e prática (JONES; SMITH, 1997). Embora seu curso de formação possa proporcionar orientação sobre abordagens alternativas, os estagiários relutam para se afastar do que consideram uma abordagem segura.

A pesquisa sobre estilos de aprendizagem é relevante para o ensino de todas as disciplinas, mas é importante ter evidências que sustentem o uso de recursos e apoios visuais. Cano-Garcia e Hughes (2000) demonstram como diferentes estilos de aprendizagem afetam o desempenho acadêmico, enquanto Marzano, Pickering e Pollock (2001) sintetizam as pesquisas que mostram que a aprendizagem tem o apoio de representações visuais, com exemplos de gráficos, diagramas e equipamentos. Aubusson et al. (1997) apresentam evidências do valor das atividades sinestésicas. Paivio (1990) descreve duas maneiras por meio das quais o cérebro recebe informações: por meio da linguagem e por meio da imaginação visual. Na matemática, a maior parte das situações de ensino exige que os alunos apliquem ambas as formas de processamento, e é no processamento de informações em duas vias que a aprendizagem torna-se mais efetiva.

> **Ponto para reflexão**
>
> Considere as aulas que você observou até agora e o planejamento envolvido em sua criação. Em particular, compare duas aulas a que assistiu – uma que foi bem e outra que não foi tão bem. Você consegue identificar diferenças na qualidade do planejamento dessas aulas?

LEITURAS COMPLEMENTARES

JONES, K. Planning for mathematics learning. In JOHNSTON-WILDER, S.; JOHNSTON-WILDER, P.; PIMM, D.; WESTWELL J.(Eds.), *Learning to teach mathematics in the secondary school.* Oxford: Routledge, 2005.

Esse capítulo proporciona uma boa revisão sobre como planejar uma série de aulas e como planejar uma aula individual. Ele apresenta uma tentativa de modelar o planejamento, descrevendo como professores experientes planejam. Ao longo do texto, há 15 atividades para o leitor, variando de muito breve, como "escreva cinco (ou mais) razões para planejar aulas", a atividades bem mais longas, como revisar uma série de aulas, analisando cada uma para verificar se cada aluno consegue sentir-se incluído nas atividades e analisando como o professor diferenciou-se ao longo da aula.

GOULDING, M. *Learning to Teach Mathematics in the Secondary School.* London: David Fulton, 2004.

Esse livro contém conselhos valiosos para o professor estagiário, incluindo como planejar aulas. No capítulo que aborda especificamente o planejamento, a autora caracteriza o planejamento como a conciliação de duas noções: qual entendimento os alunos trazem para a aula e qual aprendizagem o professor deseja que ocorra. A orientação apresentada é voltada particularmente para o planejamento de curto prazo. O livro oferece vários exemplos de planos de aula, com comentários valiosos sobre os pontos fortes e fracos de cada um.

SITES ÚTEIS

O *site* da Teachernet era um fórum de discussão de uma ampla variedade de questões educacionais. Apesar de ter sido oficialmente encerrado em 2010, continua sendo muito útil. Na seção de matemática, você encontrará muitas orientações e recursos interessantes para ensinar matemática. Acesse em: http://webarchive.nationalarchives.gov.uk/20110316231736/http://teachernet.gov.uk/teachingandlearning/subjects/maths/.

O *site* do Department for Education é um recurso essencial a todos os estagiários. Nele você encontrará publicações oficiais, incluindo a Framework for Teaching Mathematics. Acesse em: https://www.gov.uk/government/organisations/department-for-education.

REFERÊNCIAS

AUBUSSON, P. et al. What happens when students do simulation role-play in science?. *Research in Science Education*, v. 27, n. 4, p. 565-579, 1997.

CANO-GARCIA, F.; HUGHES, E. H. Learning and thinking styles: an analysis of their inter-relationship and influences on academic achievement. *Educational Psychology*, v. 20, n. 4, p. 413-430, 2000.

COOPER, H.; ROBINSON, J. C.; PATTAL, E. A. Does homework improve academic achievement? A synthesis of research, 1987-2003. *Review of Education Research*, v. 76, n. 1, p. 1-62, 20006.

DE CORTES, E. Fostering cognitive growth: a perspective from research on mathematics learning and instruction. *Educational Psychologist*, v. 30, p. 37-46, 1995.

GOULDING, M. *Learning to teach Mathematics in the secondary school*. London: David Fulton, 2004.

HAGGARTY, L. Differentiation. In: HAGGARH, L. (Ed.). *Aspects of teaching secondary Mathematics*: perspectives on practice. London: Routledge, 2002.

HER MAJESTY'S INSPECTORATE. *Mathematics key stages 1, 2 and 3*: a report by HM inspectorate on the second year 1990-1. London: HMSO, 1992.

JOHN, P. D. A qualitative study of British student teachers' lesson planning perspectives. *Journal of Education for Teaching*, v. 17, n. 3, p. 301-320, 1991.

JOHN, P. D. *Lesson planning for teachers*. London: Cassell, 1993.

JONES, K.; SMITH, K. Student teachers learning to plan mathematics lessons. In: ANNUAL CONFERENCE OF THE ASSOCIATION OF MATHEMATICS EDUCATION TEACHERS, 1997, Leicester. *Proceedings...* Leicester: AMETI, 1997.

JONES, K. Planning for mathematics learning. In: JOHNSTON-WILDER, S. et al. (Ed.). *Learning to teach Mathematics in the secondary school*. Oxford: Routledge, 2005.

KINCHIN, G. D. Understanding learning. In: ELLIS, Viv. (Ed.). *Achieving QTS*: learning and teaching in secondary schools. Exeter: Learning Matters, 2007.

LAING, G. B.; MACINNES, I. Another illustration of refraction. *School Science Review*, v. 82, n. 299, p. 100-101, 2000.

MARZANO, Robert J., PICKERING, Debra J.; POLLOCK, Jane E. *Classroom instruction that works*. Alexandria: Association for Supervision and Curriculum Development, 2001.

MILLETT, A.; JOHNSON, D. Solving teachers' problems? The role of the commercial mathematics scheme. In: JOHNSON, D.; MILLETT, A. (Ed.). *Implementing the national curriculum, policy, politics and practice*. London: Paul Chapman, 1996.

OFFICE FOR STANDARDS IN EDUCATION. *Finnish pupils' success in Mathematics*. London: OFSTED, 2010. Disponível em: <http://www.ofsted.gov.uk/resources/finnish-pupils-success-mathematics>. Acesso em: 05 set. 2014.

OFFICE FOR STANDARDS IN EDUCATION. *Mathematics made to measure*. London: OFSTED, 2012. Disponível em: <http://www.ofsted.gov.uk/resources/mathematics-made-measure>. Acesso em: 05 set. 2014.

OFFICE FOR STANDARDS IN EDUCATION. *Mathematics*: understanding the score. London: OFSTED, 2008. Disponível em: <http://www.ofsted.gov.uk/resources/mathematics-understanding-score>. Acesso em: 05 set. 2014.

OFFICE FOR STANDARDS IN EDUCATION. *The annual report of her majesty's chief inspector of schools 2004/05*. London: OFSTED, 2005. Disponível em: <http://webarchive.nationalarchives.gov.uk/20101021152907/http:/live.ofsted.gov.uk/publications/annualreport0405/4.1.6.html>. Acesso em: 05 set. 2014.

PAIVIO, A. *Mental representations*: a dual coding approach. New York: Oxford University, 1990.

ROWLAND, T. The purpose, design and use of examples in the teaching of elementary mathematics. *Educational Studies in Mathematics*, v. 69, n. 2, p. 149-163, 2008.

SCHOOL CURRICULUM AND ASSESSMENT AUTHORITY. Consistency in teacher assessment: supporting pupils with special educational needs. London: SCAA, 1996.

SECONDARY resource centre, the companion website for the developing as a reflective secondary teacher series. [S.l.]: Sage, [200-?]. Disponível em: <http://www.uk.sagepub.com/secondary/>. Acesso em: 11 set. 2014.

UNITED KINGDOM. Department for Education and Employment. *Key stage 3 national strategy:* framework for teaching Mathematics years 7, 8 and 9. London: DfEE, 2001.

UNITED KINGDOM. Department for Education and Employment. *Teachers' standards.* London: DfEE, 2011.

UNITED KINGDOM. Department for Education and Employment. *The national curriculum for England:* Mathematics. London: HMSO, 1999.

UNITED KINGDOM. Department for Education and Skills. *Pedagogy and practice:* teaching and learning in secondary schools: unit 19: learning styles. London: DfES, 2004.

UNITED KINGDOM. Department for Education and Skills. *Training materials for the foundation subjects:* module 3: planning lessons. London: DfES, 2002.

4

Os elementos de uma aula de matemática

Este capítulo

✓ analisa como os professores organizam o tempo de ensino nas aulas de matemática;

✓ discute razões para empregar atividades de abertura e atividades com o grande grupo;

✓ oferece exemplos de atividades efetivas para a abertura e o grande grupo;

✓ discute por que o trabalho com o grande grupo é difícil e sugere maneiras de evitar possíveis armadilhas;

✓ ilustra a prática, apresentando um exemplo de aula.

Todas as aulas ocorrem dentro de limites especificados de tempo, o que representa uma limitação para os professores. Em matemática, as estruturas de tempo costumam levar a aulas de aproximadamente uma hora de duração, e este capítulo considera maneiras por meio das quais se pode estruturar esse tempo da melhor forma possível. Tradicionalmente, uma aula de matemática consiste na explicação do professor de algum conteúdo novo de matemática e no trabalho dos alunos em uma série de questões escritas. Ao final da lição, o professor pode dar algumas respostas e conferir quem tem a resposta correta. Esse estilo de aula tem sido questionado nos últimos anos por ser previsível demais e nada imaginativo – e também por fazer uso insuficiente da variedade de estratégias efetivas de aprendizagem (discutidas de maneira mais completa no Capítulo 9).

Na prática, qualquer aula planejada com cuidado contém vários elementos diferentes, que devem combinar-se para formar uma experiência de aprendizagem coerente para os alunos. A Estratégia (UNITED KINGDOM, 2001) oferece uma orientação clara sobre a estruturação de uma aula de matemática. Em uma seção intitulada "Uma aula típica", recomenda-se dividir a aula em três partes: o começo, o meio e o fim. Essas três partes são descritas como:

- uma atividade oral e mental de abertura (por volta de 5 a 10 minutos);
- a atividade principal de ensino (por volta de 25 a 40 minutos);
- um momento final com o grande grupo para concluir a aula (de 5 a 15 minutos).

Essa estrutura sugerida é apresentada como "típica" e não deve ser seguida de forma mecânica. Infelizmente, esse estilo de estruturação da aula tornou-se um tema excessivamente dominante para alguns professores, que caracterizam as recomendações da Estratégia como "a aula de três partes". Isso presta um grande desserviço à Estratégia, que é apresentar recomendações sobre estilos de ensino, aprendizagem e avaliação que vão muito além da estrutura sugerida para a aula. Com certeza, não se espera que todas as aulas de matemática sigam a estrutura de três partes, e é preciso planejar uma estrutura que seja adequada para a sua aula. Por exemplo, ela pode ter quatro partes ou conter uma atividade com o grande grupo que ocorra no meio da aula.

Nos últimos anos, foram sugeridas várias adaptações para a aula de três partes, às vezes nas categorias usadas para descrever os diferentes estágios, às vezes mudando a estrutura para um modelo de quatro (ou mais) partes. Essas estruturas são (sem nenhuma ordem específica):

1. Abertura 2. Apresentação do professor 3. Prática dos alunos 4. Grande grupo	1. Abertura 2. Atividade principal 3. Grande grupo 4. Reflexão sobre a aprendizagem	1. Abertura 2. Abordagem 3. Consolidação 4. Grande grupo
1. Atividade de entrada 2. Principal 3. Revisão	1. Abertura 2. Discussão 3. Consolidação 4. Atividade 5. Revisão e desafio	1. Abertura 2. Exploração 3. Reflexão 4. Grande grupo

É pouco útil discutir os méritos relativos dessas maneiras alternativas de organizar uma aula, pois todas podem proporcionar diretrizes úteis para o planejamento. O importante é entender que muitas aulas bem-estruturadas não têm três partes!

Neste capítulo, fazendo referência a um exemplo de aula de matemática, ilustramos como se deve estruturar a aula para possibilitar uma variedade de atividades. A lição ilustrativa pode ser acessada no *site*, dividida em oito seções curtas. Ela ocorre em uma escola abrangente, de 11 a 16 anos, em uma zona urbana do noroeste da Inglaterra. A classe é do 8º ano, trabalhando no nível 5 de 6. A maior parte do trabalho planejado para o período letivo está no nível 5 do Currículo Nacional, com a inclusão de um pouco de trabalho no nível 6 para ampliar o raciocínio. Espera-se que os alunos da turma alcancem o nível 5 ou 6 nos testes padronizados do 9º ano. Dois alunos da classe têm necessidades educacionais especiais, identificando-se a dislexia e as dificuldades com a escrita como necessidades de apoio, mas não há um professor auxiliar para ajudar esses alunos. A aula tem uma atividade de abertura e um momento com o grande grupo, ambos identificáveis, e a sua principal parte tem três fases distintas, envolvendo discussão, consolidação e trabalho independente.

A ATIVIDADE DE ABERTURA

A atividade de abertura em matemática costuma ser chamada de abertura oral e mental. Isso sugere uma atividade que envolva interações entre o professor e os alunos, os quais são estimulados a trabalhar mentalmente e explicar seu raciocínio verbalmente. Na prática, as atividades de abertura assumem uma grande variedade de formas diferentes, incluindo:

- revisão oral de fatos aritméticos básicos, como as tabelas de multiplicação ou os significados de operações aritméticas;
- revisão de trabalhos já aprendidos sobre o tópico da lição;
- revisão de trabalhos já aprendidos que o professor resolva retomar, como estimar respostas para cálculos ou praticar o uso de vocabulário matemático correto;
- um jogo matemático;
- uma afirmação ou a apresentação de alguns dados como foco da discussão;
- um desafio que leve ao principal objetivo de aprendizagem da lição, possivelmente ilustrando que o trabalho já aprendido é insuficiente para dar conta de um problema mais complexo.

A atividade de abertura pode estar relacionada e levar à parte principal da lição ou pode ser desconectada do restante da lição. Existe espaço para variar a sua duração, mas não seria interessante deixar uma atividade que não esteja relacionada com a principal parte da lição durar mais de 10 minutos. Por razões óbvias, se a atividade de abertura não contribuir para os objetivos principais da lição, ela não deve ser uma parte substancial daquela aula. Todavia, é perfeitamente aceitável planejar uma aula em que a abertura e a lição principal sejam desconectadas, desde que os objetivos de cada parte estejam claros.

Um estilo diferente de implementar uma atividade de abertura está em evidência em certas escolas, particularmente aquelas em circunstâncias difíceis. Nessas escolas, as aulas de matemática começam com uma atividade de abertura, que já está escrita em um quadro ou na tela do computador. À medida que os alunos chegam e sentam-se em seus lugares, eles devem acalmar-se e prestar atenção à tarefa solicitada. Essa abordagem tem a vantagem de cuidar dos alunos que chegam em pequenos números ao longo de 5 minutos ou mais e significa que todos recebem um trabalho proposto no momento em que se acomodam na classe. A atividade muitas vezes pede uma resposta escrita que retoma um trabalho recente ou um trabalho de revisão que será útil na parte principal da lição. Evidências de pesquisa sugerem que esse modo de trabalhar, usando uma atividade inicial em parte como uma técnica de controle, contribui para criar uma atmosfera calma de aprendizagem (MUIJS; REYNOLDS, 2011). O problema é que se torna pouco provável que a atividade envolva uma discussão ou a interação com toda a classe e, portanto, o aspecto oral e mental da atividade de abertura é fraco.

Se o propósito da atividade de abertura for proporcionar um começo rápido para a lição, ela deve ser planejada levando isso em consideração. Por exemplo, é importante ter um elemento visual preparado que possa ser mostrado rapidamente. É importante escolher uma atividade que exija o mínimo de explicação sobre o que fazer. Ela deve ser uma tarefa acessível, que envolva os alunos rapidamente. Também é importante preparar as questões que se pretende usar, com a intenção de envolver o maior número possível de alunos nas respostas.

No exemplo de aula, a classe estavam trabalhando no tópico da probabilidade. Na aula anterior, os alunos estavam escrevendo sobre a probabilidade de resultados igualmente prováveis e simplificando as frações até suas formas mais simples. A atividade do começo dessa lição é uma abertura rápida, de cinco minutos, para lembrar os alunos sobre frações e que às vezes podem escrever frações em uma forma mais simples, com o objetivo adicional de fazer o grupo concentrar-se rapidamente na matemática. A professora usa uma projeção no quadro e apresenta os dois conjuntos de frações apresentados a seguir. A tarefa é que os alunos combinem pares de frações equivalentes.

Toda a classe se envolve na mesma atividade. Os alunos devem passar três minutos pensando sobre as combinações. As instruções dadas à classe são:

Quero que vocês combinem as frações à esquerda com suas equivalentes à direita. Fizemos isso na aula passada, então lembrem que vocês estão procurando frações equivalentes. Vocês devem simplificar e traçar uma linha ligando uma das frações à esquerda com uma das frações à direita. Vocês têm 3 minutos a partir de agora.

$$\frac{15}{20} \qquad \frac{1}{2}$$

$$\frac{4}{20} \qquad \frac{2}{3}$$

$$\frac{30}{60} \qquad \frac{3}{4}$$

$$\frac{8}{12} \qquad \frac{1}{7}$$

$$\frac{4}{28} \qquad \frac{1}{5}$$

Durante os três minutos, a professora identifica um garoto que estava ausente na última aula, vai até sua mesa e passa um minuto com ele, garantindo que esteja envolvido na atividade.

> David, você andou faltando, não foi? Então, vou lhe dar uma mão. Dê uma olhada nas frações à esquerda e veja se pode encontrar a fração equivalente do lado direito. Você perdeu uma parte disso, não é, David? Dê uma olhada aqui. Você consegue encontrar alguma fração nesse lado que possa ser o mesmo que um meio?
>
> (David aponta para 30/60)
>
> É isso? Sim, bom, então ligue as duas e você pode riscar na folha, desenhando uma linha para ligá-las. Se quiser, você pode conversar com o seu colega do lado.

A professora usa o restante do tempo para incentivar o grupo, fazendo comentários positivos sobre o trabalho que vê. Além disso, ela mantém o ritmo do trabalho. Para isso, faz um amplo uso da meta de tempo que havia estabelecido no começo da atividade, fazendo comentários regulares sobre o tempo que os alunos têm para concluir a atividade. Ela também monitora o progresso, olhando o trabalho dos alunos, fazendo perguntas para alguns e respondendo às suas perguntas.

> Todos parecem ter feito a metade. Ótimo. Tudo bem por enquanto. Faltam dois minutos e meio.
>
> Professora, isso aqui está certo?
>
> Sim, está certo por enquanto, Jake. Vamos dar uma olhada. Qual é o fator desses dois números? Que tabuada você está usando?
>
> A do dois.
>
> Não existe um número maior que vai com eles além do dois? Sim, qual é?
>
> Quatro.
>
> Quantos quatros há no oito? Dois. Quantos quatros há no doze? Três. É isso. Você está indo bem. Dois minutos para tentar fazer tudo. Alguns de vocês estão quase lá.
>
> Hannah, como você está indo? Sim, isso é bom, está certo. Essa não é meio, qual número vai aqui? (Hannah aponta). É aquele, sim, então mude aquele ali.
>
> Você está indo bem com eles, David? Está bem.
>
> Só mais um minuto, pessoal! Vocês estão indo bem. Vamos esperar que todos terminem. Tudo bem, Ellie? Ótimo, apenas reveja esses dois últimos, pense sobre os dois últimos.
>
> Está bem, só mais 30 segundos! Confira as respostas, mesmo se pensar que estão certas. Apenas verifique de novo. Dê uma olhada no colega do lado. Você concorda com o que ele tirou? Se não, quem está certo? Você consegue convencer o outro de que está certo?

> **Ponto para reflexão**
>
> Você pode assitir à parte 1 do exemplo de aula no *site* (em inglês). Reflita sobre o que tornou efetiva essa atividade de abertura, pensando particularmente sobre:
>
> - a preparação que houve na atividade de abertura;
> - como ela envolve a atenção dos alunos;
> - o uso de metas de tempo de curto prazo;
> - o uso de discussão controlada entre os alunos.
>
> Considere maneiras alternativas em que o professor poderia ter feito uma revisão da simplificação de frações em uma atividade de 5 a 10 minutos.

A ATIVIDADE PRINCIPAL DE ENSINO

Atividade principal – fase de discussão

A atividade principal, como já sugere o nome, é a que acontece na maior parte da aula. Ela é decomposta em períodos menores de tempo e pode conter várias atividades diferentes. Em termos claros, essa parte da aula concentra-se nos principais objetivos da lição, incorporando uma variedade de estratégias de aprendizagem. Uma boa prática é compartilhar os objetivos da lição com os alunos para que saibam o seu principal propósito. Os objetivos devem ser apresentados a eles com afirmações curtas e fáceis de entender, geralmente amparadas por alguma explicação verbal. Em certas escolas, os objetivos são escritos em um quadro especial na frente da sala. Outras vezes, são apresentados na tela do computador.

No exemplo de aula, o foco da parte principal da lição é considerar casos em que não se possa calcular a probabilidade usando resultados igualmente prováveis. Os alunos devem refletir sobre a estimativa de probabilidades. Para promover seu raciocínio, eles recebem uma tarefa de discussão, apresentada no quadro, que diz o seguinte:

> Hoje, na cantina, há pizzas, salada e curry, de modo que a probabilidade de eu escolher pizza deve ser de **uma em três** ou 1/3.

A aula continua:

> Agora, quero que vocês conversem com o colega do lado por 30 segundos, discutindo se concordam ou não com a afirmação e por quê. Então, leiam novamente. Vocês têm 30 segundos para discutir. Adam, converse com a Beth. Quinze segundos! Quero boas explicações em um minuto, se vocês concordam ou discordam e por quê.

Ensinando matemática para adolescentes **101**

A tarefa, obviamente, foi criada para gerar discordância. Os alunos devem fazer uma discussão em grupos por 30 segundos e depois contribuir para a discussão do grupo com a professora por mais cinco minutos.

> Ok! Parem de falar e levantem a mão com as respostas.

A primeira pessoa a arriscar uma resposta concorda com a afirmação dada, "pois existem três pratos que serão servidos, e um deles é pizza". A professora precisa convencer o aluno de que sua lógica é falha, mas não quer desestimular futuras contribuições dizendo que a resposta está errada. Ela emprega uma boa técnica, que evita fazer julgamentos: pergunta se outros membros da classe concordam ou não. Para começar, ela repete a questão e a resposta dada para que todo o grupo continue fazendo parte da discussão.

> Existem três pratos à venda, e um deles é pizza. Então, há uma chance de um em três de que eu escolha pizza. Alguém discorda?
>
> *Daniel*: Talvez você goste mais de outra opção do que de pizza.
>
> Sim! Na verdade, eu gosto mais de pizza do que de salada. De fato, se tivesse pizza, salada e curry, eu provavelmente nunca escolheria salada. Eu provavelmente comeria pizza e, se quisesse algo diferente, provavelmente escolheria curry. Mais alguém, depois de ouvir o que Daniel disse, discorda da afirmação?
>
> *David*: Você pode não gostar de salada e de curry ou talvez seja alérgica a algum ingrediente da pizza.
>
> Posso ser alérgica ou não gostar. Quem aqui não gosta de curry? (Vários alunos levantam a mão).
>
> Você gosta de curry, Ellie? Então, a chance de que você escolha curry seria de uma em três? É uma chance de 1/3 de você escolher curry? Qual é a chance de que você escolheria curry?
>
> *Ellie:* Impossível.
>
> Ok, mas qual é a diferença entre essa situação e tudo o que vínhamos vendo antes? Pois nós conseguimos resolver a probabilidade até aqui, mas, no momento, podemos dizer qual é a probabilidade de que essa pessoa escolha pizza? Podemos dizer qual é?
>
> *Classe:* Não!
>
> Por que não podemos dizer qual é?
>
> *Daniel:* Porque tem mais chance de que ela escolha pizza.
>
> Não necessariamente mais chance... Nós sabemos tudo sobre essa pessoa? Então, qual é a palavra-chave aqui que é diferente de antes? O que está acontecendo aqui que as pessoas não tinham antes? A palavra "escolha" é a diferença. Sim, ela está escolhendo. Essa é a diferença.

Depois de administrar a discussão, a professora está confiante de que os alunos entenderam os principais aspectos do argumento: nem todos os resultados serão igualmente prováveis. Como resultado, ela conduz a discussão a um fechamento.

> **Ponto para reflexão**
>
> Você pode assistir ao vídeo do exemplo (em inglês) de aula, parte 3, e observar como a professora tira dos alunos respostas bastante difíceis (a maior parte delas é reproduzida na transcrição anterior). Observe o tom animado e as atitudes positivas que estão sendo promovidas.

Atividade principal – fase de consolidação

A discussão é imprevisível e deve ser controlada adequadamente. Muitos estagiários consideram difícil lidar com incertezas na lição, particularmente com respostas inesperadas a suas questões. Os professores experientes colocam as questões de um modo mais aberto, buscando comentários e explicações. Muitas vezes, o professor pode querer juntar as principais ideias da discussão, extraindo os aspectos importantes e dando a eles uma ênfase maior.

> O que as coisas eram antes, quando tiramos uma carta do baralho, ou quando jogamos dados, era...? Tinha uma palavra antes que, quando estávamos fazendo isso, eu dizia, foi tirar uma carta do baralho de maneira...?
>
> *Classe*: Aleatória.
>
> Muito bem, é aleatória. Essas escolhas são aleatórias? Não.
>
> É uma escolha, não é? É escolher o que se vai comer, então não é uma chance em três, e isso é o fundamental, cada uma das três opções, pizza, salada e curry, não tem uma chance igualmente provável de ser escolhida.
>
> Quando jogamos dados, todos os números têm uma chance igual de sair, não têm? Então, normalmente, quando jogamos dados ou quando jogamos uma moeda, a chance de sair cara ou coroa é igualmente provável, mas, quando há uma escolha, não é igualmente provável.

(Aqui termina a parte 3 do exemplo de aula no vídeo.) O próximo ponto da lição leva a discussão um estágio adiante, considerando como encontrar probabilidades para situações em que haja uma escolha envolvida.

Então, quero descobrir qual é a probabilidade de que alguém escolha pizza para o almoço na cantina. O que devo fazer para descobrir isso?

Daniel: Pergunte a todos na classe.

Eu poderia perguntar a cada um na classe ou ir até a cantina olhar. Mas eu faria um levantamento. Uma maneira seria ficar na cantina e contar cada pessoa que chega e escolhe pizza. Eu poderia fazer uma contagem. De todos que escolhessem curry eu faria uma contagem. De todos que escolhessem salada eu faria uma contagem.

Porém, o fundamental é que não podemos calcular a probabilidade usando a teoria, como fizemos antes, se os resultados não forem igualmente prováveis.

Digamos que David foi à cantina hoje e havia pizza, curry e salada para comer. Ele fez um levantamento: havia 100 pessoas que foram à cantina e 42 delas comeram pizza. Será que ele poderia então calcular a probabilidade de alguém escolher pizza?

E se Adam fosse ao refeitório e fizesse o mesmo levantamento, mas talvez na hora seguinte. Será que Adam encontraria os mesmos resultados que David? Se estivermos falando de pessoas diferentes, será que Adam encontrará os mesmos resultados? Se 42 das 100 pessoas que David observou escolheram a pizza, isso significa que 42 das 100 pessoas que Adam observará também escolherão pizza?

Classe: Pessoas diferentes fazem escolhas diferentes.

Estamos realmente encontrando a probabilidade? O que estamos encontrando? Não é certo falar de probabilidade, pois poderia mudar, não é? Então, é como chutar. Qual é a palavra matemática que usamos? Diga de novo, Adam, porém mais alto.

Adam: Estimar.

Sim, estimar ou encontrar a probabilidade estimada. É isso que fazemos, e eu gostaria que vocês anotassem essa informação. Estamos encontrando a probabilidade experimental ou a probabilidade estimada.

Ponto para reflexão

Você pode assistir ao vídeo do exemplo de aula (em inglês), parte 4, e observar o objetivo matemático claro, que é compartilhado com a classe. Observe também a maneira como a professora pede aos alunos que parem para pensar antes de dar uma resposta. Pense sobre como você teria preparado essa parte da aula. Que questões você teria preparado?

Atividade principal – fase de trabalho independente

Muitas aulas contêm um período em que os alunos trabalham de forma independente do professor. Algumas pessoas pensam nisso como trabalho individual, pois não contém elementos de trabalho planejado em duplas ou em grupo. Na prática, os bons professores esperam que esse "trabalho individual" ofereça aos alunos a oportunidade de discutir o trabalho com o colega ao lado. A Estratégia (UNITED KINGDOM, 2001, p. 30) apresenta uma orientação para essa parte da aula, listando aspectos que tornam a aprendizagem efetiva. Entre a lista de orientações, constam as seguintes sugestões.

Ajudará se você:

- mantiver toda a classe ocupada, trabalhando ativamente em problemas, exercícios ou atividades relacionadas com o tema da lição;
- incentivar a discussão e a cooperação entre os alunos;
- certificar-se de que os alunos que trabalham de modo independente sabem onde encontrar recursos, o que fazer antes de pedir ajuda e o que fazer se terminarem antes.

A última questão merece ser enfatizada. As lições correm mais tranquilas se as transições de uma fase para a próxima forem bem-feitas, e parte da transição é explicar a tarefa totalmente, em vez de rapidamente. Por exemplo, dizer "Esta é a folha de trabalho. Eu gostaria que vocês tentassem as dez primeiras questões" pode funcionar perfeitamente em certas ocasiões; em outras, porém, essas instruções precisam ser complementadas com mais detalhes. Informações adicionais bastante simples podem fazer toda a diferença entre uma classe dedicada ao trabalho e uma classe de alunos agitados, que não sabem o que se espera deles. Frases úteis a considerar nesse estágio de transição são:

- Vamos ver a questão 1 juntos. O que ela nos pede para fazer? (Usar essa abordagem garante que todos saibam por onde começar.)
- Vocês precisarão de um transferidor para a questão 4. Levante a mão quem vai precisar de um transferidor emprestado. (Isso prevê e controla a necessidade de materiais.)
- Vocês têm 10 minutos para fazer essas 10 questões. Se alguém terminar antes, eu gostaria que desse uma olhada nas questões na tela do computador, que são um pouco mais difíceis. (Falar aos alunos o que vem a seguir evita que alguém diga "Já terminei. O que eu faço agora?".)
- Alguém de vocês tem dúvida sobre o que é para fazer? (Isso incentiva os alunos a iniciar, pois eles tiveram a oportunidade de expressar suas dificuldades.)

No exemplo de aula, a fase de trabalho independente ocupa apenas por volta de 10 minutos. Para esses 10 minutos, os alunos recebem uma

Ensinando matemática para adolescentes **105**

lista de questões em uma folha (reproduzida aqui) e escrevem as respostas em seus cadernos. O exercício é bastante curto, mas é suficiente para fazer os alunos pensarem sobre o principal ponto da lição. A questão "por que essas respostas são estimativas?" é projetada para fazer os alunos pensarem se os mesmos resultados ocorreriam se a pesquisa ou o experimento fossem repetidos.

PROBABILIDADE ESTIMADA

1. Em um experimento, foram plantadas 60 sementes, mas apenas 45 delas começaram a germinar e 15 não germinaram.

   a) Qual é a probabilidade estimada de que uma semente germine?
   b) Qual é a probabilidade estimada de que uma semente não germine?
   c) Por que suas respostas são apenas estimativas?

2. Estes são os resultados de um levantamento de 90 carros que passavam pela escola.

Cor	Vermelho	Azul	Verde	Prata	Outra
Frequência	23	36	12	16	3

   Estime a probabilidade de que o próximo carro a passar pela escola seja

   a) vermelho
   b) azul
   c) prata
   d) não prata

3. Em um experimento, 100 pinos foram lançados: 73 aterrissaram apontando para cima e o restante aterrissou apontando para baixo.

   a) Estime a probabilidade de que o pino aterrisse apontando para cima.
   b) Estime a probabilidade de que o pinto aterrisse para baixo.
   c) Por que suas respostas são apenas estimativas?

4. Andrew fez um levantamento dos animais de estimação favoritos na escola neste ano.

Animal	Cão	Gato	Passarinho	Chimpanzé	Outro
Frequência	52	65	12	4	7

   Qual é a probabilidade estimada de que o animal de estimação favorito de um aluno seja

   a) um gato?
   b) um chimpanzé?

> **Ponto para reflexão**
>
> Você pode assistir à parte 5 do exemplo de aula em vídeo no *site* (em inglês). Com base em todos os vídeos a que assistiu até agora, reflita sobre como a professora:
>
> - administra as transições de uma parte da aula para outra;
> - convida os alunos a contribuir com suas próprias ideias;
> - avalia como a aula progride.
>
> Imagine que você esteja presente nessa aula em sua primeira semana em uma escola. Considere como ajudaria os alunos a aprender. O que você teria feito? Agora imagine que você está ajudando os alunos, mas recebeu a tarefa de trabalhar com um aluno específico que geralmente tem dificuldades. Pense em maneiras diferentes por meio das quais poderia ajudar esse indivíduo a acompanhar o restante da turma.

A ATIVIDADE COM O GRANDE GRUPO

Os momentos com o grande grupo são difíceis. Nas reformas do ensino que foram incentivadas pela Estratégia Nacional, o uso do grande grupo mostrou-se menos efetivo do que outras partes da aula (OFFICE FOR STANDARDS IN EDUCATION, 2002a). Os estagiários, em particular, consideram difícil incorporar esses momentos em suas aulas. Muitas vezes, a razão para essa parte da aula ser menos efetiva é a inconsistência do planejamento, não sendo planejada como uma parte ativa da aula. Em outras ocasiões, o controle do tempo é inadequado, fazendo o trabalho com o grande grupo ser apressado ou simplesmente omitido devido à falta de tempo ao final da lição.

Entre as orientações fornecidas pela Estratégia Nacional (UNITED KINGDOM, 2004a), está a sugestão de que o trabalho com o grande grupo funciona mais quando:
- é planejado antes da aula;
- reflete os objetivos da aula;
- é empregado depois de certas situações na aula;
- é usado para monitorar ou avaliar a aprendizagem, de modo a informar o ensino e a aprendizagem futuros;
- é planejado para envolver os alunos ativamente;
- tem diversos formatos e abordagens em aulas diferentes.

Uma abordagem para entender o trabalho com o grande grupo pode ser separar como ele pode ajudar você e como pode ajudar os alunos. Para você, o grande grupo ajuda a verificar o que se aprendeu (especialmente em relação aos objetivos da lição). Organizando uma atividade para a turma toda, você tem condições de avaliar o nível em que os alunos alcançaram os objetivos de aprendizagem. O grupo também é uma oportunidade clara para você recapitular a lição, resumir as ideias principais e enfatizar os pontos mais importantes. O final da lição também proporciona uma oportunidade para olhar à frente para a próxima lição e estabelecer possíveis ligações com trabalhos anteriores ou com o trabalho de outras disciplinas. O grande grupo também pode ser usado de um modo menos formal e planejado para responder a questões que tenham surgido na aula. Por exemplo, se determinada questão causou dificuldades, ou se você tiver observado que surgiu determinado erro de concepção (imprevisto) na aula, o tempo planejado para o grande grupo pode ser usado para discutir a questão, com vistas a resolvê-la.

Para os alunos, o grande grupo é uma oportunidade de parar para pensar, de tentar concentrar-se nos pontos importantes da lição. Sem algum tipo de trabalho com o grupo todo, há o perigo de que os alunos saiam da aula sem uma ideia clara daquilo que a lição tratou. Eles podem ter copiado os objetivos no começo da aula, mas não ter pensado neles, a menos que lhes digam como fazê-lo de algum modo. O grupo deve ajudar os alunos a organizar o seu raciocínio, a identificar os pontos importantes e a estabelecer ligações com outras áreas de aprendizagem. É um momento para os alunos refletirem não apenas sobre o que aprenderam, mas também sobre como aprenderam (UNITED KINGDOM, 2002).

Como estagiário, você observará muitos professores diferentes na sala de aula. É provável que veja muitos exemplos de boas práticas em relação às sessões com o grande grupo, mas também é provável que veja muitas oportunidades perdidas, nas quais os professores acabam a aula com pouco ou nenhum trabalho diferenciado com o grande grupo. (Um professor bastante cético costumava dizer que todas as suas aulas tinham três partes: dizer olá; ensinar; dizer tchau.) Você deve pensar sobre o tipo de atividade que torna efetivo o trabalho com o grande grupo. Em sua forma mais simplista, o grande grupo é uma chance de retornar aos objetivos da lição, possivelmente de reiterá-los, e de perguntar aos alunos quais objetivos eles acreditam ter alcançado. Esse nível de revisão pode ser melhor que nada, mas provavelmente será breve (1 ou 2 minutos), e é improvável que os alunos o considerem uma parte importante da aula. São mais efetivos aqueles momentos com o grupo em que você planejou uma atividade específica com o mesmo nível de reflexão e planejamento que dedica à atividade de abertura.

É mais comum pensar nas sessões com o grande grupo como momentos que ocorrem ao final das aulas. No entanto, a sessão com o grande grupo não é algo exclusivamente para o final de uma aula. Se você vai passar para uma ideia nova no meio da aula, talvez seja adequado fazer uma sessão com o grande grupo, na qual você sintetiza e a classe reflete sobre a sua aprendizagem em cada estágio. Em uma interessante reflexão sobre esse tipo de trabalho, Wilson (2005) propõe o valor de diversas minissessões com o grande grupo durante a lição, as quais seriam usadas para ilustrar pontos básicos e chamar a atenção para erros de percepção e enganos.

A lista a seguir oferece sugestões sobre como você pode evitar algumas das armadilhas mais comuns nas atividades do grande grupo.

- Não permita que o grande grupo seja esmagado pela falta de tempo. Planeje tempos específicos para as várias seções da lição e tente cumpri-los. Se você planejar adequadamente o trabalho com o grande grupo, será menos provável que ele seja negligenciado.
- Evite deixar que os alunos pensem que a aula terminou quando está falando ao grande grupo. Fale antecipadamente o que eles farão nesse

momento. Esclareça que essa é uma parte importante da lição. Não guarde o material até terminar o trabalho com o grande grupo.

- Certifique-se de que o maior número possível de alunos esteja envolvido no grande grupo. Um modo de fazer isso é pedir que cada um escreva algo sobre a lição (por exemplo, o que aprendeu). Use as revisões dos alunos. Selecione alguns alunos para explicar o que a lição discutiu. Isso pode ser feito diretamente ou pedindo que os alunos leiam suas reflexões escritas em voz alta.
- Não caia na rotina de sempre fazer a mesma atividade com o grande grupo. Faça trabalhos novos, que reforcem a atenção. Pense sobre como pode adaptar atividades efetivas de abertura que já tenha usado.
- Tenha cuidado com as atividades do grande grupo que terminam antes do final da aula. Você pode ter planejado uma excelente atividade para o grupo e deixado dez minutos do final da aula para ela. Porém, a atividade dura apenas cinco minutos, de modo que sobram outros cinco. Você deve planejar como usará esses momentos de forma produtiva. Alguns professores aproveitam esses períodos para deixar os alunos começarem suas tarefas de casa, enquanto outros apresentam um jogo. French (2010) cita várias ideias interessantes em sua esporádica, mas duradoura, série de artigos publicados na revista *Mathematics in School*, intitulada "The criative use of odd moments" (O uso criativo dos momentos excedentes).
- Garanta que o grande grupo tenha algo para fazer além de começar a tarefa de casa, juntar o material ou fornecer as respostas de exercícios escritos. Essas são atividades válidas para o final de uma aula, mas não devem interferir no trabalho com o grande grupo.

Na amostra de aula, a professora usa três questões relacionadas com a lição, com o objetivo de ajudar os alunos a refletir e ampliar seu raciocínio.

Pelo que vejo, a maioria de vocês parece ter assimilado a ideia, então vou corrigir os cadernos quando recolhê-los.

Há apenas três outras questões que eu quero que vocês respondam agora para que possamos verificar se entenderam o que fizemos hoje. Então, vocês têm apenas dois minutos e nem precisam anotar nada, mas eu quero que pensem sobre essas três questões.

1. O que significa quando os resultados de um acontecimento não são igualmente prováveis?

2. Por que as nossas respostas hoje eram chamadas de probabilidades estimadas?

3. Como se descobriria a probabilidade de haver um terremoto este ano?

Vocês têm apenas 60 segundos para pensar nisso, ou falar com o colega do lado, e depois eu vou pedir algumas respostas. Podem anotar suas respostas se quiserem ou, então planejar suas respostas mentalmente. Teremos três respostas realmente boas para as questões em um minuto.

Nesse caso, as duas primeiras questões na atividade com o grande grupo ajudam os alunos a se concentrar naquilo que aprenderam. A terceira questão é projetada para desafiar e ampliar. Essa questão não pode ser resolvida com probabilidade teórica, nem se fazendo um levantamento para obter dados. Os alunos devem considerar como é possível estimar probabilidades nessas circunstâncias. O professor deve ajudar a classe nessa questão.

> Vocês esperariam com lápis e papel para fazer um levantamento até que acontecesse um terremoto? Esperariam? Além do fato de que poderiam morrer no terremoto, talvez ficassem esperando por muito tempo. Sabemos que, às vezes, não se pode usar a teoria da probabilidade se os resultados não forem exatamente previsíveis.
>
> *David*: Podemos analisar todos os terremotos que aconteceram antes.
>
> Ótimo! David teve uma ideia muito boa, podemos analisar os terremotos que aconteceram antes. Podemos fazer um experimento, mas, às vezes, faz mais sentido avaliar dados passados que já tenham sido coletados para nós. Assim, podemos usar informações sobre a frequência de terremotos dos últimos 500 anos para estimar a probabilidade de haver um terremoto amanhã.

A aula é bem-sucedida. Os alunos aprenderam nesse estágio, e a organização da aula contribuiu para a experiência como um todo, ajudando a proporcionar um sentido de propósito, um ritmo rápido e uma variedade de desafios. A lição termina com questões organizacionais e a coleta dos cadernos, para que a tarefa de casa possa ser corrigida, e a liberação ordenada da classe.

> **Ponto para reflexão**
>
> Você pode assistir ao exemplo (em inglês) de aula, parte 8, e observar como o trabalho com o grande grupo é uma parte planejada da lição. Pense em maneiras alternativas de organizar uma atividade com o grande grupo para essa aula.
> É bom passar algum tempo refletindo sobre a sua abordagem para as sessões com o grande grupo, e a atividade a seguir tem por objetivo ajudar a se concentrar em algumas das questões básicas.
> Para controlar efetivamente o tempo da aula, você deverá decidir quanto tempo usará com o grande grupo. Considere as seguintes sessões para uma aula sobre multiplicação de números decimais por potências de dez. Para cada uma, decida quanto tempo planejaria usar na sessão com o grande grupo.

1. Temos duas respostas diferentes para a questão 6.

Alguns alunos encontraram 1,2 ÷ 100 = 0,12. Outros encontraram 1,2 ÷ 100 = 0,012 (escreve ambas no quadro).

Quem pode explicar qual está correta?

Tenho no quadro 5 questões e 5 respostas. Preciso que vocês combinem os pares.

2. Nossos objetivos para a lição eram:

Saber multiplicar números decimais por 10, 100, 1.000. Fizemos isso? Quem acredita que fez isso?

Dividir decimais por 10, 100, 1.000. Quem acredita que sabe fazer isso?

3. Nosso estudo hoje sobre os decimais é particularmente útil para o trabalho de medição. Precisamos medir muitas coisas e, às vezes, mudar de unidades. Para fazer isso, vocês precisarão das habilidades que aprenderam hoje.

Vocês conseguem pensar em alguma outra disciplina na escola em que precisarão dessas habilidades?

(Espere respostas como projetos e tecnologia, ciências.).

4. Vamos analisar as ideias básicas da aula de hoje. Falem o que vocês consideram que foi o assunto da aula. Expliquem o que aprenderam.

Coloquei quatro questões no quadro (3,4 x 10; 22,76 ÷ 10; 0,361 x 100; 9,6 ÷ 1.000). Quero que todos escrevam rapidamente a resposta que consideram correta para essas quatro questões. Vamos ver o que vocês responderam.

5. Coloquei dez questões no retroprojetor. Elas são numeradas de 1 a 10. Vou fazer uma pergunta desse grupo – pode ser qualquer uma – e quero uma resposta. Wally, qual é a resposta para a pergunta 4, 22,76 ÷ 10?
   Qual é a resposta para a pergunta 7, 0,361 x 100 – Dolly? (pode repetir as questões)

6. Hoje, vimos perguntas como estas: 3,4 x 10; 22,76 ÷ 10; 0,361 x 100; 9,6 ÷ 1.000. O que precisamos fazer na próxima aula é usar isso para responder a algumas questões que parecem mais difíceis, como

$$99,2 \times 0,1$$

e aplicar o que aprendemos hoje, mudando as unidades de medição. Então, é muito importante que vocês se lembrem do que tratou a aula de hoje.

7. Quero que vocês pensem sobre o que aprenderam na aula de hoje. Escrevam no caderno uma frase dizendo o que aprenderam. (Deixe 2-3 minutos). Agora quero que me mostrem o quanto têm certeza de como resolver questões como estas: 3,4 x 10; 22,76 ÷ 10; 0,361 x 100 (no quadro). Polegar para cima para "tenho certeza de que entendo esse trabalho", polegar para baixo para "não entendo esse trabalho" e polegar no meio para "acho que entendi, mas não tenho certeza". Agora escrevam suas respostas para essas três questões. As respostas corretas são... Agora se avaliem novamente e me mostrem com o polegar.

Depois disso, leia as diferentes descrições novamente e decida qual você considera que é a sessão mais efetiva com o grande grupo e qual é a menos efetiva. Coloque em ordem as sete sugestões, indo da que considera melhor até a que considera pior. Se possível, encontre um colega estagiário para fazer a mesma atividade e discuta com ele o nível em que vocês concordam. Justifique como decidiu quais eram as atividades mais efetivas.

EVIDÊNCIAS DE PESQUISAS

O Modelo (UNITED KINGDOM, 2001) tem uma influência considerável no ensino de matemática, mas não fica claro com sua leitura se a orientação que oferece tem muita base na pesquisa. Você ficará contente de saber que sim! Na década de 1990, um projeto de pesquisa chamado National Numeracy Project mostrou ganhos na aprendizagem para alunos de escolas primárias quando os professores adotaram determinado estilo de ensino. A National Numeracy Strategy (UNITED KINGDOM, 1999) subsequente, usada em um número muito maior de escolas, também levou a um aumento nos padrões, de modo que não foi irracional estender a orientação para o estágio 3. Margaret Brown e colaboradores (BROWN, 2003) fizeram uma síntese das pesquisas educacionais em que se baseou a Numeracy Strategy.

A maior parte da base de pesquisa concentra-se em quais atividades são efetivas para ajudar os alunos a aprender matemática. Muito menos pesquisas analisam o impacto da organização e da estrutura das lições na aprendizagem. Existe, porém, certa justificativa teórica para dividir uma aula em partes ou estágios diferentes. Quando as características das boas aulas foram analisadas, uma lição bem-estruturada é a que tem os aspectos identificados. Por exemplo, Mortimore et al. apud United Kingdom (2004c), listam cinco fatores que levam a resultados efetivos nas aulas. Um dos cinco fatores está nas aulas estruturadas. Rosenshine e Furst (apud SOTTO, 1994) listam oito aspectos do bom ensino, um dos quais é que os bons professores ajudam a estruturar a aprendizagem dos alunos, fazendo sínteses periódicas do que foi feito e indicando os próximos passos no caminho.

O Office for Standards in Education (2002b) também descreve as características das boas aulas com base em inspeções escolares ao longo de um período de dois anos. Entre essas características, identifica-se o controle do tempo como essencial "[...] para que a sessão final para verificar se os objetivos de aprendizagem foram alcançados não seja limitada e improdutiva" (OFFICE FOR STANDARDS IN EDUCATION, 2002b, p. 8). O mesmo artigo sugere o uso de uma atividade oral e mental de abertura como exemplo de boa prática (com base no que se considera boa prática em escolas primárias).

Jones, Tanner e Treadaway et al. (2000) são menos entusiásticos com relação aos efeitos positivos da estrutura da aula. Eles concordam que ter uma estrutura clara é uma característica das boas aulas. Também dizem que quase todas as aulas que observaram continham uma sessão identificável com o grande grupo e que, nos melhores casos, o grupo "contribuía significativamente para a aprendizagem" (JONES; TANNER; TREADAWAY et al., 2000, p. 80). Contudo, afirmam que a ênfase na estrutura da lição pode obscurecer questões mais fundamentais relacionadas à efetividade do ensino e da aprendizagem. Talvez muito mais importante do que uma forma particular de organização da aula seja o fato de que ela é bem-planejada e de que o professor lida bem com as transições de um estágio para outro. O que importa não é a estrutura, mas a abordagem pedagógica. O problema é que todas as boas abordagens pedagógicas são altamente estruturadas em estágios distintos (UNITED KINGDOM, 2004b).

O que a estruturação da aula proporciona de maneira bastante clara é a oportunidade para que haja uma variedade de atividades em aula. Uma aula desestruturada pode significar que os alunos trabalham em uma atividade por todo o período. Assim, talvez o que importe para a aprendizagem dos alunos não seja a estrutura em si, mas o fato de que as aulas bem-estruturadas ajudam os professores a empregar uma variedade de abordagens pedagógicas diferentes que devem usar para a aprendizagem efetiva (OLSON; TORRANCE, 1998).

Diversos estudos demonstram a importância de um começo dinâmico para a aula. O começo é importante por dois motivos principais. Primeiro, proporciona um estímulo inicial, talvez pelo uso de apoio visual, que pode aumentar o interesse. Segundo, ajuda a estabelecer conexões com estudos anteriores. Para que os alunos aprendam com base no conhecimento que já têm, é importante que o professor e o aluno saibam qual é esse conhecimento. A construção da aprendizagem está fortemente relacionada à experiência anterior, e uma atividade de abertura pode ajudar a estabelecer conexões que auxiliem no processo de aprendizagem (PIRIE; KIERAN, 1989; SMITH, 1998).

Estabelecer conexões é particularmente importante na aprendizagem da matemática porque quase todo novo conhecimento deve estar ligado aos conceitos que foram aprendidos antes. Ninguém se torna matematicamente capaz se aprender novos conceitos de maneira isolada. O professor tem o papel fundamental de explicitar essas conexões, e o melhor momento para fazer isso é no começo e no final de uma aula. Muitas vezes, é com um questionamento habilidoso que o professor ajuda os alunos a estabelecer conexões com o trabalho já feito (ASKEW et al., 1997).

Também é importante observar que um trabalho efetivo com o grande grupo, assim como uma atividade inicial efetiva, representa uma grande ajuda no controle da classe (MUIJS; REYNOLDS, 2011). Os dois extremos da aula costumam ser os dois momentos em que há perturbações, de modo que elaborar planos específicos para esses períodos oferece o benefício adicional de ajudar a evitar o comportamento "desligado", fazendo-se assim pleno uso de todo o tempo disponível para ensinar.

Parece haver uma base pequena de pesquisas em favor da aula dividida especificamente em três partes (grande grupo, trabalho individual/em grupos, grande grupo). Ninguém afirma que essa seja a única estrutura para uma boa aula, e as aulas costumam ser decompostas em muito mais que três partes, conforme indicado no exemplo de aula. Do mesmo modo, não existem evidências de que dividir uma aula em quatro ou mais partes seja mais ou menos efetivo do que a estratégia de três partes (MUIJS; REYNOLDS, 2011). Watson e De Geest (2005, p. 231) vão além, concluindo que as posturas e os relacionamentos do professor são o aspecto mais importante do bom ensino e que a busca pelos melhores métodos, organizações e estruturas para ensinar matemática "é uma busca equivocada".

O resultado das pesquisas sugere que a estrutura em si ajuda, mas que nenhuma estrutura pode ser identificada como a melhor. O que existe são evidências claras em favor do uso de atividades fortes de abertura e conclusão para as aulas, pois elas desempenham o importante papel de ajudar a sintetizar a aprendizagem e de auxiliar os alunos a ver a matemática como um todo coerente, com conceitos e habilidades que se transferem para outras áreas de aprendizado.

LEITURAS COMPLEMENTARES

MUIJS, D.; REYNOLDS, D. *Effective teaching:* evidence and practice. 3rd ed. London: Sage, 2011.
Trata-se de um livro baseado em pesquisas, mas escrito em estilo acessível. Cobre as teorias construtivistas da aprendizagem, o ensino interativo e o trabalho em grupo, incluindo uma discussão sobre o valor de estruturar as aulas. Os exemplos são extraídos de diferentes disciplinas escolares, com particular ênfase ao papel do professor na aprendizagem efetiva.

STAHL, K. *101 Red hot maths starters.* London: Letts Educational, 2002.
Este é um livro com ideias práticas, e não uma publicação acadêmica. Algumas das ideias são imaginativas, outras são bastante comuns, mas ele tem sido de grande valor para muitos estudantes que fazem formação como professores de matemática.

SITES ÚTEIS

A série de módulos de treinamento 2004 DfES Pedagogy and Practice: Teaching and Learning in Secondary Schools cobre uma ampla variedade de questões de ensino. Publicados pela Unidade de Padrões, eles são projetados para ser usados como guias autodidatas. Particularmente úteis são a Unidade 1 (Estruturando a aprendizagem) e a Unidade 5 (Aberturas e o grande grupo). Ambas são guias práticos para as estratégias que os professores utilizam para estruturar o ensino. São apresentadas a partir da perspectiva do planejamento de aula, em vez de proporcionar justificativas teóricas sérias, mas ajudam a concentrar no planejamento de episódios individuais no âmbito de uma lição. Embora nenhuma delas seja voltada especificamente para professores de matemática, há um vídeo de uma aula de matemática do 8º ano. No *site* que acompanha o livro, também há um *link* para essas publicações. Essas unidades (e outras da série) estão disponíveis para *download* em http://www.teachfind.com/national-strategies/pedagogy-and-practice-teaching-and-learning-secondary-schools.

A página da Suffolk Authority, que pode ser acessada no *link* http://www.suffolkmaths.co.uk/pages/1StarterPlenaries.htm, contém ideias para atividades de abertura e para o grande grupo, além de vídeos ilustrativos.

REFERÊNCIAS

ASKEW, M. et al. *Effective teachers of numeracy*: report of a study carried out for the Teacher Training Agency. London: King's College, 1997.

BROWN, M. The key role of educational research in the development of the National Numeracy Strategy. *British Educational Research Journal*, v. 29, n. 5, p. 362-385, 2003.

FRENCH, D. The creative use of odd moments. *Mathematics in School*, v. 39, n. 1, p. 25, 2010.

JONES, S.; TANNER, H.; TREADAWAY, M. Raising standards in mathematics through effective classroom practice. *Teaching Mathematics Applications*, v. 19, n. 3, p. 125-134, 2000.

MUIJS, D.; REYNOLDS, D. *Effective teaching*: evidence and practice. 3rd ed. London: Sage, 2011.

OFFICE FOR STANDARDS IN EDUCATION. *Good teaching, effective departments*: findings from a HMI survey of subject teaching in secondary schools 2000/01. London: OFSTED, 2002b.

OFFICE FOR STANDARDS IN EDUCATION. *The key stage 3 strategy*: evaluation of the first year of the pilot. London: OFSTED, 2002a.

OLSON, D. R.; TORRANCE, N. (Ed.). *The handbook of education and human development*. London: Blackwell, 1998.

PIRIE, S.; KIEREN, T. A recursive theory of mathematical understanding. *For the Learning of Mathematics*, v. 9, n. 3, p. 7-11, 1989.

SMITH, A. *Accelerated learning in practice*: brain-based methods for accelerating motivation and achievement. London: Network Educational, 1998.

SOTTO, E. *When teaching becomes learning*: a theory and practice of teaching. London: Cassell, 1994.

UNITED KINGDOM. Department for Education and Employment. *Key stage 3 national strategy:* framework for teaching Mathematics years 7, 8 and 9. London: DfEE, 2001.

UNITED KINGDOM. Department for Education and Employment. The National Numeracy Strategy: framework for teaching Mathematics from reception to year 6. London: DfEE, 1999.

UNITED KINGDOM. Department for Education and Skills. *Making good use of the plenary*. London: DfES, 2002.

UNITED KINGDOM. Department for Education and Skills. *Pedagogy and practice*: teaching and learning in secondary schools. Unit 1: structuring learning. London: DfES, 2004b.

UNITED KINGDOM. Department for Education and Skills. *Pedagogy and practice*: teaching and learning in secondary schools. Unit 5: starters and plenaries. London: DfES, 2004c.

UNITED KINGDOM. Department for Education and Skills. *Supporting ITT providers*: the effective use of plenaries. London: DfES, 2004a.

WATSON, A.; DE GEEST, E. Principled teaching for deep progress: improving mathematical learning beyond methods and material. *Educational studies in mathematics*, v. 58, n. 2, p. 209-234, 2005.

WILSON, P. The problem with plenaries. *Mathematics in School*, v. 34, n. 3, p. 31-32, 2005.

Aprendendo matemática

Este capítulo

- ✓ apresenta uma breve visão geral das principais teorias da aprendizagem;
- ✓ explica a influência do construtivismo social na atual prática de sala de aula;
- ✓ justifica o papel fundamental do professor na aprendizagem do aluno;
- ✓ discute abordagens que levam à aprendizagem de longo prazo;
- ✓ discute a concepção da metacognição em relação ao aprendizado da matemática;
- ✓ descreve um projeto que busca desenvolver as habilidades de raciocínio dos alunos.

AS PRIMEIRAS IDEIAS

A matemática costuma ser descrita como uma disciplina hierárquica, em que a aprendizagem depende do entendimento de conceitos anteriores. Nessa perspectiva, o raciocínio matemático desenvolve-se em níveis de entendimento, e essa ideia encontra apoio na estrutura atual do Currículo Nacional. Porém, é um erro pensar que o desenvolvimento da aprendizagem ocorre de forma linear. Os educandos devem retomar ideias anteriores regularmente, levando a um processo que envolve o retorno tanto quanto a hierarquia de ideias (PIRIE; KIEREN, 1989). Aprender não é seguir uma rota estabelecida, com os alunos baseando-se rotineiramente no conhecimento anterior. Em muitos estágios, os educandos talvez precisem voltar um nível para reforçar o que aprenderam antes. Isso ocorre particularmente quando se deparam com a matemática em um contexto desconhecido ou tentam resolver problemas complexos. Nesses casos, vemos que os alunos muitas vezes revertem para níveis inferiores de entendimento conceitual.

As teorias behavioristas da aprendizagem enfatizam o efeito de punições e gratificações na aprendizagem. Isso pode exigir bastante reforço positivo aos alunos que obtiverem respostas corretas e apresentar desaprovação para aqueles cujas respostas estejam incorretas. Nessa perspectiva, os alunos aprendem vendo exemplos, copiando esses exemplos e praticando até que possam realizar automaticamente a série necessária de passos. O behaviorismo também enfatiza a função essencial dos gatilhos na aprendizagem, em que determinado gatilho evoca certa resposta. Um exemplo pertinente é a resolução de problemas com enunciado, quando os alunos consideram difícil identificar a operação que está implícita no contexto. A abordagem behaviorista sugere que os alunos aprendam a procurar palavras-chave, como mais, extra, adicional – palavras que podem sugerir a operação correta a usar.

As teorias behavioristas tiveram forte influência na educação em geral e, com certeza, na educação em matemática. Elas estão no centro da crença de que, se os alunos praticarem algo o suficiente, eles aumentarão seu conhecimento, pois serão capazes de responder adequadamente em situações semelhantes. A ênfase está em desenvolver habilidades matemáticas, com menos atenção para a aprendizagem de conceitos ou estratégias. Como resultado, a abordagem é útil para ajudar os alunos a desenvolver habilidades que não exijam pensar, como decorar os resultados de tabuadas ou plotar coordenadas. Uma ressalva importante é que os alunos que estão acostumados com esse modo de trabalhar consideram bastante difícil lidar com situações que não estejam alinhadas à sua experiência. Eles, muitas vezes, não conseguem transferir suas habilidades para contextos alternativos. O Office for Standards in Education (2006) relata insatisfação com as aulas de "exercícios e prática", o que contribui para as antigas preocupações referentes à incapacidade dos alunos de transferir seu conhecimento, seu entendimento e suas habilidades para novas situações.

CONSTRUTIVISMO

A maior parte do trabalho sobre a teoria da aprendizagem faz referência à obra de Piaget. Ele identifica quatro estágios de desenvolvimento cognitivo, sendo que as crianças avançam de um estágio a outro quando estão prontas. O ensino, nessa perspectiva, envolve identificar o estágio de desenvolvimento de cada criança e usar métodos que sejam adequados para uma criança naquele estágio de desenvolvimento. Na matemática da escola secundária, grande parte do trabalho concentra-se em fazer os alunos avançar daquilo que Piaget descreve como o estágio das operações concretas para o estágio das operações formais (descrito por Adhami, Johnson e Shayer (1998, p. 8) como "mudar de marcha". Somente quando alcançam o estágio das operações formais é que os alunos conseguem desenvolver plenamente o seu raciocínio e lidar com ideias abstratas.

Na descrição de Piaget, uma criança constrói o conhecimento com base em suas experiências. Quando encontra uma nova experiência, esta pode encaixar-se no entendimento de mundo da criança ou não. Caso se encaixe, a nova experiência é assimilada ao conjunto de conhecimentos existentes. Caso a nova experiência não se encaixe no entendimento anterior, a criança deve fazer certas adaptações para acomodar as novas informações. A construção desse novo entendimento constitui a aprendizagem.

A teoria da aprendizagem baseada no trabalho de Piaget chama-se construtivismo. Inevitavelmente, o construtivismo foi refinado e emendado, havendo diferenças fundamentais de interpretação, mas acredita-se amplamente que é a teoria (de alguma forma) que melhor descreve o processo pelo qual os alunos aprendem matemática. O ponto de vista do construtivismo fundamenta muitas das mudanças que ocorreram no ensino de matemática nos últimos 20 anos. Ele é a base teórica que subjaz a grande parte dos conselhos que você receberá sobre o que constitui uma boa prática de sala de aula.

Em termos simples, o construtivismo baseia-se na visão de Piaget de que a aprendizagem é um processo ativo, no qual novas informações são acomodadas em significados ou imagens mentais previamente entendidos. Na sala de aula, você deve entender a atual compreensão dos alunos (as imagens mentais que eles construíram para explicar o comportamento observado). Assim, você tem de selecionar atividades que possam desafiar essas imagens (HUNTER, 2006). Algumas atividades mostraram-se particularmente efetivas nesse sentido e serão discutidas mais adiante neste capítulo.

As novas experiências dos alunos os levam a construir teorias para explicar tais experiências. Os aprendizes progridem quando notam uma discrepância entre o que acreditam no momento ou que costumavam acreditar e o que parece ser verdade. Eles então formam teorias sobre como a discrepância pode ser explicada (SOTTO, 2007). Isso não significa dizer que as novas teorias estão necessariamente corretas, pois pode acontecer que as novas ideias dos alunos estejam apenas parcialmente corretas ou, de fato, totalmente erradas. A intervenção dos professores é obviamente importante nesse estágio. Os alunos talvez precisem de ajuda para testar suas teorias, e você pode selecionar atividades específicas que sejam efetivas para ajudar a evitar a aprendizagem errônea.

Uma parte da abordagem construtivista é considerar a aprendizagem em função do indivíduo. Espera-se que os alunos aprendam em velocidades diferentes e desenvolvam conceitos matemáticos compatíveis com o seu estágio de desenvolvimento cognitivo (NEYLAND, 1995). Essa ideia tem uma clara influência sobre a maneira como ensinamos matemática. Ensinamos os alunos em grandes grupos, mas tentamos diferenciar ao máximo possível conforme as necessidades individuais. É preciso identificar os alunos que estejam encontrando dificuldade e, por meio de questionamento, tentar avaliar o grau de compreensão de cada um. À medida que suas habilidades aumentam, você usará questões que sejam adequadas para promover a compreensão de indivíduos e grupos.

CONSTRUTIVISMO SOCIAL[*]

Muitos autores modernos que escreveram a respeito das teorias da aprendizagem matemática preferem adaptar as ideias de Piaget sobre o desenvolvimento cognitivo para que considerem as interações sociais. Isso é conhecido como o ponto de vista construtivista social. O construtivismo social segue

---

[*] N. de R.T.: Conhecido no Brasil como sociointeracionismo.

a ideia da aprendizagem em estágios pela construção de um novo entendimento e acrescenta a elas uma dimensão extra na forma de linguagem e comunicação. Vygotsky (1987) descreve a interação básica entre a linguagem e a aprendizagem afirmando inicialmente a importância da fala na aprendizagem. Sua visão de que "[...] a relação entre pensamento e palavra é um processo vital que envolve o nascimento do pensamento na palavra" (RIEBER; CARTON, 1987) tem sido bastante influente para toda uma geração de educadores.

Contudo, Vygotsky vai além de apenas relacionar o pensamento e a linguagem. Ele sugere que a aprendizagem efetiva só pode ocorrer em um contexto social (RIEBER; CARTON, 1987). O conhecimento matemático faz parte de uma estrutura social dentro e fora da sala de aula, e o acesso a essa estrutura acontece pela comunicação. A visão construtivista social da matemática considera uma prática em que o entendimento é negociado antes de sua aceitação por parte de uma comunidade mais ampla de especialistas em matemática. Essa ideia contrasta com uma famosa crença de que a matemática é um conjunto eterno e constante de conhecimentos que parecem ter existido desde sempre. Qualquer pessoa familiarizada com a história do desenvolvimento do cálculo, por exemplo, estaria ciente da falha no último ponto de vista. O construtivismo social sugere que o aprendizado ocorre em dois planos: o plano social, por meio da interação com outras pessoas, e o plano psicológico e interno. Portanto, a discussão torna-se uma parte central da aprendizagem, muito mais que o professor transmitir conhecimento. Quando você começar a atuar em escolas, verá que boa parte das aulas mais efetivas de matemática reflete a visão construtivista social da aprendizagem.

O PAPEL DO PROFESSOR

Além de enfatizar a inter-relação entre pensamento e linguagem, Vygotsky também ressalta o papel fundamental que o professor desempenha em ajudar os alunos a aprender. Ele é visto como alguém que proporciona a estrutura sobre a qual os alunos constroem sua aprendizagem (RIEBER; CARTON, 1987). Essa estrutura somente será efetiva se o trabalho oferecer o nível certo de desafio para os alunos (e, é claro, isso pode significar atividades diferentes para grupos diferentes de alunos). Na orientação da Unidade de Padrões (UNITED KINGDOM, 2005, p. 6), o papel do professor é descrito como:

- avaliar os alunos e fazer um uso construtivo do conhecimento prévio;
- escolher desafios adequados para os alunos;
- deixar claro o propósito das atividades;
- ajudar os alunos a ver como devem trabalhar juntos de maneiras produtivas;
- incentivar os alunos a explorar e trocar ideias em uma atmosfera reflexiva e tranquila;
- estimular a discussão de métodos e entendimentos alternativos, analisando os pontos fortes e fracos;
- remover o "medo do fracasso", aceitando os erros como oportunidades de aprendizagem em vez de problemas a evitar;

- desafiar os alunos por meio de questões efetivas;
- administrar as discussões em pequenos grupos e com o grande grupo;
- rever as ideias importantes de cada sessão;
- ajudar os alunos a estabelecer conexões entre suas ideias.

Essa é, sem dúvida, uma lista valiosa; porém, como todas as listas longas, perde o impacto devido à sua extensão. Uma versão mais curta, que deriva dessa primeira, é descrever o papel do professor como:
- compartilhar o propósito da lição;
- escolher atividades apropriadas que proporcionem o nível certo de desafio;
- administrar o questionamento e a discussão com a turma toda;
- incentivar ideias individuais em uma atmosfera imparcial;
- rever juntos os pontos de aprendizagem mais importantes.

Em suma, você é estimulado a estabelecer e manter uma atmosfera na qual os alunos saibam o propósito da lição e construam relacionamentos solidários. No entanto, você também está lá para desempenhar um papel crucial no processo de aprendizagem: selecionar atividades desafiadoras e intervir para ajudar os alunos a desenvolver a própria compreensão de ideias importantes.

ENSINO E APRENDIZAGEM EFETIVOS

As teorias construtivistas da aprendizagem preconizam que as lições podem seguir um formato que avance da apresentação para a exploração, seguidas por reflexão e consolidação. Uma análise inicial do conhecimento prévio é seguida pela apresentação de um problema, junto com a introdução de um conjunto de atividades para ajudar os alunos a descobrir regras e definições. Na fase de exploração, os alunos realizam as atividades apresentadas no começo da lição. Depois da exploração, passam para a fase de reflexão. O professor e os alunos revisam o que foi observado, e o professor faz perguntas estruturadas para ajudá-los a tirar conclusões. Finalmente, a aula tem uma fase de aplicação e discussão, que envolve uma atividade com o grande grupo para compartilhar as conclusões, sendo recapitulados os pontos principais. O professor pode escolher olhar para a aprendizagem futura e identificar os próximos passos possíveis.

Existem muitas evidências (por exemplo, OFFICE FOR STANDARDS IN EDUCATION, 2006) de que os professores de matemática tendem a ver os métodos, as rotinas e as habilidades à custa de estratégias de aprendizagem de longo prazo e, como resultado, os alunos têm dificuldade para transferir suas habilidades. Embora possam aprender a responder a perguntas de matemática, os alunos às vezes não têm nenhum entendimento conceitual real. Quando enfrentam um problema novo, muitos desistem. Eles não têm opiniões sobre como poderiam abordar o problema, nem a experiência de usar a opinião dos outros. Nas citações a seguir (CASSELL; KILSHAW, 2004), dois professores explicam suas observações sobre as respostas de alunos a problemas:

> Por exemplo, o 11º ano poderia usar algoritmos sem ter de passar pelos processos de pensamento que começam com causa e efeito simples, desenvolver inferência e raciocínio causal e, finalmente, avançar para o pensamento correlacional.

> Eles provavelmente [...] se chamariam de estúpidos e desistiriam antes de aplicar uma abordagem racional.

Existem evidências de que o uso regular de livros-texto pode contribuir para que os professores enfatizem demais os métodos. Newton e Newton (2007) estudaram uma variedade de livros em uso em escolas com alunos de 7 a 11 anos e relatam que alguns ajudam o professor a estruturar suas aulas, mas dificilmente estimulariam o ensino da compreensão. A mensagem dos livros é de que a matemática diz respeito ao desenvolvimento de habilidades, e não da compreensão.

Em um interessante estudo de estilos de ensino, Watson e De Geest (2005) criaram um projeto que apresentava métodos inovadores a alunos com baixo desempenho. No relatório sobre o projeto, eles conseguiram identificar princípios comuns efetivos que todos os professores utilizavam, mas concluíram que os "[...] métodos explícitos são menos importantes do que a obtenção de ideias e compromissos que fundamentam as escolhas dos professores" (WATSON; DE GEEST, 2005, p. 209). Os autores afirmam que os professores bem-sucedidos concentram-se mais no desenvolvimento de longo prazo, em lugar de ganhos rápidos, e evitam banalizar o conteúdo.

O ENVOLVIMENTO ATIVO DOS ALUNOS

O Teachers' Standards (UNITED KINGDOM, 2012, p. 7) defende que o professor deve [...] "configurar um ambiente seguro e estimulante para os alunos, com base no respeito mútuo" e "[...] estimular o amor ao aprendizado e a curiosidade intelectual". Uma maneira de ajudar os alunos a gostar de suas aulas é torná-las o mais ativas e o mais variadas possível. Isso pode ser ilustrado pelas palavras de um professor com dez anos de experiência, descrevendo sua aula com um grupo de baixo desempenho do 7º ano.

> Havia algumas figurinhas no grupo. Tenho dois assistentes de ensino na sala, mas foi uma luta no início para controlar o comportamento. Eles não gostavam particularmente de matemática quando começamos. Então, tudo o que fazemos tende a ser bastante interativo. Tento tornar cada aula o mais interativa possível e divido em unidades pequenas, pois a concentração não é muito boa.

Ilustramos a questão descrevendo uma parte de uma aula em que o professor consegue promover a apreciação pela aprendizagem por meio da participação ativa. A aula é sobre coordenadas, e o objetivo é que os alunos saibam ler e plotar coordenadas no primeiro quadrante, com uma possível extensão a todos os quatro quadrantes. A primeira parte da lição é sobre retas numeradas e números igualmente espaçados nas retas, enfatizando que:

* os números nos eixos não devem estar perto demais;
* estaria errado deixar espaços diferentes entre os números.

Uma indicação da participação ativa dos alunos é dada pela descrição do professor para a aula:

> No quadro, fiz uma reta numerada horizontal, que iria de 0 a 10, e os alunos colocaram na reta os números de 1 a 9. Então, acrescentei a reta vertical para fazer um par de eixos e numerei o eixo vertical. Os alunos vieram até o quadro para mostrar onde plotar pontos variados.

A extensão a isso então seria incluir os números negativos. A classe discute por que -10 não vem ao lado do 0 e o que significam os números negativos. Depois de fazer uma reta horizontal de -10 a 10, o professor pergunta onde se vê esse tipo de reta numerada. Um aluno responde "nos gráficos". Depois da discussão, acrescenta-se e numera-se a reta numerada vertical.

> Depois fizemos o mesmo procedimento que antes, mas com os eixos para os quatro quadrantes. Os alunos vieram ao quadro, colocaram os pontos e demonstraram que sabiam fazê-lo. Eles adoraram essa atividade. Eles realmente gostaram de fazer, estão em um estágio em que na verdade gostam de matemática, pois levantam das cadeiras e vão até o quadro, atividade de que gostam muito.
>
> Inicialmente, eu esperava que eles se criticassem, já que, em algumas turmas, os alunos debocham dos erros, dizendo "Você não sabe". Porém, esse grupo não é assim. Eles são mais tolerantes uns com os outros, de modo que, se um for lá e não conseguir fazer, os outros ficam perfeitamente contentes enquanto você explica como fazer e deixar que eles respondam. Eles parecem desesperados para ir até o quadro e escrever. Eles adoram.

Fica claro que os alunos gostam da aula. O professor acredita que tal apreço deve-se em grande parte à interação dos alunos com o professor e à sua participação no quadro.

O NÍVEL CERTO DE DESAFIO

Conforme discutido antes, o papel do professor inclui selecionar trabalho com um nível adequado de desafio. Talvez essa pareça uma ideia óbvia, mas é surpreendente como as aulas de matemática muitas vezes não conseguem proporcionar esse nível de desafio. Os supervisores (OFFICE FOR STANDARDS IN EDUCATION, 2012, p. 6) consideram as aulas de matemática apenas satisfatórias quando

[...] consistem em exercícios de rotina que desenvolvem habilidades e técnicas adequadamente, mas os alunos têm poucas oportunidades para desenvolver habilidades de raciocínio, resolução de problemas ou investigação, ou essas oportunidades de desenvolvimento são oferecidas apenas àqueles que se saem melhor nos exercícios.

Ao contrário, boas aulas são aquelas em que

[...] problemas alternativos aos de rotina, tarefas e investigações com final em aberto são usados frequentemente com **todos** os alunos a fim de desenvolver habilidades matemáticas mais amplas de resolução de problemas, raciocínio e generalização. (OFFICE FOR STANDARDS IN EDUCATION, 2012, p. 6).

Muitos professores consideram que seu papel é tentar fazer a matemática parecer fácil, o que soa como um objetivo louvável. Infelizmente, se a matemática for reduzida demais a uma abordagem por etapas, os processos de pensamento são banalizados. Em vez de construir uma nova compreensão, os alunos dificilmente precisam pensar. É claro que alguns deles preferem esse tipo de matemática, mas tal método de ensino transmite a mensagem de que "você não pode esperar que vá entender a matemática; o máximo que pode esperar é acertar as respostas das perguntas". Os alunos, de fato, medem seu sucesso não por terem aprendido algo ou entendido o trabalho, mas contando quantas questões responderam na aula. Swan (apud UNITED KINGDOM, 2005, p. 4) descreve esse modelo de ensino como o ensino por transmissão, que "[...] pode parecer superficialmente efetivo quando se exige recordação rápida", mas é menos efetivo para a aprendizagem de longo prazo. Em seu momento menos efetivo, o ensino por transmissão incentiva "[...] a memorização pela repetição de regras desconectadas, que muitas vezes são aplicadas erroneamente e logo esquecidas" (UNITED KINGDOM, 2005, p. 4). Watson e De Geest (2005, p. 213) recomendam que a complexidade dos conceitos e métodos matemáticos "[...] deve ser preservada em vez de simplificada". Em outras palavras, você deve evitar ignorar todos os casos excepcionais e as questões "e se?".

Um estilo de ensino mais desafiador concentra-se mais no objetivo de os alunos entenderem o trabalho, apresentando menos problemas de rotina e incentivando a aprendizagem cooperativa, na qual os alunos têm tempo para explorar ideias e aperfeiçoar o seu raciocínio. Nesse estilo, a aprendizagem torna-se menos linear e mais alinhada à visão construtivista da aprendizagem, na qual o aluno é um participante ativo que está explorando significados na matemática. Essas ideias são desenvolvidas nos parágrafos a seguir.

> **Ponto para reflexão**
>
> Pense sobre as aulas de matemática quando você era aluno. Considere o nível em que praticava rotinas e o nível em que explorava ideias em discussões com os outros. De quais aulas você gostou – e por que considera que gostou mais dessas?
>
> Todos os alunos gostam de se sair bem em matemática e de se sentir mais seguros ao acertar as questões. Considere como é possível conciliar tal objetivo: os alunos lidarem com ideias difíceis e sentirem-se bem com sua aprendizagem.

CONCEPÇÕES ERRÔNEAS

As concepções errôneas não são o mesmo que erros. Qualquer um pode cometer erros em matemática. Os erros podem ocorrer mesmo quando o trabalho subjacente foi totalmente compreendido e provavelmente são resultado de descuido ou cansaço. As concepções errôneas são erros sistemáticos. Elas levam a respostas erradas, mas o argumento que leva às respostas pode ser explicado, e o mesmo erro ocorrerá repetidamente. Em outras palavras, as concepções errôneas são compreensões equivocadas da matemática. A maior parte das concepções errôneas ocorre quando os alunos generalizam demais um resultado que conheceram anteriormente em sua formação em matemática.

Vejamos um exemplo. Uma das concepções errôneas mais simples de entender é a crença de que, quando se multiplica um número por 10, coloca-se um zero no final. Isso, é claro, vale para números inteiros, e essa é a causa do problema. Os alunos pequenos aprendem a multiplicar números naturais por 10 e, seja de forma implícita ou explícita pelo professor, aprendem que colocar um zero no final sempre dá a resposta correta. O problema ocorre quando os alunos aprendem os decimais e concluem que o resultado de multiplicar 3,6 por 10 é 3,60.

É fácil entender como essa concepção errônea surge, e você verá que ela é surpreendentemente comum. O mais interessante, porém, é o seguinte: para acabar com a concepção errônea, não é suficiente apenas mostrar aos alunos a maneira certa de multiplicar decimais por 10. Isso é bastante difícil de entender. É natural que você, nos primeiros dias de sua formação, queira explicar métodos corretos e espere que os alunos aceitem o que mostrou a eles. Em outras palavras, você espera que eles aceitem que estão errados porque você está dizendo e apresentando razões sólidas.

De fato, é isso que acontece na sala de aula de matemática. O professor identifica que um aluno tem uma concepção errônea, explica o que está errado e demonstra o método correto. O aluno consegue seguir o método correto e apresenta as respostas corretas no restante da aula e, possivelmente, nas próximas aulas. Então, alguns meses depois, quando o mesmo assunto é retomado, o aluno volta a aplicar sua própria regra incorreta. Em nosso exemplo, quando a multiplicação de decimais aparece em uma lição, o aluno volta a adicionar zero ao final.

O ensino levou a uma aprendizagem de curto prazo, mas não acabou com a concepção errônea. Quando enfrentou uma questão fora do foco direto da lição, o aluno reverteu ao nível de entendimento que conhecia e acreditava. É como se a concepção errônea fizesse parte do sistema de crenças do aluno, um modo de trabalhar que faz sentido para ele. É isso que torna as concepções errôneas muito difíceis de eliminar e substituir.

Berry e Graham (apud TANNER; JONES, 2000) relatam um exemplo de um modo de ensinar que não eliminou uma concepção errônea entre estudantes de mecânica do nível A. Mesmo depois de uma série de aulas sobre as leis de Newton, os alunos mantinham a visão de que a massa de um objeto influenciava o tempo que ele levaria para cair determinada distância sob gravidade. Em outras palavras, os alunos agarravam-se à sua crença intuitiva, que é mais fácil de manter do que de substituir por outra.

Em alguns aspectos, ser um professor de matemática eficiente requer que você saiba mais do que como ensinar matemática. Você deve estar familiarizado com as concepções errôneas mais comuns e saber como lidar com elas. Isso também sublinha a necessidade de pensar cuidadosamente sobre como as ideias conceituais são introduzidas, bem como a necessidade de evitar explicações pragmáticas com efeitos de curto prazo.

CONFLITOS COGNITIVOS

Alguns autores (por exemplo, Zaslavsky, 2005) caracterizam o papel do professor como algo que cria incerteza na mente dos alunos. Zaslavsky (2005) descreve três tipos diferentes de incerteza que podem ser criados em matemática: alegações conflitantes, conclusões questionáveis e resultados difíceis de verificar. É difícil introduzir qualquer um deles na sala de aula, pois os alunos preferem a segurança de saber que estão certos. Outra dificuldade está em criar situações que tenham um nível adequado de incerteza para os alunos envolvidos. Você pode sentir intuitivamente que a incerteza deve ser tratada com cautela e que essa abordagem só pode ser adotada ocasionalmente, mas sem ser cauteloso demais!

A abordagem de ensino que começa provocando incerteza chama-se conflito cognitivo. A abordagem mostrou-se efetiva para ajudar os alunos a superar as concepções errôneas. Bell et al. (1985) usaram testes prévios e posteriores para comparar a aprendizagem de uma variedade de conceitos decimais. Um grupo de alunos foi ensinado usando uma abordagem "apenas positiva", que enfatiza os métodos corretos, e concentrou-se em áreas de dificuldades previstas. O outro grupo foi ensinado usando-se métodos com conflito, em que os alunos eram levados a expor suas concepções errôneas antes que o professor fizesse uma discussão para resolver o conflito. A testagem mostrou que o método de ensino com conflito levava a ganhos significativamente maiores na aprendizagem, medidos não apenas no teste posterior, mas também em um teste posterior tardio, que pretendia verificar a retenção de longa duração. Assim, os métodos com conflito parecem ser mais efetivos para gerar aprendizagem de longa duração do que os métodos em que erros prováveis são evitados ou simplesmente mencionados de passagem pelo professor.

Diversos pesquisadores (sintetizados, por exemplo, em Askew e Wiliam, 1995) deram seguimento ao trabalho pioneiro de Bell et al. (1985) demonstrando que, quando conflitos são criados, promovidos e resolvidos por meio de uma discussão reflexiva, a aprendizagem é mais efetiva. Conforme observado na orientação da Estratégia Nacional (UNITED KINGDOM, 2002), existem duas maneiras por meio das quais os professores podem responder às concepções errôneas que encontram na sala de aula:

- advertindo os alunos sobre concepções errôneas prováveis, explicando por que estão incorretas e demonstrando o método correto;
- permitindo que ocorram concepções errôneas e usando-as como pontos a ensinar.

Muitos professores usam métodos que podem ser descritos pelo primeiro ponto citado. Entre aqueles que usam o método descrito no segundo ponto, alguns vão adiante. Eles não ficam esperando que as concepções errôneas aconteçam para então responder, mas criam atividades que provoquem a revelação dessas concepções. Swan (2001) recomenda fazer perguntas que criem conflitos – contradições aparentes que demonstrem que algo deve ser aprendido.

Isso envolve mais que apenas fazer uma pergunta sobre algo que os alunos venham a discordar. Envolve criar uma situação em que eles vejam que tiveram duas respostas contraditórias, mas que parecem fazer sentido. Por exemplo, alunos com pouca noção do valor do lugar nos números decimais podem continuar a sequência 4,1; 4,3; 4,5; 4,7;... com os valores 4,9; 4,11; 4,13. Os alunos provavelmente não terão dificuldade para descrever o fato de que os números crescem em 0,2 e, com uma calculadora, podem observar que adicionando 0,2 repetidamente terão 4,9; 5,1; 5,3 como os próximos três termos. Isso não envolve a discordância entre duas ou mais pessoas. Nesse caso, ambas as respostas fazem sentido para a mesma pessoa. Em tal situação, os alunos ficam confusos, de forma compreensível, e devem aceitar que a contradição deve ter uma explicação.

O próximo passo possível é organizar algum trabalho para os alunos sobre a leitura de escalas. Você pode optar por não mencionar a relação entre o trabalho com as escalas e o conflito mal-resolvido ou pode apenas informar que a questão será retomada mais adiante. Depois que os alunos tiverem trabalhado com as escalas e estiverem confiantes em colocar, por exemplo, 4,11 e 4,9 nos lugares certos, você pode reintroduzir a situação de conflito e incentivá-los a chegar a uma conclusão. Por meio de um questionamento minucioso, você pode ajudar os alunos a ver a relação entre o trabalho com as escalas e a sequência e, assim, ajudar a resolver o conflito. Em outras palavras, concentrando-se no conflito cognitivo que ocorre, você pode ajudar os alunos a encaixar o novo conhecimento, adaptando sua compreensão do sistema decimal. Depois que a nova compreensão está estabelecida, os alunos recebem novos problemas para resolver que os ajudarão a consolidar sua compreensão.

O modelo de ensino sugerido por Swan (2001) envolve os cinco passos, como descrito a seguir:

1. O professor começa avaliando a compreensão inicial dos alunos.
2. Os alunos fazem uma tarefa criada pelo professor para incentivar soluções intuitivas ou expor concepções errôneas comuns (apresentando a oportunidade para que haja conflitos cognitivos).
3. Os alunos compartilham métodos e soluções em sua discussão.
4. O professor organiza uma discussão com toda a classe a fim de resolver o conflito.
5. Os alunos consolidam sua aprendizagem, aplicando-a a novos problemas.

Esse modelo corresponde às ideias do construtivismo social e concentra-se na aprendizagem de longo prazo baseada na compreensão, e não na capacidade de executar um conjunto de habilidades.

METACOGNIÇÃO

Relacionada à ideia do conflito cognitivo está a ideia de metacognição (FLAVELL, 1979). Muitas vezes definida livremente como "saber sobre saber", a metacognição é talvez melhor explicada como a habilidade do aprendiz em monitorar e avaliar o próprio aprendizado por meio da consciência de seus processos mentais. Existem várias pesquisas que indicam que grande parte dos problemas enfrentados por muitos aprendizes de matemática surge do conflito entre um entendimento preexistente e o novo conhecimento transmitido pelo professor (MERENLUOTO; LEHTINEN, 2002; STAFYLIDOU; VOSNIADOU, 2004). Como em nosso exemplo anterior da multiplicação por 10, um conhecimento prévio "acrescente um zero" é desafiado por uma nova instrução: "faça todos os números ficarem 10 vezes maiores". Quando um aprendiz não consegue resolver esse problema, ele tende a revertê-lo para uma compreensão mais familiar. Incentivar a metacognição é uma forma de equipar os aprendizes com instrumentos para avaliar e monitorar seu entendimento por meio de uma avaliação genuína de explicações que competem entre si. Schneider e Artelt (2010) descobriram, a partir da metanálise de pesquisas empíricas, que aprendizes de todos os níveis beneficiam-se de procedimentos instrutivos metacognitivos. Alguns estudiosos chegaram à conclusão de que nenhum avanço significativo no que diz respeito ao entendimento conceitual tem probabilidade de ocorrer sem a metacognição (CARR apud WATERS; SCHNEIDER, 2010).

Quando os alunos participam ativamente do processo de gerar novos conhecimentos para si mesmos, as evidências demonstradas nas pesquisas apontam que tal fato leva a uma compreensão genuína e a um aprendizado mais profundo. Além disso, como já foi ressaltado, as pesquisas confirmam a ideia de que a metacognição gera um entendimento matemático maior por parte dos estudantes e, por conseguinte, gera um progresso conceitual mais satisfatório, independentemente do nível dos resultados atingidos pelos alu-

nos. Para incentivar esse aprendizado, os professores precisam estimular ativamente os tipos de habilidade necessários para que a metacognição ocorra. Hoje, 30 anos depois de Lavell ter cunhado o termo "metacognição", a questão sobre como os professores podem usar a instrução para estimular a metacognição tem sido bastante discutida. Todavia, existe um consenso de que, para que se desenvolva a autoconsciência dos processos de aprendizado, são necessárias três capacidades mais amplas (WATERS; SCHNEIDER, 2010):
- a habilidade de articular pensamentos;
- a habilidade de monitorar progressos;
- a habilidade de julgar a validade dos resultados.

Estimular os alunos a articular seus pensamentos, tanto oralmente quanto por meio da escrita, é uma característica mais comum do ensino atual do que era há 20 anos, sobretudo devido à influência da teoria metacognitiva. Parece plausível que nenhuma habilidade real de refletir adequadamente sobre progressos ou validações pode ocorrer sem que os aprendizes estejam equipados com um vocabulário de trabalho adequado. O processo de usar a linguagem é útil no desenvolvimento da compreensão e, consequentemente, a ênfase recai no estímulo dos alunos para que expliquem seus métodos e a mentalidade intrínseca a eles. Um trabalho de grupo bem-focado é particularmente de grande ajuda para os alunos no que se refere à verbalização de suas ideias para outras pessoas. Uma vez articulada, uma ideia pode ser questionada por outros do grupo, e um aprendiz pode ser solicitado por outros membros do grupo a justificar suas ideias mais detalhadamente. Desafios como esse ajudam os alunos a desenvolver suas habilidades de monitorar e avaliar o próprio progresso e, por fim, a validade de suas soluções.

Um modo eficaz de gerar discussão é apresentar um problema que tenha grande probabilidade de causar desacordo entre os alunos. Por exemplo, ao refletir sobre o exemplo de aula do *site* (discutido no Capítulo 4), a professora explica por que ela apresenta à classe uma situação elaborada para promover controvérsia:

> Eu realmente queria que eles entendessem a diferença entre eventos que têm tendência a ocorrer da mesma maneira e aqueles que não têm. Então, apresentei a foto de um homenzinho dizendo que a pizza, o curry e a salada estavam em promoção na cantina e com uma frase embaixo dizendo que a probabilidade de a pizza ser escolhida era uma em três.
>
> Inicialmente eu pensei que a maioria concordaria com a afirmação. A maioria iria concordar, mas havia um rapazinho que provavelmente estava pensando "eu não gosto de curry" ou "eu não quero salada" e percebendo que havia uma escolha envolvida. O exemplo mostrou a eles que nem todos os acontecimentos têm a mesma proporção de chance de acontecerem; logo, não podemos usar a teoria aprendida anteriormente. Precisamos criar uma nova forma de encontrar a probabilidade, e então a ideia de fazer uma experiência ou uma pesquisa passa a se desenvolver.

Discussões em sala de aula são mais fáceis de administrar do que discussões em grupos, simplesmente porque o professor é parte ativa da discussão que envolve toda a classe. Em pequenos grupos, o professor deve fornecer lembretes escritos (e, se possível, também verbais) que iniciem a discussão e deve apontar alguma direção no que diz respeito a como o grupo pode comunicar-se e justificar suas conclusões. A solução final ou as descobertas resultantes desse trabalho em grupo é um consenso construído pelos seus membros.

Pelo que se apreende da referida discussão, é bastante óbvio que uma maneira de incentivar as habilidades metacognitivas é o planejamento de atividades apropriadamente desafiadoras envolvendo a resolução de problemas.

HABILIDADES DE RACIOCÍNIO

A transição das operações concretas para as operações formais causa dificuldades para muitos alunos, particularmente em matemática. Uma tentativa de abordar essa dificuldade é o projeto Cognitive Acceleration in Mathematics Education (CAME), iniciado em 1993, com o objetivo de produzir um processo de intervenção que acelere o desenvolvimento cognitivo, mas também (e de forma crucial, no mundo em que as escolas são julgadas pelos resultados de exames) melhore o desempenho nos resultados matemáticos (ADHAMI; JOHNSON; SHAYER, 1998).

O foco do projeto CAME são os alunos dos 7° e 8° anos e consiste em 30 lições pré-planejadas. As lições usam tarefas baseadas em discussões, que são projetadas para desenvolver o raciocínio conceitual das crianças, em vez de respostas a questões de um tipo específico. As lições têm estilo investigativo, mas cada uma se concentra no desenvolvimento de um conceito específico. Em cada lição, as atividades geram discussões em grupo e com toda a turma, no lugar de trabalhos escritos, com ênfase em métodos em vez de respostas.

O uso do projeto CAME em uma escola forma a base de um estudo de caso publicado no *site* dos Padrões. Nessa escola, as lições do projeto CAME são apresentadas em aulas normais de matemática, mas como lições individuais a cada quinzena. Após a introdução do projeto CAME nessa escola, duas professoras relataram (CASSELL; KILSHAW, 2004):

> A partir dos comentários feitos durante as noites com os pais, discussões com alunos e levantamentos de pequena escala, a resposta a essas aulas foi bastante positiva. Muitos alunos gostam de poder falar. A ênfase em "Como você chegou à sua resposta?" é menos ameaçadora do que "Sua resposta está certa?" e, assim, a motivação na sala de aula aumentou.

O estudo de caso de Cassell e Kilshaw (2004) reconhece a importância do desenvolvimento da equipe como parte do projeto. Em sua escola, a equipe reúne-se regularmente para discutir as aulas futuras e refletir sobre as aulas dadas. Contam que "[...] esse processo foi vital para o sucesso da administração do projeto" (CASSEL; KILSHAW, 2004). Em outra publicação, Goulding

(2002) relata uma resposta mais ambígua dos professores, sendo que alguns claramente se beneficiaram da cooperação que o projeto gerou, enquanto outros estavam bem menos convencidos de que o projeto havia proporcionado uma cooperação profissional de utilidade.

Shayer e Adhami (2007), em uma avaliação mais recente, reafirmam que o projeto melhorou os resultados gerais, mas argumentam que as razões para o sucesso podem não envolver tanto o conteúdo das lições em si, porém mais a crítica que o projeto faz aos métodos de ensino comuns. Além disso, afirmam que ainda existe lugar para o ensino "instrucional" nas salas de aula de matemática e defendem uma evolução da prática que integre o bom ensino instrucional às habilidades de ensino sugeridas na metodologia do projeto CAME.

EVIDÊNCIAS DE PESQUISAS

É impossível fazer justiça em um capítulo a todos os argumentos referentes às teorias da aprendizagem, ou mesmo a todos os argumentos que envolvem o construtivismo social. Contudo, você deve sentir-se confortável de que a base para muitas atividades recomendadas para a sala de aula assenta-se no modelo construtivista social. O construtivismo social pressupõe que os seguintes métodos seriam evidentes na sala de aula: modelagem, estruturação, instrução, articulação, reflexão, cooperação, exploração, atividades de resolução de problemas e oferta de opções aos alunos (MUIJS; REYNOLDS, 2005). Além disso, em vez de lidar com questões rotineiras com respostas prontas, os alunos beneficiam-se com situações em que possa haver muitas abordagens alternativas ou diversas respostas.

Vygotsky refere-se à aprendizagem no plano social por meio da discussão, com uma internalização posterior da aprendizagem no plano psicológico. Jaworski (2002, p. 73) propõe uma interação maior entre a aprendizagem nos dois planos. Ela descreve o raciocínio individual e o pensamento social como dois processos que se alternam e se misturam. Em sua descrição do construtivismo social, afirma que o pensamento de um grupo na sala de aula obedece ao seguinte processo interativo:

> O pensamento individual entra e sai do grupo à medida que um indivíduo fala, ouve, pensa [...] e, no processo, constrói algo que se encaixa em concepções prévias ou as desafia. No entanto, à medida que as pessoas do grupo interagem, falam umas com as outras, desafiam-se, argumentam, discordam, fazem perguntas, oferecem explicações, é como se o conhecimento crescesse dentro do grupo; como se o conhecimento estivesse localizado em algum lugar do espaço grupal, e não na cabeça dos indivíduos. Para qualquer membro do grupo, o que ele sabe como resultado de todas essas interações é tanto um produto da interação quanto um ato de construção individual.

É fácil constatar a ênfase que o construtivismo social atribui ao trabalho de grupo planejado e às interações entre os alunos. Porém, ele não exclui o ensino para toda a classe como instrumento de aprendizagem. A teoria consegue abarcar uma situação de aprendizagem na qual a classe está envolvida em uma seção de ensino interativa, com o professor dirigindo o questionamento e usando as respostas dadas para gerar novas questões. Nessa situação, o envolvimento do grupo todo pode promover a disseminação do conhecimento.

Quanto mais se enfatiza que os alunos constroem o seu próprio significado, com base na acomodação de novas ideias em seu conjunto já compreendido de conhecimento, mais fácil será ver o aluno como a pessoa ativa na sala de aula e o professor como um tipo de facilitador que proporciona o tipo certo de atividades e organiza o que acontece, mas, de outra forma, tem pouco efeito sobre a aprendizagem. Esse, obviamente, não é o caso. Do ponto de vista construtivista social, o professor desempenha um papel crucial no processo de aprendizagem. A expressão "zona de desenvolvimento proximal", de Vygotsky, é usada para descrever a lacuna entre o que o educando pode alcançar sem nenhum estímulo externo e o que ele poderia alcançar se recebesse ajuda de outra pessoa (muitas vezes, embora não necessariamente, o professor). O papel do professor, nessa perspectiva, é identificar a zona de desenvolvimento proximal (ZDP) de cada aluno e proporcionar, em cada lição, o nível de estímulo necessário para avançar pela zona e, assim, maximizar a taxa de aprendizagem.

O papel do professor também envolve selecionar o nível ideal de apoio que é necessário para promover a aprendizagem. Ele pode proporcionar um grau de estrutura para amparar o processo de aprendizagem, e parte de ser um bom professor implica selecionar o nível certo de apoio para cada aluno.

Além disso, o professor tem o papel fundamental de organizar e estruturar a discussão entre os alunos. É mais provável que a discussão seja produtiva se for estruturada tendo-se em mente determinado objetivo de aprendizagem. Nesse caso, o parceiro (o outro aluno na discussão) atua como mediador no processo de aprendizagem. Embora ainda seja o organizador, o professor não está mais proporcionando estruturação direta (SHAYER, 2003). Quando os alunos trabalham juntos em uma tarefa, eles compartilham uma ZDP em comum. É possível que um aluno aprenda individualmente construindo um novo significado até os limites de sua ZDP, porém é mais provável que a aprendizagem seja mediada por outro colega. Em outras palavras, a taxa em que um aluno avança por meio da ZDP é influenciada pela posição de outro colega. Ver outro aluno que entendeu um conceito pode ajudar indivíduo a internalizar o conceito em sua plenitude quando seu entendimento poderia ser inicialmente parcial.

Ponto para reflexão

O Office for Standards in Education (2006) relata que o ensino e a aprendizagem são bons em dois terços das aulas de matemática, mas alguns métodos de ensino usam repetição em excesso e proporcionam poucos desafios aos alunos. Melhorar o ensino e a aprendizagem é um aspecto fundamental do plano de desenvolvimento de várias escolas, mas os professores muitas vezes consideram os métodos construtivistas difíceis de implementar. Considere por que você pensa que isso é verdade e se existem barreiras que impeçam que os professores atribuam mais ênfase à aprendizagem de longo prazo dos alunos.

LEITURAS COMPLEMENTARES

JAWORSKI, B. Social constructivism in Mathematics learning and teaching. In: L. HAGGARTY (ed.) *Teaching mathematics in secondary schools: a reader*. London: Routledge Falmer, 2002.

Barbara Jaworski faz nesse capítulo uma ótima síntese do construtivismo. A autora aponta mais detalhes sobre por que e como a teoria foi adaptada para considerar mais os aspectos sociais da aprendizagem. Ela utiliza exemplos de uma sala de aula no Paquistão para mostrar como as ideias teóricas estão relacionadas com situações práticas de aprendizagem.

UNITED KINGDOM. Department for Educational and Skills. *Improving learning mathematics*: challenges and strategies, in the standards unit park, improving learning in mathemathics. London: DfES, 2005.

Esse livreto faz parte de um conjunto de recursos didáticos, que também pode ser encomendado pelo departamento editorial do DfES. O livreto de desafios e estratégias traz um conjunto bastante prático de atividades para usar na sala de aula, acompanhado de uma breve síntese da base teórica. Os recursos abordam a aprendizagem ativa, ao invés de passiva, e incentivam os professores a adotar uma abordagem "desafiadora" no lugar da simples transmissão do modelo informativo. Contém diversas ideias para serem usadas na sala de aula. Veja os *sites* a seguir ou use o *link* no *site* do livro.

SITES ÚTEIS

O Centre for Innovation in Mathematics Teaching, da Plymouth University, tem uma página com uma discussão detalhada sobre diversas concepções errôneas. Está disponível em http://www.cimt.plymouth.ac.uk/resources/help/miscon.htm.

O 2005/2006 Annual Report of Her Majesty's Chief Inspector of Schools pode ser obtido por *download* em http://www.ofsted.gov.uk/Ofsted-home/Publications-and-research/Browse-all-by/Annual-Report/2005-06/The-Annual-Report-of-Her-Majesty-S-Chief-Inspector-of- Schools-2005-06.

O Ofsted Report 2011/12 está disponível em http://www.Ofsted.gov.uk/about-us/annual-report.

REFERÊNCIAS

ADHAMI, M.; JOHNSON, D. C.; SHAYER, M. *Thinking maths*. Oxford: Heinemann, 1998.
ASKEW, M.; WILIAM, D. *Recent research in mathematics education 5-16*. London: HMSO, 1995.
BELL, A. et al. *Diagnostic teaching*: teaching for long-term learning. Nottingham: Shell Centre for Mathematical Education, 1985.
CASSELL, A.; KILSHAW, D. *Case studies*: the CAME maths project. [S.l.: s.n.], 2004.
FLAVELL, J. H. Metacognition and cognitive monitoring: a new area of cognitive- developmental inquiry. *American Psychology*, v. 34, n. 10, p. 906-911, 1979.

GOULDING, M. Developing thinking in mathematics. In: HAGGARTY, L. (Ed.). *Aspects of teaching secondary mathematics*: perspectives on practice. London: Routledge, 2002.

HUNTER, J. The numeracy project: foundations and development. *ACE Papers*, v. 17, 2006.

JAWORSKI, B. Social constructivism in mathematics learning and teaching. In: HAGGARTY, Linda (Ed.). *Teaching mathematics in secondary schools*: a reader. London: Routledge, 2002.

MERENLUOTO, K.; LEHTINEN, E. Conceptual change in mathematics: understanding the real numbers. In: LIMÓN, Margarita; MASON, Lucia. (Ed.). *Reconsidering conceptual change*: issues in theory and practice. Dordrecht: Kluwer Academic, 2002.

MUIJS, D.; REYNOLDS, D. *Effective teaching*: evidence and practice. London: Sage, 2005.

NEWTON, D. P.; NEWTON, L. D. Could elementary mathematics textbooks help give attention to reasons in the classroom? *Educational Studies in Mathematics*, v. 64, n. 1, p. 69-84, 2007.

NEYLAND, J. Eight approaches to teaching mathematics. In: NEYLAND, J. (Ed.). *Mathematics education*: a handbook for teachers. Wellington: Wellington College of Education, 1995. v. 2.

OFFICE FOR STANDARDS IN EDUCATION. *Mathematics*: made to measure. London: OFSTED, 2012.

OFFICE FOR STANDARDS IN EDUCATION. *The annual report of her majesty's chief inspector of schools 2005/6*. London: OFSTED, 2006.

PIRIE, S.; KIEREN, T. A recursive theory of mathematical understanding. *For the Learning of Mathematics*, v. 9, n. 3, p. 7-11, 1989.

RIEBER, Robert W.; CARTON, Aaron S. (Ed.). *The collected works of L. S. Vygotsky*: problems of general psychology. New York: Plenum, 1987. v. 1.

SCHNEIDER, W.; ARTELT, C. Metacognition and mathematics education. *ZDM Mathematic Education*, v. 42, n. 2, p. 149-161, 2010.

SHAYER, M. Not just Piaget; not just Vygotsky, and certainly not Vygotsky as alternative to Piaget. *Learning and Instruction*, v. 13, n. 5, p. 465-485, 2003.

SHAYER, M.; ADHAMI, M. Fostering cognitive development through the context of mathematics: results of the CAME Project. *Educational Studies in Mathematics*, v. 64, n. 3, p. 265-291, 2007.

SOTTO, E. *When teaching becomes learning*: a theory and practice of teaching. London: Continuum International, 2007.

STAFYLIDOU, S.; VOSNIADOU, S. The development of students' understanding of the numerical value of fractions. *Learning and Instruction*, v. 14, n. 5, p. 503-518, 2004.

SWAN, A. Dealing with misconceptions in mathematics. In: GATES, P. (Ed.). *Issues in mathematics teaching*. London: Routledge, 2001.

TANNER, H.; JONES, S. *Becoming a successful teacher of mathematics*. London: Routledge, 2000.

UNITED KINGDOM. Department for Education and Employment. *Teachers' standards*. London: DfEE, 2012.

UNITED KINGDOM. Department for Education and Skills. *Improving learning in mathematics*: challenges and strategies, in the standards unit pack, improving learning in mathematics. London: DfES, 2005.

UNITED KINGDOM. Department for Education and Skills. *Learning from mistakes, misunderstandings and misconceptions in mathematics*. London: DfES, 2002.

WATERS, H. S.; SCHNEIDER, W. (Ed). *Metacognition, strategy use, and instruction*. New York: Guilford, 2010.

WATSON, A.; DE GEEST, E. Principled teaching for deep progress: improving mathematical learning beyond methods and materials. *Educational Studies in Mathematics*, v. 58, n. 2, p. 209-234, 2005.
ZASLAVSKY, O. Seizing the opportunity to create uncertainty in the learning of mathematics. *Educational Studies in Mathematics*, v. 58, n. 3, p. 297-391, 2005.

Leitura recomendada

OFFICE FOR STANDARDS IN EDUCATION. *Mathematics in secondary schools*. London: OFSTED, 2002.

6
Avaliação

> **Este capítulo**
>
> ✓ analisa as bases da avaliação e discute as principais razões pelas quais ela desempenha um papel tão importante no ensino de matemática;
> ✓ revisa diferentes formas de avaliação;
> ✓ discute os principais propósitos da iniciativa Avaliação para a aprendizagem, incluindo o papel da autoavaliação;
> ✓ revisa o papel do questionamento oral nas aulas de matemática;
> ✓ faz sugestões sobre boas maneiras de fazer registros e oferecer informações aos pais;
> ✓ faz uma revisão dos testes nacionais aplicados a alunos de escolas públicas no Reino Unido.

A avaliação é um aspecto fundamental da vida na escola. Ela é usada para analisar a capacidade dos alunos, análise essa que pode ser usada para fins de seleção ou de monitoramento do progresso. A avaliação traz benefícios a professores e alunos, indo além dos portões da escola mais do que muitos outros aspectos da vida escolar. Como resultado, pode ser usada para julgar não apenas os alunos, mas também os professores e as escolas. Os professores são responsáveis na escola pelos resultados dos exames e, devido às comparações entre as escolas, eles se interessam bastante pelos resultados, particularmente pelos dos exames do estágio 4 dos programas de estudo (QUALIFICATIONS AND CURRICULUM AUTHORITY, 2007).

Os testes nacionais são a face mais pública da avaliação no Reino Unido, embora esta faça parte de todas as aulas de matemática de algum modo. Ela é parte do processo de ensino e aprendizagem, com o potencial de fazer uma real diferença na aprendizagem dos alunos (OFFICE STANDARDS IN EDUCATION, 2006, 2012). Pesquisas indicam que os professores consideram a avaliação um dos aspectos mais difíceis do seu trabalho.

O PROPÓSITO DA AVALIAÇÃO

É comum descrever a avaliação como tendo três modalidades, cada qual com os seus propósitos particulares.

- A avaliação somativa é feita por meio de julgamentos e, de modo geral, com base em critérios externos (tais como os níveis do Currículo Nacional). É usada para nivelar e selecionar indivíduos, bem como para comparar escolas, departamentos e professores individualmente.
- A avaliação formativa é usada para ajudar os alunos a aprender; também envolve julgamentos, mas para mostrar aos alunos como eles podem melhorar. Costuma estar associada ao estabelecimento de metas por meio das quais os alunos monitoram o próprio progresso em relação aos critérios.
- A avaliação diagnóstica é um instrumento para descobrir o que os alunos entendem e o que eles podem fazer com o propósito de que o ensino posterior seja adaptado às necessidades do indivíduo ou da turma.

Esses são termos úteis que você precisa conhecer, já que são usados rotineiramente nos círculos educacionais. O Teachers' Standards* requer que você "[...] saiba e entenda como avaliar matérias relevantes e áreas curriculares, incluindo as exigências da avaliação estatutária" e que "[...] faça uso das avaliações somativa e formativa para garantir o progresso dos alunos" (UNITED KINGDOM, 2011, p. 6). Outra maneira de categorizar os propósitos da avaliação é considerá-la como fornecedora de informações a dois grupos de pessoas: alunos e professores. Devemos considerar um de cada vez.

Para os alunos, a avaliação fornece um *feedback* sobre como eles estão aprendendo. Ela os ajuda a medir seus progressos em busca de metas de curto ou longo prazo. Também os ajuda a identificar pontos fracos sobre os quais podem trabalhar a fim de melhorar seu desempenho. Com o tempo, os alunos constroem um perfil de suas próprias habilidades e tornam-se capazes de agrupar e relacionar vários pontos fracos, de modo que isso os ajude a entender o motivo de considerarem certos tópicos tão difíceis.

Existe outra forma, muitas vezes subestimada, pela qual a avaliação afeta os alunos. O impacto pode ser descrito como psicológico. Quando os alunos percebem que a sua tarefa está marcada e que foram dados alguns *feedbacks*, eles recebem a mensagem de que o trabalho foi avaliado pelo professor. Em aula, um

---

* N. de R.T.: Teachers' Standards ou padrões de ensino são um conjunto de normas que definem expectativas básicas para a prática profissional e conduta de professores, delimitando um nível mínimo de prática esperada de professores na Inglaterra.

Esse documento pode ser encontrado em: TEACHERS' standards: guidance for school leaders, school staff and governing bodies. Disponível em: <https://www.gov.uk/government/uploads/system/uploads/attachment_data/file/301107/Teachers__Standards.pdf>. Acesso em: 08 out. 2014.

Sínteses interessantes do documento podem ser encontradas em: TEACHERS' standards. Disponível em: <https://www.gov.uk/government/uploads/system/uploads/attachment_data/file/283566/Teachers_standard_information.pdf e TEACHERS' standards: how should they be used? Disponível em: <https://www.gov.uk/government/uploads/system/uploads/attachment_data/file/283567/Teachers_standards_how_should_they_be_used.pdf>. Acesso em: 08 out. 2014.

professor que demonstra o desejo de supervisionar as tarefas dos alunos é aquele que demonstra que essas tarefas são importantes. A avaliação também tem um impacto sobre a motivação. Um *feedback* bem-escrito pode proporcionar grande parte do estímulo necessário; ao contrário, um *feedback* mal-escrito pode ser extremamente desmotivador, fazendo que os alunos desistam.

Como professor, a avaliação oferece a oportunidade de avaliar o sucesso do seu ensino. Se os alunos foram bem-sucedidos na tarefa que você avaliou, pode ter certeza de que eles entenderam o trabalho e, consequentemente, estão prontos para enfrentar um novo desafio. Se uma tarefa avaliada revela um desempenho ruim, isso o ajuda a identificar qual parte do trabalho não foi compreendida com sucesso. Nesse caso, você pode adaptar seus futuros planos de ensino para dar conta das informações adquiridas depois da avaliação.

A avaliação ajuda na elaboração de um perfil de pontos fortes e fracos de cada aluno. Se os próprios alunos consideram difícil lembrar quais são seus pontos fracos em determinado tópico, então você está na posição de aconselhar.

Ainda que a avaliação seja feita para o benefício principalmente de alunos e professores, seria tolo ignorar os outros públicos. Como já foi discutido, existem exigências de avaliação no Currículo Nacional, embora os pais também estejam particularmente interessados nas avaliações. Os pais observam os livros dos filhos e procuram informar-se sobre os comentários feitos pelos professores; eles leem relatórios e vão a reuniões para saber sobre o progresso dos filhos. Nesse sentido, a avaliação é feita, em sua maior parte, em contextos públicos. Os exercícios de matemática são quase sempre levados para casa, fornecendo evidências tanto do trabalho do professor quanto do trabalho dos alunos. Se os cadernos ou livros dos alunos apresentarem marcações regularmente, bem como orientações, essa será uma demonstração pública do seu desempenho profissional. Por outro lado, é difícil argumentar contra a impressão negativa gerada por um livro de exercícios que não teve nenhuma marcação durante muitas semanas.

As escolas costumam adotar políticas de monitoramento da avaliação do desempenho dos alunos. Obviamente, tal medida demonstra que a escola valoriza a avaliação em seus critérios educacionais, além de uma consciência da imagem pública que é gerada pela marcação do trabalho dos alunos. Em um departamento de matemática, o sistema de monitoramento consiste de amostras de livros de exercícios que são trocadas entre os colegas regularmente.

Na semana passada, reunimos amostras de livros de exercícios para o 9º ano. Quando lidamos com o trabalho dessa maneira, estando juntos, podemos levar às reuniões uma amostra aleatória de livros de todas as turmas para as quais lecionamos. Dedicamos algum tempo observando como nossos colegas fazem marcações e fornecem *feedbacks*. No final, compartilhamos todas as conclusões.

Na nossa escola, o monitoramento é feito principalmente em conjunto com o departamento. Não apenas com o chefe do departamento – todos se envolvem.

continua

> *continuação*
>
> Também monitoramos livros de exercícios em pares, geralmente um pouco antes do Natal, quando nossos colegas reúnem-se para comparar suas avaliações. Nesse trabalho de pares, também trabalhamos com amostras. Essa é uma excelente oportunidade para que aprendamos uns com os outros, porque nos ajuda a sermos mais consistentes em nossas abordagens de marcações entre pares.

Na maioria das escolas, são usadas abordagens semelhantes. É importante apresentar esse monitoramento do trabalho dos alunos não apenas como mera administração do trabalho dos professores, mas também como oportunidade para que os professores aprendam uns com os outros e melhorem sua própria prática. Como resultado desse compartilhamento de boas práticas, a experiência do aluno deve ser melhorada tanto pela melhor qualidade do *feedback* quanto pela maior consistência das mensagens vindas de diferentes professores de matemática.

A NATUREZA DA AVALIAÇÃO

Nesta seção, analisamos diferentes tipos de avaliação, desde testes escritos formais até observações informais. Em geral, os testes são considerados medidas confiáveis das capacidades dos alunos, embora alguns teóricos aleguem que a pressão da situação de teste possa levar a um desempenho inferior (WATSON, 2002). Contudo, existem outras dificuldades associadas aos testes de matemática. Antes de elaborar seus testes, você deve estar ciente do tempo que se gasta em exames públicos. Equipes escrevem as questões, que depois são analisadas por grupos independentes. As questões são testadas com grupos de alunos para verificar se existe algum problema inesperado ou problemas de compreensão. Se você criar um teste para o final do período letivo, não terá esse nível de validação para as questões e deverá estar ciente das possíveis desvantagens dos testes escritos. Essas desvantagens, que reduzem a confiabilidade dos resultados, incluem os seguintes aspectos:
- o estilo ou o contexto da questão pode interessar mais a alguns alunos do que a outros;
- as questões podem ser involuntariamente ambíguas;
- a clareza de uma questão pode ser afetada por pequenos detalhes de linguagem;
- a quantidade de tempo necessária para realizar o teste pode ser subestimada.

Tendo essas questões em mente, uma boa ideia é conferir os testes que você elaborar com um colega experiente antes de aplicá-los aos alunos.

Corrigir o trabalho dos alunos é a forma mais clara de avaliação em uso. Essa tarefa pode ser feita informalmente, na classe, com alguns sinais para indicar que o trabalho está correto, ou mais formalmente, marcando-se determinada parte do trabalho escrito no caderno. A maneira como a correção é feita varia de escola para escola; porém, mesmo entre elas, costuma haver uma política de correção, tanto no nível escolar quanto departamental, que aumenta a coerência entre os professores.

Estabelecer políticas tende a indicar a frequência com que os trabalhos devem ser corrigidos e a natureza do *feedback* que é esperado de você. A correção tradicional baseada na nota máxima 10 ou uma marca de C para cada resposta correta tem se tornado prática cada vez menos comum. Algumas escolas preferem usar a avaliação de A até E para cada parte da tarefa avaliada; outras preferem não usar marcações. Outros ainda utilizam avaliações numéricas para os conteúdos e notas em letras para as tarefas. Tal medida reconhece que as lições não estão apenas focadas em obtenções de ganhos, mas também assumem uma posição ativa na tentativa de melhora. Ela busca dar crédito aos alunos que fazem contribuições positivas em aula ou que se destacam nas tarefas de casa.

Algumas vezes, a política dos departamentos é seguir o nível do Currículo Educacional em cada parte do trabalho avaliado. Contudo, existem dúvidas quanto à validade desse tipo de *feedback*, já que na matemática isso nem sempre é possível devido à sua natureza comumente discreta (OFFICE FOR STANDARDS IN EDUCATION, 2012). Alguns departamentos baseiam todas as suas correções em porcentagens ou outras numerações convenientes, de modo que correções para diferentes tipos de tarefa possam ser comparadas. O ponto negativo disso é que tal procedimento ignora a possibilidade de algumas avaliações serem mais difíceis do que outras; por esse motivo, uma marca de 70% pode representar uma boa nota em um tipo de avaliação e uma nota ruim em outro tipo.

A maior parte das escolas esperará que você forneça algum tipo de *feedback* por escrito, em vez de um simples "bom" ou "muito bom" no final de um trabalho avaliado. As políticas de correção em geral sugerem que seja elaborada uma medida para as orientações que indiquem como o trabalho pode ser melhorado. Por mais que possa parecer estranho à primeira vista, pesquisas indicam que a avaliação formativa tem um melhor resultado quando não são apresentadas notas, apenas comentários (BUTLER, 1998; WILIAM, 2007). O professor continua registrando as notas, mas o aluno recebe apenas comentários construtivos sobre como melhorar seu trabalho. Discutiremos o porquê disso na próxima seção.

Um bom comentário escrito pode referir-se seletivamente aos objetivos de aprendizagem ou fornecer uma estrutura para certas partes que tenham causado dificuldades (UNITED KINGDOM, 2004a). Fazer comentários escritos completos é demorado, e alguns professores desenvolvem uma rotina para fazer correções detalhadas em cadernos selecionados de maneira sistemática. Você também observará que é bastante produtivo dar uma chance para que os alunos respondam aos seus comentários, embora apenas o comentário "procure-me para conversarmos" talvez não seja suficiente para garantir que o diálogo aconteça. A seguir, apresentamos uma pequena amostra de comentários escritos retirados de cadernos de alunos. Em cada caso, os comentários são construtivos e aprovativos.

> Você entendeu como adicionar frações e acertou tudo. Muito bem!
>
> Bom trabalho, Amy! Onde coloquei os sinais de igual, você pode simplificar mais as respostas. Você deve procurar fatores comuns além do dois.
>
> Você mostrou claramente que sabe adicionar frações, mas está usando um método que torna as coisas mais difíceis do que o necessário. Procure o *menor* denominador comum como primeiro passo. Por exemplo, na questão 3, o menor denominador comum entre 3 e 9 é 9 (e não 27).
>
> Você mostrou que sabe aumentar uma forma por um fator escalar positivo (nível 6).
>
> Você sabe calcular comprimentos e ângulos em triângulos equiláteros. Precisa adquirir mais segurança em escolher onde usar sen, cos ou tan nas questões mistas. Nomear os três vértices do triângulo (O, A e H) pode ajudar.
>
> Muito bom, trabalho bem-apresentado, Jonathan! Você não entendeu o diagrama da questão 4; vou falar com você na aula para discutirmos isso.

Tem se tornado cada vez mais comum o uso de recursos *on-line* para monitorar o progresso dos alunos, principalmente nas tarefas de casa. Embora permita que os professores monitorem e registrem os trabalhos detalhadamente, esse procedimento é pouco sofisticado para diagnosticar pontos fortes ou fracos. Tendo em vista que muitas vezes os alunos simplesmente "chutam" uma resposta numérica correta ou selecionam essa resposta a partir de um teste de escolhas múltiplas, não é possível determinar se o aluno tornou-se capaz de usar corretamente um método ou um sistema numérico. Assim, os supervisores têm levantado dúvidas a respeito de tais métodos de avaliação (OFFICE FOR STANDARDS IN EDUCATION, 2012). O mesmo relatório sublinha que, em alguns casos, apesar dos claros critérios de sucesso, muitos professores avaliam o trabalho mais pelo volume ou pela boa apresentação do que pelos critérios de sucesso.

As correções dos professores – de trabalhos feitos em aula, tarefas de casa ou testes – continuam sendo um aspecto fundamental da avaliação, mas convém não subestimar o valor de outras modalidades de avaliação. Por exemplo, os aspectos processuais da matemática não são avaliados facilmente em um teste escrito. Eles são avaliados mais efetivamente por meio de um trabalho longo, no qual os alunos demonstrem sua capacidade de resolução de problemas.

Além disso, grande parte da avaliação ocorre no nível informal em cada aula. O papel fundamental da avaliação informal é reconhecido pelo Office for Standards in Education (2003, p. 27), que afirma:

> As boas práticas cotidianas de avaliação giram em torno do uso de uma combinação de observações, questionamentos, discussões e correções do trabalho dos alunos. Por meio dessas atividades, os professores habilidosos e conhecedores investigam o que os alunos sabem, entendem e podem fazer, decidindo depois o que deve ser feito para melhorar a aprendizagem.

A avaliação informal pode ser sintetizada por duas palavras: olhar e escutar. Mais detalhadamente, ela envolve:
- olhar os cadernos dos alunos enquanto estão trabalhando;
- escutar os alunos conversando com os colegas à medida que explicam o trabalho ou se envolvem na discussão;
- monitorar as respostas às questões do professor;
- observar as discussões entre alunos e professor sobre os erros cometidos;
- monitorar como os alunos aplicam seu conhecimento em situações desconhecidas.

O desafio para o professor em muitas aulas de matemática é disseminar essa avaliação informal o máximo possível. Em outras palavras, ao final da lição, você deve ter feito alguma avaliação sobre o progresso individual de cada aluno. Embora isso não seja realista para cada lição, é um procedimento válido para seus esforços, e você pode precisar fazer um esforço consciente para monitorar o trabalho de alunos em cada canto da sala. Esse monitoramento pode ser feito de muitas maneiras; por exemplo, corrigindo parte do trabalho escrito ou promovendo uma discussão rápida iniciada com a pergunta "Como estamos indo?".

AVALIAÇÃO PARA APRENDIZAGEM

A Avaliação para aprendizagem é uma expressão relativamente nova, cunhada para diferenciar-se da avaliação da aprendizagem, e é abreviada como AfL (de Assessment for Learning). Uma definição é dada pelo Assessment Reform Group (2002) como: "O processo de buscar e interpretar evidências para os alunos e seus professores usarem para decidir onde os alunos estão em sua aprendizagem, onde precisam ir e como podem chegar lá". Em particular, ela usa ideias da avaliação formativa e explicita como a avaliação contribui para a aprendizagem. Uma conexão positiva entre a boa avaliação formativa e a aprendizagem efetiva é apresentada em diversos estudos sintetizados por Black e Wiliam (1998a, 1998b). Evidências indicam que o maior uso da avaliação formativa pode melhorar o desempenho médio dos alunos em dois graus no GCSE. O mais interessante nisso é que a melhora não é uniforme em termos de capacidade. De modo geral, são os alunos com mais dificuldades que apresentam a maior melhora em seu desempenho.

Em um resumo dos resultados de pesquisas, o Assessment Reform Group (1999) aponta que a melhora da aprendizagem por meio da avaliação depende de cinco fatores básicos:
- fazer comentários produtivos para os alunos;
- envolver os alunos em sua própria aprendizagem;
- oferecer um modo de ensino que responda aos resultados da avaliação;
- reconhecer que a avaliação tem um efeito importante sobre a motivação e a autoestima dos alunos;
- compreender que os alunos são capazes de se autoavaliar e de saber como melhorar.

Esses cinco fatores básicos são o cerne da Avaliação para aprendizagem. É fundamental entender que a avaliação para aprendizagem faz parte das aulas cotidianas, e não algo extra que ocorre de vez em quando. Faz parte das habilidades profissionais do professor usar a avaliação para benefício da aprendizagem dos alunos, o que deve ser reconhecido por todos os profissionais da área. Os alunos envolvem-se mais em sua própria aprendizagem quando os professores compartilham com eles os objetivos da lição, as metas e os critérios de avaliação. Um dos objetivos da Avaliação para aprendizagem é que os alunos sejam mais capazes de se autoavaliar para que se tornem aprendizes reflexivos, capazes de identificar por si mesmos os próximos passos que devem ser dados na aprendizagem.

Evidentemente, o progresso em matemática depende do fato de que os alunos envolvam-se com o tema e participem ativamente das aulas. Todos já vimos alunos que desistem na primeira dificuldade e dizem que precisam de ajuda a cada etapa. Wiliam (2002) propõe que a qualidade dos comentários pode ajudar a diminuir esse problema de postura demonstrando que é possível melhorar a capacidade ao se adotar passos específicos. Quando os alunos acreditam que a sua capacidade é fixa, eles não veem razão para tentar, de modo que um dos propósitos do *feedback* é combater essa atitude. O *feedback* aos alunos deve passar uma visão da capacidade matemática como algo incremental em vez de fixo, apontando para metas alcançáveis. É por essa razão que, como ressaltamos antes, o *feedback* que se utiliza de comentários construtivos é melhor do que o *feedback* que simplesmente oferece notas, nivelamentos ou correções. Talvez o mais surpreendente seja a descoberta de Butler (1998) de que os comentários por si sós não são apenas mais eficazes do que uma simples nota, porém mais eficazes do que uma nota e um *feedback* construtivo – os alunos tendem a olhar somente as notas e a ignorar os comentários.

Desenvolver habilidades de autoavaliação para os alunos é um importante aspecto da Avaliação para aprendizagem. A autoavaliação, nesse contexto, significa muito mais do que apenas os alunos corrigirem o próprio trabalho, uma técnica que foi usada em salas de aula de matemática durante muitos anos. A autoavaliação tenta envolver os alunos mais em avaliar como estão indo e se sentem que entendem o trabalho. Eles consideram por si mesmos como podem melhorar. Uma técnica comum de avaliação frequentemente usada é a avaliação por pares, por meio da qual os alunos monitoram os trabalhos uns dos outros e sugerem modos de melhorar. Tanto a autoavaliação quanto a avaliação por pares estão de acordo com as teorias do construtivismo e da metacognição. Solicitar aos alunos que avaliem os próprios trabalhos ou os trabalhos de seus pares requer uma boa quantidade de planejamento; é raro que funcione apenas entregar um esquema de correção, esperando que os alunos saibam o que fazer com isso. Existem diversas maneiras úteis para incentivar uma avaliação de sucesso por parte dos aprendizes, as quais podem ser facilmente integradas em suas aulas.

Possivelmente, a mais útil dessas técnicas é estabelecer com os alunos quais critérios de sucesso serão usados na avaliação deles. Quando você planeja uma aula, é comum começar com os objetivos de aprendizado que irá compartilhar com os alunos no início de cada lição. Em geral, essa apresentação será seguida por uma discussão guiada a respeito do que significam esses critérios, com alguns exemplos para demonstrar as técnicas necessárias. É nesse ponto que você pode perguntar aos alunos quais eles consideram ser as partes essenciais da solução de um problema e também pode ajudá-los a gerar critérios de sucesso. Esses critérios normalmente abrangem tanto conhecimentos ("eleve ao quadrado e some, depois calcule a raiz quadrada para a resposta final") quanto habilidades mais gerais, como usar corretamente os sistemas numéricos, apresentar uma sequência lógica de passos e saber quando arredondar respostas finais ou quando adicionar unidades. Essa técnica pode ser melhorada se você mostrar aos alunos exemplos de trabalhos bons e ruins, solicitando a eles que expliquem tal diferença. Uma vez que os critérios de sucesso tenham sido estabelecidos, os alunos podem resolver alguns problemas sozinhos. À medida que eles trabalham em seus problemas, você deve incentivá-los a revisar os critérios de sucesso e julgar seu próprio progresso e sucesso.

Mesmo havendo critérios claros para o julgamento de seu próprio progresso, é possível que alguns alunos ainda continuem inseguros sobre estarem progredindo ou não. É evidente que, se você recolher as tarefas e corrigi-las, saberá se os alunos realmente entenderam, mas isso não ajudará na metacognição durante a tarefa. É muito melhor você ajudar os alunos durante a lição. Uma técnica comum atualmente usada é o sistema de "semáforos", que serve para indicar se um aluno, ou grupo de alunos, acredita estar trabalhando bem. Em um momento adequado da aula (quando os alunos tiverem tido tempo suficiente para completar duas ou três questões), o professor pede que revisem o próprio trabalho utilizando os critérios de sucesso e, para avaliar o quão bem acreditam estar trabalhando, os alunos apresentem uma das três cores: vermelho, amarelo ou verde. Em geral, essa técnica é organizada distribuindo-se aos alunos um conjunto de três cartões coloridos (embora existam muitos outros meios). Se eles levantam o cartão verde, significa que alcançaram determinado objetivo e sentem-se confiantes em sua capacidade de avançar. O cartão amarelo significa que os alunos não têm certeza se alcançaram o objetivo. Eles podem entender o trabalho parcialmente e sentir que podem avançar, mas apenas com ajuda. O cartão vermelho significa que os alunos não sentem que alcançaram o objetivo. Eles não entendem o trabalho e definitivamente precisam de ajuda extra antes que possam ir adiante. Você verá como essas técnicas são especialmente úteis se usadas de maneira correta e consistente – elas não apenas permitem que você avalie os progressos durante a lição, como também permitirão que você ofereça materiais diferenciados e úteis, percebendo quais alunos estão progredindo bem e quais podem precisar de apoio ou de recursos adicionais.

Uma alternativa comum aos semáforos é geralmente observada no final de cada lição: no momento de revisar os objetivos de aprendizado e os critérios de sucesso, os alunos são solicitados a resumir o quão bem eles acreditam que estão indo no que diz respeito a atingir os objetivos de aprendizado. Um sistema alternativo, mas com o mesmo propósito, é o sistema do "sorriso", em que um rosto sorridente, um rosto neutro e um rosto triste correspondem às três cores do semáforo. No caso do sistema do sorriso, os alunos às vezes entregam seus trabalhos após fazerem uma avaliação com os rostos, indicando seu nível de entendimento ao professor que está corrigindo o trabalho. Em lições mais fáceis, esta é às vezes a única autoavaliação que os alunos são solicitados a fazer, e é difícil ver o quão eficaz essa avaliação pode ser quando usada isoladamente. Em seu estudo sobre o ensino de matemática, o Office for Standards in Education chegou à conclusão de que "[...] tal avaliação é com frequência superficial e pode não ser confiável."

Outro aspecto fundamental da autoavaliação é os alunos saberem quais são suas metas individuais de curto e longo prazo. Em cada lição, as metas são representadas pelos objetivos dessa lição. Além deles, devem ser estabelecidas metas individuais específicas para cada aluno, com base no seu desempenho prévio. É importante manter um número pequeno dessas metas individuais (dois ou três) para que o aluno consiga lembrar quais são. Você deverá monitorar e revisar essas metas individuais regularmente (no mínimo a cada meio período letivo). No longo prazo, o estabelecimento de metas está relacionado com as notas ou os níveis nos testes no Reino Unido. Por exemplo, um aluno no 8º ano deve ter ideia do nível em que se encontra em matemática e do nível que está almejando nos testes no Reino Unido do 9º ano.

De modo geral, a autoavaliação incentiva os alunos a assumirem mais responsabilidade por sua própria aprendizagem, em vez de enxergarem a aprendizagem como uma resposta àquilo que o professor manda fazer. O uso de autoavaliação demonstra que o professor tem o compromisso de ajudar os alunos a se tornarem aprendizes independentes, identificando por si mesmos as habilidades de que precisam para avançar (OFFICE FOR STANDARDS IN EDUCATION, 2003). Para facilitar a autoavaliação, você precisa oferecer um tempo de reflexão, que ajude os alunos a revisar suas metas, analisar as estratégias que usam e avaliar se estão fazendo o progresso esperado.

Eis um exemplo de como um professor descreve uma técnica de autoavaliação:

> Às vezes, uso uma pirâmide com o grande grupo. Os alunos desenham um triângulo e colocam três assuntos que aprenderam na parte de baixo. Na próxima linha, colocam dois assuntos de que ainda não tenham certeza ou questões que possam ter. Na parte de cima, identificam uma habilidade que possa ser transferida para outra situação. Eles identificam algo que aprenderam hoje e que possam usar em outro contexto. Pode ser em outra disciplina, ou na vida real, ou em um trabalho. Isso funciona bem, já que, depois que fizeram isso, eles me passam o que escreveram, o que me dá a chance de avaliar se entenderam o trabalho.

No processo de autoavaliação, você deve criar oportunidades para que os alunos pensem sobre como aprendem. Como recebem o apoio apropriado, os alunos conseguem comparar seu sucesso relativo em diferentes temas na matemática. Eles podem identificar razões possíveis para o seu melhor desempenho em certos temas e usar essas informações para melhorar o seu desempenho geral. A avaliação pelos colegas é mais um modo de incentivar os alunos a pensar sobre as características de um bom trabalho. Desenvolvendo seus próprios critérios ou aplicando critérios sugeridos, eles aprendem a responder a questões e são incentivados a considerar como podem melhorar o trabalho.

> ### Ponto para reflexão
>
> Considere o seu próprio trabalho em matemática, possivelmente pensando em seus estudos do nível A ou em sua formação universitária. Reflita sobre os aspectos do trabalho em que você não era bom. Não pense apenas em tópicos específicos, como trigonometria, mas em maneiras de trabalhar.

Que orientações ajudaram você a melhorar? Considere como você analisava seus modos de trabalhar. Pense nas metas de melhora que você poderia ter criado para si mesmo quando estava estudando.

O USO DE DADOS

O uso de dados nas escolas inglesas aumentou consideravelmente nos últimos anos, auxiliado em parte por sistemas computadorizados que ajudam a analisar o desempenho e comparar com normas nacionais. As escolas também usam dados para monitorar a efetividade de iniciativas e estratégias e, cada vez mais, para desafiar as expectativas da equipe, dos alunos e dos pais (KIRKUP et al., 2005). Um *site* que você deve visitar é o RAISEonline (2014)[*] (conhecido como RAISE, acrônimo para Reporting and Analysis for Improvement through School Self-Evaluation), um instrumento interativo virtual, desenvolvido conjuntamente pelo Ofsted e pelo governo britânico, para ajudar as escolas e os pesquisadores a analisar dados. Por meio de uma senha, as escolas têm acesso a uma análise detalhada do desempenho de seus alunos em comparação às normas nacionais. A análise do RAISEonline faz uma boa apresentação visual dos dados, sendo particularmente indicada para identificar grupos de alunos com baixo desempenho. Um aspecto básico desse instrumento é o escore de valor contextual adicionado da escola, que compara o desempenho dos alunos de determinada escola ao de alunos de mesmo nível em âmbito nacional. Essa medida oferece uma boa indicação do grau de êxito das escolas (e é um indicador muito melhor de uma boa escola do que os resultados brutos das tabelas de comparação que são publicadas todos os anos). O RAISEonline também demonstra se os alunos fazem mais progresso em matemática ou em outras maté-

---

[*] N. de R.T.: O RAISEonline é um sistema de gestão de dados das avaliações de escala dos alunos ingleses que visa habilitar escolas para analisar os dados de desempenho com maior profundidade, como parte do processo de autoavaliação; fornecer um conjunto de análises para as escolas, autoridades, supervisores, dioceses, administrações escolares locais e gestores governamentais visando a melhoria do ensino de apoio para a aprendizagem. É possível conhecer o sistema em: RAISEonline. Disponível em: <https://www.raiseonline.org>. Acesso em: 08 out. 2014.

rias, permitindo que a escola analise o desempenho de diferentes grupos de alunos (como grupo de meninos e meninas, de alunos que falam inglês como segunda língua ou de alunos com direito a refeição gratuita na escola).

Um indicador-chave do sucesso em matemática é a proporção de alunos que atingem um resultado equivalente aos três níveis de progresso do Currículo Nacional entre o Estágio 2 e o Estágio 4, uma soma numérica que pode ser comparada à média nacional. Os três níveis de progresso (também chamados de progressos esperados) nesse contexto são definidos, por exemplo, quando o aluno alcança o nível 3 com a nota D, alcança o nível 4 com a nota C ou alcança o nível 5 com a nota B". Para ser utilizado como guia, a proporção de alunos que estão alcançando o sucesso esperado relativo aos seus diferentes pontos de partida são:

Nível 3 com nota D ou maior – 39%

Nível 4 com nota C ou maior – 68%

Nível 5 com nota B ou maior – 79% (número de 2011)

Também se espera que as escolas analisem a proporção de alunos que excede o progresso esperado, atingindo 4 ou mais níveis de progresso.

Para ajudar no acompanhamento, as escolas fazem uso dos subníveis do Currículo Nacional, em que cada nível do Currículo Nacional é subdividido em três. Por exemplo, o nível 6 é subdividido em 6c, 6b e 6a, com 6a sendo o mais alto dos três (que vão até 7c). As informações sobre o desempenho dos alunos (por exemplo, em testes de final de estágio) são usadas para projetar o desempenho esperado no próximo estágio e são traduzidas em metas individuais. O desempenho esperado baseia-se não apenas no desempenho anterior, mas também em características como gênero e etnia. Suas avaliações possibilitam que você compare o desempenho de seus alunos (por exemplo, segundo os subníveis do Currículo Nacional) ao desempenho esperado. Ao final do ano, você tem condições não só de analisar o progresso do seu grupo como um todo, mas também de comparar se, por exemplo, as garotas do grupo tiveram desempenho inferior ou se os mais capazes tiveram um desempenho particularmente bom.

Os dados das classes para as quais você leciona fazem parte da sua administração do desempenho. Em outras palavras, o professor regente monitora se suas classes têm um nível de progresso acima ou abaixo das expectativas. Quando identifica um aluno com baixo desempenho, você deve ajudar, analisando por que esse fato aconteceu e como pode ser evitado no futuro.

QUESTIONAMENTO

Os estilos de questionamento e seu papel na sala de aula são fontes ricas para a investigação. Uma distinção clara é no uso de questões fechadas ou abertas. Às vezes, é mais fácil para o professor fazer perguntas fechadas, nas quais existe apenas uma única resposta certa ou errada. Contudo, isso também pode causar problemas, pois menos alunos tendem a se envolver, enquanto outros podem não se interessar. Os supervisores dizem que, nas aulas em que a prática de avaliação é inconsistente, a "[...] discussão da classe costuma ser dominada por questões fechadas, respondidas principalmente pelos mesmos poucos voluntários" (OFFICE FOR STANDARDS IN EDUCATION, 2005) – e o desafio para todos os professores é usar o questionamento para incentivar os alunos a darem uma contribuição positiva.

Mason (2002) explora a maneira como os professores usam as questões como um meio de controle na sala de aula. Não há nada de errado com esse procedimento em si, e questionar um aluno que está envolvido na aula pode ser uma técnica proveitosa. Porém, esse não é o principal propósito do questionamento. Os professores, particularmente os estagiários que se sentem ansiosos com o controle da classe, às vezes usam as questões para ajudá-los a manter com punho firme o caminho que a aula está tomando. Para certas questões, os professores muitas vezes têm determinada resposta em mente, e pode ser extremamente difícil para os alunos adivinhar qual é.

Um estilo de questionamento é uma versão oral da atividade de preencher lacunas quando os alunos têm uma sentença estruturada e devem completar com a palavra que falta. Vários professores usam essa técnica muito bem. Em vez de dizerem "Qual é outro jeito de dizer $b \times b$?", a abordagem é perguntar "Existe outro jeito de dizer $b \times b$. Podemos dizer $b \times b$ ou $b...$". Quando usado corretamente, esse método pode ajudar os alunos a estruturar seu raciocínio. Quando mal-utilizado, pode acabar com o raciocínio do aluno. Um exemplo é ao se resolver uma equação linear, quando o professor verbaliza todo o raciocínio difícil e deixa uma questão banal a ser respondida no final: "Então, nosso próximo passo é adicionar três nos dois lados. No lado esquerdo, adicionar três dá 2x. No lado direito, temos 5, então adicionar três dá ...?".

As questões abertas são consideradas, de modo geral, melhores do que as questões fechadas (UNITED KINGDOM, 2005). As questões abertas levam a algum lugar, ao passo que as questões fechadas param com a resposta correta. As questões abertas provavelmente envolverão mais a classe na discussão, pois a mesma pergunta pode ser feita várias vezes para vários alunos diferentes. Em um nível simples, as questões abertas pedem um exemplo, de modo que existem várias respostas possíveis. "Cite um exemplo de um fator de 40" é mais aberto do que "Quais são os fatores de 40?" ou "10 é fator de 40?". Uma das questões abertas mais usadas que se ouvirá na aula de matemática é "Você pode explicar como chegou a tal resposta?". Essa questão ajuda o aluno a verbalizar o seu raciocínio, ajudando a ele e ao restante da turma a entender as razões que estão por trás das respostas que deram. Em seu planejamento, você deve considerar cuidadosamente as questões que pretende usar. Se fizer isso, dê uma segunda olhada nas questões planejadas e pergunte a si mesmo se elas podem ser formuladas de modo a torná-las questões abertas e como você gostaria de apresentar questões mais instigantes.

Eis alguns exemplos de questões fechadas e questões abertas equivalentes:

Questão fechada	Alternativa aberta
Qual é o perímetro deste retângulo?	Você pode desenhar um retângulo com perímetro de 20 cm?
Quanto dá a soma dos ângulos de um triângulo?	Fale-me de algum aspecto matemático que você conheça sobre os triângulos.
Qual é a mediana desses números?	Faça um conjunto de 6 números com mediana de 4.
Quais são os fatores de 10?	Usando dois dos números no quadro, complete uma sentença da forma: ___ é fator de ___.

É evidente que a maneira como uma questão é formulada faz uma diferença considerável em como ela ajuda o professor a avaliar. Formulações diferentes podem alterar o nível de raciocínio que o aluno deve aplicar, as habilidades linguísticas necessárias para responder e o nível de entendimento que o aluno detém.

Um exemplo bastante útil de questionamento alternativo é dado na Qualification and Curriculum Authority (2003). No exemplo, o professor quer avaliar se os alunos entendem as propriedades dos números primos e pergunta "7 é um número primo?". As respostas dos alunos a essa pergunta provavelmente serão variações de sim ou não. A discussão da Qualification and Curriculum Authority (2003, p. 8) continua da seguinte forma:

> Essa questão não possibilitou que o professor fizesse uma avaliação efetiva se o aluno sabe as propriedades dos números primos. Mudar a questão para "Por que 7 é um exemplo de número primo?" tem vários efeitos.
> • Ajuda os alunos a lembrar seu conhecimento a respeito das propriedades dos números primos e das propriedades do 7 e compará-las.
> • A resposta à questão é "Porque os números primos têm dois fatores, e 7 tem exatamente dois fatores". Essa resposta exige um grau maior de articulação do que "Ah... sim, eu acho".
> • Exige que os alunos expliquem sua compreensão acerca dos números primos e usem essa explicação para justificar o seu raciocínio.
> • Oferece uma oportunidade para fazer uma avaliação sem necessariamente fazer perguntas complementares. A questão "7 é um número primo" exige outras perguntas antes que o professor possa avaliar o grau de compreensão dos alunos.

A questão "Por que 7 é um exemplo de número primo?" é um exemplo da questão genérica "Por que x é exemplo de y?". Esse é o tipo de questão que proporciona oportunidades de avaliação. Outros tipos de questão que também são efetivas para proporcionar oportunidades de avaliação são:
• como podemos garantir que...?
• o que é igual e o que é diferente em...?
• nunca/sempre é verdadeiro/falso que...?
• como se...?
• como se explicaria...?
• o que isso nos diz sobre...?
• o que está errado em...?
• por que...é verdadeiro?

Em nossa amostra sobre a probabilidade, a professora revisa as respostas à atividade de abertura por meio de um questionamento da classe. Os alunos tentam formar pares de frações equivalentes. Após três minutos, cada aluno deve sugerir pares possíveis. Observe que a professora não fica satisfeita em aceitar uma resposta correta, mas pede aos alunos que expliquem como chegaram às suas respostas. A transcrição a seguir foi retirada da amostra de aula, parte 2.

Muito bem, vamos passar os exercícios agora. Estão prontos? Ok, olhem aqui, 4/20. Qual fração vai com essa?

Ellie: Um quinto.

Um quinto. Você pode explicar por quê? Qual é o fator de 4 e 20, que número vai com 4 e com 20? Não tem certeza? Mas você sabia que era 1/5. Você não consegue dizer, mas você deve ter tido suas razões. Quem pode ajudar?

Jake: Tem um 4 em 4.

Sim, continue. Quantos 4 há em 20?

Jake: Cinco.

Sim, então você usou o fato de que 4 é um fator de 4 e um fator de 20. Então, você deve ter estabelecido uma relação entre 4/20 e 1/5.

E a próxima? 30/60. Acho que essa foi a que muitos de vocês resolveram primeiro.

Adam: Um meio.

Um meio. Por quê?

Adam: Porque 30 é a metade de 60.

Essa é uma forma diferente de dizer. Alguém notou quais eram os fatores de 30 e de 60? Sim, 3 é um fator de 30 e de 60.

Algum outro fator? Sim, 5 é um fator de 30 e de 60.

Algum outro fator? Sim, 10. Há um fator maior do que 10. Alguém sabe qual é? Sim, 15, muito bem.

Há um fator maior do que 15? Sim, 30, ótimo.

Quantos 30 há em 30?

Todos: Um.

Quantos 30 há em 60?

Todos: Dois.

Muito bem, essa é outra forma de explicar por que 30/60 devem ir com 1/2. Muito bem, vamos para o próximo. Ian, qual era o fator que você usou para simplificar 4/28?

continua

continuação

Ian: 1/7.

Você simplificou até 1/7, mas qual foi o fator? Que número há em 4 e em 28?

Todos: 4.

Ótimo! Quatro vai uma vez em 4 e, em 28, segundo Ian nos mostrou, sete vezes.

Coloquem um C se estiver certo. Olhando em torno, vejo que a maioria de vocês acertou. Muito bem, isso é ótimo! Então, lembrem-se, isso foi o que fizemos na última aula. Elas se chamam frações equivalentes.

É visível que a professora evita confirmar a resposta até que os alunos tenham falado quais são suas respostas e por quê. Ela incentiva o uso das palavras corretas, como fatores comuns, simplificar e frações equivalentes. Observe que os alunos relutam para usá-las. Muitas vezes, eles não têm certeza do uso correto da linguagem matemática e preferem que a professora use as palavras corretas a usá-las eles mesmos. Aqui, a professor está tentando familiarizar os alunos com essa linguagem, fazendo-os usá-la também.

Um dos principais propósitos do questionamento em sala de aula é aferir o grau de compreensão dos alunos. Em geral, pressupõe-se que, se vários alunos apresentam respostas corretas às questões, houve aprendizagem. O professor, portanto, pressupõe que as concepções dos alunos correspondem às suas, ao passo que, na verdade, as respostas simplesmente se encaixam nas limitações da questão (WILIAM, 2002). Em outras palavras, apenas o fato de que um aluno responde a uma questão corretamente não significa que sua compreensão é maior do que a questão específica que respondeu. Mesmo quando as questões foram habilmente planejadas para cobrir uma variedade de ideias, ainda pode haver uma concepção errônea subjacente que não tenha sido notada.

> **Ponto para reflexão**
>
> Sugerimos que assista à segunda parte do exemplo de aula, em inglês, no *site*. Observe como a professora lida com o questionamento. Considere as informações que ela está obtendo com suas perguntas. Que informações os alunos estão adquirindo ao revisar seu trabalho desse modo?

REGISTROS

Com ênfase na avaliação e nas metas, é essencial que você faça registros produtivos. Muitas escolas adotam uma política para a manutenção de registros que se encaixa na política escolar de avaliação. Em geral, os professores fazem registros em cadernos de notas, mas há uma tendência crescente de todos os registros serem feitos eletronicamente em computadores. Os registros devem conter:

- um controle da frequência nas aulas de matemática;
- uma lista de notas das tarefas de casa;
- um registro dos resultados de testes;
- o nível de realização conforme o Currículo Nacional para o começo do ano letivo, com revisões regulares em pontos cruciais do ano;
- uma indicação de quais tópicos os alunos sabem mais e quais sabem menos;
- uma avaliação contínua.

As avaliações costumam ser registradas de três maneiras. Uma delas é listar o desempenho dos alunos em cada trabalho com uma nota, possivelmente em uma escala para que cada avaliação receba uma nota até 10 ou uma porcentagem. O segundo método de fazer registros é usar uma escala de notas de A até E para cada trabalho. O terceiro método é uma variação do sistema do semáforo para a autoavaliação: o professor coloca uma marca verde para trabalhos que demonstrem entendimento total, amarelo para entendimento parcial e vermelho para pouco entendimento.

Independentemente do sistema utilizado, você deve poder olhar os registros de cada aluno e identificar pontos fortes e fracos. Isso somente poderá ser feito se você registrar o que cada nota está avaliando. De modo geral, seus registros devem ser proveitosos, ajudando a enxergar tendências, identificar fraquezas de certos indivíduos ou do grupo todo, ajudando a estabelecer metas de melhora e a monitorar o progresso rumo a essas metas.

RELATÓRIOS

As escolas têm uma exigência legal de fornecer relatórios escritos aos pais pelo menos uma vez por ano. A necessidade de fornecer informações precisas e detalhadas aos pais tem um grande impacto sobre o tempo dos professores, mas é um aspecto fundamental da imagem pública da escola, assim como de seu papel público. Da mesma forma, os pesquisadores relatam que os pais nem sempre se sentem bem-informados sobre o progresso de seus filhos. Em geral, segundo a avaliação dos pais, o processo de informação é menos eficaz do que quase todas as outras áreas do desempenho escolar (OFFICE FOR STANDARDS IN EDUCATION, 2003).

A qualidade dos seus relatórios depende em certo nível da qualidade dos seus registros. Você deverá fornecer aos pais informações sobre o desempenho das crianças durante o ano (muitas vezes usando uma avaliação somativa, baseada em um exame de final de ano). Além disso, você deve ser mais específico em relação a pontos fortes e fracos individuais. Por exemplo, analisando o desempenho no exame ou revisando os registros da classe, você deverá identificar em que situação cada aluno se saiu bem e em que situação teve dificuldade ou não entendeu o tópico plenamente. Seu relatório deve conter comentários como:

> Joanne considerou o conteúdo de trigonometria difícil e precisa praticar o cálculo de ângulos. Se necessário, deve discutir o tópico comigo.

Você também deverá fazer um relato sobre como o aluno pode melhorar. Isso vai além da identificação de um ou outro tópico no currículo de matemática em que seu desempenho tenha sido fraco. Refere-se a maneiras de trabalhar por meio das quais os alunos podem melhorar o modo como trabalham em matemática. Em certo nível, tal medida pode incluir "Trabalhar mais" ou "Empenhar-se mais nas tarefas de casa", embora orientações mais específicas sejam mais úteis. Exemplos desse tipo de orientação incluem:

> Hamid melhoraria em matemática se escrevesse suas ideias de forma mais clara. Do modo como trabalha, ele tende a fazer muitos cálculos de cabeça, o que pode levar a erros.
>
> Shelley deveria usar mais regularmente a reta numerada em seu trabalho aritmético, particularmente quando trabalha com números negativos.
>
> Karl precisa lembrar que pode resolver todas as porcentagens combinando cálculos de 10% e 1% do número.

O sarcasmo e as tentativas de humor não são aceitáveis. Foi-se o tempo de comentários como "Louise tira A em tudo o que faz – A de ausente". Você deve encontrar um comentário positivo para fazer sobre cada aluno: seja positivo em termos de esforço ou desempenho, seja positivo em termos de como melhorar. Seu relatório deve ser cuidadosamente monitorado pelos professores mais antigos da escola e deve contribuir para a imagem positiva que a escola está tentando projetar. Problemas de ortografia e gramática serão devolvidos para que você corrija.

TESTAGEM NACIONAL

Concluímos este capítulo observando os vários tipos de testagens nacionais britânicas e outras avaliações com as quais você pode vir a se deparar nas escolas. As tabelas de comparação entre escolas, o English Baccalaureat (EB) e as análises minuciosas fornecidas pelo Ofsted parecem ter tornado os resultados dos testes nacionais mais importantes do que nunca para as escolas. Antes de analisar a natureza das avaliações e a estrutura em que funcionam, devemos abordar brevemente um dos aspectos mais obscuros da testagem nacional: a maneira como é usada para controlar o currículo e influenciar a prática dos professores em sala de aula. Uma consequência negativa da atual cultura de resultados é que se torna menos provável que os professores ampliem o currículo de formas que considerem interessantes ou que trabalhem um conteúdo de matemática apenas por interesse. De fato, observa-se que muitos professores apenas respondem plenamente às novas iniciativas quando são obrigados por mudanças nos exames (DENVIR, 1988). A Secondary Curriculum and Assessment

Authority (SCAA, antecessora da atual Qualifications and Curriculum Authority) observa: "Em muitas escolas, é o conteúdo dos testes nacionais, e não do Currículo Nacional de matemática, que indica as expectativas impostas aos alunos". Por exemplo, muitos professores não responderam à tentativa de aperfeiçoar os métodos de cálculo sem calculadora até o surgimento do artigo contra o uso de calculadora nos estágios 2 e 3 e a introdução de testes mentais (SECONDARY CURRICULUM AND ASSESSMENT AUTHORITY, 1997). De maneira semelhante, apenas depois da introdução do trabalho disciplinar na avaliação do GCSE é que a maioria dos professores começou a oferecer experiências com trabalho investigativo mais amplo a seus alunos. Seus motivos não eram pedagógicos, mas orientados pelas demandas do processo de avaliação.

A testagem nacional na Inglaterra é regulamentada pela Teaching Agency (TA) e desenvolvida pela Standards and Testing Agency (STA). Os exames públicos estão sob responsabilidade do Ofqual, uma instituição cujo dever estatutário é manter os padrões e garantir a validade tanto dos testes nacionais quanto dos exames públicos. O Ofqual também desempenha essas funções na Irlanda do Norte, onde as responsabilidades cotidianas são exercidas pelo Council for the Curriculum, Examinations and Assessment (CCEA). Não existem testes nacionais no País de Gales, e a responsabilidade pelos exames públicos é do governo em exercício. Essas entidades supervisionam a National Qualifications Framework (NQF), que reúne em uma única estrutura todas as qualificações reconhecidas em âmbito nacional. (A NQF não cobre a Escócia, que tem seu próprio sistema, supervisionado pelo Scottish Credit and Qualification Framework.) Por exemplo, o nível 1 da NQF corresponde a passar no GCSE com notas D a G; porém, esse nível corresponde a um trabalho equivalente em outras qualificações, como as National Vocational Qualifications (NVQs) e o Diploma.

Tabela 6.1 National Qualifications Framework

Nível	Qualificações típicas	Observações
Nível de entrada	Certificado para nível de entrada (por exemplo, em alfabetização de adultos) Certificado Nível 1 do BTEC	
1	Notas D-G no GCSE NVQ nível 1	
2	Notas A*-C no GCSE NVQ nível 2	
3	Passar no nível A (notas A-E) NVQ nível 3	Inclui diversas disciplinas "equivalentes ao nível A" ou de "acesso", geralmente cursadas em escolas de educação superior
4	Certificado de educação superior	Trabalho do primeiro ano
5	Diploma de educação superior (grau fundamental)	Inclui outras qualificações do nível 5, como o BTEC Higher National Diploma
6	Bacharelados com honras Certificados e diplomas de graduação	
7	Mestrado Certificados e diplomas de pós-graduação	
8	Doutorados	

A Tabela 6.1 sintetiza a NQF e como ela hoje é integrada aos níveis usados na educação superior.

A NQF está sujeita a uma revisão regular. De modo geral, o objetivo é produzir uma estrutura que seja mais abrangente do que a sintetizada na Tabela 6.1, respondendo a novas iniciativas tanto externas quanto internas ao sistema educacional. Por exemplo, o objetivo é incluir esquemas de treinamento dirigidos por empresas, que atualmente estão fora da NQF. Contudo, as revisões também visam a tornar a estrutura mais simples de entender e administrar. Desde 2008, a NQF chama-se Qualifications and Credit Framework, e os indivíduos que estudam para obter qualificações podem obter créditos baseados na quantidade de trabalho realizado. Os indivíduos acumulam créditos à medida que avançam na estrutura, gerando um sistema mais flexível que inclua diferentes caminhos e opções.

Os comitês encarregados dos exames trabalham conforme as qualificações atuais da NQF, criando esquemas de avaliação e propondo-os às escolas e faculdades. Na Inglaterra e no País de Gales, os quatro comitês são monitorados pela QCA, cujo trabalho envolve garantir que todos os comitês sigam um padrão comum e que esse padrão seja mantido ao longo do tempo. Existe um total de cinco comitês de avaliação, mais conhecidos pela abreviatura ou sigla do que pelo nome por extenso:

Na Inglaterra:
Edexcel
OCR – Oxford, Cambridge and Royal Society of Arts Board
AQA – Assessment and Qualifications Alliance

No País de Gales:
WJEC – Welsh Joint Examination Committee

Na Irlanda do Norte:
CCEA (o próprio corpo regulador administra os exames)

O *site* do livro contém *links* para cada um dos comitês de avaliação, que apresentam mais detalhadamente o que eles têm a oferecer (TEACHING..., 2013). As escolas escolhem o comitê em que desejam registrar-se e podem escolher diferentes comitês para diferentes disciplinas se assim desejarem.

ANÁLISE DO ESTÁGIO DO PROGRAMA DE ESTUDO 3

Não existem mais testes de avaliação do Currículo Nacional para o final do Estágio 3 na Inglaterra. Os Standard Assessment Tests (ou SATs, como são popularmente conhecidos) continuam no final do Estágio 2, mas foram abolidos do Estágio 3 na Inglaterra em 2009, devido a questões ligadas à correção (problemas técnicos, não educacionais). Eles foram eliminados no País de Gales em 2004 para todos os estágios de programa de estudo e nunca foram usados na Escócia nem na Irlanda do Norte.

A avaliação do Estágio 3 é agora baseada exclusivamente na avaliação do professor. Esse nível de avaliação é estipulado a partir da combinação de notas isoladas para cada meta atingida. Em outras palavras, o professor deve avaliar, segundo o nível do Currículo Nacional, a habilidade do aluno em cada uma das áreas a serem alcançadas: processos e aplicações matemáticas, números e álgebra, geometria, medidas e estatísticas. O professor precisa, então, manter registros desses níveis individuais e estar apto a justificá-los com evidências, embora apenas o nível geral deva ser relatado aos pais. Na prática, apesar de muitos anos marcados pelas críticas dos professores, várias escolas usam modelos antigos dos SATs como auxílio na obtenção de uma avaliação final dos alunos.

Avaliação do GCSE

O General Certificate of Secundary Education (GCSE) em matemática passa por revisões periódicas, e o anúncio da revisão para o Currículo Nacional foi seguido por um anúncio do Secretário do Estado sobre o futuro dos níveis A e dos GCSEs. É muito improvável que ocorram mudanças no conteúdo do programa antes de 2014. Uma mudança significativa, em curso desde setembro de 2012, é a abolição dos exames modulares do GCSE. Desde essa data, todos os exames do GCSE são "lineares", havendo apenas um único conjunto de exames no final do curso.

Tradicionalmente, a maioria dos alunos da escola secundária tem de passar pelos exames finais do GCSE no final do 11º ano. Entre 2007 e 2012, contudo, o número de alunos que entraram mais cedo tanto no final do 10º ano quanto no 11º ano aumentou de 5 para 25% (UNITED KINGDOM, 2011). Essa prática tem sido questionada em vários aspectos: os alunos que ingressam mais cedo estão estatisticamente menos propícios a alcançar resultados tão bons quanto aqueles que ingressaram no final de dois anos; ensinar todos os conteúdos do curso do GCSE em um contexto de tempo condensado pode levar a uma cobertura insuficiente do programa; aqueles que alcançam uma boa nota podem, consequentemente, receber pouca ou nenhuma educação futura em matemática, a não ser que optem por continuar no nível A; os alunos que atingem notas C ou B podem ou não se sentir estimulados ou se sentir inclinados a fazer novamente o exame a fim de melhorar suas notas para A ou A*, sendo impedidos assim de alcançar tudo o que seu potencial permite. Em 2012, foi solicitado pelo Departamento de Educação que o Ofsted examine como a prática das admissões precoces no GCSE pode não ser incentivadora (UNITED KINGDOM, 2012).

A atual estrutura de avaliação do GCSE abrange dois níveis de ingresso: o nível superior (no qual se situam as notas de A* a D) e o nível de base (no qual se situam as notas de C a G). Observe que um aluno que ingressa no nível superior do exame do GCSE não recebe nota se o desempenho ficar abaixo da nota D.

As informações sobre a atual estrutura de avaliação do GCSE estão apresentadas na Tabela 6.2.

Ensinando matemática para adolescentes **155**

Tabela 6.2 Estrutura do exame do GCSE

	Folha 1 (50% de correções) sem calculadora	Folha 2 (50% de correções) com calculadora
Matemática A (esquema linear)	Nível de base – 1 hora e 30 minutos Nível superior – 2 horas	Nível de base – 1 hora e 30 minutos Nível superior – 2 horas

Os dois níveis sobrepõem-se nas notas disponíveis. Os quadros de exame tentam assegurar que, por exemplo, uma nota D no nível de base corresponda a uma nota D no nível superior. Quando as folhas são corrigidas, os quadros conferem bastante atenção ao desempenho dos candidatos em questões comuns a fim de demarcar os limites entre as notas. Apesar disso, ainda existem algumas preocupações a respeito de uma nota obtida em uma folha ser equivalente à mesma nota obtida em uma folha diferente. Relata-se que as escolas acreditam que o antigo sistema de três níveis fazia com que fosse mais fácil atingir uma nota B na folha intermediária do que na folha superior (UNITED KINGDOM, 2004b).

Todos os quadros de exame garantem que as folhas apresentem um equilíbrio entre as questões em diferentes partes do programa. Eles atribuem peso a diferentes aspectos do Currículo Nacional (chamados de objetivos de avaliação), tal como segue:

Número e álgebra	50-55%
Geometria e medidas	25-30%
Estatística	18-22%

A testagem de processos e aplicações matemáticas é submetida à análise dos outros três objetivos de avaliação e constitui 20% da avaliação (ASSESSMENT AND QUALIFICATIONS ALLIANCE, 2009).

Ponto para reflexão

A razão para rejeição da avaliação em trabalhos de preparação de matemática deve-se principalmente às preocupações a respeito de sua validade. Considere os méritos e as fragilidades das avaliações dos cursos. Talvez você fique surpreso ao descobrir que vários professores de matemática ficaram satisfeitos com a suspensão desses trabalhos; considere o motivo disso.

Avaliação do nível A e do nível AS

Assim como acontece com o GCSE, as avaliações do nível A e do nível AS estão constantemente passando por revisões, com a possibilidade de que os níveis AS sejam abolidos, e as unidades modulares, substituídas por cursos lineares. Os níveis A e AS são atualmente administrados por diferentes quadros de exame, sob a supervisão de autoridades nacionais relevantes. Tanto o programa de nível A quanto o As são divididos em unidades de trabalho que são avaliadas separadamente, antes que a nota final seja dada, por meio da junção das correções unitárias. Existem duas unidades principais que devem fazer parte de qualquer certificado de nível AS e mais duas unidades principais que devem fazer parte de qualquer certificado de nível A. As quatro unidades principais devem centrar-se na matemática pura.

A avaliação do nível AS é baseada em três unidades de trabalho; uma avaliação de nível é baseada em seis unidades. As seis unidades estudadas para o Nível A devem conter as quatro unidades de matemática pura (duas das quais estão no padrão AS e mais duas que estão no padrão A2). As outras duas unidades podem ser selecionadas a partir de uma ampla gama de opções. Para uma qualificação chamada nível A em Matemática, as unidades opcionais têm de estar nas aplicações matemáticas e podem ser selecionadas em módulos de mecânica, estatística e matemática discreta. (Se as unidades adicionais forem de matemática pura, então a qualificação é chamada nível A em Matemática Pura.) A principal flexibilidade do sistema está na escolha da aplicação desses módulos. É possível, por exemplo, aplicar dois módulos em mecânica (no padrão AS) e um módulo de matemática discreta (também no padrão AS).

Um estudo bem-sucedido das três unidades adicionais conduz à qualificação AS em Matemática Adicional. O estudo bem-sucedido das seis unidades adicionais (doze unidades ao todo) conduz à qualificação A em Matemática Adicional.

A avaliação de todas as unidades é feita por meio de um exame (normalmente de 1 hora e 30 minutos), embora algumas unidades incluam tarefas adicionais. O exame para a primeira unidade principal não permite o uso de calculadora; para outros exames, espera-se o uso de uma calculadora de gráficos. Não são permitidas calculadoras com recursos para os cálculos de álgebra.

Cada banca examinadora conta com um comitê que entra em acordo sobre os limiares das notas depois que os exames anuais forem feitos. A expectativa é de que o candidato precise somar mais de 80% para ganhar uma nota A, 60% para nota C e 40% para nota E. Contudo, trata-se de parâmetros, não de números absolutos e rígidos.

Ponto para reflexão

O uso de tabelas de comparação deve continuar ativo. Reflita sobre os efeitos positivos e negativos que essas tabelas podem ter na forma como os professores de matemática conduzem suas aulas.

EVIDÊNCIAS DE PESQUISA

A efetividade da Avaliação para aprendizagem tem uma firme base de evidências de pesquisa. A força das evidências reside no fato de que se originam de uma ampla variedade de fontes: diferentes países, diferentes faixas etárias e diferentes temas. Assim, costuma-se aceitar que as boas práticas de avaliação ajudam na aprendizagem, independentemente dessas variáveis.

Um exemplo da pesquisa envolve um estudo de 1996 com alunos que estudavam matemática na escola primária em Portugal, cujos resultados indicam a efetividade da autoavaliação. Dois grupos de professores – um treinado em métodos de autoavaliação e disposto a usá-la com seus alunos, e outro grupo de professores com um nível semelhante de experiência, mas com um foco disciplinar diferente – ensinaram aos alunos. Como parte de suas aulas, o grupo experimental usava a autoavaliação diariamente. Esses professores aprendiam a entender seus objetivos de aprendizagem e critérios de avaliação, bem como se avaliavam conforme essa base. Os pesquisadores observaram (por meio de testes prévios e posteriores) que os alunos que usavam a autoavaliação obtinham ganhos em média duas vezes maiores que os do grupo de controle (FERNANDES; FONTANA, 1996).

Nos Estados Unidos, o desempenho de alunos pequenos que contavam com um grupo de professores treinado para usar habilidades de observação para acompanhar o progresso, junto com uma avaliação diagnóstica regular e uma revisão das necessidades de aprendizagem de alunos específicos, foi comparado ao desempenho de um grupo de controle. Os resultados em leitura, matemática e ciências foram consideravelmente melhores no grupo experimental (BERGAN et al., 1991).

Black et al. (2003) observam que, de modo geral, encontraram 20 estudos relevantes que mostravam a efetividade de um conjunto de aspectos comuns do ensino em ambientes de aprendizagem muito diferentes e com professores que tinham seus próprios estilos individuais de ensinar. As práticas que os estudos relatam como produtivas para a aprendizagem envolvem o fortalecimento dos processos de avaliação formativa, o que produz "[...] ganhos significativos e muitas vezes substanciais para a aprendizagem" (BLACK et al., 2003, p. 9). Nem todos os estudos afirmam que os ganhos para a aprendizagem foram significativos entre os indivíduos com níveis mais baixos de desempenho, mas vários fazem essa afirmação. Em particular, as características que foram consideradas importantes são:

- a maior qualidade nos comentários;
- o envolvimento ativo dos alunos;
- o uso dos resultados da avaliação pelos professores para adaptar o ensino;
- a maneira como a avaliação afetou a confiança e a motivação dos alunos.

Essas características formam as bases da iniciativa da Avaliação para aprendizagem nas escolas inglesas.

Embora a Avaliação para aprendizagem enfatize o uso de *feedback* para ajudar os alunos a aprender, é interessante observar que o *feedback* deve ser do tipo certo. Pesquisas demonstram que as orientações sobre como melhorar (estruturação) são mais produtivas do que sugerir a solução completa (DAY; CORDON, 1993). Isso significa que não é tão bom mostrar aos alunos como suas respostas devem ser quanto orientá-los em termos mais gerais sobre como suas respostas poderiam melhorar.

As pesquisas também proporcionam evidências sobre as perguntas do professor. Observações indicam que, em muitas ocasiões, quando a pergunta é feita, se não houver uma resposta imediata, o professor pergunta a outro aluno, fornecendo alguma dica ou respondendo a questão por conta própria, em vez de esperar que o aluno pense na resposta. Mais interessante ainda é uma análise do tempo entre a resposta do aluno e a avaliação do professor sobre a resposta. Evidências sugerem que um "sim" ou "não" imediato por parte do professor é menos eficaz do que esperar alguns segundos. Aumentar o tempo de resposta do professor para três segundos (porém não mais que cinco) produz aumentos consideráveis na aprendizagem (SWIFT; GOODING, 1983; TOBIN; CAPIE, 1980).

Ponto para reflexão

As avaliações dos professores sobre os alunos "[...] baseiam-se inevitavelmente em uma seleção daquilo que o aluno faz" e estão sujeitas à própria interpretação do professor (WATSON, 2001, p. 229). Em suas aulas de matemática, você fará continuamente avaliações informais sobre a capacidade dos alunos. Às vezes, verá que as suas avaliações informais não condizem com os resultados de testes e exames. Nesses casos, que valor você pode atribuir às avaliações informais? É justo dizer que o aluno vai mal nos exames ou vai bem na classe? Talvez você deva considerar a base para as avaliações informais, se elas têm alguma validade, e o que se pode fazer para tornar as avaliações informais mais precisas.

LEITURAS COMPLEMENTARES

BLACK, P., et al. *Assessment for learning:* putting it into practice. London: Open University, 2003.
Nesse livro, os autores revisam os propósitos subjacentes à Avaliação para aprendizagem. Eles pintam um quadro bastante positivo acerca dos benefícios que um maior uso da avaliação formativa pode trazer. Promovem tal prática como uma meta alcançável para todos os professores, o que envolve uma redistribuição do esforço em lugar de um grande volume de trabalho extra. O livro traz exemplos de como os professores descrevem o impacto da Avaliação para aprendizagem em suas experiências na sala de aula e fornece orientações para outros professores sobre como podem mudar seus hábitos de um modo progressivo para proporcionar uma experiência de aprendizagem mais proveitosa aos alunos.

QUALIFICATIONS AND CURRICULUM AUTHORITY. *Using assessment to raise achievement in Mathematics.* London: QCA, 2003.
Essa publicação tem um foco específico no ensino de matemática nos estágios 1, 2 e 3, de modo que alguns dos exemplos são da escola primária, mas as ideias são relevantes para toda a faixa etária dos 11 aos 16 anos. O livro contém uma seção sobre estabelecimento de metas, autoavaliação e avaliação pelos colegas, além de orientações sobre como oferecer um *feedback* efetivo. A seção sobre técnicas eficazes de questionamento dá continuidade aos exemplos que são citados anteriormente neste capítulo, fornecendo orientação sobre a análise das respostas dos alunos, bem como o uso de questões para avaliar a compreensão.

SITES ÚTEIS

Os seguintes *sites* são relacionados aos testes nacionais:
CCEA: http://www.ccea.org.uk/ (para a Irlanda do Norte) Comitês de avaliação específicos fornecem detalhes sobre a organização de exames, provas antigas, políticas de correção e uma variedade de materiais de apoio.
OCR: http://www.ocr.org.uk/.
Welsh Board: http://www.wjec.co.uk/.

A publicação da QCA, intitulada *Assessment for Learning: Using Assessment to Raise Achievement in Mathematics*, está disponível em http://www.qca.org.uk/downloads/6311_using_assess_raise_achievement_maths.pdf.

O livreto do Assessment Reform Group, intitulado *Assessment for Learning: Beyond the Black Box*, está disponível em http://www.qca.org.uk/downloads/beyond-black-box2.pdf. Esse panfleto de 12 páginas apresenta uma revisão das pesquisas e avaliações escolares sobre boas práticas de avaliação. Lista fatores básicos para melhorar a aprendizagem, além de advertir sobre "fatores inibidores" – práticas de avaliação que podem atrapalhar a aprendizagem efetiva. O panfleto conclui com um conjunto de recomendações de ação, muitos dos quais alimentaram a iniciativa da Estratégia Nacional de Avaliação para Aprendizagem.

Os dez princípios de Avaliação para Aprendizagem do Assessment Reform Group – *Assessment for Learning: 10 Principles* – estão disponíveis em http://assessmentreformgroup.files.wordpress.com/2012/01/10principles_english.pdf.

REFERÊNCIAS

ASSESSMENT AND QUALIFICATIONS ALLIANCE. *Mathematics 4306*: specification A. AQA, 2009. Disponível em: <http://www.mathswrap.co.uk/wp-content/uploads/2012/02/AQA-4306-2H-W-MS-NOV09.pdf>. Acesso em: 06 set. 2014.

ASSESSMENT REFORM GROUP. *Assessment for learning*: 10 Principles. Cambridge: University of Cambridge, 2002.

ASSESSMENT REFORM GROUP. *Assessment for learning*: beyond the black box. Cambridge: University of Cambridge, 1999.

BERGAN, J. R. et al. Effects of a measurement and planning system on kindergartners' cognitive development and educational planning. *American Education Research Journal*, v. 28, n. 3, p. 683-714, 1991.

BLACK, P. et al. *Assessment for learning*: putting it into practice. Maidenhead: Open University, 2003.

BLACK, Paul; WILIAM, Dylan. Assessment and classroom learning. *Assessment in Education: principles policy and practice*, v. 5, n. 1, p. 7-74, 1998a.

BLACK, P.; WILIAM, D. *Inside the black box*: raising standards through classroom assessment. London: King's College, 1998b.

BUTLER, R. Determinants of help seeking: relations between perceived reasons for classroom help-avoidance and help-seeking behaviors in an experimental context. *Journal of Educational Psychology*, v. 90, n. 4, p. 630-643, 1998.

DAY, J. D.; CORDÓN, L. A. Static and dynamic measures of ability: an experimental comparison. *Journal of Educational Psychology*, v. 85, n. 1, p. 75-82, 1993.

DENVIR, B. What are we assessing in mathematics and what are we assessing for? In: PIMM, D. (Ed.). *Mathematics, teachers and children*. London: Hodder and Stoughton, 1998.

FERNANDES, M.; FONTANA, D. Changes in control beliefs in Portuguese primary school pupils as a consequence of the employment of self-assessment strategies. *British Journal of Educational Psychology*, v. 66, n. 3, p. 301-313, 1996.

KIRKUP, C. et al. *Schools' use of data in teaching and learning*. London: DfES, 2005.

MASON, J. Minding your Qs and Rs: effective questioning and responding in the mathematics classroom. In: HAGGARTY, L. (Ed.). *Aspects of teaching secondary mathematics*: perspectives on practice. London: Routledge, 2002.

OFFICE FOR STANDARDS IN EDUCATION. *Good assessment in secondary schools*. London: OFSTED, 2003.

OFFICE FOR STANDARDS IN EDUCATION. *Mathematics*: made to measure. London: OFSTED, 2012.

OFFICE FOR STANDARDS IN EDUCATION. *The annual report of her majesty's chief inspector of schools 2004/05*. London: OFSTED, 2005.

OFFICE FOR STANDARDS IN EDUCATION. *The annual report of her majesty's chief inspector of schools 2005/06*. London: OFSTED, 2006.

QUALIFICATION AND CURRICULUM AUTHORITY. *Using assessment to raise achievement in Mathematics*. London: QCA, 2003.

QUALIFICATIONS AND CURRICULUM AUTHORITY. *Mathematics key stage 4*: programme of study. London: QCA, 2007. Disponível em: <http://www.teachfind.com/qcda/programme-study-mathematics-key-stage-4-subjects-key-stages-3-4-national-curriculum-5>. Acesso em: 08 set. 2014.

RAISEONLINE. [S.l.]: RAISEonline, 2014. Disponível em: <https://www.raiseonline.org/login.aspx?ReturnUrl=%2f>. Acesso em: 12 set. 2014.

SECONDARY CURRICULUM AND ASSESSMENT AUTHORITY. *The use of calculators at key stages 1-3*. London: SCAA, 1997.

SWIFT, J. N.; GOODING, C. T. Interaction of wait-time feedback and questioning instruction on middle school science teaching. *Journal of Research in Science Teaching*, v. 20, n. 8, p. 721-730, 1983.

TEACHING mathematics in the secondary school. 2nd ed. [S.l.]: Sage, 2013. Disponível em: <http://www.uk.sagepub.com/chamberstimlin/>. Acesso em: 11 set. 2014.

TOBIN, K. G.; CAPIE, W. The effects of teacher wait-time and questioning quality on middle school science achievement. In: ANNUAL MEETING OF THE AMERICA, 1980. *Proceedings...* Montreal: [s.n.], 1980.

UNITED KINGDOM. Department for Education and Employment. *Early entry to GCSE examinations*. London: DfEE, 2011.

UNITED KINGDOM. Department for Education and Employment. *Ofsted asked to discourage GCSE early entry*: a damaging trend harming interests of many pupils. London: DfEE, 2012.

UNITED KINGDOM. Department for Education and Skills. *14-19 qualifications and curriculum reform*: final report of the working group on 14-19 reform. London: DfES, 2004b.

UNITED KINGDOM. Department for Education and Skills. *Assessment for learning*: guidance for senior leaders. London: DfES, 2004a.

UNITED KINGDOM. Department for Education and Skills. *Improving learning in mathematics*: challenges and strategies. London: DfES, 2005.

WATSON, A. Making judgements about pupils' mathematics. In: GATES, Peter (Ed.). *Issues in teaching Mathematics*. London: Routledge, 2001.

WATSON, A. What does it mean to understand something and how do we know when it has happened? In: HAGGARTY, L. (Ed.). *Teaching Mathematics in secondary schools:* a reader. London: Routledge, 2002.

WILIAM, D. Formative assessment in mathematics. In: HAGGARTY, L. (Ed.). *Aspects of teaching secondary mathematics*: perspectives on practice. London: Routledge, 2002.

WILIAM, D. Keeping learning on track: classroom assessment and the regulation of learning. In: LESTER, Frank K. (Ed.). *Second handbook of research on mathematics teaching and learning*. Greenwich: Information Age, 2007.

Leituras recomendadas

SMITH, A. *Making mathematics count*: the report of professor Adrian Smith's inquiry into post-14 mathematics education. London: HMSO, 2004.

UNITED KINGDOM. Department for Education and Employment. *Review of the National Curriculum in England.* London: DfEE, 2012.

UNITED KINGDOM. Department for Education and Skills. *National curriculum assessments of 14 year olds in England 2004 (provisional)*: part one – Mathematics and Science. London: DfES, 2004.

Personalizando o aprendizado

Este capítulo

✓ analisa o princípio da inclusão no ensino de matemática, com particular referência à cultura, ao gênero e à etnia;

✓ discute diferentes maneiras pelas quais os professores de matemática respondem a grupos com diferentes níveis de capacidade;

✓ mostra como o papel do professor assistente ajuda no ensino de matemática;

✓ discute as necessidades dos alunos mais capazes;

✓ revisa as evidências relacionadas à aprendizagem linguística e matemática, com particular referência às necessidades de alunos cuja primeira língua não é o inglês;

✓ analisa como os professores de matemática respondem a necessidades educacionais especiais, com referência específica à dislexia e à discalculia.

INCLUSÃO

A inclusão está no centro da agenda das políticas de educação há pelo menos 30 anos, e as boas escolas colocam-na em primeiro plano no planejamento. Essa é uma questão relevante no âmbito de toda a escola, a qual implica garantir que cada aluno receba o que é justo, que os obstáculos à aprendizagem sejam reconhecidos e superados e que sejam promovidos valores e práticas inclusivos. A inclusão pressupõe atender a todos, mas não significa tratar a todos os alunos do mesmo modo. Ela significa levar em conta as diferentes origens e necessidades, respondendo a isso adequadamente. O desafio para você, em sala de aula, é tornar a aprendizagem mais individual, mais personalizada. Os supervisores escolares identificaram a aprendizagem personalizada como um aspecto fundamental do aumento no nível de desempenho para diferentes grupos de alunos (OFFICE FOR STANDARDS IN EDUCATION, 2006).

A inclusão refere-se à aspiração em educação de que todos os alunos tenham acesso igual a oportunidades dentro da escola, porém é mais do que isso. Uma escola inclusiva é aquela que reconhece e celebra a diversidade. Portanto, não é suficiente criar atividades e dizer que são abertas a todos. Esse aspecto foi identificado pelos supervisores como uma deficiência de muitas aulas de matemática (OFFICE FOR STANDARDS IN EDUCATION, 2012, p. 24):

> Aquilo que é para ser um ensino destinado a todos os alunos normalmente envolve apenas uma minoria, que responde a quase todas as questões dos professores, deixando a maioria relegada a um papel de espectador. Essas aulas carecem de mais suportes e desafios que permitam que todos os alunos individualmente alcancem seu melhor.

O ensino para a turma inteira é uma das principais características necessárias às aulas, por isso é preciso examinar a natureza das atividades, e o quão diferentemente os alunos envolvem-se nelas, a fim de que todos participem ativamente. Nenhuma questão de etnia, classe, gênero ou deficiência deve representar um impedimento para a participação dos alunos nas aulas e nas atividades extras. Por lei, as escolas devem tomar providências para melhorar o ambiente físico e aumentar as possibilidades para que os alunos com deficiência tenham acesso ao currículo. As escolas também devem avaliar como as informações são transmitidas e, se necessário, melhorar essa transmissão para que sejam acessíveis a todos. Como indivíduo, você também tem responsabilidades. Por exemplo: por lei, é seu dever não apenas reagir a situações de racismo, como também promover boas relações entre alunos de diferentes etnias. Uma das principais metas do Currículo Nacional (UNITED KINGDOM, 2011a) é:

> Possibilitar que todas as crianças envolvam-se nas atividades, independentemente de sua origem social, cultura, etnia, diferenças entre habilidades e deficiências; desenvolver e aplicar o conhecimento e as habilidades de cada um; compreender que isso ajudará os alunos a se tornarem aprendizes de sucesso, indivíduos confiantes e cidadãos responsáveis.

Exemplos de como se podem superar obstáculos à aprendizagem em matemática incluem estar ciente de que alguns alunos talvez precisem de:
- ajuda com a recordação de números ou o processamento de informações apresentadas para compensar dificuldades de memória ou visão;
- acesso a equipamentos táteis para trabalhar com formas;
- ajuda com informações apresentadas oralmente (por exemplo, que exijam que os alunos façam cálculos mentais) para compensar dificuldades auditivas;
- acesso à tecnologia para superar dificuldades físicas com a escrita.

Todos os departamentos de matemática (e, por conseguinte, todos os professores) devem analisar o desempenho de diferentes grupos de alunos e explicar possíveis dificuldades. Isso se aplica particularmente aos resultados de testes e exames, assim como a aulas específicas. Você deve avaliar constantemente se algum indivíduo ou grupo de alunos está em desvantagem em suas aulas.

As evidências de desempenho desigual devem ser analisadas. Você deverá contribuir para as iniciativas da escola ou do departamento que visam a lidar com o desempenho inferior de certos grupos.

CULTURA

Na sala de aula, você deverá refletir sobre o nível em que a matemática apresentada exclui certos grupos. Contextos que você imagina que sejam familiares para os alunos podem ser bastante específicos de cada cultura. Não resta dúvida de que a matemática é um tema com rica base multicultural. A revisão de 2007 do Currículo Nacional reconhece que a matemática tem "[...] uma história rica e fascinante e foi desenvolvida em todo o mundo" (QUALIFICATIONS AND CURRICULUM AUTHORITY, 2007, p. 2007, p. 141), atribuindo maior ênfase do que antes ao fato de os alunos aprenderem sobre a matemática em seus contextos históricos e culturais. Essa prática tem o potencial de levar a mudanças significativas na sala de aula de matemática: se os contextos históricos e culturais forem tratados como conceitos fundamentais, eles deverão transparecer regularmente em suas aulas.

O Relatório Swann (UNITED KINGDOM, 1985) promoveu uma abordagem multicultural à educação. As salas de aula assistiram em alguns casos à introdução de situações matemáticas de todo o mundo, como sistemas numéricos diversos, padrões islâmicos e diferentes métodos de cálculo (como, por exemplo, o método egípcio de multiplicação). Tal abordagem teve por objetivo mostrar para os alunos que a matemática é uma atividade mundial, mas que tem sido, na melhor das hipóteses, um adendo ao currículo normal e, na pior delas, ignorada totalmente.

A visão de que a matemática não tinha um elemento cultural já foi lugar-comum. No entanto, embora a matemática desenvolvida em diferentes culturas seja semelhante, ela não é idêntica. Um exemplo oferecido por Bishop (1991) é o dos ângulos do triângulo. Está claro que toda matemática, não importa onde for desenvolvida, concluirá que a soma dos ângulos de um triângulo será o mesmo que o ângulo de meia volta. Porém, nem todos usariam o mesmo sistema de medição para igualar essas duas quantidades. O uso de $180°$ tem um histórico que não será compartilhado por todos. Por outro lado, a matemática é universal. Ela é uma atividade cultural que aparece em todas as civilizações, assim como a linguagem e as regras da sociedade.

GÊNERO

O desempenho relativo de garotos e garotas tem sido discutido há muitos anos. É interessante notar que as diferenças são evidentes mesmo em crianças muito pequenas. Em 2007, os supervisores escolares observaram que, ao final do estágio fundamental (antes de começarem o estágio 1), as garotas haviam adquirido uma vantagem clara, alcançando padrões mais altos do que os garotos em todas as áreas de aprendizagem (OFFICE FOR STANDARDS IN EDUCATION, 2007, p. 8). "As garotas aplicaram-se mais nas atividades escritas do que os garotos e também estavam mais dispostas a mostrar seu trabalho e levantar a mão em resposta às perguntas". Os garotos, por sua vez, tinham menos habilidades linguísticas e falavam com menos confiança do que as garotas.

Os testes dos estágios 2 e 3 indicam diferenças no desempenho em inglês, mas pouca diferença em ciências ou matemática (OFFICE FOR STANDARDS IN EDUCATION, 2012). Isso ocorre especialmente no estágio 3: 82% das garotas e 80% dos garotos atingiram o nível 5 ou mais; em inglês, os números foram de 88% das garotas e 76% dos garotos. No GCSE, o desempenho dos garotos e das garotas em matemática ainda é semelhante, sendo que os números gerais para 2011 (BBC NEWS, 2011) demonstram que:
- 58,9% dos garotos têm de A* a C no GCSE, com 16,6% tirando nota A* ou A;
- 58,6% das garotas têm de A* a C no GCSE, com 16% tirando nota A* ou A.

Convém salientar que o desempenho de garotos e garotas em matemática antes era bastante desigual. Em 1979, conforme publicado em Cockcroft (1982):
- 24,5% dos garotos tinham de A a C no nível 0, com 5,5% tirando nota A;
- 17,6% das garotas tinham de A a C no nível 0, com 2,6% tirando nota A.

Assim, fica claro que os garotos antes costumavam ter um desempenho melhor que o das garotas em exames públicos aos 16 anos de idade, principalmente nos níveis superiores de desempenho. De fato, não apenas os resultados gerais eram mais altos para os garotos: eles tinham melhor desempenho em qualquer área matemática testada pela Unidade de Avaliação do Desempenho em 1980 (ASKEW; WILIAM, 1995). Em meados da década de 1990, a lacuna no desempenho havia desaparecido. Em comparação, as diferenças ligadas ao gênero são bastante acentuadas em várias outras disciplinas. Por exemplo, em inglês, as proporções das notas A* a C em 2011 são de 72,5% para as garotas e de 58,7% para os garotos.

Depois de analisar esses fatos e números, talvez você pense que não existe questão de gênero em matemática, o que seria um erro. Seria razoável pressupor que, com garotos e garotas que tivessem resultados semelhantes no GCSE, o nível A refletiria um equilíbrio semelhante entre os gêneros. De fato, os números de 2011 mostram que apenas 40% daqueles que alcançaram A2 em matemática eram meninas e que 60% eram meninos. Para a matemática avançada, uma disciplina tradicionalmente escolhida apenas pelos melhores estudantes de matemática, o desequilíbrio é bem mais acentuado: cerca de 70% das aprovações haviam sido concedidas aos meninos, comparadas a 30% para as meninas (THE GUARDIAN, 2011).

Enquanto os números desiguais são um aspecto de quase todas as disciplinas do nível A, certamente existe razão para averiguar por que mais garotos do que garotas optam por estudar matemática além dos anos obrigatórios (um fenômeno que é evidente em muitos países). A pesquisa indica que pode haver várias razões. Mendick (2005) conclui que a imagem pública da disciplina é suficiente para influenciar as decisões, e as garotas equiparam a matemática à masculinidade. Iniciativas para aumentar o número de garotas que decidem estudar matemática tiveram êxito apenas limitado – e talvez um simples incentivo não seja suficiente para promover mudanças de postura, com uma tendência de que prevaleçam as posturas da sociedade. A autopercepção das garotas é de que elas são fracas em matemática, mesmo quando estão no grupo superior. Os garotos tendem a superestimar a própria capacidade matemática; as garotas, a subestimar a sua (ASSESSMENT OF PERFORMANCE UNIT, 1981).

É interessante que o fato de ser informado de que a razão para o desempenho inferior é genética pode ter uma forte influência sobre a autoimagem. Um estudo norte-americano realizado com estudantes universitários (DAR-NIMROD; HEINE, 2006) comparou o desempenho em testes de matemática entre mulheres que foram informadas de que o baixo desempenho feminino em matemática devia-se a fatores genéticos e mulheres que foram informadas de que os responsáveis por isso eram os fatores sociais. Aquelas que foram informadas de que os fatores genéticos eram um determinante fundamental para o desempenho apresentaram escores muito piores. Tal aspecto pode ter implicações para crianças (garotos ou garotas) cujos pais falam de sua própria falta de capacidade em matemática, caso essas crianças cresçam acreditando que a capacidade inferior em matemática está em seus genes.

Outro argumento convincente para as diferenças em taxas de participação gira em torno da maneira como a matemática é apresentada nas escolas. As aulas de matemática com pouco trabalho em grupo, discussão, aprendizagem cooperativa, jogos e atividades educativos podem ser particularmente desinteressantes para as garotas. Talvez você consiga investigar em uma de suas escolas se existem menos demandas linguísticas e interações sociais em matemática em comparação a aulas de outras disciplinas.

O estilo contextual das questões também pode ter influência sobre o desempenho relativo de garotos e garotas. Pesquisando o ensino de ciências, Gipps e Murphy (1994) relatam ser mais provável que as garotas concentrem-se no contexto do experimento. Para levar em conta o contexto, às vezes as garotas não se conectam às expectativas do professor para suas soluções. Os garotos, por outro lado, têm a tendência de ignorar o contexto, concentrando-se nos problemas abstratos de ciências. É razoável supor que essas observações sejam transpostas para a sala de aula de matemática e expliquem por que os garotos confiam mais em sua capacidade matemática e, portanto, optem por estudar a disciplina em níveis mais altos.

ETNIA

Pesquisas recentes indicam que o desempenho em matemática é diferente entre grupos étnicos distintos. O desempenho matemático de grupos étnicos diferentes é afetado por vários fatores sociais, incluindo a classe, a posição social e a pressão do grupo. Como não existe ação sem consciência e evidência, as escolas devem analisar os resultados dos exames e avaliar o desempenho dos diferentes grupos étnicos em comparação às médias nacionais. Quando identificam um grupo com desempenho inferior, as escolas devem, segundo os supervisores do Ofsted, primeiro explicar o porquê e depois elaborar um plano para corrigir o problema.

Também existem evidências de que as estratégias de intervenção têm um impacto mais positivo para certos grupos étnicos do que para outros. O estudo de caso do Leverhulme Numeracy Research Project (QUALIFICATIONS AND CURRICULUM AUTHORITY, 2004) observou que os maiores ganhos no período de 1998 a 2002 foram feitos por grupos indianos, negros de origem caribenha e negros britânicos. Em comparação, o grupo negro africano parece ter feito menos progresso do que os ganhos médios no período avaliado.

É razoável afirmar (GATES, 2002) que o ensino de matemática não consegue tratar todos os alunos igualmente, pois o conteúdo do currículo reflete o preconceito daqueles que o criaram. Portanto, não conseguiremos alcançar a igualdade de oportunidades enquanto a matemática que apresentamos for fundamentalmente eurocêntrica. Gates conclui que, como não consegue lidar com essa questão, o currículo de matemática na Grã-Bretanha é racista e desafia o currículo de uma perspectiva antirracista, em vez de multicultural. Os proponentes antirracistas defendem uma integração maior dos aspectos culturais no currículo escolar e uma postura mais ativa para desafiar a pedagogia. Existe justificativa na afirmação (KASSEM, 2001) de que o *establishment* educacional tem sido lento para analisar a natureza do currículo ou da pedagogia matemática com base em uma perspectiva antirracista; porém, com a revisão do currículo em 2007, existem sinais de que está havendo algum progresso.

DIFERENCIAÇÃO

O aspecto mais óbvio do ensino diferenciado que você verá é o uso da divisão por capacidade. Apesar de certas evidências de que o agrupamento por capacidade talvez não seja o mais eficiente para o ensino de matemática, o que na verdade é decisivo tanto para o envolvimento quanto para a motivação (BOALER; WILLIAM; BROWN, 2000; OFFICE FOR STANDARDS IN EDUCATION, 2012), a maior parte das aulas de matemática é ministrada para grupos pequenos. Todavia, é interessante observar que, em muitos países, o agrupamento por capacidade ocorre mais dentro das classes do que entre elas (FOXMAN, 1994).

Os supervisores escolares observaram que muitos professores de matemática fazem pouco para ir além desse agrupamento com vistas a atender às necessidades individuais dos alunos, particularmente aqueles com baixo desempenho (OFFICE FOR STANDARDS IN EDUCATION, 2006). Ressaltamos antes que o Office for Standards in Education (2006) tem feito críticas às aulas que supostamente são planejadas para todos e que, na prática, não envolvem todos os aprendizes. Se o professor deseja alcançar as metas do Teachers' Standards para "[...] configurar objetivos que estimulem e desafiem alunos com todo tipo de *background*, habilidades e disposições" (UNITED KINGDOM, 2011b, p. 7), deve identificar outras estratégias a serem usadas para atender a capacidades diferentes nos grupos divididos por capacidade. Ao planejar suas aulas, você terá de considerar cuidadosamente como planejar oportunidades para que todos os alunos façam progressos em todas as aulas. As estratégias são agrupadas segundo duas categorias: diferenciação por resultado e diferenciação por atividade.

A diferenciação por resultado significa que todos os alunos realizam a mesma atividade. Isso é comum em aulas de matemática em que haja um tema investigativo. Por exemplo, um ponto de partida comum para um trabalho do nível A pode levar os alunos a se dispersarem em várias direções com sua matemática, e os resultados terão claramente padrões diferentes. Existem oportunidades para esse tipo de diferenciação em muitas aulas, mas a atividade deve ser escolhida cuidadosamente para permitir soluções em uma variedade de níveis.

A diferenciação por atividade é clara. Em um grupo de estudo, as diferentes capacidades são atendidas proporcionando-se atividades diferentes em determinado estágio da aula. Em geral, isso envolve atividades de extensão para os mais capazes e materiais de apoio para os menos capazes. Muitas vezes, as atividades de extensão consistem em questões adicionais que são consideradas mais difíceis ou mais amplas. Na prática, você deve certificar-se de que esse é o caso. Não há nada mais desmotivador para muitos alunos do que receber mais atividades simplesmente porque terminaram primeiro. Você deve demonstrar que valoriza o trabalho adicional que está pedindo que façam, dando seguimento com algumas perguntas ou com uma discussão. É importante que esses alunos percebam que o trabalho adicional é uma extensão planejada e estruturada do trabalho nas aulas normais.

Uma abordagem mais sofisticada de diferenciação por tarefa é planejar tarefas distintas, porém semelhantes, para alunos diferentes. Ao mesmo tempo em que é difícil planejar atividades individualmente para cada aluno, mesmo em turmas pequenas, é possível planejar para grupos de alunos que podem ser categorizados como com "baixo", "médio" ou "alto" desempenho no contexto de cada aula. Um exercício matemático típico, por exemplo, é dividir as tarefas, de modo que os alunos com baixo desempenho resolvam as questões de 1 a 9, os com médio resolvam as questões de 5 a 14 e os com alto desempenho resolvam as questões de 11 a 20. Esse planejamento possibilita que materiais já existentes sejam adaptados para novos usos e permite que alguns grupos também se sobreponham – como exatamente cada exercício será dividido cabe ao seu juízo profissional.

De tempos em tempos, talvez você precise usar materiais novos nas aulas para atender às necessidades de alunos particularmente avançados ou que precisam de ajuda, ou para atender a alunos que necessitem de recursos especiais, como planilhas ampliadas. Também é possível elaborar tarefas totalmente distintas para diferentes grupos de estudantes na mesma turma, com base na mesma matéria. Isso é bem mais difícil, tanto em termos de preparação quanto de execução, mas, ainda assim, é algo que talvez você queira considerar quando a diferença entre os alunos de uma turma é muito grande ou se você estiver lecionando em uma escola que não faz uso de sistematizações

Ensinando matemática para adolescentes **169**

(poucas escolas não usam sistematizações, embora tal fato seja um pouco mais comum nos primeiros anos do estágio 3, quando os alunos estão "adaptando-se" ao ambiente da escola secundária).

Você deve tomar cuidado para não cair na armadilha de pensar que um aluno que é forte em uma matéria da matemática é forte em todas as matérias da matemática. Um aluno que é bom em resolver problemas não é necessariamente bom também em geometria ou estatística. Você precisa manter registros apurados do progresso dos alunos se quiser usar a diferenciação para efetivamente personalizar o aprendizado para seus alunos.

Eis alguns comentários de professores experientes sobre como lidam com a diferenciação em suas aulas:

> Em cada turma, existe uma variedade de capacidades. Por exemplo, em minha turma do 10º ano da escola secundária, tenho alunos que tiram C e alunos que tiram F; há, portanto, uma variação enorme, com a qual é muito difícil de lidar. Tendo a estabelecer uma tarefa principal na aula, com uma oportunidade de trabalho de extensão para os alunos que concluírem antes. No caso dos alunos menos avançados, com maior probabilidade de considerar a tarefa principal difícil, identifico-os em meu plano como alunos que precisam de ajuda e passo mais tempo com eles durante o tempo de trabalho independente, verificando se entendem o conteúdo.
>
> Tenho um grupo com mais dificuldade. Às vezes, crio modelos ou tabelas para que eles escrevam, ou eixos já desenhados para que se concentrem na habilidade que está sendo testada.
>
> Para os menos capazes, desenhar uma tabela ou diagrama já é uma grande tarefa. Ao menos para a primeira questão, entrego uma tabela em branco, pois estou testando se conseguem encontrar todas as possibilidades, e não se sabem desenhar uma tabela. Por outro lado, não posso ignorar a necessidade de que desenvolvam habilidades básicas. Só preciso planejar quais aulas tratarão delas e quais não tratarão.

Para aqueles com mais dificuldade, podem ser fornecidos materiais de apoio em trabalhos de reforço, que apresentam a matemática de um modo diferente, ou em materiais práticos. Às vezes, existe apoio específico disponível.

Os alunos de baixo desempenho, assim como muitos outros alunos, respondem bem a abordagens de ensino baseadas em discussões, apresentadas no Capítulo 5. Acima de tudo, eles precisam experimentar a matemática como algo que faça sentido. Os alunos de baixo desempenho talvez sintam que sua única rota de sucesso em matemática é tentar lembrar o que fazer em diferentes situações. Eles têm essa atitude porque, com base em sua experiência prévia, não esperam entender o que estão fazendo em matemática, mas sabem que às vezes podem obter respostas corretas seguindo os procedimentos prescritos. Office for Standards in Education (2001) critica a grande quantidade de tempo que os alunos passam envolvidos em rotinas e procedimentos, atividades que têm pouco significado para eles. Mais que os outros alunos, aqueles que têm baixo desempenho precisam ser convencidos da utilidade da matemática, de modo que as atividades possam ser apresentadas em contextos significativos sempre que possível.

Uma das principais desvantagens dessa divisão é o efeito que ela tem sobre os sentimentos dos que ficam nos grupos inferiores. Ao serem colocados entre os piores, os alunos são informados de que estão entre os menos capazes em matemática, uma mensagem que certamente trará com ela um golpe para a autoestima e a autoconfiança (IRESON; HALLAM, 2009; SHARP, 2004; WILIAM; BARTHOLOMEW, 2004). É difícil motivar os alunos que se veem rotulados como fracassos.

NECESSIDADES EDUCACIONAIS ESPECIAIS

As escolas trabalham segundo um código de prática na prestação de serviços para necessidades educacionais especiais (UNITED KINGDOM, 2001a), que já é definida no modelo legal da lei de Necessidades Educacionais Especiais e Deficiências de 2001. Um coordenador de necessidades educacionais especiais supervisionará o trabalho da escola, monitorando todos os alunos que recebem apoio individual. Os padrões profissionais de professor qualificado (UNITED KINGDOM, 2012, p. 7) exigem que o professor "[...] adapte o ensino para atender aos pontos fortes e às necessidades de todos os alunos". Esse requerimento é ampliado para que "se tenha um claro entendimento das necessidades de todos os alunos, incluindo aqueles com necessidades de educação especial; aqueles com capacidade superior; aqueles para os quais o inglês é uma língua secundária; aqueles com deficiência; e para que o professor seja capaz de usar e avaliar diferentes abordagens de ensino para envolvê-los e ajudá-los".

As escolas hoje são mais inclusivas do que antigamente. Poucos alunos hoje estudam em escolas especiais de qualquer tipo e, em situações nas quais um aluno iria para uma escola especial para aprender junto com alunos com necessidades semelhantes, ele hoje estuda em uma escola "normal". Como resultado, as escolas atendem uma ampla variedade de capacidades e atendem alunos que têm uma variedade ampla de necessidades especiais individuais, sejam elas físicas, educacionais, emocionais ou comportamentais. O recurso fundamental que existe para amparar a aprendizagem desses alunos é o assistente de ensino.

O assistente de ensino é uma peça valiosa em muitas salas de aula modernas. Quando o professor começa a ensinar, é provável que considere difícil organizar sua própria contribuição na sala de aula, mas o seu trabalho é fazer isso – e muito mais. O professor deve organizar a contribuição de cada assistente de ensino em cada lição. Isso envolverá um planejamento conjunto antes da aula, bem como várias "palavras silenciosas" dentro da lição para garantir que a aprendizagem seja adequada para cada aluno do grupo. Os assistentes de ensino geralmente são indicados para trabalhar com um ou dois indivíduos na classe, embora muitos tenham um papel de apoio mais geral. Deve-se esperar que eles estejam familiarizados com os planos de educação individuais dos alunos para quem prestam apoio.

Uma contribuição importante dos assistentes de ensino nas aulas de matemática é ajudar os alunos a lidar com as transições entre diferentes partes da aula. Isso pode significar que, no começo da aula, eles organizem os alunos para começar o trabalho e, ao final da aula, certifiquem-se de que os alunos anotaram as tarefas de casa. No trabalho oral, eles podem incentivar os alunos a levantar a mão (às vezes depois que o aluno sussurrou a resposta proposta e se verificou que está correta). No trabalho escrito, os assistentes de ensino ajudam os alunos a começar, auxiliando-os a ler a questão, e monitoram os primeiros passos experimentais dos alunos no trabalho. Também podem prestar apoio adicional modelando soluções de forma mais detalhada.

Esses profissionais desempenham o importante papel de ajudar os alunos com dificuldades organizacionais a ter uma participação mais ativa na aula. Essa tarefa pode envolver fornecer equipamentos básicos aos alunos, garantindo que eles estejam na página certa e tenham anotado a tarefa, e possivelmente proporcionando materiais de apoio extras, como tabuadas ou anotações básicas de trabalhos anteriores.

Existem evidências de que o uso do apoio de assistentes de ensino não garante, por si só, uma "[...] intervenção de qualidade ou um progresso adequado dos alunos" (OFFICE FOR STANDARDS IN EDUCATION, 2006, p. 64). De fato, os supervisores escolares verificam que os alunos nas escolas comuns, com o apoio de assistentes de ensino, têm menor probabilidade de fazer progresso do que os alunos que têm acesso a ensino especializado. Isso parece ser uma condenação da política de mudar esses alunos para escolas comuns, mas não precisa ser entendido como tal, podendo ser visto como uma indicação de que os recursos existentes nas escolas comuns não estão sendo usados de maneira tão efetiva quanto poderiam.

A seção "Evidências de pesquisa", quase ao final deste capítulo, oferece mais detalhes sobre dois tipos específicos de necessidade especial – a dislexia e a discalculia – com particular referência à aprendizagem de matemática.

ALUNOS COM ALTAS HABILIDADES OU MUITO CAPAZES

Em geral, é fácil identificar os alunos com talento especial para a matemática. Eles costumam entender as novas ideias rapidamente, trabalham de forma lógica e precisa, conseguem ver e expandir padrões com facilidade. Também é provável que tenham fortes habilidades de comunicação, as quais possibilitam que justifiquem seus métodos, e têm uma curiosidade que pergunta "O que aconteceria se ... ?".

Quando todos os aspectos citados são evidentes, os alunos apresentam capacidades em um nível muito além do normal para a sua idade. Talvez outros alunos com altas habilidades sejam identificados com menos facilidade. Por exemplo, podem ter níveis elevados de raciocínio matemático, mas não conseguir comunicar suas ideias adequadamente, ou podem lidar com perguntas de maneira original (e possivelmente obscura). A orientação da QCA para professores de matemática traz o seguinte conselho, propondo que, para esses casos, "[...] apenas testes formais são insuficientes como base para a identificação. Muitas vezes, é importante que os professores proporcionem atividades de enriquecimento e extensão e observem as respostas dos alunos a atividades desafiadoras" (QUALIFICATIONS AND CURRICULUM AUTHORITY, 2002).

Pode ser bastante difícil lidar com a maioria dos alunos com altas habilidades. O seu conhecimento do conteúdo terá de ser amplo e profundo, e você deverá estar preparado para correr riscos e responder a ideias inesperadas dos alunos (OFFICE FOR STANDARDS IN EDUCATION, 2001). Existem evidências de que esses alunos não recebem desafios suficientes (QUALIFICATIONS AND CURRICULUM AUTHORITY, 2004), de modo que você deve ter estratégias adequadas para garantir que eles estejam fazendo o melhor que podem. Atividades de extensão, contendo questões mais difíceis, muitas vezes fazem parte do planejamento do professor para os alunos mais capazes de todas as classes. Para os particularmente superdotados (os mais capazes no melhor grupo de todo o ano), as atividades de extensão serão mais interessantes se contiverem um elemento de enriquecimento.

O enriquecimento é uma alternativa às questões mais difíceis. As atividades de enriquecimento apresentam questões que não são apenas versões mais difíceis do mesmo trabalho, mas também são de uma natureza mais geral. Vamos considerar um exemplo típico do tema de plotar coordenadas e apresentar duas versões diferentes da mesma pergunta:

Questão padrão. Plote os pontos (1, 2), (3, 1), (-1, -1) e (-3, 0). Junte os pontos para criar uma forma de quatro lados. Qual é o nome da sua forma?

Questão de enriquecimento. Plote os pontos (1, 2), (3, 1) e (-3, 0). Plote um quarto ponto para que os quatro pontos formem um paralelogramo. Quantas respostas diferentes existem? Sempre haverá o mesmo número de respostas para qualquer conjunto de três pontos?

Fica claro que a segunda versão da questão é muito mais difícil, porém ainda se mantém dentro da mesma área de trabalho que o resto da classe. A questão de enriquecimento promove um entendimento muito mais geral do problema.

A aceleração é usada para atender às necessidades dos alunos mais capazes. O ensino acelerado permite que os alunos avancem pelo sistema escolar em menos anos do que o normal. Embora criticada por muitos anos, essa abordagem provavelmente se tornará mais comum, graças à maior flexibilidade no sistema de exames, que permite que as escolas inscrevam alunos para o GCSE e os testes do estágio 3 antes da idade cronológica "normal", e um número crescente de escolas tem aproveitado essa oportunidade. Evidências informais sugerem que a aceleração é mais comum em matemática do que em outras disciplinas.

A aceleração pode ser aplicada a grupos inteiros de alunos ou a indivíduos. No caso de indivíduos, deve-se ter cuidado com o impacto social de afastar um aluno de seus colegas. Esse impacto social deve ser considerado cuidadosamente em relação ao benefício educacional percebido na aprendizagem acelerada. Por exemplo, ao planejar para a maioria dos alunos mais habilidosos, Koshy e Casey (1997) questionam a prática de simplesmente se importar trabalho dos grupos de mais idade e aplicá-lo a crianças pequenas para acelerar sua aprendizagem. Os autores concluem que a aprendizagem acelerada "[...] envolve mais que acelerar o conteúdo. É preciso que se levem em conta outros fatores, como a motivação, a criatividade e o interesse do aluno" (KOSHY; CASEY, 1997, p. 68).

Um exemplo de aceleração socialmente consciente é apresentado a seguir. Uma escola secundária precisa atender às necessidades de um garoto muito talentoso, com especial capacidade em matemática.

Tom chegou à escola secundária depois de cobrir todo o trabalho sobre o conteúdo de matemática do GCSE na escola primária. A escola organizou para que ele estudasse matemática e física do nível A com os alunos de 17 anos, mas que assistisse a outras aulas com seus colegas. Em uma reunião com os pais de Tom, a escola decidiu tentar manter seus grupos de amigos dentro da sua faixa etária. Depois de concluir a disciplina do nível A no 8º ano, as aulas de matemática do garoto passaram a ser individuais. Um tutor pessoal indicado pela autoridade local visitava a escola regularmente para trabalhar com ele. Seu trabalho em matemática nos últimos anos da escola seguiu os módulos da Open University.

Ponto para reflexão

As reformas do currículo 14-19 em 2005 foram motivadas em parte por evidências de que as disciplinas existentes não estavam desafiando suficientemente os alunos mais habilidosos e os jovens (QUALIFICATIONS AND CURRICULUM AUTHORITY, 2006). Como podemos tornar a matemática mais desafiadora para os melhores em um momento em que muitos dizem que a matemática já é mais difícil do que as outras disciplinas no GCSE?

O USO DA LÍNGUA NO ENSINO DE MATEMÁTICA

O Teachers' Standards considera que o uso da língua em seu sentido mais amplo é parte do conhecimento necessário a todos os professores que desejam "[...] demonstrar um entendimento de alto padrão de uso da língua e assumir responsabilidades para promover altos padrões de uso e articulação do inglês, seja qual for a especialidade do professor" (UNITED KINGDOM, 2011b, p. 7). Usar um vocabulário matemático preciso e promover o uso dele entre os alunos é parte essencial desse requerimento. Por exemplo, você deve usar a palavra "denominador" em lugar de "o número embaixo na fração" ou um equivalente semelhante. Uma vantagem dessa abordagem é que o uso será coerente de professor para professor. Se você usar uma paráfrase, não há garantia de que sua paráfrase será a mesma usada por outro professor, de modo que qualquer entendimento adquirido com você pode perder-se devido a problemas posteriores, quando o aluno tiver outro professor de matemática.

A necessidade de promover altos padrões de uso e articulação da língua não termina, contudo, com o incentivo do uso correto do vocabulário matemático – você deve integrar altos padrões de uso da língua em todos os aspectos de suas aulas. Estimular os alunos a explicar suas respostas regularmente, como sempre defendemos, ajudará a promover uma boa articulação, assim como estimular um entendimento correto das notações matemáticas ajudará os alunos a se tornarem mais hábeis no uso da língua para explicar e persuadir. A resolução de problemas e as investigações oferecem boas oportunidades para incentivar a comunicação matemática quando se usa a escrita.

A escola onde você trabalha certamente terá uma política de uso da língua, e você deve tanto se familiarizar com esse documento quanto integrar suas orientações às aulas. Você naturalmente deve ser zeloso em relação à alfabetização numérica, mas também deve reconhecer a importância de promover a alfabetização como um todo. Não estimule a crença de que os alunos são bons em português ou em matemática, mas não em ambos. Nenhum professor de matemática deve dar a impressão de que o uso apurado da escrita e um bom conhecimento gramatical não são importantes em suas aulas. O Teachers' Standards (OFFICE FOR STANDARDS IN EDUCATION, 2012) requer especificamente que aqueles que ensinam em um contexto de alfabetização recente tenham um claro entendimento dos sistemas fonéticos. Embora isso pareça aplicável apenas a professores da escola primária, você se deparará com muitos alunos da escola secundária cujo nível de alfabetização é precário. O papel do sistema fonético no ensino da leitura continua controverso, mas você deve ter, no mínimo, um entendimento básico de como se ensina e aprende a leitura e a escrita se quiser atender adequadamente às necessidades desses alunos em sua sala de aula.

Está claro que a matemática apresenta demandas consideráveis envolvendo o uso da língua. Essas demandas começam com a necessidade de entender um vocabulário simples fora da matemática, como "grande", "encontre" ou "linha". Esse vocabulário simples deve ser construído para que o aluno possa usar essa linguagem simples intercalada a palavras específicas da área, como "polígono" e "histograma". A Estratégia Nacional fornece uma lista de vocabulário que indica aos professores quando devem ter expectativas em relação ao entendimento de palavras específicas por parte dos alunos do estágio 3. A Estratégia provê cartões de vocabulário para os grupos de cada ano, os quais incluem todas as palavras novas ou termos matemáticos que se espera que os alunos encontrem pela primeira vez. Uma prática comum é disponibilizar um "quadro de palavras", apresentando as novas palavras que os alunos estão aprendendo na sala de aula. A lista é muito extensa, incluindo mais de uma centena de termos para cada ano. No tópico de geometria, por exemplo, existem 21 novos termos, incluindo:

- equidistante;
- ângulos correspondentes;

- prisma triangular;
- mosaico.

Esses quatro termos dão uma indicação das demandas linguísticas do tema. As palavras são novas, com muitas sílabas e bastante especializadas. De fato, elas são tão especializadas que deixam pouca oportunidade para praticar mesmo em aulas de matemática, exceto quando se tornam o foco da lição.

Para os alunos do GCSE e para aqueles maiores de 16 anos, as especificações dos quadros de exame contêm um glossário de palavras que podem ser encontradas durante o curso. Vale a pena dedicar algum tempo à observação das listas de vocabulário para ambos os estágios, já que pode haver palavras com as quais você mesmo não esteja familiarizado. Quando encontrar palavras que não são familiares para você, é aconselhável o uso de um dicionário de matemática ou da publicação bastante completa do QCA, intitulada *Mathematics Glossary for Teachers in Key Stages 1 to 4* (QUALIFICATIONS AND CURRICULUM AUTHORITY, 2001).

Muitas vezes, ocorrem problemas devido ao número de palavras cujo uso em matemática tem um sentido diferente do seu uso fora dela. Miles (1992) descreve essas palavras como "enganosamente familiares". Algumas delas têm significados completamente diferentes fora da matemática, como "volume" (altura do som no uso cotidiano). Outras palavras têm significados em matemática que se parecem com o uso cotidiano, mas o uso matemático é bem mais específico. Exemplos desse tipo incluem "semelhante", "faixa" e "diferença". Quando uma palavra tem diversos significados, o aluno pode acreditar que a conhece, porém usá-la incorretamente no sentido matemático.

Existem outras orientações da Estratégia Nacional (UNITED KINGDOM, 2004) nos materiais de estudo *Literacy and Learning in Mathematics*, criados por professores para estudo autodidático ou para o desenvolvimento profissional na própria escola. Além de trazer vários exemplos de palavras que são usadas com sentidos diferentes em matemática e outras áreas, os materiais sugerem maneiras pelas quais os professores de matemática podem desenvolver habilidades gerais de alfabetização com seus alunos. Por exemplo, é importante que os professores conheçam as demandas de leitura que os textos de matemática contêm. Além das demandas linguísticas normais, a leitura em matemática tende a assumir uma variedade de formas. As informações podem vir em palavras, diagramas, tabelas, gráficos, expressões matemáticas ou, ainda, uma combinação de todos eles. Além disso, a leitura em matemática não é uma atividade tão linear como em outras disciplinas. Ler uma questão matemática requer avançar e voltar pelo texto, de modo a extrair as informações relevantes. Também é possível ter de interromper a leitura com frequência, enquanto o aluno faz cálculos intermediários ou anota certas informações essenciais.

No exemplo de aula, o professor tenta desenvolver a linguagem matemática pelo uso do vocabulário e pela notação correta, reformulando as frases e atualizando o conhecimento dos alunos sobre termos já encontrados. Observe os seguintes trechos das partes 6 e 7 do exemplo de aula, em que as palavras em itálico são todas da lista de vocabulário da Estratégia Nacional para o estágio 3 (UNITED KINGDOM, 2001). No primeiro exemplo, o professor aproveita a oportunidade para lembrar à classe o que significa um número primo:

Certo! Não se pode colocar mais números entre 13 e 25. Não existem outros *fatores*. Não é que não possamos *dividi-los*, pois pode haver um *fator* diferente que vá com eles além de 2.

O que há de especial no número 13 que me ajuda a saber?

Sim, é um número *primo*, Jake, muito bem!

O que há de especial em um número *primo*?

Jake: Só pode ser dividido por um e por ele mesmo.

Muito bem! Então, se 13 não vai com 25, sabemos que não existem outros *fatores* que sejam *comuns* a ambos.

Na mesma seção, incentiva-se o uso da terminologia e da notação corretas. Daniel usa a expressão "45 em 60" como descrição de probabilidade, o que leva à seguinte resposta:

Ou 45/60. Lembre-se que escrevemos como *fração*. Agora, tente *simplificar* até a sua forma *mais simples* – vou deixar vocês tentarem. Quais são os *fatores* de 45 e 60? Que números vão com 45 e 60?

A notação matemática é apresentada de modo natural, mas planejado:

Para a *probabilidade* de que seja vermelho, você pode colocar P *(vermelho)* =

Não são apenas as dificuldades com o vocabulário que causam problemas de leitura em matemática. Shuard e Rothery (1984) relatam que ao menos o mesmo nível de dificuldade ocorre no uso de sintaxe complexa. De modo geral, ao elaborar questões textuais, é aconselhável usar o tempo presente sempre que possível, evitando construções que envolvam "se", "suponhamos" ou "dado que", as quais somente podem ser seguidas por construções linguísticas complexas. Também é inadequado apresentar, em frases com período composto, informações que tenham de ser usadas posteriormente. É preferível usar duas sentenças curtas a uma sentença longa.

> **Ponto para reflexão**
>
> Analise as questões textuais apresentadas a seguir. Considere cada uma do ponto de vista da clareza da linguagem, do contexto e do vocabulário. Todas devem ser criticadas de alguma maneira. Considere como você reformularia as questões para tornar a linguagem mais acessível.
>
> 1. Qual é a diferença entre 14,3 e 3,8?
> 2. Existe certo número. Se esse número fosse 4 mais duas vezes esse valor, ele seria igual a 18. Qual é o número?
> 3. Há três pássaros em uma árvore. Dois saem voando. Quantos pássaros sobram na árvore?
> 4. John consegue comer um sanduíche em cinco minutos. Quantos ele consegue comer em duas horas?
> 5. Dado que Wendy tem 1,60 m de altura, um ônibus tem 5,50 m de altura e um elefante tem 2,80 m de altura, encontre a razão entre a altura de Wendy e a do elefante e a razão entre a altura do elefante e a altura do ônibus.
> 6. Uma empresa farmacêutica fabrica um medicamento chamado Fizmatum. Cada pílula de 1,2 g contém como ingredientes ativos 5 mg de hipofosfato de potássio e 6,5 mg de silicato de cálcio. Que proporção da pílula é formada pelos ingredientes ativos?
> 7. Conforme visto pelo atacante, o ângulo entre dois zagueiros é de 28°. Se cada zagueiro estiver 25 m equidistante do atacante, qual é a distância que separa os zagueiros?

Ao elaborar questões textuais, você também deve prestar atenção em como certos aspectos da questão atuam como pistas para muitos leitores. É interessante salientar que essas pistas podem ser numéricas ou verbais. O tamanho dos números apresentados em um problema afeta a escolha da operação numérica (BROWN, 1981). Por exemplo, é bastante provável que um problema que contenha os números 3.540 e 4.201 envolva adição ou subtração. Tal fato está relacionado com as experiências dos alunos para o que geralmente devem fazer nas aulas de matemática. Eles costumam adicionar ou subtrair números desse tamanho, mas raramente multiplicam ou dividem, de modo que usam o tamanho dos números como pista, somado a outras pistas que possam vir do contexto. Uma descoberta particularmente importante feita por Shiu em 1978 é relatada por Mason e Johnston-Wilder (2004): crianças sem conhecimento do chinês recebem dois tipos de problemas escritos para resolver, um em letras chinesas e outro em inglês. Elas se saem melhor na versão chinesa das questões do que na versão em inglês. É possível que algumas palavras funcionem como pistas – às vezes corretas e outras vezes não. Considere o seguinte exemplo:

> Dez pessoas dividem uma quantidade de dinheiro. Cada uma fica com $48,60. Quanto é o total de dinheiro?

A presença da palavra "dividem" nessa questão faz alguns alunos pensarem que devem fazer uma divisão usando o número dado. Essa pista pode ser forte o suficiente para distorcer as informações que o contexto fornece.

Além das dificuldades linguísticas específicas, a matemática tem sua própria notação simbólica, que é uma parte importante da comunicação matemática. A visão de Skemp (1982) é de que a língua falada deve ser usada sempre que possível, evitando-se as formulações simbólicas até bem depois no processo de aprendizagem. Em outras palavras, a língua falada é mais efetiva em uma situação na qual o aluno não tem certeza do conceito básico. A representação simbólica somente deve ser introduzida depois que o conceito estiver garantido. Em tom mais positivo, os símbolos matemáticos podem ser muito valiosos na comunicação escrita, expressando ideias que sejam difíceis de expressar na forma verbal. Orton (1992) dá o exemplo simples $(3 + 2) \times 4$, que pode ser facilmente compreendido por escrito, mas que é bastante difícil de verbalizar sucintamente.

De modo geral, os pesquisadores prestam mais atenção à leitura em matemática do que a questões relacionadas ao fato de os alunos escreverem e falarem a matemática. Todavia, a escrita e a fala são áreas interessantes para estudo. Pimm (1989) argumenta que a matemática escrita "não é apenas matemática falada escrita em palavras" e questiona como os alunos decidem o que devem registrar e como preferem fazer esse registro. Na matemática falada, os alunos muitas vezes não têm confiança para verbalizar suas ideias. Tal fato é ilustrado no número de palavras de "proteção" que eles usam ao responder às perguntas. Rowland (2002) transcreveu várias entrevistas com alunos e cita a frequência de palavras como "aproximadamente", "quase", "talvez", "suponho" – as quais servem para evitar dizer que algo está errado.

Ponto para reflexão

1. Você tem um dilema: deseja que os alunos desenvolvam a linguagem matemática para que possam ler e escrever com precisão no registro matemático certo, mas que percebam que a matemática é acessível para todos. Argumenta-se que (MORGAN, 2005, p. 156):

Há uma tensão entre o desejo de introduzir os alunos aos meios matemáticos convencionais de comunicação e a necessidade de evitar a mistificação e a consequente ansiedade ou aversão ao tema que podem ser induzidas pelo uso de uma linguagem que os alunos não conheçam.

Considere se você acredita que a linguagem matemática correta pode ser um obstáculo à aprendizagem.

2. Os alunos com pouca habilidade linguística estão em desvantagem em matemática e tendem a apresentar um desempenho inferior nos exames públicos. Considere o nível em que os exames públicos devem evitar a linguagem matemática difícil e permitir que a avaliação concentre-se mais no uso da matemática para resolver problemas. Considere também a consequência possível de exames que evitam a linguagem matemática: os professores não sentem a necessidade de desenvolver habilidades linguísticas matemáticas, pois não são necessárias no exame. Até que ponto a comunicação em matemática é fundamental para o estudo do tema?

LECIONANDO PARA ALUNOS CUJA PRIMEIRA LÍNGUA NÃO É O INGLÊS

Um ponto de partida eficaz para a questão dos alunos cuja língua materna não é o inglês vem de uma citação do Department for Education and Employment (UNITED KINGDOM, 2001, p. 35): "É fácil subestimar o que os alunos podem fazer em matemática simplesmente porque são novos aprendizes da língua inglesa. A expectativa deve ser a de que eles avançarão em sua aprendizagem matemática na mesma velocidade que os outros alunos de sua idade".

Esse é o desafio básico dos professores de matemática: enxergar a compreensão da matemática além das dificuldades linguísticas e ensinar aos alunos de acordo com o seu nível de capacidade. Isso não significa dizer que as dificuldades linguísticas devam ser ignoradas. Seja qual for o nível de capacidade matemática, cada aluno tem direito ao apoio necessário, principalmente de assistentes de ensino especializados.

Pesquisas indicam que a estratégia de numeralização na escola primária tem beneficiado alunos de minorias étnicas. Em particular, alunos no estágio inicial da aquisição da linguagem obtiveram ganhos maiores no desempenho matemático no estágio 2, no período de 1998 a 2002, do que alunos caracterizados como "[...] falantes apenas de inglês ou que tinham o inglês como primeira língua" (QUALIFICATIONS AND CURRICULUM AUTHORITY, 2004). Isso ocorreu porque os diferentes estilos de ensino incentivados pela estratégia ajudaram os alunos na aquisição da língua. O ensino para toda a classe da qual os alunos participam, o questionamento interativo e a discussão entre eles provavelmente são mais produtivos do que um programa de ensino individualizado, no qual o aluno vê mais a palavra escrita do que a comunicação verbal.

Pode-se argumentar que a matemática é um tema em que alunos com uma compreensão incerta da língua inglesa podem demonstrar sua verdadeira capacidade. A compreensão ampla dos numerais arábicos em muitas regiões do mundo significa que a comunicação por meio de números costuma ser fácil. Além disso, a natureza universal da notação algébrica também fornece uma língua universal, de modo que alunos com pouco ou nenhum conhecimento de inglês podem participar plenamente da aula. Essas oportunidades não existem em várias outras disciplinas.

No *site* que acompanha o livro, você encontrará uma versão editada de uma aula de matemática no Japão. Sugerimos que assista ao vídeo como uma simulação do que provavelmente encontraria em uma aula de matemática em que a língua usada fosse desconhecida. (Essa atividade não funciona para aqueles que têm um conhecimento funcional da língua japonesa.) Você se surpreenderá ao ver como a linguagem matemática é universal. Por exemplo, embora a língua japonesa escrita seja formada por caracteres diferentes da escrita romana, os triângulos ainda são rotulados com cantos A, B e C, com lados a, b e c, e as fórmulas algébricas são apresentadas exatamente no formato que é familiar nas aulas de matemática no Reino Unido. É interessante observar que, no japonês, as frações são lidas (e escritas) de baixo para cima: o denominador seguido pelo numerador.

Outra atividade de simulação que você pode fazer é tentar usar as suas habilidades matemáticas para resolver um problema escrito apresentado em uma língua desconhecida. Essa atividade lhe dará uma visão das frustrações que os alunos mais capazes podem sentir, pois não conseguem demonstrar sua capacidade em matemática devido a obstáculos linguísticos. O exemplo a seguir (UNITED KINGDOM, 2002, p. 13) é escrito na língua tcheca.

Z mista A vygel do mista B cyclista prumernou rychlosti 20 km/h. Za 45 munut vygel z A do B motocyclista prumernou rychlosti 44 km/h. Oba do mista B dojeli soucasne. Urcete vzdalenost AB.

Sugere-se que você gaste algum tempo nesse problema, fazendo uma tentativa séria de encontrar a resposta. Essa costuma ser uma atividade difícil para os estagiários, que geralmente apresentam uma ampla variedade de respostas possíveis. Pouquíssimos encontram a resposta correta (27,5 quilômetros), normalmente por pensarem que a questão está pedindo um tempo em vez de uma distância. Faça a questão novamente, agora que sabe a resposta correta, e tente decifrar seu significado. (No *site*, há uma explicação para o problema.)

Quando o sistema numérico do aluno utiliza símbolos diferentes (que é o caso de várias línguas da Índia, do Paquistão e de Bangladesh, por exemplo), ocorrem outros problemas nas primeiras aulas de matemática. Porém, você pode tranquilizar-se com o fato de que o sistema numérico que o aluno conhece quase certamente usa a base 10, tornando possível uma transcrição direta dos símbolos. Também é importante observar que, embora a língua possa ser lida da direita para a esquerda, os números sempre aparecem com o dígito das dezenas à esquerda das unidades.

Você deve estar preparado para lecionar para alunos que têm o inglês como segunda língua. Um aspecto fundamental da preparação é garantir que o seu conhecimento da origem do aluno seja sólido. Em outras palavras, ter familiaridade com diferentes escritas numéricas e saber se a língua materna é escrita da direita para a esquerda são informações úteis para qualquer professor. Além disso, assim como certo nível de conhecimento profissional, você deve ter acesso a uma variedade de estratégias para ajudar alunos com outras línguas maternas a aprender matemática.

A primeira e mais óbvia estratégia é usar materiais visuais sempre que possível. Se um aluno está tendo dificuldade para seguir as explicações verbais e as discussões, o apoio visual é vital para fortalecer a comunicação. Assim, ao falar sobre um triângulo, é importante ter à mão o diagrama de um triângulo. Ao pedir o resultado de um cálculo, convém mostrar a questão acompanhada pela apresentação verbal.

Outras estratégias também são extensões de estratégias que muitos bons professores usam durante suas aulas normais. Uma estratégia que é particularmente importante para os alunos que falam outras línguas é modelar o trabalho esperado. O fato de poderem ver uma série de etapas matemáticas dá aos alunos uma sensação de segurança e de que podem cumprir o trabalho esperado. O trabalho em grupo também colabora para que esses alunos sintam-se parte da classe. Embora talvez não participem ativamente da discussão em grupo no início, eles têm a oportunidade de ouvir como os colegas discutem o problema e assistir à maneira como respondem às tarefas práticas que estão fazendo. O trabalho em grupo também oferece um ambiente mais informal e seguro para os alunos que têm o inglês como segunda língua começarem a expor suas visões e a interagir com os demais.

A estratégia mais produtiva para ajudar esses alunos é a estruturação. Mais uma vez, a estruturação é usada como rotina em muitas aulas de matemática. O que faz a diferença para alunos com outras bases linguísticas é o reconhecimento do professor de que talvez seja necessário estender e fortalecer a estrutura. Exemplos de estruturação que podem ajudar alunos que têm o inglês como segunda língua incluem:

- mostrar cada passo de um argumento matemático;
- usar apresentações repetidas da mesma ideia (evitando qualquer variação na formulação);
- apresentar a solução parcial ao aluno.

Um aspecto básico da preparação para situações em que existam na classe alunos que têm o inglês como segunda língua é analisar as demandas linguísticas da lição. Novamente, o que se espera para as aulas normais é ampliado em casos em que haja alunos com uma base linguística diferenciada. As palavras-chave devem ser apresentadas de maneira proeminente, podendo ser apresentados objetos reais com a palavra para tornar o significado claro. A preparação para a lição pode envolver a obtenção de uma tradução direta de certas palavras-chave para a língua nativa do aluno ou, se possível, passar alguns minutos com o aluno antes da aula, ensinando-lhe previamente as palavras mais importantes.

Ao lecionar para alunos que tenham o inglês como segunda língua, é comum algum tipo de apoio na forma de um assistente de ensino. Nesse caso, a preparação é igualmente a chave para tirar o máximo proveito desse apoio. Um bom professor encontra-se com o assistente de ensino antes da aula e discute as ideias matemáticas, oferecendo alguma ajuda adicional que possa ser necessária. É importante que o assistente de ensino tenha alguma experiência na língua do aluno, mas isso nem sempre ocorre. Quando for possível, ou quando houver apoio adicional da autoridade local, uma boa prática é informar o máximo possível aos pais sobre o conteúdo de matemática que será ensinado. Se os pais conhecem o trabalho que será tratado, eles podem fornecer apoio na língua-mãe do aluno antes e depois da aula.

Outras estratégias que merecem ser consideradas incluem:

- minimizar o uso de instruções escritas nas folhas de trabalho;
- apresentar o vocabulário que seja adequado à lição;
- sublinhar as palavras-chave nos pontos em que isso seja útil (por exemplo: encontre a <u>área</u> de um <u>quadrado</u> com <u>5 cm</u> de lado);
- ao usar uma lista (por exemplo, categorias de um histograma), começar com as mais prováveis de serem conhecidas (cão, gato, furão, toupeira é uma ordem mais aconselhável que do furão, toupeira, gato,

cão. No segundo caso, o aluno provavelmente levará mais tempo para entender que a lista se refere a tipos de animais);

- evitar contextos que tenham forte relação cultural, tendo em vista que, embora o contexto possa ajudar certos alunos a ter acesso à matemática, ele também pode ser um obstáculo se for desconhecido.

Os materiais de apoio para professores de matemática com alunos que têm o inglês como segunda língua são bastante limitados. Algumas ideias para ser usadas em salas de aula multilingues, acompanhadas por recursos de apoio, podem ser obtidas com a Associação de Professores de Matemática (ASSOCIATION OF TEACHERS OF MATHEMATICS, 1993). Materiais para avaliar a capacidade dos alunos são fornecidos na caixa de ferramentas de avaliação da Estratégia Nacional (UNITED KINGDOM, 2003), que contém uma variedade de materiais visuais, pranchas e atividades voltadas para ajudar a avaliar o nível de capacidade de alunos cuja base linguística é diferente.

Ponto para reflexão

Pode-se argumentar que esses alunos gostam mais das aulas de matemática do que de qualquer outra, pois grande parte do conteúdo parece familiar. Até que ponto você concorda com isso? Considere os tipos de experiências nas aulas de matemática que podem fazer que alunos cuja segunda língua é o inglês sintam-se mais confortáveis e os tipos de experiências que podem fazê-los sentir-se menos confortáveis. Escolha um material visual que você acredita que seria mais útil que os outros para ajudar esses alunos a fazerem progresso em sua aula.

EVIDÊNCIAS DE PESQUISA

Nesta seção, abordamos evidências de pesquisa em torno de dois tipos específicos de necessidades especiais que têm implicações importantes para os professores de matemática – a dislexia e a discalculia. As duas são formas relativamente comuns de necessidades especiais, e recomenda-se que você entenda ambas as condições para que saiba como pode adaptar o ensino considerando as necessidades desses alunos.

A dislexia é uma condição que afeta alunos em uma ampla variedade de disciplinas escolares, embora esteja mais associada a disciplinas baseadas na língua do que à matemática. Todavia, restam poucas dúvidas de que a dislexia tenha relações específicas com o desempenho matemático, as quais merecem ser compreendidas, especialmente quando uma proporção elevada de alunos disléxicos tem problemas com certos aspectos do trabalho com números (KAY; YEO, 2003). Os alunos do ensino médio normalmente já desenvolveram técnicas compensatórias que ajudam em trabalhos simples. Quando o trabalho torna-se mais complexo, talvez essas técnicas não sejam mais apropriadas

(HENDERSON, 1989), sendo necessária uma discussão com o professor ou com o assistente de ensino em uma situação não ameaçadora (provavelmente a dois). Henderson enfatiza que é importante construir a confiança, fornecendo *feedback* e segurança regularmente, e que o ensino deve ser "[...] sistemático, sequencial e estruturado" (HENDERSON, 1989, p. 64).

A dislexia, em alguns casos, pode ter consequências mais graves para a matemática do que para o inglês. Por exemplo, uma palavra que tenha duas letras trocadas provavelmente será compreendida, mas um número com dois dígitos trocados não oferece nenhuma indicação se houve algum erro de transcrição. Outra área possível de dificuldade diz respeito à leitura do ponto decimal. Algumas pessoas usam um ponto para separar os dígitos em números de três, de modo que 4000 é escrito como 4.000. É mais provável que os alunos disléxicos confundam o ponto com um marcador decimal (HENDERSON, 1992), confundindo 4.000 com 4.00. Por esse motivo, na falta de outra opção, deve-se evitar o uso do ponto como indicador de valor. Um espaço é a alternativa mais comum e correta (ver, por exemplo, a National Numeracy Strategy – UNITED KINGDOM, 1999).

Conforme observado, as demandas linguísticas da matemática são consideráveis e, como não é de surpreender, isso representa problemas específicos para os alunos disléxicos. Em particular, os alunos disléxicos têm dificuldades com os aspectos receptivos (escutar, ler e processar informações) e expressivos (falar e escrever) do processo de comunicação (KAY; YEO, 2003). Para amenizar essas dificuldades, você deve manter as explicações breves e amparadas o máximo possível em materiais visuais e recursos práticos.

Outras características comuns dos alunos disléxicos têm impacto sobre o progresso em matemática. Por exemplo, muitas vezes eles têm dificuldades com a memória de longa duração, o que pode afetar sua capacidade de recordar fatos ou procedimentos numéricos que viram antes. A precariedade da memória de trabalho e do sequenciamento pode levar a um fraco desempenho em tarefas visuais ou que tenham várias etapas (YEO, 2002).

O uso de padrões visuais em matemática é uma maneira eficaz de superar as dificuldades dos alunos disléxicos (CHINN; ASHCROFT, 1992). Em um exemplo interessante, Johnson (2005) relata um sucesso considerável em um estudo de pequena escala sobre como ajudar disléxicos a aprender a tabuada. A autora observou que, quando os alunos viram a tabuada do sete organizada ao redor de um relógio (com o resultado de 3 x 7 na posição do "3" e de 4 x 7 na posição do "4", por exemplo), eles conseguiram lembrar os resultados mais facilmente do que quando usaram os métodos que já conheciam. A facilidade de associar os resultados a uma posição no mostrador do relógio ajudou os alunos ao fornecer uma imagem visual dos resultados.

Existem dois estilos de aprendizagem distintos que são associados à aprendizagem de matemática por alunos disléxicos, chamados na literatura de "gafanhotos" e "lagartas". Os gafanhotos têm boas habilidades visuais, gostam de olhar o quadro mais amplo e resolvem todo o problema usando métodos intuitivos. Eles podem ter muitas ideias originais, mas tendem a experimentá-las impulsivamente. É mais provável que prefiram o trabalho oral e métodos mentais de cálculo, embora tenham dificuldade para escrever suas ideias de modo sistemático e organizado.

As lagartas são alunos que preferem abordagens passo a passo e tentam lembrar os procedimentos que já conhecem. Sentem-se mais confortáveis tentando entender cada passo do procedimento do que tentando entender a abordagem geral. Estudos demonstram que as lagartas são mais comuns do que os gafanhotos entre os disléxicos (CHINN et al., 2001; KAY; YEO, 2003), sendo necessário criar situações especiais para ajudar esses alunos a construir sua confiança de que podem lidar com problemas que contenham várias etapas.

A discalculia, embora bem menos estudada do que a dislexia, é uma condição reconhecida que, segundo estimativas, afeta entre 5 e 8% da população escolar (GEARY, 2004). As primeiras definições (por exemplo, FARNHAM-DIGGORY, 1978; RUDEL, 1988) descrevem-na simplesmente como a incapacidade de fazer cálculos matemáticos. Hughes, Kolstad e Brigss (1994) identificam o portador de discalculia como alguém que é incapaz de relacionar o aspecto espacial dos números de objetos com a representação simbólica equivalente. Os autores descrevem "a incapacidade de coordenar o verbal e o espacial" como a característica mais definidora da discalculia. Mais recentemente, a definição foi ampliada para incluir um entendimento dos números e sistemas numéricos, bem como cálculos envolvendo números. Em sua orientação para professores sobre a dislexia e a discalculia, o Department for Education and Skills da Inglaterra apresenta a seguinte definição (UNITED KINGDOM, 2001b, p. 2):

> A discalculia é uma condição que afeta a capacidade de adquirir habilidades aritméticas. Os alunos portadores de discalculia podem ter dificuldade para entender conceitos numéricos simples, não têm uma compreensão intuitiva dos números e apresentam dificuldade para aprender fatos e procedimentos numéricos. Mesmo que produzam uma resposta correta ou usem um método correto, eles o fazem de forma mecânica e sem confiança.

A discalculia pode ser temporária ou de longa duração. Ela também pode ser bastante específica para determinada área da matemática, de modo que um aluno discalcúlico tenha um bom desempenho geral em um teste de matemática, mas ainda apresente dificuldades em termos de aprendizagem específicas.

A resposta adequada à discalculia depende consideravelmente de um diagnóstico preciso e detalhado. Os testes para tal condição e a elaboração de planos de aprendizagem adequados ainda se encontram em um estágio inicial, mas o apoio necessário aos professores está começando a aparecer. Trabalhos de Poustie (2001), Butterworth e Yeo (2004) e Hannell (2005) oferecem orientação aos professores sobre o que essa condição acarreta e quais estratégias devem ser empregadas na sala de aula.

Sua resposta a alunos com discalculia deve reconhecer que eles têm necessidades específicas, devendo disponibilizar materiais visuais de apoio, como retas numeradas e aparelhos para demonstração de valores. Além disso, você deve entender que os alunos discalcúlicos também podem ser disléxicos e apresentar uma variedade de dificuldades linguísticas que inibam a aprendizagem matemática. Essas dificuldades linguísticas podem significar que não têm a linguagem interior que a maioria dos alunos usa para internalizar a sua aprendizagem. Como resultado, é mais importante do que nunca estabelecer conexões entre as ideias matemáticas para garantir que a nova aprendizagem encaixe-se e baseie-se nas estruturas preexistentes, bem como apresentar novos conteúdos matemáticos em uma variedade de contextos (HANNELL, 2005).

LEITURAS COMPLEMENTARES

SHARP, B. *Meeting SEN in the curriculum: maths.* London: David Fulton, 2004.
Esse texto faz parte de uma série que visa a oferecer apoio prático aos professores, ilustrado com exemplos específicos. Nesse livro, Brian Sharp discute questões gerais relacionadas a necessidades especiais nas escolas comuns, incluindo a estratégia estatutária. O autor descreve uma ampla variedade de necessidades especiais, revisa a terminologia comum e descreve como as escolas elaboram suas políticas para necessidades especiais. Os capítulos sobre a inclusão e o uso de assistentes de ensino são particularmente proveitosos. O livro termina com oito estudos de caso de alunos com necessidades especiais, apresentando uma visão de como as políticas e práticas afetam cada indivíduo.

SHUARD, H.; ROTHERY A. *Children reading mathematics.* London: John Murray, 1984.
Embora já exista há muitos anos, essa coletânea de pesquisas sobre as demandas linguísticas da matemática mantém-se repleta de visões e bons conselhos. Os autores discutem os problemas da comunicação matemática em termos de vocabulário, sintaxe e representações gráficas, ilustrando suas ideias com exemplos do trabalho dos alunos. Como sugere o título, a ênfase é em ler a matemática mais do que falar e ouvir, não havendo nenhuma seção relacionada a falantes não nativos do inglês. Porém, de modo geral, é uma revisão bastante acessível e informativa acerca de textos matemáticos e leituras agradáveis.

UNITED KINGDOM. Department for Education and Skills. *Assessment in mathematics toolkit to support pupils for whom english is an additional language.* London: Department for Education and Skills, 2003.
Embora se detenha mais na avaliação de alunos do que no ensino, esse pacote traz uma variedade de ideias para apresentações. Todos os materiais são apresentados em letras grandes e claras, contendo atividades graduais que ajudam a combinar cada aluno ao nível adequado do Currículo Nacional. Apesar de não conter uma série de planos de aula, exige imaginação por parte do professor para decidir como os materiais podem dar suporte à aprendizagem de cada aluno. Trata-se mais de um recurso para "mergulho" do que para uso direto, mas merece um lugar na estante em qualquer sala de matemática. O pacote vem na forma de folhas soltas, acompanhado de um CD que apresenta todos os materiais em forma eletrônica. Disponível gratuitamente no *site* da Teachernet: http://publications.teachernet.gov.uk, com um *link* disponível no *site* deste livro.

SITE ÚTIL

Para matemática e inclusão, há um documento no *site* das National Strategies, agora disponível em http://nationalstrategies.standards.dcsf.gov.uk/search/secondary/results/nav:46239. Embora essas informações sejam voltadas para o ensino de matemática na etapa fundamental, elas contêm uma variedade de orientações e conselhos úteis.

REFERÊNCIAS

ASKEW, M.; WILIAM, D. *Recent research in mathematics education 5-16*. London: HMSO, 1995.

ASSESSMENT OF PERFORMANCE UNIT. *Mathematical development*: secondary survey report n. 2. London: HMSO, 1981.

ASSOCIATION OF TEACHERS OF MATHEMATICS. *Talking maths, talking languages:* issues and practices associated with working in multilingual classrooms. Derby: ATM, 1993.

BBC NEWS. *Exam results 2011, full course GCSE*. [S.l.]: BBC News, 2011. Disponível em: <http://www.bbc.co.uk/news/special/education/11/exam_results/gcse_fc/html/mathematics.stm>. Acesso em: 08 set. 2014.

BISHOP, A. J. Mathematics education in its cultural context. In: HARRIS, M. (Ed.). *School Mathematics and work*. Basingstoke: Falmer, 1991.

BOALER, J.; WILIAM, D.; BROWN, M. Students' experiences of ability grouping – disaffection, polarisation and the construction of failure. *British Educational Research Journal*, v. 26, n. 5, p. 631-648, 2000.

BROWN, M. Number operations. In: HART, K. (Ed.). *Children's understanding of mathematics:* 11-16. London: John Murray, 1981.

BUTTERWORTH, B.; YEO, D. *Dyscalculia guidance*: helping pupils with specific learning difficulties in Maths. London: David Fulton, 2004.

CHINN, S. et al. Classroom studies into cognitive style in mathematics for pupils with dyslexia in special education in the Netherlands, Ireland and the UK. *British Journal of Special Education,* v. 28, n. 2, p. 80-85, 2001.

CHINN, S. J.; ASHCROFT, J. R. The use of patterns. In: MILES, Tim R.; MILES, Elaine (Ed.). *Dyslexia and Mathematics*. London: Routledge, 1992.

DAR-NIMROD, I.; HEINE, S. J. Exposure to scientific theories affects women's math performance. *Science*, v. 314, n. 5798, p. 435, 2006.

FARNHAM-DIGGORY, S. *Learning disability*. Cambridge: Harvard University, 1978.

FOXMAN, D. The Second International Assessment of Educational Progress (IAEP2). In: BRITISH CONGRESS ON MATHEMATICAL EDUCATION, 1994. *Proceedings...* Leeds: University of Leeds, 1994.

GATES, P. Issues of equity in mathematics education. In: HAGGATY, L. (Ed.). *Teaching mathematics in secondary schools*: a reader. London: Routledge, 2002.

GEARY, D. C. Mathematics and learning disabilities. *Journal of learning disabilities*, v. 37, n. 1, p. 4-15, 2004.

GIPPS, C. V.; MURPHY, P. *A fair test?*: assessment, achievement and equity. Buckingham: Open University, 1994.

HANNELL, G. *Dyscalculia*: action plans for successful learning in mathematics. London: David Fulton, 2005.

HENDERSON, A. Difficulties at the secondary stage. In: MILES, Tim R.; MILES, Elaine (Ed.). *Dyslexia and mathematics*. London: Routledge, 1992.

HENDERSON, A. *Maths and dyslexics*. Llandudno: St David's College, 1989.

HUGHES, S.; KOLSTAD, R.; BRIGGS, L. D. Dyscalculia and mathematics achievement. *Journal of Instructional Psychology*, v. 21, n. 1, p. 64-67, 1994.

IRESON, J.; HALLAM, S.. Academic self-concepts in adolescence: relations with achievement and ability grouping in schools. *Learning and Instruction*, v. 19, n. 3, p. 201-213, 2009.

JOHNSON, P. *Will a multi-sensory device called Clock Tables© help dyslexic and children with dyslexic tendencies to improve their mental recall of multiplication facts?* Ormskirk: Edge Hill University, 2005. 1 relatório.

KASSEM, D. Ethnicity and mathematics education. In: GATES, Peter (Ed.). *Issues in teaching mathematics*. London: Routledge, 2001.

KAY, J.; YEO, D. *Dyslexia and maths*. London: David Fulton, 2003.

KOSHY, V.; CASEY, R. Curriculum provision for higher-ability pupils. *Support for Learning*, v. 12, n. 2, p. 66-69, 1997.

MASON, J.; JOHNSTON-WILDER, S. *Fundamental constructs in mathematics education*. London: Routledge, 2004.

MENDICK, H. Mathematical stories: why do more boys than girls choose to study mathematics at AS-level in England? *British Journal of Sociology of Education*, v. 26, n. 2, p. 235-251, 2005.

MILES, E. Reading and writing in mathematics. In: MILES, T. R.; MILES, E. (Ed.). *Dyslexia and mathematics*. London: Routledge, 1992.

MORGAN, C. Communicating mathematically. In: JOHNSTON-WILDER, S. et al. (Ed.). *Learning to teach mathematics in the secondary school*. Oxford: Routledge, 2005.

OFFICE FOR STANDARDS IN EDUCATION. *Mathematics*: made to measure. London: OFSTED, 2012.

OFFICE FOR STANDARDS IN EDUCATION. *Providing for gifted and talented pupils*: an evaluation of excellence in cities and other grant-funded programmes. London: OFSTED, 2001.

OFFICE FOR STANDARDS IN EDUCATION. *The annual report of her majesty's chief inspector of schools 2005/06*. London: OFSTED, 2006.

OFFICE FOR STANDARDS IN EDUCATION. *The foundation stage*: a survey of 144 settings. London: OFSTED, 2007.

PIMM, D. *Speaking mathematically:* communication in mathematics classrooms. London: Routledge, 1989.

POUSTIE, J. *Mathematics solutions*: how to teach children and adults who have specific learning difficulties in mathematics pt. B: an introduction to dyscalculia. Taunton: Next Generation, 2001. (Finding the Key to Specific Learning Difficulties).

QUALIFICATIONS AND CURRICULUM AUTHORITY. *Guidance on teaching the gifted and talented*. London: QCA, 2002.

QUALIFICATIONS AND CURRICULUM AUTHORITY. *Mathematics glossary for teachers in key stages 1 to 4*. London: QCA, 2001.

QUALIFICATIONS AND CURRICULUM AUTHORITY. *Mathematics key stage 4*: programme of study. London: QCA, 2007. Disponível em: <http://www.teachfind.com/qcda/programme-study-mathematics-key-stage-4-subjects-key-stages-3-4-national-curriculum-5>. Acesso em: 08 set. 2014.

QUALIFICATIONS AND CURRICULUM AUTHORITY. *Mathematics*: 2002/3 annual report on curriculum and assessment. London: QCA, 2004.

QUALIFICATIONS AND CURRICULUM AUTHORITY. *The 11-19 reform programme*. London: QCA, 2006. Disponível em: <http://archive.excellencegateway.org.uk/page.aspx?o=ferl.aclearn.resource.id14371>. Acesso em: 08 set. 2014.

ROWLAND, T. Language issues in mathematics. In: HAGGARTY, Linda (Ed.). *Aspects of teaching secondary mathematics*: perspectives on practice. London: Routledge, 2002.

RUDEL, R. G. *Assessment of developmental learning disorders*: a neuropsychological approach. New York: Basic Books, 1988.

SHARP, B. *Meeting SEN in the curriculum*: maths. London: David Fulton, 1984.

SHUARD, H.; ROTHERY, A. *Children reading mathematics*. London: John Murray, 1984.

SKEMP, R. Communicating mathematics: surface structures and deep structures. *Visible Language*, v. 16, n. 3, p. 281-288, 1982.

THE GUARDIAN. *GCSE results by subject and gender*. [S.l.]: The Guardian, 2011. Disponível em: <http://www.theguardian.com/news/datablog/2011/aug/25/gcse-results-2011-exam-breakdown>. Acesso em: 08 set. 2014.

UNITED KINGDOM. Department for Education and Employment. *Aims, values and purposes*. London: DfEE, 2011a. Disponível em: <http://www.education.gov.uk/schools/teachingandlearning/curriculum/b00199676/ aims-values-and-purposes/purposes>. Acesso em: 08 set. 2014.

UNITED KINGDOM. Department for Education and Employment. *Framework for teaching mathematics from reception to year 6*. London: DfEE, 1999.

UNITED KINGDOM. Department for Education and Employment. *Framework for teaching mathematics*: years 7, 8 and 9. London: DfEE, 2001.

UNITED KINGDOM. Department for Education and Employment. *Interim results for key stage 2 and 3 national curriculum assessments in England*: academic year 2010 to 2011. London: DfEE, 2011b. Disponível em: <http://www.education.gov.uk/researchandstatistics/statistics/statistics-by-topic/performance/a00196847/interimresults>. Acesso em: 08 set. 2014.

UNITED KINGDOM. Department for Education and Employment. *Teachers' Standards*. London: DfEE, 2012. Disponível em: <https://www.education.gov.uk/publications/standard/SchoolsSO/Page1/DFE-00066-2011>. Acesso em: 08 set. 2014.

UNITED KINGDOM. Department for Education and Skills. *Literacy and learning in mathematics*. London: DfES, 2004.

UNITED KINGDOM. Department for Education and Skills. *Access and engagement in mathematics*: teaching pupils for whom English is an additional language. London: DfES, 2002.

UNITED KINGDOM. Department for Education and Skills. *Assessment in mathematics toolkit to support pupils for whom English is an additional language*. London: DfES, 2003.

UNITED KINGDOM. Department for Education and Skills. *Guidance to support pupils with dyslexia and dyscalculia*. London: DfES, 2001.

UNITED KINGDOM. Department of Education and Science. *Education for all*. London: DES, 1985.

WILIAM, D.; BARTHOLOMEW, H. It's not which school but which set you're in that matters: the influence of ability grouping practices on student progress in mathematics. *British Educational Research Journal*, v. 30, n. 2, p. 279-295, 2004.

YEO, Dorian. *Dyslexia, dyspraxia and mathematics*. London: Whurr, 2002.

Leituras recomendadas

ORTON, A. *Learning mathematics*: issues, theory and classroom practice. London: Cassell, 1992.

COCKCROFT, W. H. *Mathematics counts*. London: HMSO, 1982. (The Cockcroft Report).

UNITED KINGDOM. Department for Education and Skills. *Special educational needs*: code of practice. London: DfES, 2001.

Lecionando tópicos diferentes

Este capítulo
- ✓ revisa procedimentos mentais de cálculo;
- ✓ resume como os algoritmos escritos padronizados para cálculos estão embutidos nos procedimentos informais;
- ✓ aborda questões ligadas ao ensino de frações e decimais;
- ✓ mostra como as ideias aritméticas são generalizadas na álgebra e discute por que os alunos consideram certos aspectos da álgebra difíceis;
- ✓ revisa maneiras de ensinar ideias geométricas;
- ✓ revisa algumas das dificuldades no ensino de medidas;
- ✓ discute questões ligadas ao ensino de probabilidade e estatística;
- ✓ argumenta que os aspectos processuais da matemática devem ser ensinados e avaliados sistematicamente para ajudar os alunos a desenvolver habilidades que possam ser transferidas para outras situações.

NÚMEROS

Uma das lições importantes a aprender como futuro professor de matemática é que a maneira como você aprendeu matemática muitos anos atrás provavelmente seja apenas um dos vários procedimentos possíveis. Consequentemente, você deve ampliar o seu conhecimento sobre todos os procedimentos diferentes que estão disponíveis para que possa fazer uma avaliação profissional sobre qual deve usar. O exemplo mais notável disso envolve procedimentos para fazer cálculos básicos: adição, subtração, multiplicação e divisão de números inteiros. Mostramos aqui algumas questões simples de matemática que você aprendeu há muitos anos, as quais agora deve enxergar com novos olhos. Há muito a aprender antes que você esteja pronto para proporcionar apoio total à variedade de alunos que encontrará.

A primeira distinção que deve fazer é entre o modo como deseja desenvolver os procedimentos mentais dos alunos, os procedimentos escritos e os procedimentos com o uso da calculadora. Um princípio básico é que os alunos de todas as idades devem ser incentivados a tomar decisões razoáveis sobre quando cada um pode ser adequado.

PROCEDIMENTOS MENTAIS

Os procedimentos mentais são importantes na compreensão de cálculos. Os alunos nos primeiros anos da escola, antes de começarem com procedimentos escritos, aprendem a usar procedimentos mentais com números pequenos. Esses procedimentos mentais são usados para enfatizar as relações entre as operações. Por exemplo, alunos que calculam 16 + 5 devem entender que, se subtraírem 5 de sua resposta, voltarão ao 16. Com cálculos mais difíceis, os procedimentos mentais ilustram a flexibilidade das estratégias de cálculo. No caso da adição mental, considere o número de opções (razoáveis) que se pode escolher para calcular 59 + 47:

- 50 + 40 + 9 + 7
- 59 + 40 + 7
- 59 + 7 + 40
- 59 + 1 + 46

Essa lista certamente não está completa, e você provavelmente conseguirá pensar em várias alternativas que podem ser acrescentadas. O interessante é que os procedimentos "frontais" tendem a ser mais eficientes em cálculos mentais. Isso significa lidar com a maior parte dos números primeiro (as dezenas no exemplo citado) e contraria a maior parte dos algoritmos escritos, que começam com as unidades. A segunda característica geral de procedimentos mentais eficientes é que eles mantêm o valor dos algarismos, decompondo 59 em 50 e 9 em vez de 5 e 9. Embora seja possível realizar cálculos mentais como imagens mentais dos procedimentos escritos conhecidos, isso tende a ser ineficiente – o esforço necessário é grande e a probabilidade de obter o resultado correto é pequena em comparação a outros procedimentos.

Às vezes, certos números na questão sugerem procedimentos específicos para os cálculos mentais. Um exemplo é quando se adicionam dois números que são próximos (formando "quase o dobro"), como 39 + 38. Nesses casos, além dos procedimentos citados, há o de dobrar 39 e subtrair 1 (ou dobrar 38 e adicionar 1). Outro exemplo de um caso especial é na multiplicação. Enquanto o método mental padrão para multiplicar 24 por 6 seria calcular seis vintes e somar seis quatros, uma alternativa para multiplicar 24 por 8 seria dobrar, dobrar e dobrar novamente.

A confiança nos procedimentos mentais leva a uma confiança geral com os números. O objetivo é que os alunos desenvolvam uma percepção para os números, o que pode ser promovido por meio de uma prática estruturada em habilidades mentais progressivamente mais difíceis. Quando os alunos têm uma abordagem inflexível aos cálculos, eles tendem a ignorar os procedimentos mentais. Isso pode levar a procedimentos totalmente inadequados, como usar a calculadora para fazer 24 x 2 ou usar um procedimento escrito para calcular 2.000 – 1.

Independentemente da idade dos alunos, os procedimentos mentais são lentos para desenvolver sem uma intervenção específica do professor. Os alunos que não demonstram ter estratégias eficientes somente as adquirem por meio de uma discussão e de um programa estruturado de apoio. Uma atividade comum que ajuda a desenvolver habilidades mentais é "pense em um número", na qual é possível adaptar as operações necessárias a um tipo específico de cálculo e às capacidades do grupo.

PROCEDIMENTOS ESCRITOS

Você provavelmente realiza as quatro operações aplicando os algoritmos que lhe ensinaram, mas talvez não tenha questionado por que os algoritmos funcionam. Como professor, você deve se certificar de que entende por que eles funcionam. Frases que você deve ter usado durante muitos anos, como "vai um", "empresta dez" ou "dá zero", devem ser desconstruídas. Enfim, você deve tentar aprender sobre a maneira como os números são apresentados na escola primária para que tenha uma compreensão da experiência dos alunos.

O primeiro aspecto que você deve entender sobre o trabalho com números na escola primária é que os algoritmos são ensinados muito depois do que você deve se lembrar de ter usado. Isso ocorre para que os alunos possam adquirir uma sensação dos números antes de aprender um conjunto de passos que, em si, não ajudam a entender. A ênfase inicial é que os alunos usem procedimentos mentais e procedimentos escritos informais. Somente quando estão prontos para avançar é que são introduzidos aos procedimentos escritos formais de cálculo. Os procedimentos informais não visam a substituir os procedimentos formais, que têm a vantagem de ser rápidos e eficientes. A Estratégia Nacional objetiva que a maioria dos alunos termine o estágio 2 com um procedimento escrito eficiente de cálculo para cada operação, que possa usar com confiança e entendimento (UNITED KINGDOM, 2007). Você precisará ter habilidade para levar os alunos com mais dificuldades a um estágio em que se sintam confiantes. Para esses alunos, o estágio que entendem pode ser o estágio informal.

Uma característica que os procedimentos informais têm em comum é que eles tendem a ser escritos no sentido horizontal, em vez de vertical, e sempre mantêm o valor dos números. Isso significa que, no início, os alunos são mais familiarizados com 46 + 25 do que com o modelo em colunas:

$$
\begin{array}{r}
46 \\
+ \underline{25}
\end{array}
$$

Também significa que os procedimentos que eles usam nunca se referem ao fato de o número 46 ser formado por um quatro e um seis, mas sempre como sendo um quarenta e um seis. Compare essa ideia com os algoritmos escritos, que rotineiramente "individualizam" os números, dando a impressão de que os números são um grupo de algarismos, e não um número que usa um sistema de valor conforme a posição.

Para a adição, grande parte do trabalho inicial está relacionada com a reta numerada e com a decomposição dos números. Considere nossa questão de adição 46 + 25. Os alunos aprendem a usar um procedimento escrito ampliado, que usa a decomposição de um ou de ambos os números. Por exemplo, uma decomposição que pode ser útil é 40 + 6 + 20 + 5 (como se poderia usar em um cálculo mental). De maneira alternativa, uma decomposição do segundo número que fizesse uso de uma "ponte" seria mais fácil de calcular. Assim, 46 + 25 poderia ser calculado como 46 + 4 + 21, usando o valor 50 como a ponte. Na reta numerada, isso é representado pela Figura 8.1.

É claro que a Figura 8.1 pode ser decomposta ainda mais para mostrar um passo extra de 50 a 70 (adicionando 20) e depois de 70 a 71 (adicionando 1). Observe que, embora possa parecer um trabalho bastante trivial, ele pode ser aplicado em trabalhos mais avançados. Quando os alunos têm uma compreensão segura dos procedimentos informais, eles conseguem aplicá-los a números mais complexos, como os decimais.

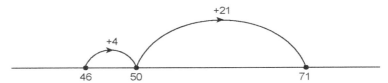

Figura 8.1 46 + 25 pelo modelo da ponte.

A subtração caracteriza-se pelos dois conceitos de contar e tirar. Os dois conceitos abrem espaço para diferentes representações na reta numerada. Como com a adição, o procedimento de tirar geralmente se conecta por meio de um múltiplo de dez (Figura 8.2) e parece semelhante à Figura 8.1, mas partindo do número alto para o número baixo. A contagem no procedimento usa a reta numerada de um modo diferente. O exemplo 84 − 27 seria representado colocando-se 27 e 84 na reta numerada e contando-se adiante em saltos convenientes.

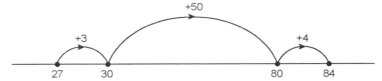

Figura 8.2 84 − 27 pelo procedimento de contar adiante.

Os métodos escritos ampliados são semelhantes aos usados para a adição. Por exemplo, o cálculo 56 − 29 pode ser 56 − 20 − 9 ou 50 + 6 − 20 − 9, que é transformado em 40 + 16 − 20 − 9 = 20 + 7 = 27.

A mudança para um procedimento escrito mais formal para a subtração é feita usando um modelo expandido, no qual 56 – 29 é escrito como

$$50 + 6$$
$$-\underline{20 + 9}$$

que então se transforma em

$$40 + 16$$
$$-\underline{20 + 9}$$

Esse procedimento por decomposição acaba sendo aperfeiçoado na versão abreviada que você conhece. Certifique-se de usar a linguagem usada na escola primária e tente não se referir a algarismos individuais (anulando, assim, o valor de sua posição). No cálculo

$$56$$
$$-\underline{25}$$
$$31$$

você deve articular o processo como "seis menos cinco" e "cinquenta menos vinte" (e não "cinco menos dois"). (Da mesma forma, ao adicionar, você deve dizer "vai dez" ou "vai cem" em vez de "vai um").

A multiplicação é apresentada primeiramente como uma adição repetida. Infelizmente, alguns alunos nunca passam dessa interpretação limitada do que significa a multiplicação. Esses alunos tendem a calcular 26 x 12 escrevendo doze vezes o número 26 e somando. Porém, a multiplicação é mais do que apenas repetir a adição. A adição repetida não pode explicar um aumento por um fator escalar não inteiro ou uma multiplicação de dois fatores não inteiros.

O procedimento por decomposição mais comum de multiplicação envolve fazer uma tabela (Figura 8.3). A ilustração mostrada aqui é um exemplo razoavelmente difícil (que exige uma longa multiplicação), mas o mesmo princípio também é usado para exemplos simples, com um crescimento gradual até cálculos como esse. O cálculo 67 x 23 é escrito na forma

X	20	3
60		
7		

Figura 8.3 67 x 23 pelo procedimento da tabela.

Na tabela, os alunos colocam os resultados de multiplicar 60 por 20, 7 por 20, 60 por 3 e 7 por 3. Depois disso, adicionam os resultados e apresentam a resposta. O procedimento da tabela é tão comum que você certamente encontrará alunos da escola secundária que o utilizam. Será sua a decisão de quando (e se) deve incentivar esses alunos a mudarem para um procedimento mais eficiente.

A relação com o modelo longo de multiplicação é estabelecida usando o modelo expandido:

$$
\begin{array}{r}
67 \\
\times\,23 \\
\hline
1.200 \\
140 \\
180 \\
21 \\
\hline
1.541
\end{array}
\qquad
\begin{array}{rcr}
60 & \times & 20 \\
7 & \times & 20 \\
60 & \times & 3 \\
7 & \times & 3 \\
\end{array}
$$

Somente quando os alunos já se sentem seguros com o procedimento é que eles são introduzidos ao procedimento mais curto para a multiplicação longa.

Existem dois algoritmos escritos comuns para calcular divisões. O mais comum é o procedimento da divisão curta, embora o procedimento da divisão longa, que apresenta as etapas de forma mais completa, também costume ser usado. As pessoas mais numeralizadas alternam facilmente os dois procedimentos, dependendo do tamanho dos números envolvidos. Você deve estar familiarizado com ambos, já que os seus alunos podem usar qualquer um dos dois, e você deverá entender os erros que eles cometem. Você também deve pensar sobre como funciona o algoritmo da divisão.

Considere o cálculo $522 \div 6$. Antes de continuar a ler, sugere-se que você pegue uma caneta e um papel e escreva a sua solução. A seguir, pense em como poderia explicar os passos que executou. Com isso, não queremos dizer se você consegue explicar os processos que aplicou, mas se consegue explicar seus passos matematicamente. Isso provavelmente será mais difícil do que você imagina.

Para que o algoritmo faça sentido, evitamos tratar o número 522 como um grupo de algarismo (5, 2 e 2). Mantemos todas as posições de valor em qualquer explicação usada. Uma explicação a respeito de como o algoritmo funciona é a seguinte:

> 522 pode ser decomposto como 520 + 2, mas 520 não é múltiplo de 6. Procuramos um múltiplo de dez (menos que 520) em que seis se encaixe. O número que escolhemos é 480 e então decompomos 520 + 2 como 480 + 42. A divisão agora é fácil: dividir 480 por 6 e dividir 42 por 6 para obter 80 + 7 e uma resposta de 87.

Esse processo é sintetizado no procedimento por decomposição apresentado a seguir.

$$
552 \div 6 = 87 \text{ porque } 522 = (480 + 42)
$$
$$
(480 + 42) \div 6 = 80 + 7 = 87
$$
$$
522 \,\big|\,\underline{6} \;\; \rightarrow 520 + 2 \,\big|\,\underline{2} \;\; \rightarrow 480 + 42 \,\big|\,\underline{6}
$$
$$
80 + 7
$$
$$
87
$$

Quando os alunos estiverem seguros com esse procedimento por decomposição, poderemos apresentar-lhes o modelo mais rápido da divisão curta. Assim, o procedimento da divisão curta é explicado matematicamente antes que os alunos tentem aplicar o algoritmo padrão a conjuntos inteiros de questões.

Existe outro procedimento escrito para a divisão com o qual você deve estar familiarizado. Ele é conhecido como procedimento das subtrações, o qual costuma ser usado na escola primária e que você certamente verá em seu trabalho com alunos da escola secundária. O procedimetno das subtrações é uma extensão da ideia da divisão como uma subtração repetida, como em formular $522 \div 6$ como "quantos seis há em 522?". O procedimento pode ser assim representado:

$$
\begin{array}{r|l}
522 & 6 \\
\hline
-360 & 60 \quad \rightarrow 6 \times 60 \\
\hline
162 & 20 \quad \rightarrow 6 \times 20 \\
\hline
-120 & 7 \quad \rightarrow 7 \times 6 \\
\hline
042 & 87 \\
\hline
-42 & \\
\hline
0 &
\end{array}
$$

Como você pode observar, o procedimento das subtrações sucessivas exige a subtração repetida de múltiplos de 6. A sua eficiência depende do tamanho dos múltiplos que você selecionar. A representação da divisão seria diferente dependendo do tamanho do "grupo" que você escolher para subtrair a cada estágio. De modo geral, subtrair grupos grandes é mais eficiente do que subtrair grupos pequenos. Esse procedimento por agrupamento ou decomposição não se relacionação diretamente ao algoritmo convencional, que leva a uma divisão curta ou longa. Ele simplesmente é um procedimento informal alternativo que ajuda os alunos a entender o que significa a divisão. As pesquisas indicam que, das quatro operações matemáticas aritméticas, a divisão é a menos compreendida. Você deve pensar com muito cuidado sobre como irá ensinar a divisão e estar disposto a usar uma variedade de procedimentos para garantir que seus alunos entendam perfeitamente essa operação.

Já discutimos procedimentos escritos para cada uma das quatro operações básicas. Todo o trabalho segue a mesma progressão, sintetizada pelas seguintes etapas:

- as bases para o trabalho escrito são fornecidas por um amplo trabalho mental, inicialmente com números pequenos, construindo-se um conhecimento das relações numéricas;
- os procedimentos escritos informais, possivelmente baseados em anotações, são aperfeiçoados gradualmente na forma de procedimentos mais compactos e eficientes;
- os procedimentos escritos por decomposição (baseados em versões por decomposição dos algoritmos);
- os procedimentos escritos convencionais;
- a ampliação para números maiores.

O uso da calculadora tem diminuído nos últimos anos. Tornou-se uma prática comum na escola primária retardar o uso de calculadoras até o fim do estágio 2, quando em geral podem ser usadas para checar respostas alcançadas por procedimentos escritos mais formais (OFFICE FOR STANDARDS IN EDUCATION, 2011). Na escola secundária, você deve tentar manter a ênfase nos métodos mentais, oferecendo oportunidades regulares para que os alunos lembrem-se de fatos numéricos e os apliquem em situações variadas. Você também deve promover as relações entre adição e subtração, multiplicação e divisão, enfatizando a noção de operações inversas, fazer e desfazer, que ajuda a estabelecer as bases para a álgebra.

Ponto para reflexão

Dedique um tempo para praticar os procedimentos descritos a fim de que se tornem familiares para você. Verifique se consegue verbalizar por que determinado algoritmo funciona, tentando explicá-lo para um colega estagiário.

A calculadora pode ser usada de muitas outras maneiras além de fazer cálculos. As desvantagens de utilizá-la talvez sejam claras, mas considere os aspectos positivos do uso da calculadora, particularmente como instrumento de aprendizagem.

FRAÇÕES, DECIMAIS E PORCENTAGENS

O trabalho com decimais também é beneficiado por uma abordagem que enfatize mais o valor dos números do que as aprendizagens rotineiras. Isso inclui cálculo mental, no qual os alunos são estimulados a responder a questões de adição e subtração, como

$$3{,}1 + 0{,}1;\ 3{,}0 - 0{,}1;\ 4{,}9 + 0{,}01;\ 5 - 0{,}5;\ 6 - 0{,}01$$

e questões gerais envolvendo o "valor dos números", como

Diga um número entre 3 e 4.

Diga um número que fique entre 6 e 7.

Diga um número entre 6,1 e 6,2.

Mostre o número 1,65 em uma reta numerada.

Faça a estimativa de 2,5 × 4,01.

Qual é a resposta aproximada para 71,8 ÷ 8,9?

Na multiplicação e na divisão, também se deve priorizar que os alunos entendam os processos utilizados. Muitos adultos lembram-se de ter aprendido a multiplicar dois números decimais aplicando uma regra:

- ignore a vírgula decimal;
- multiplique os números;

- conte o número de algarismos decimais;
- conte esse número de posições a partir da direita na resposta e coloque a vírgula.

É evidente que tal procedimento gera a resposta correta, mas não ensina matemática. Os alunos que aprendem a seguir o procedimento não sabem mais sobre números do que sabiam antes. A regra é dissociada de toda matemática que se aprendeu em outras partes, de modo que, para aplicá-la corretamente, deve-se lembrá-la exatamente. Não é recomendável ensinar esse procedimento!

Uma abordagem mais matemática é escrever os passos de maneira lógica. Uma alternativa é usar o procedimento da tabela para a multiplicação, que pode ser adequado para certos grupos de alunos. A alternativa mais formal é manipular os números. Por exemplo, pode-se escrever 2,3 x 0,2 como:

$$\begin{aligned} 2{,}3 \times 0{,}2 &= (23 \div 10) \times (2 \div 10) \\ &= 23 \times 2 \div 100 \\ &= 46 \div 100 \\ &= 0{,}46 \end{aligned}$$

Essa abordagem utiliza etapas que podem ser justificadas matematicamente, e seu sucesso depende da compreensão em lugar da memória. Uma abordagem semelhante costuma ser usada para a divisão de decimais. Por exemplo, o cálculo 2,48 ÷ 0,4 é expresso como:

$$2{,}48 \div 0{,}4 = \frac{2{,}48}{0{,}4} = \frac{2{,}48 \times 10}{0{,}4 \times 10} = \frac{24{,}8}{4} = 6{,}2$$

As frações, em geral, causam dificuldades, possivelmente porque podem ser usadas para representar coisas diferentes. Por exemplo, às vezes, uma fração é parte de um todo (um quarto de um bolo) e, em outras, é parte de um conjunto (um quarto das pessoas). Às vezes, é simplesmente um número – uma posição na reta numerada. A progressão na aprendizagem sobre frações é sintetizada na Tabela 8.1 (os níveis são aproximados e podem depender da complexidade do cálculo).

Sempre que possível, deve-se enfatizar a equivalência entre frações, decimais e porcentagens. Por exemplo, ao ensinar a calcular uma fração de uma quantidade, é bom ensiná-la junto com o cálculo de uma porcentagem daquela quantidade. Os dois aspectos da matemática são totalmente equivalentes e devem ser assim apresentados para que os alunos entendam a questão.

Outra atividade proveitosa relacionada com as frações é pedir que os alunos encontrem maneiras diferentes de representar a mesma quantidade, enfatizando as relações entre as diferentes representações. A atividade Dividindo bolos, apresentada a seguir, ilustra a ideia. As fichas mostradas são uma versão reduzida de uma atividade do *site* Maths4Life. Na versão completa, existem 12 frações diferentes, cada uma representada de quatro modos diferentes. Nossa versão reduzida dá uma ideia da atividade, mas envolve apenas quatro dessas frações.

Tabela 8.1 Progressão no uso de frações

Nível	
3	Use frações simples que sejam partes de um todo. Reconheça quando duas frações simples forem equivalentes.
4	Reconheça frações aproximadas de um inteiro.
5	Calcule partes fracionadas de quantidades e medidas.
6	Avalie um número como fração de outro. Adicione e subtraia frações. Multiplique um número inteiro por uma fração; divida um número inteiro por uma fração.
7	Multiplique uma fração por outra; divida uma fração por outra.
8	Substitua frações em fórmulas algébricas.

Fonte: Adaptada de United Kingdom (1999, 2001).

Dividindo bolos

A atividade usa quatro conjuntos de fichas (do Conjunto A ao Conjunto D), as quais foram cortadas e combinadas. Nas fichas do diagrama (Conjunto C), os alunos indicam cada fração sombreando partes dos bolos ou desenhando linhas divisórias entre os bolos nos conjuntos.

Conjunto A

5 bolos divididos entre 4 pessoas	12 bolos divididos entre 4 pessoas
1 bolo dividido entre 2 pessoas	1 bolo dividido entre 3 pessoas

Conjunto B

12 ÷ 4	5 ÷ 4
1 ÷ 2	1 ÷ 3

Conjunto C

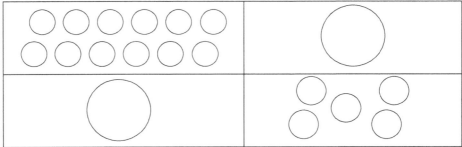

Conjunto D

$\dfrac{1}{2}$	$1\,\dfrac{1}{4}$
$\dfrac{1}{3}$	3

ÁLGEBRA

A álgebra apresenta seus próprios problemas; porém, sempre que possível, deve estar relacionada ao trabalho numérico. Por exemplo, a + a + a + a = 4a está facilmente relacionado a 5 + 5 + 5 = 5 = 4 x 5. De maneira semelhante, o resultado de multiplicar 4 por 6 e depois adicionar 1 é diferente de adicionar 1 a 4 e depois multiplicar por 6. Isso corresponde à diferença entre as expressões algébricas 6x + 1 e 6(x + 1). O segundo princípio importante no ensino de álgebra é apresentá-la como algo que é útil e poderoso, em vez de obscuro e insignificante. Em Mason, Graham e Johnson-Wilder (2008, p. 2), lemos que:

> Expressar generalidades é totalmente natural, prazeroso e parte do senso comum do ser humano. A álgebra apresenta um sistema simbólico e linguístico para expressar e manipular generalidades. A principal questão pedagógica está em possibilitar que os alunos empreguem suas capacidades naturais de usar a álgebra para atribuir sentido tanto ao mundo quanto ao uso da álgebra por outras pessoas.

Esse princípio implica selecionar atividades que gerem uma necessidade pela álgebra para que ela seja usada como ferramenta. Significa também reduzir o tempo que se gasta praticando as habilidades algébricas fora de contexto.

Olhar padrões em uma variedade de contextos fornece uma importante introdução à álgebra. Um contexto simples é encontrar, estender e depois generalizar padrões em sequências numéricas. As sequências numéricas que são progressões aritméticas (como 9, 13, 17, 21, 25,...) são fáceis de continuar para os próximos termos, porém é muito mais difícil encontrar o centésimo ou o milésimo termo, o que oferece um contexto simples para introduzir a álgebra. Ela ajuda claramente a identificar uma expressão para o enésimo termo, que pode ser usada para responder ao problema. Outra rica fonte de padrões são números quadrado cujas relações entre estes podem ser expressas de forma algébrica. Por exemplo, para qualquer posição nos números quadrados x, o número seguinte é sempre x + 10, e o número anterior é sempre x – 1. Algumas ideias algébricas bastante avançadas podem ser introduzidas por meio de atividades baseadas nos números quadrados.

As habilidades necessárias para resolver equações devem ser desenvolvidas de maneira bastante sistemática. Um princípio de ensino básico nesse sentido é oferecer oportunidades para que os alunos expressem a generalidade (identificada na orientação da Estratégia Nacional – UNITED KINGDOM, 2004). É mais provável que os alunos entendam o significado de expressões algébricas se tiverem tido a experiência de gerar algumas por conta própria, em vez de apenas verem a álgebra como algo externo, imposto de fora. Como diz Mason (2002, p. 118), "[...] fazer a álgebra de outra pessoa [...] é bastante facilitado e motivador quando se faz primeiro a própria álgebra". A experiência dos alunos de criar expressões também os ajuda a entender o processo de desfazer, que é tão importante para resolver equações.

A capacidade de resolver equações depende em grande parte de os alunos sentirem-se familiarizados com a álgebra. Se cada etapa for incerta, a incerteza dos alunos sobre o que estão fazendo simplesmente aumenta à medida que resolvem um problema com várias etapas. Essa facilidade com as expressões algébricas pode ser construída incentivando-se que expressem relações e expressões algébricas do maior número de maneiras possível (UNITED KINGDOM, 2004) e identifiquem quando as expressões são equivalentes. Um aspecto disso, a equivalência das relações

$$a + b = c, c = a + b, c - a = b, b = c - a, a = c - b, c - b = a$$

é mais fácil de alcançar se os alunos tiverem feito um trabalho semelhante quando lidaram com os números (por exemplo, a equivalência de $10 = 6 + 4$ e $10 - 6 = 4$). É mais provável que eles entendam a operação mais eficiente para usar em uma equação se tiverem lidado com todos os tipos de transformações diferentes, algumas das quais levam a afirmações mais simples, enquanto outras não levam a nenhuma simplificação. Por exemplo, a equação $3x + 1 = 10$ pode ser reescrita de várias maneiras: $3x + 2 = 11$; $4x + 1 = 10 + x$; $3x - 2 = 7$ são todas válidas, e os alunos devem ser incentivados a explorar essas formulações antes de encarar o fato de que $3x = 9$ é a mais clara.

As equações simultâneas oferecem uma variedade de procedimentos diferentes para a sua solução. Aos dois procedimentos "convencionais" de substituição e eliminação, podemos acrescentar a solução por inspeção, soluções gráficas e soluções com o uso de matrizes. Como parte de sua experiência com a álgebra, todos os alunos devem primeiro resolver equações simultâneas usando procedimentos baseados no senso comum (por exemplo, identificando os valores de x e y que possam formar as duas equações $x + y = 30$ e $x - y = 2$). Quando tiverem confiança nisso, pode-se introduzir o método da adição, com possíveis extensões para o procedimento da substituição para os alunos com mais facilidade (CHAMBERS, 2007; FRENCH, 2005; JAGGER, 2005).

Ao ensinar os alunos a simplificar expressões algébricas reunindo os termos semelhantes, deve-se evitar uma armadilha comum, conhecida como "salada de frutas da álgebra", que ocorre com a seguinte explicação:

> Você deve adicionar as duas expressões $5a + 4b$ e $6a + 2b$. Pense que a primeira expressão representa 5 maçãs e 4 bananas e que a segunda representa 6 maçãs e 2 bananas. Maçãs e bananas são frutas diferentes, de modo que devemos somá-las separadamente. Se somarmos o que temos, teremos 11 maçãs e 6 bananas. Ou seja, $11a + 6b$.

Você provavelmente já escutou explicações desse tipo. A razão pela qual deve evitá-las é porque ler 4b como "quatro bananas" sugere que b é apenas um rótulo, ao passo que, na verdade, representa um número. Em álgebra, b pode significar o número de bananas, o peso de uma banana, o custo de uma banana, ou ter vários outros significados, mas não apenas b de banana. Além de estar incorreto, se você ensinar que deve somar as maçãs e bananas separadamente, terá dificuldade para explicar o significado de ab ou a^2.

A manipulação de termos algébricos costuma ser vista como uma atividade tediosa, em que os alunos resolvem longas folhas de exercícios com questões semelhantes. Contudo, não precisa ser assim. Existem várias atividades publicadas que apresentam oportunidades para os alunos manipularem a álgebra como parte de um jogo ou trabalho em grupo. Um exemplo é a apresentação em pirâmide, na qual os alunos preenchem as células vazias somando as duas expressões imediatamente acima, como mostrado na Figura 8.4. Preencha as expressões que faltam na Figura 8.4.

Nesse caso, as entradas na segunda linha devem ser 5 + x, x + 6, 6 + y. A terceira linha deve ter 2x + 11 e x + y + 12, enquanto a última entrada deve ser 3x + y + 23.

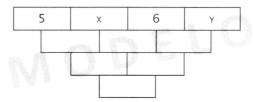

Figura 8.4 Apresentação em pirâmide para álgebra.

Esse exemplo é relativamente simples. Exemplos bem mais difíceis podem ser criados fornecendo-se as informações iniciais em células fora da linha de cima.

Um segundo tipo de atividade envolve combinar expressões equivalentes, como em uma atividade com dominó. Um exemplo disso é quando cada peça do dominó contém uma expressão na forma fatorada e uma expressão diferente na forma expandida. A atividade (geralmente realizada em grupos) consiste em colocar os dominós em uma linha, combinando as expressões equivalentes nas peças adjacentes. Um excelente programa de computador, chamado Tarsia, ajuda a criar os dominós para essa atividade e está disponível no CD da Unidade de Padrões ou no *link* fornecido no *site* deste livro.

Outro exemplo que ajuda os alunos a se tornarem mais seguros com as expressões algébricas é escrever uma expressão simples de maneiras diferentes. Essa é uma atividade aberta, de modo que pode ser importante colocar um limite de, digamos, dez maneiras diferentes de escrever uma expressão como 3n. Às óbvias 3 x n e n + n + n, podem ser adicionadas expressões como 4n – n, 3n + 6 - 6, 6n/2, com um espaço considerável para respostas diferentes.

Pesquisas demonstram que os alunos consideram o trabalho em álgebra mais fácil se estiverem procurando o valor de uma letra, em que a letra representa um valor específico (KÜCHEMANN, 1981). Eles consideram mais difícil trabalhar com expressões algébricas quando a letra representa um número generalizado (como, por exemplo, para manipular expressões algébricas). De modo semelhante, às vezes eles se sentem inseguros quando têm de deixar uma expressão algébrica como a solução para uma equação (TALL; THOMAS, 1991). Isso torna a equação x + a = 12 muito mais difícil do que x + 4 = 12, embora as estruturas sejam claramente idênticas. Essa dificuldade é causada pelo que se considera uma falta de fechamento. Os alunos esperam ser possível dar uma resposta numérica, mas não podem fazer isso em casos como esses.

Hart (1981) associa dificuldades com a álgebra aos estágios de desenvolvimento cognitivo. Se os alunos não conseguem entender a álgebra, é porque não estão prontos. Macgregor e Stacey (1997) oferecem evidências de que tal constatação pode não representar a história toda. Eles afirmam que os erros dos alunos em álgebra podem ser caracterizados de três maneiras: intuição e conjectura, analogias com outras formas de usar símbolos e falsas generalizações com raízes em problemas relacionados ao ensino ou aos materiais de ensino. Por exemplo, muitos alunos não conseguem distinguir as letras como rótulos para representar uma pessoa (pessoa A), um símbolo (m para metros) ou uma quantidade (um número de metros).

Macgregor e Stacey (1997) também argumentam que as primeiras experiências de álgebra podem proporcionar oportunidades para generalizações incorretas que se tornam difíceis de superar no trabalho posterior. Especificamente, dizem ser mais provável que os alunos tenham a visão de que a letra é uma palavra abreviada se o professor (ou o livro) tiver escolhido a primeira letra da palavra para representar um número associado a ela. Esse dado sugere que é melhor representar o número de centavos ou o número de carros como *x* do que como *p* ou *c*.

GEOMETRIA

A geometria é um campo que oferece um enorme potencial para dar vida à matemática. A natureza visual da geometria, com sua rica história e origem culturalmente diversa, somada à sua relação com a arte e o desenho, proporciona oportunidades para tornar as aulas interessantes e estimulantes. O potencial para explorar as ideias matemáticas nesse âmbito é enorme.

Existe preocupação sobre o lugar da geometria no currículo escolar. O relatório *Teaching and Learning Geometry 11-19* (THE ROYAL SOCIETY, 2001) destaca a importância da geometria como ramo da matemática e adverte contra o que era visto como a marginalização crescente do tema. Como resultado, entre 1998 e 2007, o raciocínio geométrico desempenhou um papel um pouco maior nas revisões do Currículo Nacional.

É comumente aceito que a compreensão dos alunos acerca da geometria desenvolve-se a partir do reconhecimento global da forma inteira até o entendimento mais analítico de propriedades e relações (BELL; COSTELLO; KÜCHEMANN, 1983). Em outras palavras, os alunos sabem identificar um triângulo antes que possam explicar o que faz dele um triângulo.

Uma teoria que costuma ser citada sobre o desenvolvimento da compreensão geométrica é o modelo da van Hiele, no qual os alunos avançam por estágios:

> Os alunos identificam formas, considerando a imagem total. Sabem identificar um quadrado, mas não conseguem dizer por que é um quadrado.
> ↓
> Os alunos começam a identificar determinadas propriedades das formas. Eles sabem que o quadrado tem quatro lados iguais.
> ↓
> Os alunos sabem combinar as propriedades das formas para dar definições precisas e relacionam as formas com outras formas. Eles sabem que o que faz de uma forma um quadrado é o fato de que ele tem quatro lados iguais e quatro ângulos retos ou que é uma forma com quatro lados e quatro linhas de simetria. E sabem que o quadrado é um tipo especial de retângulo.
> ↓
> Os alunos aprendem argumentos dedutivos formais (por exemplo, em uma demonstração).

Na estrutura de van Hiele, a língua desempenha um papel importante e, por essa razão (e por outras), a estrutura nunca pode ser considerada uma rota totalmente unidirecional. Embora os níveis descrevam o desenvolvimento, eles ajudam o professor apenas no sentido de que indicam uma direção geral para a aprendizagem. Uma compreensão dos níveis pode ajudar a identificar como um aluno deu um passo para trás antes de avançar. Porém, é difícil organizar atividades de ensino situadas inteiramente em um dos níveis e, portanto, é difícil controlar a progressão.

Para uma síntese da geometria, convém ater-se a três temas centrais que permeiam o currículo: a constância, a simetria e a transformação. A constância é um princípio relevante da investigação geométrica. Podemos saber que um ângulo desenhado em um semicírculo mede 90°, mas o interessante é que ele continua sendo 90° independentemente de onde se localizar o terceiro vértice. A simetria é central para o estudo das formas e tem importantes aplicações para a ciência. Ela nos ajuda a classificar as formas, entender suas propriedades e descrevê-las em termos simples. A transformação é a chave para o estudo a respeito de como as formas mudam quando as usamos. Ela tem fortes relações tanto com a álgebra, na ideia das operações inversas, quanto com a arte e o desenho (por exemplo, nos padrões de frisos).

Uma aplicação interessante da transformação é para o tema dos mosaicos. Por exemplo, consideremos um mosaico bastante simples de retângulos (Figura 8.5).

Figura 8.5 Mosaico simples de retângulos.

Sabemos que a forma básica, o retângulo, encaixa-se no mosaico. O mais interessante é que podemos transformar o retângulo de modo a garantir que a nova forma também seja um mosaico (Figura 8.6). O lado de cima do retângulo foi transformado em uma linha ondulada, e essa transformação foi copiada no lado de baixo.

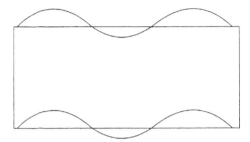

Figura 8.6 Distorção de dois lados.

Procedendo de maneira semelhante com os lados esquerdo e direito do retângulo, obtemos a forma mostrada na Figura 8.7. (Os lados originais do retângulo foram deixados para ficar claro). Embora não seja muito artística, a forma resultante encaixa-se para formar um mosaico e, com um pouco de criatividade artística, pode ser transformada para ficar mais bonita. Para alguns exemplos surpreendentes da aplicação artística dos mosaicos, ver o trabalho de Seymour e Britton (1989) e de Ernst (1985), que discutem, entre outras questões, a obra do artista M.C. Escher e demonstram alguns dos aspectos criativos da geometria.

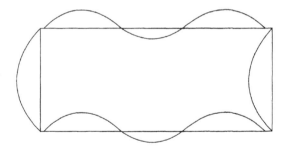

Figura 8.7 Distorção dos quatro lados.

Um bom enfoque ao desenvolvimento do raciocínio geométrico é usar visualizações, imagens mentais de situações matemáticas para que os alunos estabeleçam relações entre suas imagens particulares e o simbolismo de um diagrama matemático. Exemplos dessa abordagem são fornecidos pelo Love (1992) e pelas orientações da Estratégia Nacional (UNITED KINGDOM, 2002). As atividades de visualização ajudam a fortalecer a hierarquia de ideias que os alunos encontram em seu trabalho geométrico. O propósito é que eles desenvolvam uma "linha de raciocínio" em que constroem sua compreensão usando as imagens e a linguagem. Nas tarefas de visualização, devem formar imagens mentais de diagramas e depois transformá-las mentalmente. Usando imagens mentais, os alunos analisam aspectos das suas "figuras" geométricas, identificando propriedades específicas. Além disso, são incentivados a usar a linguagem para descrever o que enxergam.

Outra característica dessa abordagem é enfatizar a construção de diagramas geométricos a partir de componentes menores. Nesse caso, também incentivamos os alunos a abordarem partes do diagrama em vez do todo. Eles veem os ângulos formados pela intersecção de pares de linhas e enxergam como esse elemento do diagrama liga-se a outros elementos para formar o diagrama completo. Isso é o oposto de apresentar o diagrama total e tentar identificar os aspectos importantes. Por exemplo, ao lidar com ângulos correspondentes, a abordagem é mostrar dois conjuntos de linha que se cruzam (Figura 8.8).

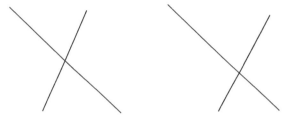

Figura 8.8 Intersecção de linhas como dois diagramas.

As duas intersecções são movidas (o que é facilmente demonstrado em uma tela de computador) e combinadas para formar um único diagrama (Figura 8.9), sendo possível identificar os ângulos correspondentes. A discussão então se volta para situações em que esses ângulos correspondentes são iguais. Espera-se que os alunos enxerguem que as duas linhas que cruzam devem ser paralelas.

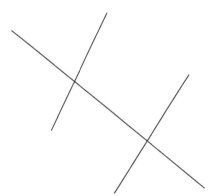

Figura 8.9 Rumo à definição de ângulos correspondentes.

O foco dessa abordagem é ajudar os alunos a adquirir habilidades para analisar informações apresentadas geometricamente. Com a experiência de construir o diagrama, eles se tornam mais capazes de ver como o diagrama deve ser decomposto para identificar as características importantes. Compare essa abordagem com a de álgebra descrita anteriormente, na qual dissemos que os alunos seriam mais capazes de resolver equações se tivessem a experiência de escrever (construir) suas próprias expressões algébricas antes.

Você deve considerar ainda duas características do aprendizado de geometria. A primeira é que a orientação e outras características superficiais gerais podem significar mais para os alunos do que você espera. Como a introdução aos nomes das formas muitas vezes associa uma única representação de determinada forma ao seu nome, alguns alunos consideram difícil aceitar que uma forma de aparência diferente tenha o mesmo nome (KERSLAKE, 1979). Eles consideram difícil identificar as formas na Figura 8.10: as duas primeiras devido à orientação e a terceira devido à aparência "incomum".

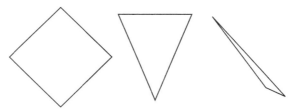

Figura 8.10 Formas que os alunos consideram mais difíceis de identificar.

A segunda dificuldade é que queremos que os alunos entendam as nossas convenções nos diagramas (PIMM, 1993). Por exemplo, quando desenhamos um triângulo, desejamos que os alunos entendam que ele representa todos os triângulos, ou seja, que entendam a generalidade a partir de um exemplo específico. A maneira como os programas dinâmicos de geometria podem apresentar um diagrama que muda continuamente é bastante útil nesse caso.

Ponto para reflexão

Considere as maneiras pelas quais você pode tornar seus alunos mais criativos em seu trabalho com geometria. Enquanto isso, tente realizar o seguinte teste. (Informa-se que duas das questões não podem ser resolvidas.)

Desenhe uma forma que:
1. Não tenha nenhum eixo de simetria e tenha simetria rotacional de ordem 2.
2. Tenha seis lados e dois eixos de simetria.
3. Tenha três eixos de simetria.
4. Tenha seis lados e três eixos de simetria.
5. Tenha dois eixos de simetria e simetria rotacional de ordem 4.
6. Tenha simetria rotacional de ordem 3, mas nenhum eixo de simetria.
7. Tenha três eixos de simetria, mas sem simetria rotacional.
8. Tenha simetria rotacional de ordem 4, mas sem eixos de simetria.

Considere se o teste foi mais difícil do que receber algumas formas para desenhar os eixos de simetria e identificar a ordem da simetria rotacional. Considere qual modelo de teste é mais interessante e por quê. Se você mudar o teste desse modo, quais são as implicações para a avaliação?

MEDIDAS

O currículo especifica o sistema métrico de medição, incluindo as ideias mais difíceis sobre medidas compostas, como a velocidade ou a densidade, e as unidades imperiais* em uso. Os alunos devem aprender como as medidas métricas se relacionam entre si e também com as medidas imperiais comuns. Além disso, é importante oferecer a eles uma percepção das medidas para que possam usar as unidades adequadas e fazer estimativas corretas. Para fazer isso efetivamente, você deve desenvolver uma variedade de referências úteis para ajudar os alunos a fazerem comparações. Por exemplo, eles devem entender que uma tonelada é formada por 1.000 kg e que esta é aproximadamente a massa de um carro pequeno. Saber alguns fatos e números (como a massa de um clipe de papel ou o peso de uma porta) pode tornar a aula sobre medidas bem mais produtiva.

Uma das dificuldades para ensinar medidas é a grande variedade de unidades de medida diferentes em uso atualmente. Embora as escolas concentrem-se em ensinar o sistema métrico decimal há mais de 40 anos, a sociedade britânica nunca pareceu totalmente confortável com esse sistema, e muitas pessoas ainda pensam na sua altura em pés e polegadas ou no seu peso em stones e libras. A escolha da unidade a usar pode ser surpreendentemente difícil. Quando uma grande lula foi observada perto das ilhas britânicas em fevereiro de 2007, os jornais britânicos precisaram decidir se publicavam o seu peso em termos que significassem algo para seus leitores. Essa escolha levou-os a publicar o peso de formas variadas, como 450 kg, 71 stone, 990 libras, quase meia tonelada e quase a metade de uma tonelada (MILES, 2007).

ESTATÍSTICA

A estatística ocupa uma posição inusitada no currículo de matemática. Alguns a consideram uma disciplina em si (e existe como uma disciplina separada no GCSE). Além disso, muitas habilidades em estatística são usadas (e ensinadas) em outras disciplinas. Por exemplo, a apresentação de dados é necessária na geografia, assim como a interpretação de tabelas e gráficos é necessária em várias disciplinas. As vantagens específicas do ensino de estatística são as seguintes:
- a natureza transversal da matemática é fortalecida;
- a facilidade em dar exemplos nos quais a estatística seja usada em contextos fora da escola;

---

* N. de R. T.: Unidade inglesa ou unidade imperial é o nome atribuído a qualquer unidade em vários sistemas de unidades de medida antigos, que foram baseados em medidas estabelecidas na Inglaterra pelos antigos monarcas, algumas delas com base em medições de partes do corpo dos próprios reis e rainhas. Apesar do nome, o sistema não se refere apenas a unidades que não sejam do sistema internacional de medidas, que é oficialmente adotado em praticamente todo o mundo. Ocorre que na Inglaterra, no Reino Unido e nos Estados Unidos, as unidades antigas ainda são de uso disseminado. Essas unidades incluem a polegada, as jardas, as milhas, o galão dos Estados Unidos (o "galão de vinho" da rainha Ana) e o alqueire estadunidense (o "alqueire de Winchester"), entre outras, e fazem parte do Sistema Inglês (English System), nos Estados Unidos, e do Imperial System, nos demais países do Reino Unido.

- o ciclo dos dados (planejamento, coleta de dados, processamento dos dados, interpretação dos resultados) relaciona-se intimamente com as habilidades de resolução de problemas matemáticos.

A estatística é a menos objetiva das áreas da matemática, no sentido de que a coleta e a interpretação dos dados costumam estar sujeitas a preferências pessoais. Por isso, é importante entender que os alunos trarão para o seu estudo da estatística certas opiniões e suposições intuitivas que talvez não coincidam com aquilo que você espera. Shaughnessy (1992) discute essa questão do ponto de vista dos professores, indicando como eles trazem para a aula a sua própria experiência e postura. Como resultado, alguns se sentem desconfortáveis em comparação à sua segurança nas regras impessoais da aritmética ou dos teoremas da geometria.

O estudo da probabilidade exige que os alunos entendam a probabilidade teórica com base em resultados igualmente prováveis. Isso também requer que eles entendam que os experimentos podem dar estimativas daquela probabilidade teórica com base na frequência relativa de cada resultado. A teoria nos diz que essa frequência relativa se aproximará da probabilidade à medida que aumentar o número de tentativas. Essa ideia é bastante difícil de compreender, mas é fundamental para a relação entre a teoria e o experimento.

As noções dos alunos sobre a probabilidade são interessantes. Alguns acreditam que tirar seis com um único dado é menos provável do que tirar outros números (AMIR; WILLIAMS, 1994). Outros acreditam que os acontecimentos aleatórios devem ter resultados que pareçam aleatórios (SHAUGHNESSY, 1992). Um exemplo da loteria nacional ilustra tal questão. A teoria nos diz que qualquer conjunto de seis números é igualmente provável de aparecer, porém muito mais pessoas escolhem números "aleatoriamente" espaçados, em vez de números que formem um padrão claro. De fato, uma discussão sobre o quanto é provável tirar 1, 2, 3, 4, 5, 6 é uma maneira interessante de ilustrar como é improvável de se vencer.

A estrutura do Currículo Nacional sugere que a compreensão da probabilidade baseia-se em um entendimento intuitivo dos termos "acaso" e "razoável". É interessante salientar que as percepções da probabilidade dos alunos dependem mais do seu sistema de crenças do que de qualquer outro fator (AMIR; WILLIAMS, 1994). A crença dos alunos nas leis da probabilidade é afetada pelo fato de acreditarem ou não em uma estrutura superior que rege a vida e o ser, ou se acreditam ou não em superstições. Como resultado, ao planejar suas aulas, você deve levar em conta a variedade provável na origem cultural e espiritual dos alunos, que contribui para uma visão subjetiva da probabilidade e do acaso.

Jones et al. (1997) propõem um modelo para avaliar a compreensão da probabilidade, baseado em quatro construtos: espaço amostral, probabilidade de um acontecimento, comparações probabilísticas e probabilidade condicional. Os autores identificam quatro níveis de entendimento para cada construto. Por exemplo, ao se considerar a sua compreensão sobre a probabilidade condicional, são usados os seguintes descritores (resumidos e parafraseados):

Nível 1 Quando um resultado ocorreu, o aluno generaliza e pressupõe que sempre ocorrerá ou que possivelmente não venha a ocorrer novamente.

Nível 2 O aluno começa a entender que o resultado anterior pode afetar o próximo resultado em uma situação sem substituição.

Nível 3 O aluno sabe calcular probabilidades em uma situação sem substituição.

Nível 4 O aluno tem uma compreensão profunda, sabendo distinguir acontecimentos dependentes e independentes.

O modelo para a probabilidade não é tão conhecido quanto os níveis de van Hiele em geometria, mas proporciona uma estrutura similarmente útil para descrever a progressão no entendimento dos alunos.

O foco da investigação estatística proporciona uma grande variedade de opções. Conforme citado, a investigação estatística oferece oportunidades de trabalho transcurricular que não existem em outras áreas matemáticas. O primeiro fator a considerar ao escolher o foco de trabalho em estatística é se o tema é interessante. Isso pode parecer óbvio, mas é surpreendentemente comum a aula de estatística centrar-se em algo banal ou, pior ainda, ser uma aula baseada em um histograma. É importante planejar as aulas de modo que a coleta de dados tenha um propósito claro. Todo levantamento deve ser projetado para descobrir algo – qual é o mais popular, se dois fatores estão conectados, que valores médios podem ser usados ou quanta variação existe nos resultados. Uma fonte particularmente boa de dados (e de planejamento para as aulas) é o projeto Census at School, que tem exemplos de dados em uma variedade de questões que interessam aos alunos.

Além de serem interessantes, as pesquisas estatísticas devem concentrar-se em questões cuja resposta realmente não saibamos. Por exemplo, uma pesquisa sobre o time de futebol mais popular provavelmente irá apenas confirmar o que a maioria dos alunos já sabe. Além disso, você deve pensar cuidadosamente sobre as respostas prováveis, pois respostas diferentes demais podem levar a dados sem sentido e muito difíceis de analisar. Por fim, você deve considerar questões relacionadas com a sensibilidade, de modo a evitar detalhes, por exemplo, sobre a origem familiar ou o peso dos alunos.

Ponto para reflexão

O lugar da estatística no currículo de matemática foi desafiado pelas conclusões do relatório de Adrian Smith sobre o ensino de matemática após os 14 anos (SMITH, 2004), que recomendava que a QCA fizesse uma revisão sobre onde o ensino de estatística deveria situar-se. Essa revisão não levou a nenhuma mudança – o ensino de estatística continua fazendo parte do currículo de matemática –, mas levantou uma questão interessante: a estatística pertence à matemática ou deve ficar fora dela?

Como a estatística do GCSE (que tem considerável sobreposição com a matemática do GCSE) existe há muitos anos, considere as vantagens de tirar a estatística do currículo de matemática e de torná-la uma disciplina de direito próprio. Se o estudo de estatística se tornasse uma disciplina separada no estágio 4, reflita se ela deve ser obrigtória para todos, se deve ser uma opção ou se deve ser incluída no currículo de cidadania. Com a estatística mantida no âmbito da matemática, como está atualmente, será que o peso atual de aproximadamente 20% da avaliação está correto?

PROCESSOS MATEMÁTICOS

Desenvolver o pensamento matemático continua sendo um desafio para todos os professores. Mason, Burton e Stacey (1982, p. 183) definem o pensamento matemático como um processo que permite aos alunos lidar com ideias cada vez mais complexas por meio de "[...] especialização, generalização, conjectura e convencimento". O Currículo Nacional (QUALIFICATIONS AND CURRICULUM AUTHORITY, 2007a, 2007b) reconhece que a matemática é mais que apenas um conjunto de conteúdos e refere-se a um conjunto de "processos fundamentais", habilidades matemáticas gerais que ajudam os alunos a aplicarem o seu conhecimento para resolver problemas e comunicar os resultados. Conforme mencionado no Capítulo 2, os programas de estudo resumem esses processos da seguinte maneira:
- representação;
- análise;
- interpretação e avaliação;
- comunicação e reflexão.

O desenvolvimento desses processos está no centro da aprendizagem de matemática, e o ensino voltado para o "pensamento e raciocínio críticos" faz uma contribuição significativa para o desempenho nessa área (OFFICE FOR STANDARDS IN EDUCATION, 2006). Pesquisas indicam que alunos oriundos de uma situação de desvantagem educacional precisam particularmente de um currículo mais voltado para o pensamento em termos de envolvimento e desempenho (BOALER, 1998; TANNER; JONES, 1995). Os processos matemáticos fundamentam todos os aspectos "conteudísticos" da disciplina e devem ser desenvolvidos tanto quanto as habilidades específicas de álgebra ou habilidades de aritmética mental. Sua presença no Currículo Nacional deve ser suficiente para desestimular os professores a "ensinar para o exame".

Um ponto fraco do ensino de matemática é a incapacidade dos alunos de transferir seu conhecimento para situações novas (OFFICE FOR STANDARDS IN EDUCATION, 2005). As escolas onde os alunos demonstram a capacidade de transferir seu conhecimento sistematicamente ensinam e monitoram o progresso dos alunos nos aspectos processuais da matemática. As habilidades de resolução de problemas somente se desenvolvem se os alunos tiverem a oportunidade de lidar com problemas amplos e de fazer um trabalho investigativo, exercendo certo grau de autonomia na maneira como abordam o trabalho.

O desenvolvimento de habilidades processuais (descritas por De Geest; Prestage; Watson, 2003), como "guiar os alunos em práticas culturais matemáticas") exige planejamento e geralmente inclui um ou mais dos seguintes aspectos:
- Uma lista de possíveis maneiras de abordar problemas, proporcionando estrutura para os alunos à medida que pensam o problema. Esses materiais ajudam os alunos a estruturar a resolução do problema e, em particular, estruturam o modo como comunicam seus resultados para os outros.
- Uma tarefa que demonstre a necessidade de um processo básico específico. Por exemplo, um problema pode parecer muito difícil de resolver até que casos mais simples do problema sejam investigados e entendidos.

Ensinando matemática para adolescentes **211**

- Uma abordagem de ensino que introduza um problema e dê aos alunos um tempo curto para discuti-lo em grupo e planejar estratégias possíveis. O professor então conduz uma discussão com toda a turma sobre as abordagens possíveis, comparando as ideias de diferentes grupos antes de pedir que os alunos resolvam o problema a sério. A pesquisa de Tanner e Jones (2000) indica o sucesso dessa estratégia de ensino.
- Certo grau de reflexão pessoal é estimulado. Isso não apenas exige que os alunos avaliem a sua própria aprendizagem, como também solicita que eles reflitam sobre como resolveram o problema. Fazendo isso, eles conseguem articular as abordagens matemáticas que usaram.

A literatura contém uma variedade de exemplos de atividades investigativas interessantes em matemática (ver, por exemplo, Bell; Brown; Buckley, 1992; Chambers, 1991a, 1991b; Secondary Mathematics Individualised Learning Experiment, 2002). Se você nunca trabalhou em uma investigação matemática ou se não tem certeza do que significa desenvolver maneiras matemáticas de trabalhar, considere a seguinte atividade sobre o tema dos Números Felizes.

> Escolha um número qualquer. Tire o quadrado dos algarismos e some-os. Repita o procedimento, escrevendo os resultados em cada estágio para formar uma sequência.
> Chamamos um número inicial que gere uma sequência que termine em 1 de Número Feliz. Analise os Números Felizes.

Uma extensão do exercício dos Números Felizes é mudar a regra de tirar o quadrado e adicionar para tirar o cubo e adicionar. Algum número gera uma sequência que termina em 1?

> #### Ponto para reflexão
> Para o exercício dos Números Felizes e sua extensão, pense como abordou o problema. Que processos matemáticos você usou? Considere como lidaria com esse exercício na sala de aula. Que demandas adicionais esse tipo de atividade poderia exigir em sua preparação? Reflita sobre como pode avaliar o desempenho dos alunos em um exercício como esse.

EVIDÊNCIAS DE PESQUISA

Neste capítulo, as evidências de pesquisa foram apresentados ao longo de cada seção.

LEITURAS COMPLEMENTARES

NICKSON, M. *Teaching and learning mathematics:* a teacher's guide to recent research and its application. London: Cassell, 2000.
Uma excelente revisão de pesquisas, baseada em estudos sobre a sala de aula. Escrito para professores, o livro apresenta a base teórica de um tema, sintetiza os estudos relevantes e apresenta as implicações para o ensino. As evidências são apresentadas em quatro seções: número, geometria, estatística e álgebra. Em cada seção, a pesquisa é resumida de maneira aproximadamente cronológica, possibilitando que o leitor escolha as evidências que são particularmente relevantes, por exemplo, para o aluno da escola secundária. O capítulo final discute questões gerais relacionadas à pesquisa em sala de aula – a sua natureza, o seu valor para desafiar os professores e a sua utilidade em ajudar os alunos a aprender.

JOHNSON-WILDER, S.; MASON, J. *Developing thinking in geometry.* London: Sage, 2005. MASON, J. *Developing thinking in statistics.* London: Sage, 2006. MASON, J.; GRAHAM, A.; JOHNSON-WILDER, S. *Developing thinking in algebra.* London: Sage, 2005.
Essa série de livros é dedicada ao desenvolvimento do pensamento matemático em três dos principais ramos da matemática nos estágios 2, 3 e 4. Baseados em pesquisas sérias e na prática consistente em sala de aula, esses três livros permitem que você reflita sobre o ensino e o aprendizado da álgebra, de geometria e da estatística. Eles oferecem muitas tarefas interativas para o leitor, dando *insights* sobre o que é entender o processo de pensar algebricamente, geometricamente e estatisticamente. Cada livro permite também que você aprofunde tanto a matéria em si quanto o conhecimento pedagógico.

TANNER, H.; JONES, S.; DAVIES, A. *Developing numeracy in the secondary school*: a practical guide for students and teachers. London: David Fulton, 2002.
Apesar do título, esse livro não é voltado unicamente para o trabalho com números, cobrindo todo o currículo de matemática. Apresenta uma ótima discussão sobre iniciativas recentes no ensino de matemática, acompanhada por uma revisão do que constituem boas práticas em sala de aula. Os autores ainda fornecem orientações práticas em separado para o ensino de números, álgebra, geometria e estatística, incluindo uma síntese de prováveis concepções errôneas.

SITES ÚTEIS

O *site* da Royal Society (www.royalsoc.ac.uk) e seu subsidiário, o Advisory Committee on Mathematics Education (http://www.royalsoc.ac.uk/home), contêm respostas úteis para questões comuns no ensino de matemática, acompanhadas por relatos de grupos de trabalho.

O *site* www.censusatschool.ntu.ac.uk permite que você se registre e tenha acesso a uma variedade de dados de todo o Reino Unido e de vários países ao redor do mundo.

O *site* Maths4Life http://www.maths4life.org é voltado para adultos jovens, mas contém vários recursos úteis para o seu trabalho nas escolas.

REFERÊNCIAS

AMIR, G.; WILLIAMS, J. The influence of children's culture on their probabilistic thinking. In: INTERNATIONAL CONFERENCE FOR THE PSYCHOLOGY OF MATHEMATICS EDUCATION, 18., 1994. *Proceedings...* Lisbon: [s.n.], 1994.

BELL, A.; COSTELLO, J.; KÜCHEMANN, D. *A review of research in mathematical education*: part A research on learning and teaching. Windsor: NFER-Nelson, 1983.

BELL, S.; BROWN, P.; BUCKLEY, S. *'Hole numbers' and other practical investigations*. Cambridge: Cambridge University, 1992.

BOALER, J. Beyond "street mathematics": the challenge of situated cognition. In: CONFERENCE OF THE INTERNATIONAL GROUP FOR THE PSYCHOLOGY OF MATHEMATICS EDUCATION, 22., 1998. *Proceedings...* [S.l.: s.n.], 1998.

CHAMBERS, P. Rolling n-gons 2. *Mathematics in School*, v. 20, n. 4, p. 211, 1991b.

CHAMBERS, P. Rolling n-gons. *Mathematics in School*, v. 20, n. 1, p. 8-11, 1991a.

CHAMBERS, P. Solving simultaneous equations intuitively. *Mathematics in School*, v. 36, n. 1, p. 30-31, 2007.

DE GEEST, E.; PRESTAGE, S.; WATSON, A. Thinking in ordinary lessons: what happened when nine teachers believed their failing students could think mathematically. In: CONFERENCE OF THE INTERNATIONAL GROUP FOR THE PSYCHOLOGY IN MATHEMATICS EDUCATION, 27., 2003. *Proceedings...* Honolulu: PME, 2003.

ERNST, B. *The magic mirror of M. C. Escher*. Hertfordshire: Tarquin, 1985.

FRENCH, D. More comments on the teaching of simultaneous equations. *Mathematics in School,* v. 34, n. 5, p. 30-31, 2005.

JAGGER, J. A comment on the teaching of simultaneous equations. *Mathematics in School*, v. 34, n. 1, p. 32-33, 2005.

JONES, G. A. et al. A framework for assessing and nurturing young children's thinking in probability. *Educational Studies in Mathematics*, v. 32, n. 2, p. 101-125, 1997.

KERSLAKE, D. Visual mathematics. *Mathematics in School*, v. 8, n. 2, p. 34-35, 1979.

KÜCHEMANN, D. Algebra. In: HART, K. M. *Children's understanding of mathematics 11-16*. London: John Murray, 1981.

LOVE, E. *Learning and teaching shape and space*. Milton Keynes: Open University, 1992.

MACGREGOR, M.; STACEY, K. Students' understanding of algebraic notation: 11-15. *Educational Studies in Mathematics*, v. 33, n. 1, p. 1-19, 1997.

MASON, J. Generalisation and algebra: exploiting children's powers. In: HAGGARTY, L. (Ed.). *Aspects of teaching secondary mathematics*: perspectives on practice. London: Routledge, 2002.

MASON, J.; BURTON, L.; STACEY, K. *Thinking mathematically*. London: Addison Wesley, 1982.

MASON, J.; GRAHAM, A.; JOHNSON-WILDER, S. *Developing thinking in algebra*. London: Sage, 2008.

MILES, J. Letters. *The Guardian*, 27 feb. 2007.

OFFICE FOR STANDARDS IN EDUCATION. *Evaluating mathematics provision for 14-19 year olds*. London: OFSTED, 2006.

OFFICE FOR STANDARDS IN EDUCATION. *Good practice in primary mathematics*: evidence from 20 successful schools. London: OFSTED, 2011.

OFFICE FOR STANDARDS IN EDUCATION. *The annual report of her majesty's chief inspector of schools 2004/5*: mathematics in secondary Schools. London: OFSTED, 2005.

PIMM, D. *Mathematics*: symbols and meanings. Milton Keynes: Open University, 1993.

QUALIFICATIONS AND CURRICULUM AUTHORITY. *Mathematics key stage 4*: programme of study. London: QCA, 2007b. Disponível em: <http://www.teachfind.com/qcda/programme-study-mathematics-key-stage-4-subjects-key-stages-3-4-national-curriculum-5>. Acesso em: 08 set. 2014.

QUALIFICATIONS AND CURRICULUM AUTHORITY. *Mathematics programmes of study*: key stage 3. London: QCA, 2007a.

SECONDARY MATHEMATICS INDIVIDUALISED LEARNING EXPERIMENT. *Mathematics reasoning*: activities for developing thinking skills. London: RKBC Smile Mathematics, 2002.

SEYMOUR, D.; BRITTON, J. *Introduction to tessellations*. Palo Alto: Dale Seymour, 1989.

SHAUGHNESSY, J. M. Research in probability and statistics: reflections and directions. In: GROUWS, Douglas A. (Ed.). *Handbook on research in the teaching and learning of mathematics*: a project of the National Council of Teachers of Mathematics New York: Macmillan, 1992.

TALL, D.; THOMAS, M. Encouraging versatile thinking in algebra using the computer. *Educational Studies in Mathematics*, v. 22, n. 2, p. 191-228, 1991.

TANNER, H.; JONES, S. *Becoming a successful teacher of mathematics*. London: Routledge, 2000.

TANNER, H.; JONES, S. Teaching mathematical thinking skills to accelerate cognitive development. In: INTERNATIONAL CONFERENCE FOR THE PSYCHOLOGY OF MATHEMATICS EDUCATION, 19., 1995. *Proceedings...* Recife: Universidade Federal de Pernambuco, 1995.

THE ROYAL SOCIETY. *Teaching and learning geometry 11-19*. London: The Royal Society, 2001.

UNITED KINGDOM. Department for Education and Employment. *Framework for teaching mathematics years 7, 8 and 9*. London: DfEE, 2001.

UNITED KINGDOM. Department for Education and Employment. *The national curriculum for England*: Mathematics. London: HMSO, 1999.

UNITED KINGDOM. Department for Education and Skills. *Guidance paper:* calculation. London: DfES, 2007.

UNITED KINGDOM. Department for Education and Skills. *Interacting with mathematics in key stage 3:* year 9 geometrical reasoning mini-pack. London: DfES, 2002.

UNITED KINGDOM. Department for Education and Skills. *Interacting with mathematics in key stage 3*: constructing and solving linear equations. London: DfES, 2004.

Leituras recomendadas

HART, K. M. *Children's understanding of mathematics 11-16*. London: John Murray, 1981.

SMITH, A. *Making mathematics count*: the report of professor Adrian Smith's Inquiry into post-14 mathematics education. London: HMSO, 2004.

VAN HEILE, P.; VAN HEILE-GELDOF, D. *Structure and insight*: a theory of mathematics education. London: Academic Press, 1986.

Ensinando estratégias

Este capítulo
- ✓ introduz o conceito de aprendizagem ativa;
- ✓ discute questões relativas à aprendizagem ativa e à pedagogia;
- ✓ analisa o uso de diferentes estratégias de ensino e como elas podem ser aplicadas às aulas de matemática;
- ✓ demonstra como selecionar e adaptar os recursos disponíveis para o uso em sala de aula;
- ✓ considera o papel da criatividade nas aulas de matemática.

INTRODUÇÃO

Nos capítulos anteriores, analisamos a importância de estruturar as aulas de matemática a fim de proporcionar uma melhor aprendizagem, considerando como se dá a aprendizagem dessa disicplina especificamente, levando em conta a importância da avaliação e examinando os principais limites conceituais no que concerne a tópicos específicos da área matemática. O presente capítulo explora formas de unificar essas ideias por meio da observação de uma série de estratégias de ensino que podem ser usadas para aprimorar o aprendizado da matemática.

Como vimos anteriormente, nas teorias construtivistas de matemática, os alunos constroem seu próprio entendimento como aprendizes ativos, apoiados pela intervenção dos professores ou de outro colega mais competente. O papel do professor é auxiliar o aluno, e esses pequenos auxílios práticos podem ser mais eficazes do que simplesmente o puro uso da aula expositiva como estratégia de ensino. Edwards (1998) sugere que o aprendizado ocorre a partir das interconexões entre três tipos de experiência: lidar com objetos, lidar com figuras e lidar com símbolos.

> Aprendemos fazendo. Essa é uma verdade que inclui muitas possibilidades de aprendizado, e que há muito tempo já foi sugerida por Aristóteles, Dewey, Einstein

e outros. O ensino de estratégias que tem por objetivo envolver os alunos em seu próprio processo de aprendizado é normalmente chamado de uso de métodos ativos de aprendizagem. (BONWELL; EISON, 1991).

Devido à importância dada à matemática, tanto pelos alunos quanto pelas escolas, na forma de um quadro de resultados, muitos professores rejeitam conscientemente técnicas de ensino mais interessantes para dar preferência a um currículo mais compacto e a técnicas de ensino menos abrangentes, que envolvem, por exemplo, o ensino dos algoritmos conectado a fatos que aparentemente nada têm a ver com a matemática, com base na crença de que o tipo de ensino mais tradicional trará aos alunos mais sucesso nos exames públicos. Contudo, muitos professores ficam atônitos quando os alunos mostram-se incapazes de responder a questões que apenas se diferenciam levemente das questões prontas com as quais trabalharam por muito tempo. Conforme Boaler (2009, p. 195) sugere:

> Essa versão tradicional e mais limitada da matemática é a causa dos crescentes resultados ruins nessa área em nosso país e, ironicamente, nem mesmo resulta em melhores notas em exames específicos. Precisamos urgentemente nos afastar dessa versão falsa da matemática que é ensinada na sala de aula e engajar os estudantes na verdadeira matemática.

Começaremos por considerar o papel da criatividade no ensino de matemática e depois passaremos para questões mais pedagógicas, que podem ser vistas como potenciais impedimentos para a implementação bem-sucedida das técnicas de aprendizagem ativa. A seguir, apresentaremos algumas atividades de ensino que têm se mostrado eficazes para envolver os alunos em suas tarefas e que os levaram a um aprendizado mais profundo e seguro. Como é impossível examinar detalhadamente cada estratégia, nós nos restringiremos à discussão das técnicas que acreditamos serem mais úteis em sala de aula. Faremos algumas recomendações ao final do capítulo, incluindo informações a respeito de como encontrar outros recursos eficazes. Nos casos que realmente entram em discussão, abordaremos cuidadosamente as razões pelas quais acreditamos que as atividades são úteis e sugerimos várias maneiras de integrar tais atividades nas aulas. Ao final, discutiremos como encontrar e usar os recursos de fato.

CRIATIVIDADE NA MATEMÁTICA

A criatividade é uma palavra talvez mais facilmente associada à arte, ao design e à escrita do que à matemática, mas isso é um erro. A matemática requer tanta criatividade quanto qualquer outra matéria do currículo. Em 1999, a matemática era descrita no National Curriculum como uma matéria criativa, que envolve momentos de prazer e encantamento (UNITED KINGDOM, 1999). Desde então, a criatividade tem obtido maior destaque no ensino da matemática, de modo que hoje parece possível integrar a criatividade de uma forma mais completa no currículo da disciplina (BOALER, 2009). Em geral, a criatividade é considerada uma habilidade mutável que os alunos desenvolvem por meio de algumas matérias escolares, porém não conseguem usar fora da escola. Em diversos ambientes de trabalho, ela é muito valorizada e considerada a chave para o sucesso na indústria e no comércio. A habilidade de pensar criativamente também é uma habilidade essencial para a maior parte das atividades culturais.

Embora o valor do ensino e do aprendizado criativo seja amplamente aceito, ainda é difícil definir o que de fato constitui a criatividade. Quatro elementos foram identificados por uma pesquisa: imaginação, reflexão, originalidade e senso de objetivo (NATIONAL ADVISORY COMMITTEE ON CREATIVE AND CULTURAL EDUCATION, 1999). Nesse caso, sem dúvida, a "originalidade" depende do contexto; é extremamente raro que a escola descubra algo genuinamente original. O importante é que os alunos sejam guiados por descobertas realmente novas para eles. Em 2010, a Office for Standards in Education (2010, p. 7) aplicou uma pesquisa para examinar como a criatividade pode ajudar a aprimorar o envolvimento e descobriu que o aprendizado criativo era comumente caracterizado por atividades como:

- questionar e desafiar;
- estabelecer conexões e enxergar relações;
- vislumbrar o que pode ser;
- explorar ideias e manter as escolhas abertas;
- refletir criticamente sobre ideias, ações e resultados.

Cabe lembrar que o ensino e o aprendizado criativos exigem não apenas que os professores usem a criatividade em seus planejamentos de oportunidades de aprendizado inventivas e que provoquem a reflexão, mas que também estimulem o pensamento e a reação criativa dos aprendizes. Uma aula na qual o professor transmite os conhecimentos e usa os recursos criativamente, mas falha em elucidar reações e reflexões criativas nos alunos, não é uma aula realmente criativa.

A noção de parcerias criativas, já mencionada, sugere que o aprendizado criativo é mais eficaz quando há sólidos esforços para (OFFICE FOR STANDARDS IN EDUCATION, 2010, p. 8-9):

- gerar inclusão, garantindo que o aprendizado seja acessível e relevante para todos os alunos;
- enfatizar o aprendizado experimental, desenvolvendo o conhecimento, o entendimento e as habilidades por meio de experiências e avaliações práticas;
- usar a tecnologia de maneira integrada;
- preparar efetivamente os alunos para os próximos estágios de seu aprendizado e formação;
- desenvolver um programa enriquecedor e amplamente acessível;
- apresentar ligações claras da aprendizagem com a cultura e a comunidade local, recorrendo a essa experiência para aprimorar o aprendizado dos alunos;
- desenvolver uma abordagem flexível para abranger as atividades escolares trabalhadas durante o ano inteiro;

- estabelecer relações que expandam as oportunidades dos alunos de aprender criativamente.

Como professor, sua influência sobre alguns desses fatores é, em princípio, limitada; contudo, existem várias maneiras de estimular a criatividade em seus alunos.

A resolução de problemas é um conceito-chave em matemática, o que em si já é uma excelente forma de estimular a criatividade em suas aulas. Uma crença comum é a de que certo nível de aprendizagem mecânica é necessário antes que os alunos consigam passar para a resolução de problemas, mas tal crença pode ter um efeito de limitar prematuramente a capacidade de uso do pensamento criativo. Se os alunos têm contato apenas com os problemas tradicionais, é possível que isso limite o seu pensamento na hora de tentar resolver problemas novos. É provável que eles fracassem por reduzir o problema em questão a algo que já viram antes.

Temos observado o quanto é importante, ao fazer uso do questionamento, manter-se alerta à possibilidade de múltiplas respostas válidas, assim como à possibilidade de vários procedimentos que levam à mesma solução. Uma maneira de desenvolver o questionamento a fim de incentivar o pensamento criativo é adotar a linha de questionamento "E se...". Encontrar exemplos que se encaixem em determinado padrão é particularmente produtivo para estimular o pensamento criativo. Consideremos, por exemplo, sempre a mesma afirmação para $x^2 - 1 = (x + 1)(x - 1)$: e se x for negativo, ou uma fração, ou um número misto ou um número imaginário? Watson e Mason (1998) discutem a importância do que eles chamam de exemplos limítrofes, ou seja, aqueles para os quais apenas uma conjectura funciona ou várias conjecturas alternadas simplesmente não funcionam. Por exemplo, dados os comprimentos de 9 cm,10 cm e 18,5 cm, eu posso fazer um triângulo; porém, com os comprimentos 9 cm, 10 cm e 19,5 cm eu não posso. E se usássemos os comprimentos 9 cm, 10 cm e 19 cm? É possível fazer uma conjectura generalizada? Ao desenvolver essa ideia de expandir a compreensão conceitual dos aprendizes ao considerar um "espaço exemplar", Watson e Mason (2005, p. 71) afirmam: "Experienciar extensões de espaços exemplificados (se lidarmos com eles sensivelmente) contribui para a flexibilidade do pensamento, não apenas em matemática, mas também de modo mais geral, e isso aprimora a apreciação e a adoção de novos conceitos".

O uso de representações múltiplas é um processo matemático poderoso que possibilita aos alunos enxergar interconexões de áreas diferentes da matemática. Aqueles que não têm um entendimento de como os conceitos matemáticos podem ser representados de diversas formas têm maior tendência a não conseguir desenvolver habilidades úteis relativas à resolução de problemas. Eles costumam ficar "paralisados" quando estão diante desses problemas, porque aprenderam apenas uma maneira de representar determinada ideia. No Capítulo 3, abordamos várias formas de representar $(x + 5)(x - 2)$. Os alunos que estão familiarizados com todas as formas possíveis de abordar esse problema têm menor tendência a chegar a uma resposta como $(2x - 2)(1{,}5 - x)$. Um estudante que apenas aprendeu determinado procedimento de calcular área pode ter dificuldades diante de $(x + 3)(x - 1)(x + 4)$, pois o procedimento pode ser generalizado quando se pensa em volume, mas isso não é tão fácil de visualizar ou de desenhar. Desenvolver um entendimento a respeito de como representar a mesma ideia de várias formas requer tarefas cuidadosamente preparadas, que envolvam tomadas de decisões e outros problemas que envolvem habilidades de resolução de problemas. A escolha da representação mais apropriada em determinada circunstância, a tarefa de encontrar representações alternativas a partir de determinada representação e o entendimento de como a variação de uma representação afeta outras são exemplos de atividades matemáticas produtivas. Um currículo que incentive oportunidades de lidar com tal riqueza de tarefa, começando pelo entendimento conceitual e passando pelo desenvolvimento da fluência de lidar com múltiplas representações, demonstra grande potencial quando se pensa em um aprendizado de matemática consistente e profundo.

Consideremos, por exemplo, os problemas a seguir, comumente propostos em sala de aula (se você não sabe as respostas de imediato, talvez seja preciso primeiro pensar nelas, tentando resolver os problemas):

> Você está em uma sala com 8 pessoas (incluindo você). Cada pessoa é solicitada a cumprimentar cada uma das outras pessoas com as mãos, mas apenas uma vez. Quantas batidas de mão ocorrerão na sala? E quantas ocorreriam se houvesse 26 pessoas na sala?

> Caroline precisa incluir um código em seu telefone celular. O código deve ter duas letras. Caroline decide escolher duas letras de seu nome – quantas maneiras existem de escolher apenas duas letras do nome dela?
> Se Caroline decidisse, em vez disso, escolher aleatoriamente duas letras do alfabeto, quantas maneiras haveria de fazer isso?

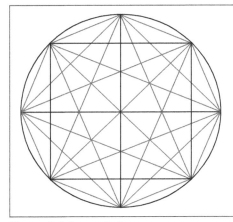

A Figura 9.1 é conhecida como *rosa mística*. Quantas linhas você precisa desenhar para alcançar esse padrão? Se essa rosa tivesse 26 pontos, quantas linhas você teria de desenhar?

Figura 9.1 Rosa mística.

Espera-se que você não tenha muita dificuldade para encontrar as soluções desses problemas, mas uma questão mais delicada é a seguinte: por que três problemas aparentemente tão diferentes têm a mesma solução? Os dois primeiros problemas podem ser resolvidos simplesmente fazendo listas de todos os possíveis resultados e depois fazendo uma generalização. Quando o aluno percebe que o terceiro problema pode ser visto como uma representação diagramada dos dois primeiros, isso abre novas possibilidades com relação a como os problemas algébricos ou numéricos podem ser visualizados, o que leva a outra linha possível de raciocínio direcionada a lidar com futuras investigações. A vantagem disso, contudo, tem dois lados; se os problemas de álgebra podem ser representados visualmente, também deve ser possível representar problemas geométricos algebricamente. Visualizar problemas pode ser particularmente útil se os alunos conseguirem literalmente enxergar por que uma resposta ou conjectura é verdadeira. Nelsen (1997) desenvolve essa ideia de "enxergar" uma justificativa matemática em toda uma série de tópicos matemáticos. Ajudar os alunos a usar múltiplas representações pode ajudar o professor a apresentar problemas que vão ficando cada vez mais abertos.

Entender representações múltiplas e integrá-las em sua percepção da matemática é um desafio importante, porém difícil para muitos alunos. Ao mesmo tempo em que integrar representações múltiplas é um processo individual, a aquisição e a troca de conhecimento a respeito das representações com frequência ocorrem de modo colaborativo (KOZMA, 2003). Por esse motivo, as estratégias de aprendizagem ativas e colaborativas são favorecidas a fim de expor o aprendiz a pontos de vista diferentes. Antes de considerarmos algumas estratégias colaborativas e ativas de aprendizagem, observaremos brevemente algumas objeções que costumam acompanhar tais abordagens.

APRENDIZAGEM ATIVA

Sem dúvida, o ensino ativo e colaborativo tem má reputação entre alguns professores. Essa atitude é favorecida por atividades geralmente mal-ensinadas em sala de aula, que se distanciaram das teorias de aprendizado originais em que foram inspiradas. Algumas versões deturpadas dessas atividades com frequência terminam resultando apenas em brincadeiras engraçadas, algo como colorir pequenas tabelas, o que tem pouco ou nada a ver com o verdadeiro aprendizado da matemática. Para muitos professores, isso deu origem à falsa dicotomia de que os alunos divertem-se com as atividades matemáticas quando elas são menos importantes ou aprendem por meio de uma série de exercícios bobos, porém importantes. Nada pode estar mais distante da verdade! Uma visão ainda mais equivocada é a de que a aprendizagem ativa é boa para aqueles menos habilidosos, enquanto os mais capazes precisam de um ensino de matemática "apropriado".

Outras objeções levantadas contra a aprendizagem ativa estão centradas em questões de administração da sala de aula e de avaliação do rendimento. Muitos pesquisadores sugerem que a maior fonte de problemas relativos à falta de habilidade é a falta de envolvimento e uma consequente ausência de progresso dos alunos. A aprendizagem ativa tem por objetivo envolvê-los, e isso tem um efeito comprovadamente positivo no que tange à administração da sala de aula (Petty, 2009). É verdade que você precisará contar com habilidades muito diferentes entre si para ser bem-sucedido ao lidar com atividades de ensino no que diz respeito, por exemplo, às discussões em pequenos grupos ou ao monitoramento de todos os alunos em sala de aula, mas essas habilidades poderão ser facilmente aprendidas se forem associadas às aplicações didáticas no ensino direcionado ao grupo como um todo. Os resultados, apesar de não constituírem uma resposta a todos os comportamentos desafiantes que surgem na sala de aula, são mais efetivos e consideravelmente melhores em termos de aprendizado adquirido.

Questões avaliativas podem ser administradas efetivamente com a integração de técnicas de autoavaliação com técnicas de avaliação em pares durante atividades em sala de aula. Além disso, como foi discutido no Capítulo 7, essas técnicas mostraram-se eficazes na estimulação do pensamento metacognitivo, que é um instrumento poderoso para o aprendizado profundo e consistente. Por tais razões, o aprimoramento de uma ampla gama de técnicas de aprendizagem ativa é essencial para todos os professores de matemática. O Teachers' Standards requer que o professor seja capaz de "[...] estabelecer altas expectativas que inspirem, motivem e desafiem os alunos." e que "[...] promovam o amor ao aprendizado e a curiosidade intelectual das crianças" (UNITED KINGDOM, 2012, p. 8). Os benefícios dessa prática são demonstrados pela inclusão do ensino e da aprendizagem ativa em sala de aula.

TRABALHO EM DUPLA

Possibilitar que os alunos trabalhem em dupla costuma ser mais fácil do que fazer que eles trabalhem bem em grupos maiores, e a tendência é de que ocorram menos interrupções das tarefas do que acontece em grupos maiores. Em geral, esse modo de trabalhar com os alunos também não requer que móveis sejam reorganizados nem qualquer outra mudança física no ambiente. Assim, o trabalho em dupla proporciona uma excelente oportunidade para que você comece a integrar as técnicas de aprendizagem ativa em sala de aula. Você pode usar seu planejamento dos lugares de cada aluno em sala de aula para indicar como se formarão as duplas: é melhor ter isso em mente do que apenas esperar que os alunos se organizem de livre e espontânea vontade, ao menos em um primeiro momento.

Uma estratégia muito comum e eficaz para que o trabalho em dupla funcione é o "pensamento compartilhado com os pares" (LYMAN, 1981). Essa técnica utiliza a ideia de "pensar o tempo" para questionar as técnicas e ampliar seus usos no que concerne à interação e à avaliação em pares. Considerar o tempo aplicado às atividades tem se mostrado muito útil no aprimoramento da qualidade e da profundidade das respostas dos alunos, por meio de um adiamento deliberado da aceitação das respostas, a fim de estimular o questionamento (ROWE, 1986). Essa é, na verdade, uma estratégia bastante simples, mas extremamente eficaz e flexível quando colocada em prática.

Como professor, você propõe um problema, dando aos alunos "tempo para pensar" (um minuto ou dois) e considerar suas respostas. Quando o tempo para pensar acaba, os alunos compartilham suas respostas com a dupla, sendo que cada um é incentivado a ouvir cuidadosamente a resposta ou as ideias de seu par. As duplas então discutem suas respostas e são solicitadas a decidir-se por uma resposta que satisfaça a ambos os integrantes do par. Depois disso, cada dupla deve compartilhar suas respostas ou ideias com outra dupla antes de dar uma resposta definitiva para a questão. Por fim, o professor aceita certo número de respostas diversas e, se for necessário, dá início a uma posterior discussão sobre o problema, até que se chegue a um consenso em relação a ele.

Compartilhar pensamentos em dupla tem muitas vantagens sobre as técnicas tradicionais de questionamento. O "tempo para pensar" incorpora o importante conceito de "tempo de esperar". Isso permite que todos os alunos desenvolvam suas próprias respostas. Quanto mais longas e elaboradas forem as respostas, mais bem-fundamentadas elas serão em termos de razões e justificativas, porque foram mais bem-pensadas e discutidas. Com o tempo, os alunos tornam-se mais dispostos a assumir riscos e a sugerir ideias, porque já as testaram com seus pares.

Embora esse compartilhamento de reflexões com os pares supostamente permita que os alunos construam uma resposta à questão proposta por meio de concordâncias e discordâncias, você terá de fazer interferências durante o processo para garantir que eles saibam o que estão fazendo. Talvez possa fazer isso simplesmente reapresentando o problema, sugerindo que os pares/grupos pro-curem seguir um padrão, que considerem o tipo de vocabulário ou de notação que desejam usar ou, ainda, requerendo que estabeleçam algum critério consagrado.

Esse processo pode levar de 2 a 3 minutos ou de 10 a 15 minutos, dependendo da questão ou do contexto da tarefa. Você pode solicitar um comentário verbal, uma resposta escrita ou uma demonstração no quadro. Há muitas vantagens nessa técnica: os alunos são incentivados a pensar de modo independente, sem a necessidade de confiar que o professor sempre estará ali para validar suas respostas; passam então a aprender uns com os outros, assim como com o professor. É notório que esse processo requer que os alunos efetivamente se envolvam e reflitam a respeito da validade de suas próprias soluções quanto sobre a validade das soluções dos professores e de seus colegas. Isso significa que tal tipo de atividade pode levar a um aprimoramento da metacognição.

Esse método também proporciona uma forma de introduzir a avaliação em dupla em suas aulas de um modo relativamente informal, já que a comparação das respostas em geral leva a um conflito que precisa ser resolvido por meio de discussões. Alunos que trabalham individualmente têm menos tendência de perceber erros ou mal-entendidos, mesmo quando são estimulados a prestar atenção nisso. Devido à flexibilidade desse método, ele pode ser usado em praticamente qualquer ponto de sua aula e elucidar uma grande variedade de respostas.

Você pode, por exemplo, começar a aula com uma questão como: "O que vocês sabem sobre polígonos regulares e linhas simétricas?". Essa é uma questão aberta que possibilita uma série de respostas, dependendo do nível de entendimento dos alunos. Como você lhes dá tempo para pensar, depois pode pedir que os pares discutam suas ideias. Nesse ponto, talvez você queira dar continuidade à discussão perguntando se os alunos conseguem dar exemplos oralmente ou rascunhá-los no quadro; tal questionamento pode ser dirigido a toda a turma ou a duplas específicas. Por fim, você pode pedir que todos os alunos entrem em um acordo generalizado sobre polígonos regulares e suas linhas simétricas.

Em uma aula ministrada por um dos autores deste livro, o método de "pensar em dupla" foi usado de modo particularmente eficaz no estudo da simplificação de frações. O professor havia notado em uma aula anterior, com alunos do 8º ano, que eles não estavam plenamente confiantes para simplificar as frações. Ele decidiu usar o método de "pensar em dupla" para revisar a matéria em uma aula sobre probabilidades que exigia a simplificação de frações. Para isso, preparou cerca de 10 cartões com frações escritas, usando cores diferentes para cada um, o que permitiu que desenvolvesse quatro graus diferentes de dificuldade. O professor preparou o conjunto de cartões de forma que houvesse frações em comum nos quatro conjuntos, outras frações que fossem comuns em apenas dois ou três dos conjuntos e, ainda, frações divididas nos conjuntos "fácil" e "difícil". Por fim, incluiu algumas frações impossíveis de serem ainda mais simplificadas.

Depois de já estarem organizados em duplas, os alunos receberam um conjunto apropriado de frações e foram instruídos a desvirar um cartão por vez. Cada aluno foi então solicitado a simplificar a fração e escrever sua resposta em um pequeno quadro. Quando os alunos da dupla estavam satisfeitos com suas respostas, eles então as revelavam um ao outro. Estando ambos de acordo, poderiam então desvirar o próximo cartão e partir para outra fração. Se, no entanto, os membros da dupla chegassem a soluções diferentes, eles eram aconselhados a discutir um pouco mais sobre o assunto e a tentar chegar à resposta correta.

Além dos cartões contendo frações, os pares ainda receberam um pequeno pedaço de cartolina verde de um lado e vermelho de outro. Sempre que concordassem quanto a uma solução, o lado verde da cartolina deveria ficar virado para cima; porém, quando não estivessem de acordo, era o lado vermelho que deveria ficar para cima, e os alunos deveriam deixar separado o cartão com a fração problemática e depois seguir com a resolução dos outros cartões. O professor e seu assistente circulavam pela sala de aula, concentrando-se nos cartões apontados como problemáticos pelo lado vermelho da cartolina virado para cima. Ao notarem tal indicação, eles deveriam intervir com questões pertinentes para ajudar a dupla a chegar à resposta correta.

Essa atividade foi particularmente eficaz, porque o professor precisava ter certeza de que os alunos estavam confiantes o suficiente para realizar a simplificação de determinadas frações. Ele sabia, pelo trabalho realizado anteriormente, que os alunos tinham conhecimento do assunto, mas estavam inseguros para colocar em prática a maior parte desse conhecimento. Ensinar a ter confiança para reduzir essas tarefas de simplificação não retirou a atenção dos alunos da matéria em questão (probabilidade), mas um dos riscos era aborrecer aqueles que já dominavam os princípios envolvidos. Simplesmente propor exercícios sobre isso, contudo, não teria ajudado os alunos com dificuldades a entender a ideia em um primeiro momento, não fosse o trabalho em dupla. A atividade de compartilhamento aos pares possibilita que os aprendizes que já entenderam a matéria consolidem os conhecimentos adquiridos, ao mesmo tempo em que proporciona meios adicionais de entendimento para aqueles que precisam de mais ajuda. No fim da aula, o professor recolheu as folhas de exercícios e teve o prazer de notar que poucos alunos erraram as tarefas envolvendo frações.

Existem ainda outros benefícios que resultaram dessa atividade e que não haviam sido previstos pelo professor. O primeiro deles advém de a tarefa ter sido mais exigente do que o exercício tradicional, que contém 10 ou 15 questões e que pode ser encontrado nas folhas de tarefa mais comuns. Isso se deveu ao fato de que as frações a serem simplificadas apareciam de modo mais aleatório e, assim, cada par pôde beneficiar-se do trabalho com um amplo leque de frações, variando entre um nível de baixa dificuldade até um nível de grande exigência. Em um exercício tradicional, as questões são cuidadosamente niveladas, de modo que as primeiras são as mais fáceis, enquanto as seguintes vão ficando gradativamente mais difíceis. Existem dois potenciais problemas com esse tipo de exercício, um de ordem pedagógica e outro de ordem prática. Em primeiro lugar, muitos alunos talvez nunca cheguem à questão mais complexa em um tempo relativamente curto. Não importa o quão cuidadosamente o exercício tenha sido planejado, esses alunos jamais chegarão ao ponto mais alto do desafio. Mesmo que eles cheguem às questões mais difíceis, talvez não consigam respondê-las e peçam ajuda ao professor, provavelmente levantando a mão. O professor, para o qual é impossível ajudar todos os alunos ao mesmo tempo, talvez aconselhe cada um a partir para a próxima questão; porém, devido à estrutura do exercício, se o aluno não consegue resolver a questão 7, é bem provável que ele também não consiga responder as questões 8, 9 e 10.

Esse tipo de exercício tem o potencial de sugerir a alguns alunos que sempre haverá um ponto na tarefa no qual eles não conseguirão mais progredir, o que, por sua vez, pode gerar uma percepção negativa da habilidade pessoal de progredir em matemática. A atividade envolvendo os cartões tem duas formas de solucionar esse problema: primeiro, os alunos podem discutir casos problemáticos com sua dupla, de modo que a importância do professor e de seu assistente torna-se menor, embora os alunos sigam progredindo; segundo, se a dupla não consegue se decidir por uma resposta em comum e precisa de ajuda, os alunos podem deixar a questão de lado, sinalizando com o lado vermelho da cartolina que precisam de ajuda, e passar para a próxima fração, reduzindo a quantidade de "tempo perdido" que surge quando os alunos estão inativos, apenas com a mão levantada, esperando a ajuda do professor.

Os benefícios práticos dessas medidas talvez sejam mais óbvios. Cada par foi solicitado a se envolver ativamente com sua dupla e, como a atividade evita que os alunos fiquem inativos com a mão levantada, solicitando a intervenção do professor, há menos oportunidades para que abandonem a tarefa e causem pequenas interrupções do trabalho em sala de aula. Na aula que exemplificamos aqui, a atividade durou cerca de 10 minutos e foi bem-sucedida em atender a necessidades específicas de aprendizado da turma. Isso foi possível porque a turma estava familiarizada com essa técnica e foi capaz de dar continuidade à tarefa mesmo com pouca intervenção do professor e de seu assistente. Você pode pensar que da primeira vez em que tentar essa ou outras técnicas similares as coisas não correrão tão facilmente, e isso é de fato o que se espera, de modo que não deve ser uma preocupação – caso a atividade não se mostre um sucesso total logo de início. Incentivar os alunos a pensar e a trabalhar de maneiras diferentes pode ser difícil em um primeiro momento. As recompensas da persistência, contudo, valem o esforço.

TRABALHO EM GRUPO

Evidências de pesquisa têm demonstrado com convicção que, independentemente da matéria estudada, alunos que trabalham juntos em pequenos grupos tendem a fazer mais progressos ao aprender o que está sendo ensinado do que quando o mesmo conteúdo está sendo transmitido de maneiras mais tradicionalmente didáticas. Aprendizes que trabalham colaborativamente também parecem mais satisfeitos com seus colegas e demonstram uma melhor consolidação do aprendizado (CARLSEN, 2010; JOHNSON; JOHNSON, 1989; ROGER; JOHNSON, 1994; SLAVIN, 1980, 1983).

Existem várias formas de organizar os alunos em pequenos grupos na sua turma. Grupos informais podem ser criados apenas solicitando que os alunos virem-se para o colega do lado e passem dois ou três minutos discutindo a questão proposta. Esses grupos informais podem ser organizados em qualquer momento, independentemente do tamanho da turma, para verificar o nível de entendimento dos aprendizes e para proporcionar novas oportunidades de aplicar um novo conhecimento ou incorporar uma mudança no ritmo da lição quando ela não está funcionando do modo esperado. Uma organização mais formal pode ser colocada em prática se for o professor aquele a determinar quais serão os grupos. Decidir como os grupos serão formados é algo que precisa ser pensado com muito cuidado. Existem ideias conflitantes sobre a melhor maneira de organizar grupos em sala de aula. Alguns professores preferem que eles se formem aleatoriamente, cuidando, porém, que haja um equilíbrio entre garotos e garotas em cada grupo, quando necessário. Alguns professores preferem eles mesmos determinar quem fará parte de qual grupo, baseando-se no grau de afinidade que existe entre os alunos, colocando aqueles mais próximos nos mesmos grupos, enquanto outros professores acreditam que misturar alunos menos próximos traga melhores resultados. As pesquisas ratificam os benefícios de grupos mais mistos (BOALER, 2008; LINCHEVSKI; KUTSCHER, 1998; WING-YI CHENG; LAM; CHUNG-YAN CHAN, 2008). Ainda assim, alguns professores permitem que os alunos escolham seus próprios grupos, embora isso, em geral, deva ser evitado, porque assim é provável que os membros do grupo passem mais tempo envolvidos em atividades sociais do que aprendendo matemática. No entanto, quando um grupo já formado não está trabalhando bem, o melhor não é desintegrá-lo, mesmo que os membros peçam por isso. Só separe um grupo quando você sentir que isso é absolutamente necessário.

Uma das objeções ao trabalho em grupo pode ser a de que talvez faça que alguns alunos evitem trabalhar nas tarefas propostas, confiando nas contribuições dos outros membros. Pode haver diferentes razões para que alunos específicos não participem ativamente de um trabalho em grupo: alguns são tímidos, outros acreditam que é inteligente deixar que um colega mais hábil resolva a tarefa por eles e outros ainda não participam do trabalho porque são naturalmente inclinados a isso e ficam felizes que outros façam o trabalho por eles. North; Linley e Hargreaves et al. (2000) chegaram à conclusão de que uma maneira de reduzir esses problemas em potencial é pensar cuidadosamente a respeito do tamanho dos grupos. Na prática, em uma sala de aula de tamanho comum, grupos de três a cinco alunos tendem a funcionar melhor.

Possivelmente a melhor maneira de garantir o sucesso dos grupos na resolução das tarefas é designar atividades nas quais haja uma clara divisão da parte que cabe a cada um resolver, de modo que cada aluno possa contribuir para a conclusão da tarefa. A denominação dos papéis nos grupos varia, mas costuma dividir-se tal como segue.

- Líder/administrador – designado para coordenar o trabalho dos outros no grupo, cuidando para que o grupo termine a tarefa dentro do tempo proposto.
- Escriba/comunicador – designado para registrar as ideias e descobertas do grupo, bem como a progressão da tarefa.
- Pesquisador/administrador das informações – alguns professores preferem que apenas um membro do grupo tenha permissão para esclarecer as dúvidas de todos os integrantes.
- Administrador dos recursos – certifica-se de que os recursos corretos (papéis, compassos, calculadoras, etc.) estão sendo usados pelo grupo.
- Relator/relações públicas – deve comunicar à turma todas as descobertas do grupo ao final de cada aula, usando o vocabulário adequado ou informações visuais (possivelmente produzidas pelo "diretor de arte" do grupo) quando necessário.

O número de papéis possíveis é relativamente amplo e pode depender da tarefa ou do grupo de alunos específicos com quem você estiver trabalhando. Se você trabalha em grupos com frequência em suas turmas, os papéis podem ser intercalados regularmente ao longo do ano. É importante perceber que, mesmo quando existem responsabilidades individuais no grupo, um membro sempre deve ajudar ao outro. O relator, por exemplo, deve comunicar sua apresentação aos outros membros e obter a aprovação deles antes de apresentar os resultados para a turma inteira; o diretor de arte deve discutir da melhor maneira possível as informações visuais que podem ser usadas, e assim por diante. Uma boa dica é dar a cada membro do grupo um cartão que indique suas responsabilidades na atividade (PETTY, 2009). Outra possibilidade é permitir que apenas um membro em cada grupo possa abordar o professor com as questões de seus pares; e você deve restringir-se a responder apenas àquilo que foi perguntado, mesmo que isso pareça inútil. Os grupos devem ser incentivados a considerar cuidadosamente cada questão que desejam esclarecer. Ajudar em demasia pode ser contraprodutivo; conselhos breves e objetivos funcionam melhor (CHIU, 2004).

Uma técnica mais sofisticada a ser usada no trabalho em grupo é conhecida como *"jigsawing"*.[*] Esse método é mais exigente tanto em termos do envolvimento dos alunos quanto em relação às habilidades de organização do professor. O *jigsawing* consiste em uma técnica de aprendizado na qual a socialização é um dos principais aspectos e cujo princípio é incentivar o aprendizado cooperativo, pois se acredita que isso reduz comportamentos e atitudes negativas entre os alunos, promovendo ainda motivação, envolvimento e satisfação (Jigsaw, s.d.). Embora as pesquisas não sustentem totalmente os objetivos da técnica, esse método de instrução continua sendo considerado útil e efetivo, oferecendo muitos benefícios, tanto acadêmicos quanto sociais.

Essa técnica requer muita preparação, sendo bastante complexa de explicar: um guia completo está disponível no *site* jigsaw.org (JIGSAW, c2014) e muito bem resumido em Petty (2009). Os alunos são divididos em grupos de quatro a seis membros e, na medida do possível, todos os grupos devem ter mais ou menos o mesmo número de membros. É proposta então uma tarefa a ser aprimorada por cada grupo a fim de que se tornem "especialistas" nela. A tarefa pode envolver pesquisa ou a aquisição de alguma habilidade específica. Após ter sido estabelecido um tempo máximo para que o grupo melhore a tarefa que lhe foi conferida, os grupos são reorganizados de modo que cada novo grupo contenha um "especialista" de cada um dos grupos originais (a não ser que os novos grupos tenham tamanhos diferentes dos originais). A seguir, um de cada vez, cada um dos membros dos novos grupos instruem os outros membros sobre o conhecimento recém-adquirido. Por fim, os estudantes retornam aos seus grupos originais. Na teoria, nesse momento todos estão familiarizados com os novos conhecimentos. Para garantir que isso realmente funcione na prática, cada grupo recebe uma tarefa que requer a aplicação de tudo o que foi aprendido.

Tendo em vista que muitas atividades em grupo são realizadas em apenas uma parte da aula e em conjunto com outros modos de instrução, como trabalho em pares e ensino direcionado a todos os alunos, cabe alertar que o *jigsawing* requer uma aula inteira (possivelmente com a exclusão de qualquer atividade introdutória) para ser realmente eficaz.

O *jigsawing* pode ser usado nas aulas de matemática, por exemplo, para auxiliar no aprendizado de construções geométricas, o que talvez soe exageradamente didático quando ensinado pelo professor. A cada grupo de alunos são dadas instruções sobre como fazer diferentes construções, tanto por meio de um cartão preparado pelo professor quanto de um livro didático ou de uma instrução

---

[*] N. de R.T.: Essa é uma técnica de aprendizagem cooperativa que foi criada para diminuir o conflito racial entre crianças e jovens em idade escolar, promover uma melhor aprendizagem, melhorar a motivação dos alunos e aumentar a satisfação da experiência de aprendizagem. A técnica, que literalmente poderia ser entendida como "rodizio de cérebros", foi desenvolvida pela primeira vez no início dos anos 1970 por Elliot Aronson e seus alunos das universidades do Texas e da Califórnia. No site http://www.jigsaw.org há muitas outras explicações e sugestões de trabalho com o Jigsawing.

animada *on-line*. Quando você estiver seguro de que os alunos melhoraram suas construções, as instruções podem ser abandonadas, de modo que os alunos prossigam livremente, sem qualquer tipo de guia. Os grupos são então reorganizados de modo que cada grupo tenha agora um "especialista" em cada construção, o que precisa ser ensinado para os outros membros do grupo. Se você ficar satisfeito com o que foi alcançado até esse momento, pode retornar os alunos para os seus grupos de origem. Por fim, para avaliar o quanto foi aprendido na aula, proponha dois ou três problemas que requeiram que todas as construções sejam usadas. Outra possibilidade é observar as vantagens e desvantagens de diferentes diagramas estatísticos. Uma possibilidade mais avançada é solicitar que alunos nível A explorem as propriedades dos gráficos das funções trigonométricas.

Uma aplicação particularmente útil do *jigsawing* nas aulas de matemática é explorar as múltiplas representações de um conceito, o que, como já demonstramos aqui, é um instrumento formidável para desenvolver um aprendizado matemático mais aprofundado. Um exemplo de como isso pode ser colocado em prática está em uma aula descrita por Boaler (2006). As relações lineares constituem um conceito importante na matemática. Uma aula pode começar com a observação de uma sequência como 1, 5, 9, 13,... Assim que você estiver satisfeito com a capacidade dos alunos em gerar os próximos números nessa e em outras sequências, peça que grupos diferentes explorem formas diversas de representar as sequências. O *jigsawing* entra em cena quando as várias representações possíveis são compartilhadas e exploradas mais a fundo. Como um tipo de atividade adicional, os grupos podem produzir um pôster que demonstre essas diferentes maneiras por meio das quais uma sequência pode ser representada. Outros exemplos envolvem a procura de novas maneiras de representar $123 \div 4$. Como observamos no Capítulo 8, a divisão é um conceito que costuma ser entendido de modo muito precário, e o uso de várias representações possíveis certamente ajudará em uma melhor compreensão. Assim como acontece com outras técnicas de aprendizagem ativa, de trabalho em grupo e em especial dessas que envolvem os métodos *jigsawing*, tal prática requer um planejamento cuidadoso e boas habilidades de administração em sala de aula. Os métodos dos professores são, é claro, parte do planejamento da administração em sala de aula, tendo em vista que tais técnicas levam a um maior envolvimento dos alunos e, como consequência, a um comportamento mais positivo em sala de aula. Inicialmente, contudo, talvez você precise monitorar o comportamento mais de perto, bem como o progresso dos alunos, para saber quando e com que frequência intervir.

Ponto para reflexão

Os professores de matemática têm sido particularmente relutantes na introdução do trabalho em grupo e de outras estratégias de trabalho colaborativas em sala de aula. Isso reflete uma diferença genuína na natureza do aprendizado matemático? Que impressão os alunos podem ter à medida que lidam com questões relativas à natureza dessa matéria ao perceber que as estratégias empregadas por seus professores de matemática são muito diferentes das estratégias usadas por professores de outras matérias?

ESCOLHENDO RECURSOS

Independentemente da maneira como você tenha optado por administrar o ensino em sala de aula, a habilidade de encontrar, adaptar e usar recursos é uma questão-chave para todos os professores. O número de materiais disponíveis aos quais você pode recorrer é relativamente limitado. Ainda assim, os professores algumas vezes consideram as possibilidades tão inúmeras que passam um tempo enorme e desnecessário procurando por escolhas mais adequadas em livros, CD-ROMs e *sites*, às vezes por horas a fio, para finalmente encontrar uma atividade cuja aplicação levará entre 10 e 15 minutos!

Recursos ou instruções de ensino para professores sempre desempenharam um papel importante nas aulas de matemática; porém, desde 1997, as pesquisas demonstram que esses materiais têm sido mais usados (OFFICE FOR STANDARDS IN EDUCATION, 2006). Alguns desses recursos são requeridos por todos os departamentos de matemática, como réguas, compassos, livros didáticos específicos e calculadoras. Outros recursos são mais uma questão de escolha do professor e do uso que fará deles. Alguns professores farão uso prolongado de um recurso específico; outros não usarão praticamente nenhum deles. Os exemplos nessa categoria são quase infinitos, mas certamente incluirão materiais como cubos, miniquadros de rascunho, cubos e papéis coloridos, etc. Alguns recursos estão comercialmente disponíveis, enquanto outros são feitos em casa ou coletados pelos professores ao longo do tempo (você pode estar seguro de que é um bom professor de matemática quando surpreender a si mesmo comprando uma caixa de bombons não por causa do chocolate, mas por causa do formato hexagonal da caixa, que você vislumbra que um dia poderá usar como recurso para ensinar matemática).

Os recursos comumente se dividem em dois tipos: aqueles usados pelo professor para facilitar o ensino e aqueles usados pelos alunos para explorar ou resolver problemas. O primeiro tipo inclui livros didáticos e folhas de tarefas usados em conjunto com outros recursos que têm por objetivo promover a inspiração para boas atividades e métodos de ensino no que concerne a questões pedagógicas. Muitos esquemas de trabalho desse tipo acompanham livros para professores e podem ser encontrados em *sites*. Eles ajudam o professor a explorar os motivos pelos quais algumas atividades específicas têm sido elaboradas, de modo a possibilitar que os professores sintam-se mais seguros na hora de transmitir a matéria. Eles também podem conter alguns materiais ou ideias adicionais que permitam que o professor selecione aquilo que for mais adequado para suas aulas a fim de que possa adequar esses recursos às necessidades específicas de seus alunos. Apesar do cuidado com o qual tais esquemas comercializados são preparados, talvez muitos professores considerem que nenhum desses materiais corresponde às necessidades de seus alunos e precisem procurar inspiração em outro lugar.

Com certeza, o lugar mais procurado pelos professores em busca de inspiração é a internet. Existem boas razões para isso: mecanismos de busca possibilitam que você se depare com recursos específicos que seriam dificilmente encontrados em meios convencionais e, quando são encontrados, normalmente estão dispostos de forma esparsa e aleatória. Existe um grande número de *sites* que você pode pesquisar. Alguns desses *sites* são disponibilizados comercialmente por empresas ou indivíduos e, para acessá-los, por vezes é preciso fazer uma inscrição formal; outros estão disponíveis para uso gratuito e, em geral, são desenvolvidos por entusiastas pelo assunto ou instituições públicas. Outra categoria é a de *sites* de compartilhamento desenvolvidos por professores, no qual eles fazem *downloads* de seus próprios recursos e, em troca, podem baixar recursos de outros colegas. Quase todos os *sites* apresentam sessões de comentários, de modo que os professores possam ter retorno a respeito da efetividade dos recursos disponibilizados, bem como dar dicas de como usá-los ou propor usos alternativos. Se você optar pelo uso de algum recurso baixado de um *site*, é útil ler os comentários para obter conselhos de outros usuários que já trabalharam com o recurso em questão.

Sem dúvida, esses *sites* são bastante úteis, mas existem riscos em aceitar os recursos oferecidos muito rapidamente. Ninguém fará objeções à sua procura por inspiração na internet, nem à sua adaptação desses materiais para um uso mais efetivo: professores e estagiários encontram-se constantemente pressionados por questões de tempo, de sorte que recursos que economizam tempo são sempre bem-vindos. Contudo, a internet não existe para planejar ou preparar as aulas por você! O Teachers' Standards requer que o professor "[...] estabeleça objetivos que desafiem os alunos de todos os tipos, habilidades e disposições" (UNITED KINGDON, 2012, p. 7). É difícil imaginar como alcançar essa meta usando, sem refletir muito, planos e atividades de aula desenvolvidos por outros professores para diferentes tipos de alunos. Independentemente de onde você retira sua inspiração, é preciso considerar com cuidado como estruturar suas aulas, como adaptar os recursos de modo que o aprendizado seja personalizado para os seus alunos e pensar como você pretende que eles progridam.

Como já foi observado, os *sites* oferecem muitas escolhas de qualidade variável. Faremos observações sobre alguns *sites* que os professores têm usado com sucesso e que você talvez considere particularmente úteis (os endereços constam no final do capítulo).

O The Standards Unit foi configurado pelos então DfES e designado a promover uma transformação no ensino, no treinamento e no aprendizado de algumas matérias específicas, incluindo a matemática, por meio do desenvolvimento mais profundo dos conhecimentos e pedagogias envolvidos. Hoje, sob a curadoria do *site* do National STEM Centre, ele contém uma grande quantidade de materiais desenvolvidos para a National Strategies e voltados ao incentivo da aprendizagem ativa e colaborativa nas aulas de matemática.

Nrich é um projeto da University of Cambridge que conta com o apoio de especialistas dos departamentos de matemática e educação de Cambridge, além de diversos professores de matemática. O *site* é parte do projeto e contém milhares de recursos direcionados a alunos de todos os níveis, desde a escola primária até o nível pré-universitário. A meta desse projeto é oferecer materiais envolventes e desafiantes para alunos de matemática por meio do desenvolvimento de tarefas criativas. Os recursos disponíveis podem ser divididos como quebra-cabeças (para os quais os alunos podem postar soluções), atividades e artigos que incluem uma grande variedade de tópicos, como a história do desenvolvimento de algumas áreas do currículo, comentários gerais e descobertas científicas. O *site* contém muitos artigos úteis sobre como organizar o trabalho colaborativo em grupo, com conselhos particularmente úteis a respeito de como aplicar tarefas de fácil acesso a praticamente todos os alunos, mas que promovem um aprendizado mais aprofundado da matemática. As atividades e os jogos geralmente contêm observações dos professores e algumas indicações de como as soluções podem ser encontradas. Essa é uma característica especialmente útil, já que o capacitará a ver como a atividade é desenvolvida para promover o aprendizado de conceitos específicos ou a aquisição de habilidades, o que por sua vez lhe proporcionará mais autoconfiança na hora de aplicar os exercícios para os alunos. No *site*, é possível filtrar as buscas por tópico ou por série escolar. A maior parte dos recursos para as atividades pode ser baixada e impressa em alta resolução.

O Centre for Innovation in Mathematics Teaching (CIMT) foi fundado em 1986 como um centro de pesquisa e de desenvolvimento do currículo de ensino e aprendizado da matemática. O *site*, que contém muitas das pesquisas e dos materiais desenvolvidos por ele, está sob o comando da University of Plymouth. Apesar de não ser atualizado com muita frequência, ele continua sendo fonte de muitos materiais úteis. O The Mathematics Enhancement Programme (MEP) ocupa grande parte do *site* e é praticamente como um livro didático *on-line* direcionado a alunos de todos os níveis, dividido em unidades individuais (livros físicos baseados nesse material estão disponíveis sob encomenda no *site*). Cada unidade na seção do GCSE inclui três sessões que permitem sua divisão em níveis diferentes. As unidades de cada estágio são configuradas como um livro tradicional de matemática, mas é possível notar o grande cuidado com o qual foram incorporados resultados de pesquisas na estruturação do texto e das atividades. As unidades estão em formato PDF e, por isso, não podem ser editadas, o que reduz em parte sua utilidade, a não ser que você opte por usá-las como inspiração ou ponto de partida. As unidades vêm acompanhadas por notas de orientação muito bem-pensadas, as quais são úteis no esclarecimento de questões conceituais, pedagógicas e práticas. Existe uma grande variedade de atividades que, em conjunto com o texto que as acompanha, podem ser facilmente adaptadas e empregadas em outras aulas. Algumas partes do *site* requerem uma senha que pode ser obtida gratuitamente por intermédio de instituições educacionais como escolas, colégios e universidades.

Mrbartonmaths.com é um *site* que vários professores consideram particularmente útil. Ele contém milhares de recursos desenvolvidos pelo próprio Mr. Barton, assim como contribuições de outros professores. Também há muitos *links* úteis para outras boas fontes de recursos *on-line*. A maior parte dos recursos vem em formato Word, Excel ou PowerPoint, o que permite que sejam facilmente editados e adaptados para as suas necessidades e as necessidades de seus alunos. O *site* tem uma clareza admirável por conta de seu *layout*. Os recursos podem ser acessados tanto por tópico quanto pela idade dos alunos. Infelizmente, como não existe nenhuma facilidade de busca, é preciso ter alguma paciência durante a procura de atividades pertinentes. Diferentemente dos outros *sites* antes mencionados, este não contém um guia de auxílio sobre como os materiais podem ser usados para atender a questões pedagógicas específicas, nem existe um espaço para comentários a respeito da eficácia dos recursos disponibilizados.

Um dos *sites* ao qual o mrbartonmaths.com está ligado é o de compartilhamento TES Resource. Ele é parte do *site Times Educational Supplement* e é amplamente usado por professores das mais variadas matérias. O *site* depende das postagens e *uploads* de professores para o compartilhamento, por isso a sessão de comentários fornece um *feedback* importante. Também nesse caso não está disponível um guia de uso das atividades em conjunto com os recursos. Como essas atividades foram em grande parte designadas tendo em vista turmas específicas, tanto a qualidade quanto a utilidade dos recursos são variáveis. Em muitos casos, é preciso "filtrá-los".

RECURSOS FÍSICOS

Muitos professores argumentam que passam a depender de um número limitado de recursos prontos disponíveis. Embora você deva ter cuidado para não se tornar demasiadamente previsível em suas apresentações em aula, existem benefícios em trabalhar com um número limitado de recursos. O mesmo recurso, usado em diferentes circunstâncias, pode ajudar os alunos a visualizar conexões entre diferentes tópicos da matemática por meio da ênfase em múltiplas representações do mesmo conceito. Por exemplo, se cubos multilink são usados para ilustrar números cúbicos e o volume de um cubo, fica fácil enxergar como as duas ideias assemelham-se. Também é muito útil para que os alunos visualizem as relações entre diferentes representações matemáticas.

Alguns professores utilizam muitas informações visuais em sala de aula. É comum ver nesse tipo de sala uma reta numerada enorme, incluindo números negativos, pendurada em uma das paredes. Existe muito material produzido comercialmente, principalmente pôsteres que oferecem ilustrações particularmente úteis em algumas aulas. Muitos professores usam um varal numérico chamado "*washingline*", uma versão numérica do que chamamos de "parede de palavras" no Capítulo 7, em que se vai incluindo vocabulário novo à medida que ele é encontrado.

O propósito de os alunos usarem recursos variados tem a ver com o fato de eles explorarem ideias independentemente e testearem os conhecimentos adquiridos, mas o uso de recursos também torna a aula mais divertida. Os alunos gostam de brincar com cubos, papéis coloridos, atividades de cortar e colar, etc.

As representações visuais assumem um papel específico na busca por padrões matemáticos, seja para estabelecer sequências numéricas, seja para auxiliar nas generalizações algébricas. Recursos específicos são particularmente úteis para registrar os trabalhos e o progresso dos alunos. É possível que alguns recursos sejam úteis mesmo que não estejam fisicamente presentes, embora sua eficácia diminua à medida que se tornam familiares para os alunos. Assim, alunos que estão acostumados a trabalhar no contexto da reta numerada podem aceitar facilmente, alguns anos mais tarde, que a reta não precisa mais estar presente para que consigam efetuar cálculos simples, quando então passam a contar com uma reta numerada imaginária (DELANEY, 2001). De maneira semelhante, alunos que usam papel tracejado para executar rotações podem considerar que a imagem mental de um objeto que está sofrendo rotação seja particularmente útil para que decidam sobre a posição da imagem.

Sem dúvida, é impossível julgar um recurso isoladamente. Não é o recurso por si só que torna uma aula bem-sucedida. A utilidade de um recurso depende, mais do que tudo, do modo como o professor o incorpora em sala de aula para ajudá-lo a oferecer um apoio apropriado ao aprendizado dos alunos.

> **Ponto para reflexão**
>
> Professores estagiários raramente contam com o luxo de ter sua própria sala de aula; eles precisam andar de sala em sala, as quais ficam relativamente distantes umas das outras. O que você consideraria um "kit" absolutamente essencial de recursos físicos necessários para que esse tipo de professor consiga gerar envolvimento em sala de aula?

EVIDÊNCIAS DE PESQUISA

A aprendizagem ativa e colaborativa tem recebido notável atenção nos últimos 30 anos. Alguns a consideram uma mudança radical nos meios de instrução tradicionais, o que costuma dividir as opiniões dos profissionais do ensino, principalmente dos professores de matemática (MACBEAN; GRAHAM; SANGWIN, 2001). Esse tipo de aprendizado tem atraído profissionais que são grandes defensores da busca por maior envolvimento dos alunos no aprendizado da matemática, embora muitos o consideram mais uma parte negativa do que chamam de "decadência contínua" do processo de ensino dessa matéria.

A aprendizagem colaborativa está enraizada nas ideias de Vygotsky (1987), que defende a existência de uma natureza social inerente ao aprendizado que leva à zona de desenvolvimento proximal (ZPD) (RIEBER; CARTON, 1987). O teórico acreditava que essa "zona" só pode ser cruzada com a ajuda de outra pessoa que já tenha o conhecimento necessário. As pesquisas, de modo geral, corroboram a visão de que o uso de técnicas de aprendizagem colaborativa tem um impacto muito maior no aprendizado do que os métodos "tradicionais" de instrução. Hattie (2003) empreendeu uma monumental metanálise de várias técnicas de ensino e comparou a eficiência relativa de cada uma delas. Ele chegou à conclusão de que as técnicas mais eficazes estão relacionadas à aprendizagem ativa e colaborativa. A técnica considerada mais eficaz é chamada de "ensino recíproco" e pressupõe que aqueles alunos que se aprimoraram muito em alguma área específica devem compartilhar seu aprendizado com outros alunos – um caso clássico de ZPD. Durante a sua trajetória profissional, você certamente irá se deparar com muitas ideias que talvez *já conheça*, e cujo conhecimento provavelmente remonte a uma época bem anterior a quando você começou a lecionar, mas você só *entenderá* essas ideias no momento em que tiver de pensar bastante sobre elas, ou seja, sobre como e por que esse conhecimento deve ser transmitido. Assim, você não ficará surpreso com a dificuldade que os alunos terão no momento de explicar conhecimentos recém-aprimorados e de ajudar os colegas.

Segundo Johnson e Johnson (1986), há uma evidência notável de que grupos que trabalham cooperativamente conseguem reter as informações com maior profundidade e alcançar níveis mais altos de reflexão do que alunos que trabalham individualmente. O aprendizado compartilhado oferece aos estudantes uma oportunidade de se envolverem nas discussões, de assumirem a responsabilidade pelo próprio aprendizado e de se tornarem pensadores críticos. Bruner (1985) acredita que os métodos de aprendizado cooperativos melhoram as estratégias de resolução de problemas porque os alunos têm de lidar com diferentes interpretações de determinada situação, o que gera um conflito que precisa ser resolvido. O apoio oferecido pelo grupo permite que o aprendiz exercite sua capacidade de mediação do conhecimento. Habilidades de pensamento crítico são, portanto, aprimoradas. Pesquisas realizadas por Van Boxtel, Van Der Linder e Kanselaar (2000) apoiam essa visão.

LEITURAS COMPLEMENTARES

SWAN, M. *Improving learning in mathematics:* challenges and strategies. London: DfES, 2005.
Esses materiais são resultado de um trabalho com mais de 200 professores oriundos de várias instituições de ensino. Os recursos têm sido identificados como meios particularmente úteis de introdução da aprendizagem ativa e colaborativa nas aulas de matemática. Eles abrangem uma ampla série de materiais desenvolvidos para vários níveis de aprendizes e direcionados a diferentes abordagens, que podem ser adaptadas para a maior parte dos tópicos matemáticos. As várias técnicas delineadas baseiam-se em explicações das teorias subjacentes, o que por sua vez é útil para entender como elas podem ser adaptadas para o uso em sua sala de aula.

PETTY, G. *Evidence-based teaching,* 3rd ed. London: Nelson Thornes, 2009.
Geoff Petty é um dos principais defensores das técnicas de aprendizagem ativa e colaborativa. Esse livro contém conselhos práticos sobre como integrar uma grande variedade de estratégias de ensino em sua sala de aula, mas também, como sugere o título, examina evidências de pesquisa que validam essas técnicas. Embora não se destinem a nenhuma área específica do currículo, os conselhos são bastante úteis e apresentam uma clareza admirável. Muitas atividades podem ser adaptadas para as aulas de matemática.

PRESTAGE, S.; PERKS, P. *Adapting and extending secondary mathematics activities:* new tasks for old. London: David Fulton, 2001.
Esse livro apresenta tarefas para serem realizadas em sala de aula. Especificamente, ele analisa como tarefas "padrão" podem ser modificadas de modo que se tornem mais desafiadoras e promovam experiências de aprendizado mais efetivas. Algumas vezes, essa modificação envolve a forma como o problema é apresentado, sendo oferecidas muitas

alternativas para além da lista tradicional de questões que geralmente acompanha cada exercício. Os autores também discutem a disponibilidade dos novos recursos, em sintonia com a maneira como esses recursos podem mudar o modo como ensinamos uma série de tópicos matemáticos. Esse livro é sobretudo uma coleção de ideias: ao lê-lo, você certamente terá acesso a novas ideias que desejará aplicar.

SITES ÚTEIS

As unidades do The Standards podem ser acessadas via National STEM Centre em: http://www.nationalstemcentre.org.uk/elibrary/collection/282/improving-learning-in-mathematics.

O Nrich pode ser acessado em: http://nrich.maths.org/public/.

The Centre for Innovation in Mathematics Teaching pode ser acessado pelo *site* da University of Plymouth em: http://www.cimt.plymouth.ac.uk/.

O Jigsaw Classroom pode ser acessado em: http://www.jigsaw.org.

REFERÊNCIAS

BOALER, J. *The elephant in the classroom*: helping children learn and love maths. London: Souvenier, 2006.

BOALER, J. Promoting 'relational equity' and high mathematics achievement through an innovative mixed-ability approach. *British Educational Research Journal*, v. 34, n. 2, p. 167-194, 2008.

BOALER, J. *The Elephant in the classroom*: helping children learn and love maths. London: Souvenir, 2009.

BONWELL, C. C.; EISON, J. A. *Active learning*: creating excitement in the classroom. Hoboken: Jossey Bass, 1991.

BRUNER, J. Vygotsky: a historical and conceptual perspective. In: WERTSCH, J. V. (Ed.). *Culture, communication, and cognition*: Vygotskian perspectives. London: Cambridge University, 1985.

CARLSEN, M. Appropriating geometric series as a cultural tool: a study of student collaborative learning. *Educational Studies in Mathematics*, v. 74, n. 2, p. 95-116, 2010.

CHIU, M. M. Adapting teacher interventions to student needs during cooperative learning: how to improve student problem solving and time on-task. *American Educational Research Journal*, v. 41, n. 2, p. 365-399, 2004.

DELANEY, K. Teaching mathematics resourcefully. In: GATES, P. (Ed.). *Issues in mathematics teaching*. London: Routledge, 2001.

EDWARDS, S. *Managing effective teaching of mathematics 3-8*. London: Paul Chapman, 1998.

HATTIE, J. Teachers make a difference: What is the research evidence? *Interpretations*, v. 36, n. 2, p. 27-38, 2003.

JIGSAW. *Jigsaw classroom*. [S.l.]: Jigsaw, c2014. Disponível em: <http://www.jigsaw.org/>. Acesso em: 10 set. 2014.

JOHNSON, R. T.; JOHNSON, D. W. Action research: cooperative learning in the science classroom. *Science and Children*, v. 24, n. 2, p. 31-32, 1986.

KOZMA, R. B. The material features of multiple representations and their cognitive and social affordances for science understanding. *Learning and Instruction*, v. 13, n. 2, p. 205-226, 2003.

LINCHEVSKI, L.; KUTSCHER, B. Tell me with whom you're learning, and I'll tell you how much you've learned: mixed-ability versus same-ability grouping in mathematics. *Journal for Research in Mathematics Education*, v. 29, n. 5, p. 533-554, 1998.

LYMAN, F. The responsive classroom discussion: the inclusion of all students. In: ANDERSON, Audrey Springs (Ed.). *Mainstreaming digest*: a collection of faculty and student papers. College Park: University of Maryland, 1981.

MACBEAN, J.; GRAHAM, T.; SANGWIN, C. *Groupwork reluctance in mathematics education*. [S.l.]: MSOR, 2001. Disponível em: < http://www.mathstore.ac.uk/node/4. html>. Acesso em: 10 set. 2014.

NATIONAL ADVISORY COMMITTEE ON CREATIVE AND CULTURAL EDUCATION. *All our futures*: creativity, culture and education. London: DfEE, 1999.

NELSEN, R. B. *Proofs without words*: exercises in visual thinking. Washington: The Mathematical Association of America, 1997.

NORTH, A. C.; LINLEY, A.; HARGREAVES, D. J. Social loafing in a cooperative classroom task. *Educational Psychology*, v. 20, n. 4, p. 389-392, 2000.

OFFICE FOR STANDARDS IN EDUCATION. *Learning*: creative approaches that raise standards. London: OFSTED, 2010.

OFFICE FOR STANDARDS IN EDUCATION. *The annual report of her majesty's chief inspector of schools 2005/6*. London: OFSTED, 2006.

PETTY, G. *Evidence-based teaching*. 3rd ed. London: Nelson Thornes, 2009.

RIEBER, R. W.; CARTON, A. S. (Ed.). *The collected works of L. S. Vygotsky*: problems of general psychology. New York: Plenum, 1987. v. 1.

ROGER, T.; JOHNSON, D. W. *An overview of cooperative learning*. [S.l.: s.n.], 1994. Disponível em: <http://digsys.upc.es/ed/general/Gasteiz/docs_ac/Johnson_Overview_ of_Cooperative_Learning.pdf>. Acesso em: 10 set. 2014.

ROWE, M. B. Wait time: slowing down may be a way of speeding up! *Journal of Teacher Education*, v. 37, n. 1, p. 43-50, 1986.

SLAVIN, R. E. *Cooperative learning*. New York: Longman, 1983.

SLAVIN, R. E. Cooperative learning. *Review of Educational Research*, v. 50, n. 2, p. 315-342, 1980.

UNITED KINGDOM. Department for Education and Employment. *Teachers' standards*. London: HMSO, 2012.

UNITED KINGDOM. Department for Education and Employment. *The national communication for England*: mathematics. London. HMSO, 1999.

VAN BOXTEL, C.; VAN DER LINDEN, J.; KANSELAAR, G. Collaborative learning tasks and the elaboration of conceptual knowledge. *Learning and Instruction*, v. 10, n. 4, p. 311-330, 2000.

WATSON, A.; MASON, J. *Mathematics as a constructive activity*: learners generating examples. Abingdon: Routledge, 2005.

WATSON, A.; MASON, J. *Questions and prompts for mathematical thinking*. Derby: Association of Teachers of Mathematics, 1998.

WING-YI CHENG, R.; LAM, S.; CHUNG-YAN CHAN, J. When high achievers and low achievers work in the same group: the roles of group heterogeneity and processes in project-based learning. *British Journal of Educational Psychology*, v. 78, p. 205-221, 2008.

Leituras recomendadas

JOHNSON, R. T.; JOHNSON, D. W. *Leading the cooperative school*. Edina: Interaction, 1989.

NELSEN, R. B. *Proofs without words*: exercises in visual thinking. Washington: The Mathematical Association of America, 1993.

10

As tecnologias da informação no ensino da matemática

Este capítulo

✓ trata da história do uso das tecnologias no ensino de matemática;

✓ discute questões referentes à pedagogia e ao uso da informação;

✓ examina o uso de salas de computadores para um grupo e o uso de computadores individuais;

✓ avalia como os professores usam mecanismos de projeção para ensinar o conteúdo;

✓ mostra como o quadro branco interativo pode levar a mudanças na prática de ensino e aprendizado em sala de aula.

HISTÓRICO

A inovação dos métodos de ensino de matemática é um aspecto recorrente na vida dos professores. Ficar parado nunca é uma opção, e o Teachers' Standards espera que o professor cumpra suas maiores responsabilidades como profissional do ensino por meio de um desenvolvimento profissional continuado. Recentemente, muitas dessas inovações estiveram (e continuam) centradas na informática e no aumento de seu uso durante as aulas. Em 2004, 80% dos departamentos de matemática já estavam usando a informática nas aulas em algumas ocasiões, mas apenas um departamento entre seis usava esse recurso com frequência (QUALIFICATIONS AND CURRICULUM AUTHORITY, 2004). Keating, Giardiner e Rudd (2009) chegaram à conclusão de que menos da metade (46%) dos alunos da escola secundária usavam aparatos tecnológicos no estudo da matemática mais de uma vez por semana, e cerca de um terço deles fazia tal uso uma vez por mês ou menos. Um dos maiores propulsores de mudanças educacionais é a necessidade de adaptação dessa tecnologia para que dê maior ênfase às abordagens matemáticas do que a um conteúdo específico (discussão presente no Capítulo 1). Habilidades ligadas à elaboração e à testagem de hipóteses, ao agrupamento e à análise das informações, ao teste e à validação de exemplos e à habilidade de comunicação precisa e centrada são muito importantes e valorizadas (OLDKNOW; TAYLOR, 1999). Se essas demandas não mudarem, será fácil verificar que o uso da informática continuará tendo um papel fundamental nas escolas, visto que o uso eficaz da tecnologia pode contribuir para o desenvolvimento de todas essas habilidades.

O uso das tecnologias da informação e da comunicação (TICs) em sala de aula pode assumir um amplo número de diferentes funções. Algumas dessas funções relacionam-se diretamente à tarefa de auxiliar os alunos a aprender matemática; outras os ajudam mais indiretamente, permitindo o acesso a configurações mais amplas de informação ou acelerando a realização da análise de informações que, sem um computador, seria bem mais lenta. Uma terceira função mais geral está ligada à contribuição desses recursos no aprimoramento das habilidades dos alunos em usar essa tecnologia e, consequentemente, da sua habilidade em usar computadores para organizar, analisar e apresentar informações. Apresentamos a seguir algumas formas por meio das quais o uso do computador pode contribuir para o aprendizado dos alunos, a saber:

- contribuir para o desenvolvimento das habilidades dos alunos em usar computadores;
- proporcionar um *feedback* rápido de respostas e ideias, evitando a situação na qual os alunos esperam que o professor dê o *feedback*;
- acelerar o ritmo da aula, ao possibilitar mudanças rápidas em diferentes contextos e ao dar respostas imediatas a uma ampla gama de questões;
- melhorar a qualidade dos contextos, de modo que os alunos possam ver, por exemplo, um diagrama perfeito em lugar de um desenhado à mão, que pode conter incongruências;
- possibilitar que os alunos explorem diferentes ideias para ver o que acontece, por exemplo, quando investigam o efeito de diferentes constantes em um gráfico algébrico;
- dar exemplos de ideias matemáticas;
- explorar padrões matemáticos e suas relações;
- testar hipóteses, adaptá-las e testá-las novamente;
- escolher, mesclar e analisar dados com rapidez e facilidade;
- facilitar o trabalho com complexas configurações de dados, incluindo dados reais.

Com um pouco de imaginação, você pode usar a informática para fortalecer conexões entre diferentes ideias matemáticas e promover ligações com outras áreas do currículo. É importante ressaltar que, mesmo quando a informática tem uma contribuição fundamental em sala de aula, seu papel como professor continua sendo mais importante do que o uso dessa tecnologia (BRITISH EDUCATIONAL COMMUNICATIONS AND TECHNOLOGY AGENCY, 2004). Você não pode confiar que a tecnologia guiará a aula por você! Somente com a sua intervenção é que a tecnologia pode ser utilizada para demonstrar e explicar questões, para estimular discussões e para dar vazão a intuições ou interpretações.

Em seu planejamento de aula e em suas avaliações, você deve considerar duas questões importantes relacionadas ao uso da informática. A primeira questão avalia se a informática está agregando valor às suas aulas. Em outras palavras: os alunos estão aprendendo mais com a ajuda da tecnologia, ou o aprimoramento do aprendizado seria maior sem ela? A segunda questão diz respeito a escolher a forma mais apropriada de usar essa tecnologia. É absolutamente crucial que você tenha essas questões em mente ao refletir sobre o uso das TICs. Além de tentar responder a essas duas questões, outra maneira muito útil de avaliar o uso da informática é fazer perguntas aos alunos sobre isso. Você pode pedir a eles, como parte da reflexão sobre as aulas, que falem sobre como o uso da tecnologia ajudou-os a aprender durante a aula.

A disponibilidade dos recursos tecnológicos nas escolas aumentou muito nos últimos tempos. Como ressaltamos no Capítulo 9, existem tantos recursos disponíveis que um dos riscos que correm os professores é o de perder muito tempo procurando pelo mais adequado. A internet é ampla demais para se deixar coordenar facilmente!

QUESTÕES PEDAGÓGICAS

Evidências de pesquisa comprovam que o uso da informática é um importante instrumento de aprendizado, porém é menos eficaz na matemática do que em outras disciplinas (OFFICE FOR STANDARDS IN EDUCATION, 2004). Apesar disso, os pesquisadores identificaram o uso da informática como propulsor de um efeito positivo significativo nos padrões e resultados matemáticos em mais de um terço das escolas analisadas. O uso mais eficaz ocorre quando ele se processa de maneira flexível, e não necessariamente por todos os alunos, configurando-se como um recurso de apoio. O importante é integrar os resultados do uso da informática com a tarefa que está sendo realizada (GOLDSTEIN, 2001) a fim de que os alunos vejam a tecnologia como um instrumento facilitador dessa tarefa, e não como um fim em si mesmo.

Alguns usos da informática são mais funcionais do que pedagógicos (OLDKNOW; TAYLOR; TETLOW 2003). Quando usada dessa forma, ela se revela tecnicamente, como um mecanismo para calcular o significado de uma grande configuração de numerais, investigar o efeito de mudar uma variável de modo artificial ou apresentar informações de modo mais esquematizado. Nesses casos, o uso da informática economiza muito tempo ao possibilitar a exploração de mais situações ou ao apresentar os resultados de maneira mais atrativa. Tais usos, por si mesmos, não contribuem para uma melhor compreensão dos alunos do conteúdo matemático, mas sim indiretamente, possibilitando que grande parte do tempo seja dedicada a tarefas mais importantes e interessantes.

Um uso mais inovador da tecnologia voltada à matemática está ainda em desenvolvimento. Um exemplo é o uso da programação. O Framework lista alguns dos principais usos da tecnologia voltada à matemática no estágio 3, como linguagens de programação, tais como Logo ou Basic, e também as habilidades de programação das calculadoras gráficas (UNITED KINGDOM, 2001).

Sejam quais forem os méritos educacionais da programação, e há muitos, o seu uso tem mais diminuído do que aumentado à medida que mais opções tecnológicas têm sido disponibilizadas. Em 1990, muitos matemáticos promoveram o uso da linguagem computacional Logo como um instrumento enriquecedor do aprendizado matemático. A estrutura simples do Logo e seu amplo escopo têm um enorme potencial para ajudar os alunos a controlar o próprio aprendizado. Pesquisas sobre a eficácia desse uso tiveram resultados extremamente positivos (um relatório sobre essa pesquisa pode ser consultado em JONES, 2005). Muitos professores confirmam tais resultados e fazem bom uso deles, enquanto outros simplesmente os dispensam. Por razões não muito claras, essas não são questões presentes de forma proeminente na National Strategy, e o uso do programa parece ser menor hoje do que em 1990. Embora Hyde (2004) expresse surpresa diante do fato de que apenas 73% dos professores questionados confirmaram o uso do Logo, Knights (2009) relata que, em sua pesquisa, muitos professores nunca ouviram falar dessa tecnologia.

Uma possível razão do declínio do uso de programadores nas aulas de matemática talvez seja o declínio da importância da programação no currículo da informática. Em 2012, o National Curriculum anunciou que esta seria substituída pela ciência da computação, com vistas a criar um curso para alunos da escola secundária (UNITED KINGDOM, 2012). A programação poderia ter uma grande importância nesse tipo de curso, gerando um consequente potencial de cruzamento com outras atividades do currículo.

Dadas as dificuldades de acesso associadas ao uso de computadores complexos, alguns professores convenceram-se de que as calculadoras gráficas poderiam ser um bom substituto e exercer um forte impacto. As calculadoras gráficas são pequenas (e baratas) o bastante para que cada aluno possa ter a sua, podendo ser usadas com eficiência e flexibilidade. As evidências de pesquisa, contudo, afirmam que elas não são bem-utilizadas (OFFICE FOR STANDARDS IN EDUCATION, 2004). Pesquisas recentes sugerem que as calculadoras gráficas continuarão sendo usadas inadequadamente, devido às dificuldades iniciais que os alunos enfrentam ao se familiarizar com os recursos disponíveis, o que apresenta uma barreira tanto para os professores quanto para os alunos. Não importa o quão úteis sejam as calculadoras gráficas, o seu modo de operar é diferente dos computadores tradicionais, e a falta de familiaridade dos usuários com elas faz que poucos professores as utilizem durante a aula. De modo semelhante, parece que apenas um pequeno número de entusiastas consegue explorar a fundo todas as capacidades de programação dessas calculadoras.

Ainda é preciso avaliar se a substituição das calculadoras gráficas por *laptops* ou *tablets* conectados a um sistema de internet sem fio resultará em mais mudanças na prática. O maior benefício, do ponto de vista docente, é que esses aparelhos funcionam com um sistema operacional semelhante. Atualmente, a questão da segurança pressupõe que as salas de informática sejam separadas das salas de aulas e trancadas depois de seu uso – além do tempo gasto para entrar e sair delas, conectar-se e desconectar-se da internet também leva bastante tempo, o que não é nada desejável. À medida que a confiabilidade e a segurança forem garantidas, é provável que os *laptops* passem a ser usados dia-

Ensinando matemática para adolescentes **241**

riamente durante as aulas de matemática em um futuro próximo. Uma mudança significativa no uso deles provavelmente ocorrerá quando os alunos começarem a levar para todas as aulas seus próprios *laptops*, que estarão o tempo todo conectados à rede da escola.

Outro benefício de computadores pequenos e portáteis, além de serem relativamente baratos, é que o seu uso pode finalmente tornar possível dispensar a necessidade de salas especiais para o uso de computadores. Na década de 1990, o uso dessas salas de computação era o orgulho e a alegria de todos os alunos das escolas secundárias, mas o valor desse recurso para os professores de matemática continuou limitado, como veremos na próxima seção.

Acima de tudo, os supervisores escolares relatam que o uso da informática nas aulas de matemática é relativamente restrito e subdesenvolvido em termos de provisões, havendo grande variação entre as escolas (OFFICE FOR STANDARDS IN EDUCATION, 2004). O melhor uso que se pode fazer da informática ocorre quando ela ajuda os alunos a explorar ideias matemáticas, a investigar os efeitos das mudanças e a testar abordagens alternativas. Considere o exemplo de uma aula de matemática na qual o objetivo principal era que os alunos conseguissem desenhar em uma linha que melhor se adequasse aos propósitos em jogo:

> A informática teve um papel fundamental na aula. Os gráficos preparados foram úteis devido à alta qualidade das ilustrações de dados correlatos, e o computador possibilitou uma troca mais fácil e rápida de um diagrama para outro. O uso de um mouse sem fio permitiu que o professor não ficasse fixado em apenas um ponto e pudesse dar mais vida à comunicação de suas ideias e à administração da discussão em sala de aula. (OFFICE FOR STANDARDS IN EDUCATION, 2004, p. 7).

Nessa aula, a informática contribuiu positivamente para o aprendizado dos alunos. Ela não os distraiu do propósito principal da aula e, em vez disso, aumentou o envolvimento deles com ideias-chave da matemática.

SALAS DE INFORMÁTICA OU COMPUTADORES INDIVIDUAIS?

Um dos usos da informática é aquele que os alunos fazem. Isso depende muito das estruturas disponíveis no departamento de matemática ou na escola. Existem duas questões que influenciam a eficácia desse uso: disponibilidade e isolamento. Discutiremos uma de cada vez. Os professores com frequência se referem ao problema do acesso às salas de informática como uma barreira para o uso dessa tecnologia no ensino de matemática (HYDE, 2004). Alguns departamentos dispõem de fácil acesso a uma sala com cerca de 30 computadores e podem reservá-la com um pequeno planejamento. Em outras escolas, as salas de informática ficam todas em um único prédio, geralmente localizado atrás da escola.

Depois de um maior investimento do governo britânico a partir de 2001, muitas escolas investiram pesado em salas de informática que podem ser reservadas ocasionalmente para aulas específicas. Contudo, mudanças discrepantes no National Curriculum passaram a exigir maior uso dessas salas para aulas voltadas especificamente ao aprendizado do manejo dos computadores, tanto no contexto das aulas de matemática quanto no contexto de outras matérias, visto que, apesar de as escolas terem passado a contar com mais computadores do que antes, o acesso a eles foi reduzido.

A segunda dificuldade enfrentada pelos professores deve-se ao isolamento e à natureza distante dessas salas. A sala de informática não é familiar aos alunos por não se situar onde eles normalmente aprendem matemática. Ela costuma ser dotada de 30 computadores, que também não são familiares às aulas de matemática. A consequência disso é que os alunos tendem a encarar a aula nessas salas como algo à parte de suas aulas de matemática convencionais, e os professores precisam trabalhar com afinco para convencê-los de que se trata de uma aula de matemática, e não de uma aula "com computadores". Sem um estímulo específico do professor, os alunos enfrentam dificuldades para compreender a conexão entre suas atividades no computador e os conteúdos de matemática (GOLDSTEIN, 2001).

As salas de informática apresentam ainda outra dificuldade. O seu aspecto físico faz com que seja difícil trabalhar flexivelmente – e trabalhar com flexibilidade é um dos requisitos mais necessários quando se trata de matemática. Muitos dos conteúdos dessa disciplina requerem apenas alguns minutos de trabalho no computador, seguidos por alguma atividade escrita e, depois, talvez por um retorno ao computador para testar novas ideias. É difícil obter essa flexibilidade de abordagem trabalhando-se em uma sala desse tipo devido à falta de espaço.

Em uma sala de informática, os alunos encaram as máquinas como o principal foco da aula, em vez de atentarem para os conteúdos matemáticos. Somente quando se torna apenas mais um recurso da sala de aula é que o computador deixa de ser o foco da atenção. A disponibilidade cada vez maior de instrumentos portáteis que funcionam com internet sem fio, tais como *smartphones* e *tablets*, torna essa perspectiva potencialmente realizável. Atualmente apenas um pequeno número de escolas já começou a usar esses recursos, embora seja provável que eles assumam um papel cada vez mais importante muito em breve. Os alunos se beneficiarão enormemente do uso individual de computadores quando estes se tornarem um recurso de aprendizado que substituirá o uso das calculadoras durante dois ou três minutos, de tempos em tempos, para checar resultados ou para confirmar hipóteses. Os alunos estarão no caminho de se tornarem aprendizes verdadeiramente autônomos quando puderem decidir sozinhos em que momento usar o computador, qual *software* usar, e também quando forem capazes de avaliar se o computador realmente os ajudou.

Algumas salas de aula de matemática são equipadas com um computador ou com um número pequeno de computadores (computadores tradicionais ou os mais modernos *laptops*) que podem ser usados durante a aula. Isso tem a clara vantagem de tornar a organização mais fácil e mais flexível, já que nada precisa ser planejado com antecedência: os computadores são usados simplesmente quando surge a necessidade. Esse tipo de uso pode envolver um pequeno grupo de computadores no canto da sala de aula ou em uma área conjunta com o departamento de matemática.

Esse tipo de configuração estimula os alunos para que realizem pesquisas ou busquem respostas nos computadores. No entanto, o cenário também tem lá suas dificuldades: por exemplo, o que acontece quando seis alunos querem acessar o computador, mas só existe uma máquina disponível? Isso cria ainda mais demandas relativas às habilidades de administração da sala de aula por parte do professor.

Um tipo de *software* que vale a pena mencionar é o *integrated learning system* (ILS), no qual os alunos respondem a uma série de questões geradas pelo computador. A operação do sistema requer a configuração de um aluno por computador, de modo que para a administração desse recurso com frequência os alunos precisam se alternar, ficando dentro ou fora da sala rotativamente. Algumas vezes, grupos de alunos podem ser organizados para que trabalhem por tempo limitado no computador durante a aula, retornando ao grande grupo ao final do tempo estabelecido.

O ILS apresenta aos alunos uma série de questões. Para responder às perguntas, o computador seleciona um programa relacionado à matéria em questão, com perguntas extras designadas para abordar as necessidades de aprendizado de cada aluno. O programa vai apresentando, progressivamente, perguntas cada vez mais difíceis e análises dos progressos individuais. A natureza individual do trabalho nesse contexto é tanto sua vantagem quanto sua desvantagem. A vantagem é que as tarefas concentram-se nas necessidades individuais, mas a desvantagem é que o trabalho pode ser muito solitário e também entediante devido à falta de interação. Quando são usados sistemas de aprendizado integrados, eles costumam ser empregados como apoio às aulas de matemática normais. Sistemas de aprendizado integrados são desenvolvidos para ser flexíveis e para responder às necessidades individuais dos alunos, mas também podem ser encarados como extremamente inflexíveis. Independentemente do quão flexível possa ser um programa, ele continuará sendo sempre um programa e, portanto, limitado às ideias dos seus desenvolvedores. Os críticos referem-se a tal uso do computador como rígido e mecânico, muito distante da filosofia de que os computadores devem ser um instrumento de auxílio ao aprendizado de conteúdos que já estejam ao alcance dos alunos (AINLEY, 2001).

Muitas escolas contam hoje com ambientes de aprendizado virtuais, os chamados *virtual learning environments* (VLEs), que podem ser acessados pelos alunos no *site* da escola, permitindo um acesso remoto de casa ou de qualquer outro lugar. Os objetivos ligados ao uso dos VLEs incluem o aprimoramento da eficiência dos processos de ensino e aprendizado e a promoção de uma maior individualização, com o benefício adicional de um sistema que não pressupõe o uso de papel e que está prontamente disponível ao acesso quando e onde for preciso. As maiores possibilidades, contudo, provavelmente estão ligadas à natureza interativa da informação. Para os alunos, a disponibilização de materiais auxiliares ao aprendizado, dentro e fora da sala de aula, e sua acessibilidade em casa, tem o potencial de aumentar o envolvimento deles com os conteúdos.

Teoricamente, o uso eficaz dos VLEs deve oferecer aos alunos a possibilidade de trabalhar em uma tarefa de modo independente, proporcionar um aprendizado diferenciado e permitir que diferentes estilos de aprendizado possam ser contemplados. Alunos que aprendem mais ouvindo, por exemplo, podem beneficiar-se baixando podcasts ou videocasts. Alunos com tendência a faltar às aulas podem acessar os recursos virtualmente, enquanto os professores podem continuar acompanhando-os no caso de essa ausência prolongar-se. Os professores também podem usar mecanismos de agrupamento e *upload* de anotações feitas durante a aula para revisão ou consolidação do aprendizado.

Tarefas de casa podem ser postadas para que os alunos (e seus pais) a acessem, assim como os alunos também têm a possibilidade de responder eletronicamente às tarefas, submetendo-as inclusive a uma avaliação *on-line*. Como ressaltamos no Capítulo 6, o uso de tais sistemas, particularmente no que diz respeito à avaliação e às tarefas de casa, tem sido questionado pelo Office For Standards In Education (2012).

Auxílios adicionais para a realização de tarefas, como *links*, anotações, outros exemplos além daqueles usados em sala de aula e comunicação por email com os professores, são muito úteis aos alunos. Os ambientes de aprendizado virtuais possibilitam a continuação de um trabalho colaborativo ao engajar os alunos por meio de salas de bate-papo ou pelo desenvolvimento de "wikis". Existem preocupações óbvias relativas à segurança e ao *cyberbullying* no uso desses recursos, tanto por parte de alunos quanto de professores, e sua escola provavelmente tem regras quanto a isso – você precisa estar familiarizado com elas.

Ponto para reflexão

É comum que seja uma unanimidade entre os estagiários que o uso das tecnologias da informação no ensino é sempre recomendável. Pense nas formas como elas podem ser usadas pelos alunos individualmente ou em pequenos grupos (algumas foram descritas neste capítulo) e reflita sobre quando e em quais condições uma aula desse tipo pode ser ineficaz. Considere questões como:
- a oportunidade que os alunos têm de discutir o próprio trabalho;
- se os alunos estão centrando-se na matemática;
- como os alunos estão registrando o próprio trabalho;
- a diferenciação;
- o tempo de atividade necessário para que os alunos não percam a atenção.

Projeção de dados

Um uso alternativo da informática em sala de aula consiste em ter disponível na sala um computador conectado a um projetor de dados. O projetor, que também pode ser conectado a outros recursos, como aparelhos de vídeo e DVD, transfere os dados da tela do computador para uma tela maior que fica na parte da frente da sala de aula, diante dos alunos. Um benefício óbvio de usar a informática dessa maneira é a economia de tempo. É possível, por exemplo, apresentar os objetivos da aula muito mais rapidamente, se eles já tiverem sido formulados e salvos no computador, projetando-os na tela grande. Escrever os mesmos dados manualmente no quadro leva muito mais tempo, o qual pode ser usado mais produtivamente durante o ensino da matéria.

De modo semelhante, a tela tem a função de apresentar lembretes importantes ou pontos-chave do tópico em questão, indicar o novo vocabulário necessário e mostrar uma breve revisão do trabalho anterior. Usar o computador dessa forma é simples, demanda pouco treinamento e contribui consideravelmente para o aprimoramento da aula. Comentários de alguns professores apresentados aqui ilustram o tipo de contribuição simples e eficaz do uso do projetor em sala de aula:

> Eu uso o projetor na maior parte das aulas, às vezes só para projetar a folha de exercícios ou alguns poucos slides já preparados.
>
> Eu sempre uso a tela para projetar os objetivos da aula e depois faço a mesma projeção no final de cada aula.
>
> Se eu tiver muitas anotações, eu as coloco em um slide para tê-las prontas para a projeção. O projetor é eficaz especialmente porque você não precisa dar as costas para os alunos, o que acontece quando o professor escreve no quadro.
>
> Em vez de perder um tempo desnecessário escrevendo no quadro, eu posso usar notas já preparadas em slides e projetá-las. Isso economiza muito tempo, o qual pode ser usado para explicar a matéria.

Sem dúvida, também é possível usar a informática de modo inapropriado, o que tem um efeito negativo nos resultados que se deseja alcançar. Existe o perigo de que o uso desse tipo de tecnologia leve a uma espécie de aprendizado passivo, no qual os alunos "[..] se tornam recipientes passivos de uma tela que apresenta informações" (UNITED KINGDOM, 2007, p. 5). Um uso inadequado que os professores comumente fazem dessa tecnologia implica considerar que uma apresentação em Power Point é sempre um bom começo de lição. Embora realmente proporcione um impacto visual, o Power Point também é usado de modo muito mecânico, o que não estimula o envolvimento dos alunos. Os slides preparados podem ser igualmente limitados. Eles estabelecem um roteiro e estimulam questões que só têm uma resposta correta – aquela que será revelada no próximo *slide*. Uma resposta inesperada a essa questão, ainda que correta, pode ser vista como inferior por não se encaixar exatamente no que será apresentado no próximo slide. O perigo é que os alunos tornem-se "[...] limitados devido a um padrão de ensino predeterminado" (TANNER; JONES, 2007) que deixa pouca margem para discussões e compartilhamento de ideias originais. Alguns comentários de professores ilustram esse ponto:

> Eu não uso apresentação em Power Point nas aulas de matemática. Você não tem como ser positivamente reativo ao modo como as coisas estão correndo em sala de aula se estiver confiando totalmente na apresentação eletrônica.
>
> Eu só uso apresentações em slide como um complemento daquilo que estou fazendo no quadro. Desse modo, sou eu que dito o ritmo da aula, e não o Power Point. Minha tendência é usar os slides apenas para apresentar pontos-chave. Além disso, sempre escrevo muito no quadro.
>
> Se você confia cegamente em uma apresentação já preparada, isso prejudica a espontaneidade da aula e o modo como você reage aos problemas que surgem.
>
> Se você interage o tempo todo, está muito mais em sintonia com o modo como os alunos estão pensando. Quando eles fazem perguntas, você tem de responder na mesma hora. É muito mais difícil fazer isso se você depende de algo que já preparou com alguma antecedência, porque não pode mudar nada aqui e ali.
>
> Você não pode dispersar para lado nenhum, porque fica muito dependente dos slides já prontos. Não sou um grande fã deles.

O Power Point em si só não é bom nem ruim; é simplesmente um meio de apresentar informações. Você pode usá-lo de modo muito eficaz como parte de uma aula interativa, embora precise fazer algo mais para dar vida à aula. O sucesso da aula depende do modo como você maneja essa interação com os alunos por meio da projeção de imagens.

USO DO QUADRO INTERATIVO

Um dos derivados fundamentais do uso de projetores é a projeção de imagens em um *interactive white board* (IWB). O quadro interativo é sensível ao toque, e os ícones apresentados respondem ao toque tal como a tela do computador responde aos cliques do mouse. Os quadros brancos interativos são cada vez mais comuns nas salas de aula onde se ensina matemática e têm exercido um forte impacto na maneira como essa matéria vem sendo apresentada.

Leva algum tempo até você se tornar proficiente no uso de todo o potencial desses aparelhos interativos e, antes de usá-los, você certamente precisará de algum tempo para explorá-lo sozinho. Um grande auxílio consiste em conversar com um usuário mais experiente, o que pode economizar o seu tempo e direcionar suas explorações. Sua confiança certamente aumentará com o tempo, mas você precisa ir com calma e fazer verificações ao final de cada etapa para avaliar se a tecnologia está tendo um efeito positivo em sua prática de ensino.

Muitas características simples do quadro interativo podem fazer que os alunos se interessem mais por suas aulas. Há um cronômetro na tela que pode ser usado para estabelecer metas a curto prazo durante as aulas; há também pequenos apetrechos que medem ângulos e comprimentos na tela, assim como facilidades capazes de prever e verificar resultados.

Você pode usar o quadro interativo em conjunto com recursos próprios já preparados, recursos da escola ou recursos disponíveis na internet. As três possibilidades oferecem vantagens e desvantagens. Uma clara desvantagem de produzir seu próprio material é o tempo necessário para realizar o trabalho. Você precisa primeiro ter habilidade para usar as TICs e dispor de tempo para adaptar seus recursos a elas. A vantagem é que, se você tem um profundo conhecimento do material, pode facilmente adaptá-lo às necessidades da turma para a qual estiver ensinando, incluindo elementos ao seu próprio modo.

Se você usar recursos que não tiverem sido preparados por você mesmo, acontecerá o contrário. Usar um recurso já pronto economiza tempo de preparação, mas você perde o aspecto pessoal porque não pode inferir nada seu. Existe o perigo de você não se familiarizar completamente com todas as características desse tipo de recurso nas primeiras vezes em que usá-lo, correndo o risco de perder a naturalidade que transparece quando utiliza materiais que conhece bem. Mas, acima de tudo, você perde o aspecto do controle, pois fica preso a um plano de aula preparado por outra pessoa. Os exemplos ali presentes podem não se adaptar à turma específica para a qual você está lecionando, assim como a progressão de ideias pode não se adaptar ao seu ritmo de trabalho.

O aspecto mais positivo do quadro interativo é que proporciona uma boa qualidade de imagem, com muito mais oportunidades de se realizar uma apresentação dinâmica do que havia alguns anos atrás. A boa aparência da apresentação é atrativa para os alunos – um ponto positivo que você deve explorar. Embora o professor continue sendo uma figura-chave no manejo do equipamento, também há possibilidades de os alunos explorarem ideias no contexto de sala de aula. Eles podem demonstrar suas ideias visualmente usando o quadro, o que se torna de grande ajuda para aqueles aprendizes que têm dificuldade em usar a linguagem oral para comunicar suas ideias.

> Um aparelho brilhante, colorido e dinâmico que seja o foco da sala de aula oferece boas oportunidades de aumentar o nível de atenção dos alunos e o seu envolvimento com a matemática. Os quadros brancos interativos apresentam grande potencial para que ocorra um aprendizado divertido e autônomo em um contexto no qual os aspectos da matemática podem ser manejados tanto pelos alunos quanto pelo professor. (TANNER; JONES, 2007, p. 40).

Nesse sentido, o recurso do quadro interativo dá margem para discussões e possibilita que alunos e professores concentrem-se em pontos-chave. Há fortes argumentos para que os professores sejam incentivados a usar não apenas os aspectos ligados à apresentação de dados, mas também as oportunidades para tornar o aprendizado mais interativo, o que não seria possível de outro modo.

Muitas facilidades do quadro interativo dependem de um *software* específico. Esse recurso é particularmente eficaz na ilustração de ideias geométricas. Partindo do fato de que o desenho de um diagrama é estático, o interessante é que o quadro interativo permite que eles sejam mais dinâmicos. Um triângulo, por exemplo, pode ter um vértice "levantado" que passa a se mover na tela. O computador é capaz de demonstrar que, à medida que o triângulo e os ângulos mudam, o ângulo de $180°$ permanece igual.

> Investigar relações geométricas manejando alguns pontos diretamente na tela é uma demonstração muito mais poderosa do que quando se tenta demonstrar o mesmo exercício com um *laptop* "remoto". Os alunos têm condições de se concentrar no professor e na ação que se passa no quadro interativo ao mesmo tempo, e o professor pode fazer um melhor uso da linguagem não verbal (incluindo gestos e apontamentos com as mãos) para indicar o que está acontecendo. (UNITED KINGDOM, 2007, p. 7).

Assim, a geometria perde a fama de ser abstrata e formal, começando a parecer mais uma ciência experimental que os alunos exploram e investigam (NOSS, 2001). O *software* de geometria dinâmica já está disponível há muitos anos, mas seu uso aumentou com a introdução dos quadros interativos.

O ensino de gráficos algébricos também foi bastante aprimorado depois que um *software* específico passou a ser usado. Os alunos podem ir até o quadro e desenhar o modo como acham que um gráfico específico vai ficar, explicando ainda seus motivos. O computador, então, revela a posição exata do gráfico. A facilidade que permite mudar uma variável específica e desenhar uma sucessão de gráficos de maneira rápida e fácil é outro poderoso instrumento de aprendizado.

A quantidade de *softwares* disponíveis é grande e pode parecer intimidadora. Professores experientes tendem a se concentrar em duas ou três programações-chave e depois desenvolvem seu repertório gradualmente. Como base, você deve ter a prerrogativa de tentar melhorar alguns *softwares* genéricos que podem ser usados em muitas áreas da matemática, como pacotes de geometria, plotadores gráficos e planilhas, adicionando gradualmente a eles seus aplicativos favoritos, cada um designado a um tipo de melhoramento do ensino ou de algum tópico matemático específico.

Apresentamos a seguir alguns exemplos de comentários de professores a respeito do uso do quadro interativo. Alguns deles estão no primeiro ou no segundo ano de uso, mas é interessante ressaltar que todas as declarações são positivas.

O quadro interativo é o único recurso tecnológico da sala de aula. É particularmente útil para ensinar gráficos, geometria e medidas por meio da demonstração de agrupamento de gráficos, mudanças de rotação e derivações. Eu também utilizo vários programas interativos.

Um tipo de programa interativo particularmente bom tem como foco calcular a área de um círculo quando os alunos já sabem como encontrar a circunferência. Utilizo um programa que mostra um círculo que vai sendo cortado em quantos pedaços você quiser. Depois, ele mostra as fatias sendo configuradas de modo que pareça um paralelogramo. Isso ajuda os alunos a deduzirem uma fórmula para encontrar a área. Fazer isso sem um computador significa perder muito tempo cortando e dividindo... Além disso, visualmente, o computador apresenta tudo de maneira bem mais clara.

O quadro interativo é muito útil para a transformação de gráficos. É possível ver a transformação dos gráficos clicando-se em um botão.

continua

continuação

O Autograph tem sido ótimo. Os alunos costumam usá-lo para encontrar a média e a mediana, assim como desenhar plotagens e diagramas. Eles conseguem investigar o efeito do agrupamento de dados. O *software* ajuda a verificar se os alunos sabem o motivo de estarem usando uma análise específica ou a razão de estarem diante de determinada configuração.

O computador ajuda os alunos a verificar suas respostas rapidamente.

Eu gosto de todos os *softwares* de geometria, Cabri, etc. Em nossa escola, usamos todos eles com frequência.

O quadro branco interativo é um recurso popular, capaz de oferecer novas oportunidades na aula de matemática, mas o professor continua sendo fundamental para o aprendizado dos alunos. A chave para o aprendizado efetivo está em como o professor estabelece ligações entre as apresentações da tela, as atividades que os alunos realizam sobre o mesmo conteúdo que está sendo apresentado e o modo como eles internalizam essas representações matemática. As orientações do The National Strategy (UNITED KINGDOM, 2007) denominam esse processo de interações triangulares. A força das interações depende da habilidade do professor.

Miller e Glover (2006) chamam atenção para um aspecto importante. O objeto de estudo deles, envolvendo repetidas visitas a seis escolas que estavam usando o quadro interativo pelo primeiro ano, sugere que a força total do impacto desse uso não é perceptível quando ele é introduzido sem o devido treinamento. Os autores ressaltam que as necessidades de treinamento não são limitadas à tecnologia, abrangendo também habilidades de ensino e aprendizado.

OUTROS EQUIPAMENTOS DE INFORMÁTICA

Vamos agora tratar brevemente de dois outros equipamentos de informática disponíveis para as aulas de matemática, mas que estão sendo usados de maneira limitada. O primeiro está disponível há muito tempo e chama-se *motor sensor*. Trata-se de pequeno aplicativo eletrônico que pode ser conectado a um computador (e a uma tela), ajudando os alunos a explorar os *links* entre o movimento e os gráficos que descrevem o movimento. O sensor é uma pequena caixa de um lado só. Quando o aluno se movimenta na frente do sensor, a distância entre o aluno e o sensor é mapeada em um gráfico de distância e tempo.

O aplicativo facilita a investigação das relações entre os movimentos físicos e os gráficos matemáticos de uma forma que outro equipamento não conseguiria. O professor pode, por exemplo, apresentar um gráfico de distância e tempo, desafiando o aluno a se mover de tal modo que o sensor produza um gráfico específico. Tal abordagem leva a uma multiplicidade de sugestões feitas pelo restante da turma, o que, por sua vez, conduz a discussões ativas do conteúdo em sala de aula. Para saber mais sobre o *motor sensor*, sugerimos a leitura do artigo de Mercer e French (1994), no qual descrevem como os alunos podem usar esse recurso para explorar ideias aparentemente difíceis relativas à interpretação de gráficos.

Um segundo equipamento que está em uma primeira fase de introdução é um aplicativo de reação pessoal (em inglês, *personal response device*). Trata-se de um aparelho pequeno, do tamanho de uma mão, que é distribuído para cada um dos alunos. Esse aplicativo possibilita que os alunos selecionem uma dentre quatro respostas possíveis a uma questão apresentada na tela. A sua principal vantagem é que ele permite que todos os alunos possam dar uma resposta a cada questão proposta em aula, de modo que a participação não fica restrita apenas àqueles que se sentem mais confiantes. Alunos que se mostram relutantes a dar respostas em voz alta porque talvez não se sintam capazes de explicar seu pensamento podem participar tanto quanto aqueles mais articulados. Isso é particularmente útil no trabalho com grupos maiores, contexto em que é difícil fazer que todos se mantenham envolvidos.

Quando uma votação se faz necessária, os resultados obtidos em sala de aula são apresentados na tela; então, fica claro para todos quantos alunos votaram em quantas questões das quatro disponíveis. Porém, não é fornecida nenhuma informação sobre a identificação de qual aluno votou em qual questão. Isso permite que os alunos tenham um *feedback* imediato e possam comparar suas respostas com as respostas dos outros. Outro aspecto também muito importante é que o aplicativo fornece ao professor informações sobre a turma inteira, configurando-se como um instrumento de avaliação bastante útil.

O aplicativo pode ser usado para autoavaliação, como uma variação do sistema *traffic lights*. Nessa versão, os alunos apertam o botão A se tiverem entendido totalmente o conteúdo, o botão B caso tenham aprendido parcialmente e o botão C se não tiverem entendido nada. Um uso em estilo mais reflexivo ocorre quando os alunos são confrontados com uma questão para a qual devem dar uma resposta imediata e intuitiva. Depois são concedidos cinco minutos para discussão em grupo acerca da questão e então se solicita uma resposta revisada.

Aplicativos que lidam com respostas individuais são bastante caros, pois a sala de aula precisa de uma configuração específica para que eles funcionem de modo eficaz. Apesar disso, eles apresentam grande potencial para auxiliar os alunos em uma contribuição mais pessoal durante a aula, ajudando também os professores a que tenham acesso a uma avaliação imediata do aprendizado dos alunos.

O debate sobre o quanto a tecnologia deve influenciar o currículo de matemática está presente desde a época em que as primeiras calculadoras foram introduzidas e segue ativo até hoje. Certamente é possível argumentar que várias habilidades matemáticas que foram consideradas fundamentais durante muitos anos tornaram-se menos importantes com o aumento da disponibilidade da informática em sala de aula. Um exemplo disso é toda a área de manipulação algébrica. Durante séculos, os matemáticos precisaram de muita competência em álgebra para trabalhar em um nível mais avançado. Hoje, a manipulação algébrica pode ser feita por um sistema algébrico computadorizado, ou *computer algebra system* (CAS), um programa de fácil acesso e grande alcance, de modo que se pode argumentar que a manipulação manual é menos necessária ou, inclusive, totalmente desnecessária.

Ponto para reflexão

Reflita sobre o último parágrafo que você leu e pense sobre como pode argumentar que saber como manipular termos algébricos é uma habilidade matemática fundamental e necessária para todos aqueles que estudam essa matéria em um nível mais proficiente, não importando a quantidade nem a qualidade de tecnologia disponível.

Pense sobre como era isso há 10 anos. Avalie o quão importante você considera que os alunos sejam capazes de dominar as seguintes habilidades matemáticas:

- calcular a porcentagem de determinada quantidade;
- medir um ângulo;
- simplificar somas de termos algébricos;
- resolver equações quadráticas e lineares.

Considere se a habilidade em questão é necessária como uma "habilidade para a vida" ou para outras áreas relativas ao aprendizado. Existem outros elementos do currículo atual que você ache que estão perdendo ou irão perder a importância em um mundo cada vez mais informatizado?

EVIDÊNCIAS DE PESQUISA

Os professores costumam referir-se ao uso da informática como um importante incentivo durante as aulas. Os alunos adoram usar computadores e calculadoras. Howard (1993), por exemplo, relata os efeitos positivos de utilizar um projeto de base tecnológica com crianças que estejam passando por problemas emocionais ou que tenham um comportamento difícil. Esses alunos envolvem-se com o próprio trabalho por mais tempo que o normal, e a sua autoestima aumenta consideravelmente, visto que estão trabalhando com algo que lhes dá prazer. O aumento da motivação e da autoestima também é relatado em outras pesquisas (por exemplo, Knight; Pennant; Piggott, 2005; Smith, 2004).

O computador pode ser visto como um mediador entre a matemática e o aprendiz. Mason (2004) compara a maneira como os alunos formam imagens mentais e as imagens apresentadas nas telas. A tela pode fornecer uma ajuda poderosa na formação de imagens mentais. É evidente que não há garantias de que as imagens mentais formadas pelos alunos sejam corretas, mas a tela é capaz de tornar a matemática mais visível e menos abstrata. Há menos necessidade de visualização quando a matemática é modelada na tela.

Muitas pesquisas no âmbito da matemática já indicaram a dificuldade de estabelecer uma divisão entre os efeitos da informática e os efeitos de uma pedagogia diferenciada empregada pelo professor. Além disso, a eficácia do *software* pode depender crucialmente da maneira como é usada. Healy e Hoyles (2001) relatam que o entendimento dos alunos a respeito das testagens não se desenvolve automaticamente por meio do uso do *software* de geometria dinâmica, sendo dependente de tarefas bem desenvolvidas e de um ambiente que valorize a conjectura e o raciocínio. Quando essas condições estão presentes, elas resultam em ganhos evidentes no aprendizado.

Os efeitos positivos da informática algumas vezes não são imediatos. Laborde (2001), por exemplo, relata que o uso de programas de geometria mostram-se bastante limitados em termos de ganhos a curto prazo em relação ao entendimento, mas o seu uso a longo prazo traz muitos efeitos benéficos.

Miller e Glover (2006, p. 3) têm desenvolvido um projeto de pesquisa cujo foco é analisar "[...] o potencial do quadro branco interativo na contribuição para melhorias no ensino e na aprendizagem da matemática, no aumento do envolvimento dos alunos com o material de modo que ajude a melhorar os padrões". Ainda que o projeto volte-se a um pequeno número de escolas, muitas aulas já foram analisadas e um número relativamente considerável de conclusões consistentes foi esboçado. Quando os quadros brancos interativos são usados, a aula em geral segue um ritmo bastante ativo, e a atmosfera estimulante ajuda a minimizar os problemas de comportamento dos alunos. Efeitos positivos também são relatados quando esse recurso torna-se uma parte rotineira das aulas. Quando ele é usado como instrumento de discussão e explicação, os alunos envolvem-se mais e uma maior interação é estimulada. Além disso, quando os professores planejam suas aulas tendo em mente o uso do quadro interativo, eles tendem a estruturar muito bem a lição, o que acaba configurando-se em uma abordagem mais sistemática do processo de aprendizagem.

Em um experimento para analisar o impacto do quadro interativo no modo de ensinar dos professores, Merrett e Edwards (2005) chegaram à conclusão de que os alunos gostavam de métodos mais claros e compreensíveis, como o uso de softwares, especialmente por facilitarem a movimentação de linhas, formas e texto. Os autores afirmam que o quadro interativo é um bom meio de gerar discussões em sala de aula, comparando os resultados (melhores) do uso desse aparelho ao uso de *laptops*, caso em que a interação entre os alunos é prejudicada. Eles também relatam melhora nas habilidades de pensamento e de autoconfiança dos alunos, tendo em vista que, com o uso do quadro interativo, os alunos fazem perguntas mais de confirmação de testes, parecendo mais preparados para pensar por si mesmos.

Knight, Pennant e Piggott (2005) relatam um efeito positivo na motivação dos alunos e sugerem que essa motivação pode ser mantida por um período de dois anos, o que significa que o quadro interativo por si só não é suficiente quando se deseja obter uma vantagem mais duradoura. Os pesquisadores descobriram que, quando o nível conceitual dos alunos é alto demais, esse recurso não é suficiente para manter um interesse maior pela matéria. Nesses casos, a presença do professor torna-se ainda mais importante. A descoberta mais relevante desse estudo parece ser a de que a revisão dos estudos anteriores era um pressuposto importante para o sucesso do uso do quadro interativo na colaboração para o aprendizado dos alunos. Como esse aplicativo registra os resultados de todos os trabalhos, todas as experiências já gravadas podem ser acessadas facilmente. Isso ajuda os alunos a ter segurança em relação às suas bases para que possam evoluir no aprendizado.

A pesquisa mostra que o uso dos quadros brancos interativos realmente faz diferença na experiência dos alunos em sala de aula e que os seus efeitos são, sem dúvida, positivos.

LEITURAS COMPLEMENTARES

OLDKNOW, A.; TAYLOR, R.; TETLOW, L. *Teaching mathematics using ICT*. 3rd ed. London: Continuum, 2010.
Continua sendo o livro mais abrangente sobre o uso da informática no ensino de matemática. Oferece sugestões para o uso da tecnologia no estudo dos números, da álgebra, da geometria e da estatística, estabelecendo ainda cruzamentos com ideias de outras áreas afins, além de lançar um olhar sobre o futuro. O livro foi desenvolvido para servir de apoio ao aprendizado do uso da informática, não somente por meio da leitura do texto, mas também por meio de exercícios práticos. Também oferece valiosas dicas sobre os melhores *hardwares* e *softwares*, acompanhadas de uma lista de *sites* para recursos úteis (e gratuitos!).

EDWARDS, J.; WRIGHT, D. *Integrating ICT into the mathematics classroom*. Leicester: Association of Teachers of Mathematics, 2005.
Esse livro é composto por uma coleção de artigos publicados na revista *Micromath* por um período de cinco anos. Começa com uma seção sobre usos gerais, incluindo evidências de pesquisas e conselhos práticos relativos ao uso da tecnologia no ensino da matemática. Depois aborda uma série de tópicos, incluindo coletâneas de artigos sobre tipos específicos de *software* voltados, por exemplo, à geometria dinâmica, ao estudo de logaritmos e gráficos, ao uso de calculadoras, aos quadros brancos interativos e à internet. Nesse tipo de coletânea de artigos, você certamente encontrará alguns comentários estimulantes, assim como dicas bastante pragmáticas no que diz respeito à prática em sala de aula.

SITES ÚTEIS

O relatório de 2004 da Ofsted sobre o uso da informática no ensino de matemática está disponível em: http:www.ofsted.gov.uk/resources/ict-schools-2004-impact-of-government-initiatives-five-years.

No *site* do Standards, agora acessível por meio do National Archives, você encontrará uma série de materiais para uso em sala de aula. Nesse *link*, estão disponíveis planos de aula e recursos desenvolvidos para mostrar como a informática pode auxiliar no aprendizado da matemática. Acesse:

http://webarchive.nationalarchives.gov.uk/20101119131802.

http:/www.standards.dcsf.gov.uk.

http://webarchive.nationalarchives.gov.uk/20131216163513.

https://www.education.gov.uk/schools/toolsandinitiatives/nationalstrategies.

http://teachfind.com/search/apachesolr_search/maths.

http://www.keele.ac.uk/education/research/interactivewhiteboard.

O *site* Teachernet (http://teachfind.com/search/apachesolr_search/maths) oferece dicas sobre como integrar a informática ao seu estilo de ensinar.

Uma avaliação do uso de *softwares* interativos, realizada por pesquisadores da Keele University, está disponível em http://www.keele.ac.uk/education/research/interactivewhiteboard/.

REFERÊNCIAS

AINLEY, J. Adjusting to the new comer: roles for the computer in mathematics classrooms. In: GATES, P. (Ed.). *Issues in mathematics teaching*. London: Routledge, 2001.

BRITISH EDUCATIONAL COMMUNICATIONS AND TECHNOLOGY AGENCY. *Using web-based resources in secondary mathematics*. Coventry: BECTA, 2004.

GOLDSTEIN, R. Integrating computers into the teaching of mathematics. In: HAGGARTY, L. (Ed.). *Teaching mathematics in secondary schools*: a reader. London: Routledge, 2001.

HEALY, L.; HOYLES, C. Software tools for geometrical problem solving: potential and pitfalls. *International Journal of Computers for Mathematical Learning*, v. 6, n. 3, p. 235-256, 2001.

HOWARD, B. Building self-esteem. *Micromath*, v. 9, n. 2, p. 12, 1993.

HYDE, R. What do mathematics teachers say about the impact of ICT on pupils learning mathematics? *Micromath*, v. 20, n. 2, p. 11-13, 2004.

JONES, K. Using logo in the teaching and learning of mathematics: a research bibliography. *Micromath*, v. 21, n. 3, p. 34-36, 2005.

KEATING, A.; GARDINER, C.; RUDD, P. *E-access, e-maturity, e-safety*: a learner survey. Coventry: BECTA, 2009.

KNIGHT, P.; PENNANT, J.; PIGGOTT, J. The power of the interactive whiteboard. *Micromath*, v. 21, n. 2, p. 11-15, 2005.

KNIGHTS, C. The perceived impact of ICT on mathematical learning by mathematics teachers in the UK. *Teaching Mathematics and its Applications*, v. 28, n. 4, p. 212-215, 2009.

LABORDE, C. Integration of technology in the design of geometry tasks with cabri-geometry. *International Journal of Computers for Mathematical Learning*, v. 6, n. 3, p. 283-317, 2001.

MASON, J. Mediating mathematical thinking with e-screens. *Micromath*, v. 20, n. 1, p. 4-8, 2004.

MERCER, A.; FRENCH, D. Two lessons with the motion sensor. *Micromath*, v. 10, n. 2, p. 13, 1994.

MERRETT, S.; EDWARDS, J-A. Enhancing mathematical thinking with an interactive whiteboard. *Micromath*, v. 21, n. 3, p. 9-12, 2005.

MILLER, D.; GLOVER, D. *Interactive whiteboard evaluation for the secondary national strategy*: developing the use of interactive whiteboards in mathematics. Keele: Keele University School of Criminology, Education, Sociology and Social Work, 2006.

NOSS, R. Mathematics in the digital technology age. In: HAGGARTY, L. (Ed.). *Teaching mathematics in secondary schools*: a reader. London: Routledge, 2001.

OFFICE FOR STANDARDS IN EDUCATION. *ICT in schools 2004*: the impact of government initiatives five years on. London: OFSTED, 2004.

OFFICE FOR STANDARDS IN EDUCATION. *Mathematics*: made to measure. London: OFSTED, 2012.

OLDKNOW, Adrian; TAYLOR, Ron. *Engaging mathematics*. London: Technology Colleges Trust, 1999.

OLDKNOW, A.; TAYLOR, R.; TETLOW, L. *Teaching mathematics using ICT*. London: Continuum, 2003.

QUALIFICATIONS AND CURRICULUM AUTHORITY. *Mathematics*: 2002/3 annual report on curriculum and assessment. London: QCA, 2004.

SMITH, A. *Making mathematics count*: the report of professor Adrian Smith's Inquiry into post-14 mathematics education. London: HMSO, 2004.

TANNER, H.; JONES, S. How interactive is your whiteboard? *Mathematics Teaching incorporating Micromath*, n. 200, p. 37-41, 2007.

UNITED KINGDOM. Department for Education and Employment. *'Harmful' ICT curriculum set to be dropped to make way for rigorous computer science*. London: DfEE, 2012.

UNITED KINGDOM. Department for Education and Employment. *Framework for teaching mathematics:* years 7, 8 and 9. London: DfEE, 2001.

UNITED KINGDOM. Department for Education and Skills. *Using interactive white boards to enrich the teaching of mathematics.* London: DfES, 2007.

Leitura recomendada

TRAINING AND DEVELOPMENT AGENCY FOR SCHOOLS. *Professional standards for teachers:* why sit still in your career? London: TDA, 2007.

11

Formação profissional continuada

Este capítulo

✓ examina como avaliar suas aulas quanto à prática de ensino;

✓ apresenta exemplos de como professores experientes avaliam suas aulas, segundo os critérios do Ofsted;

✓ discute a necessidade de um compromisso contínuo com o desenvolvimento profissional ao longo da carreira;

✓ oferece um resumo dos auxílios disponíveis em serviços de aconselhamento locais ingleses;

✓ revisa os processos que envolvem o início da carreira e o desenvolvimento de um perfil profissional;

✓ faz um esboço do papel de duas associações profissionais direcionadas a professores de matemática;

✓ resume os critérios de avaliação para o nível de mestre;

✓ considera possíveis oportunidades de envolvimentos em pesquisa e estudos futuros.

Durante a época de estágio, suas aulas são observadas por professores e tutores que oferecem *feedbacks* a respeito do quão úteis elas estão sendo. Receber *feedback* é uma característica fundamental de todos os programas que envolvem o treinamento de professores. Contudo, à medida que você vai progredindo, é preciso assumir mais responsabilidade pela avaliação do seu próprio desempenho. As habilidades de autoavaliação que você vai desenvolvendo durante o período de estágio precisam ser aplicadas e desenvolvidas ao longo de sua carreira de professor. O Teachers' Standards inclui exigências de que o professor "[...] deve assumir responsabilidades pelo aprimoramento dos métodos de ensino por meio de um desenvolvimento profissional adequado, respondendo aos conselhos e ao *feedback* de seus colegas" (UNITED KINGDOM, 2012, p. 9).

Além disso, você precisa demonstrar uma reação positiva ao receber conselhos e uma boa disposição para mudar o que for preciso. Conservar ideias fixas é considerado uma fraqueza e faz com que você tenha fama de ser um colega difícil de lidar. Mais especificamente, você deve demonstrar que é capaz de "[...] desenvolver relacionamentos efetivamente profissionais com seus colegas, sabendo como e quando dar um conselho ou oferecer apoio específico em algum assunto no qual seja especialista" (UNITED KINGDOM, 2012, p. 9).

Neste capítulo, começaremos observando alguns meios de avaliar as aulas. Incialmente, abordaremos o tipo de avaliação que você precisa realizar como parte do seu treinamento e daremos exemplos de como professores mais experientes avaliam suas aulas. Comentários de professores experientes ilustram como eles usam suas habilidades de avaliação para melhorar a própria prática de ensino.

O Capítulo 3 volta-se inteiramente a como planejar uma aula (e uma série de aulas), mas não se aprofunda em nenhuma discussão mais detalhada sobre a relação entre planejamento e avaliação. O ciclo de planejamento e avaliação é parte importante do seu aprimoramento como professor. De maneira mais resumida, o ciclo de planejamento e avaliação consiste nas fases apresentadas na Figura 11.1.

O ciclo funciona em sentido horário, começando pelo plano e pelo ensino. A avaliação que se processa durante a aula é útil ao demonstrar o quanto os alunos aprenderam. Assim, você pode avaliar a aula, e sua avaliação ajuda-o a planejar a próxima aula.

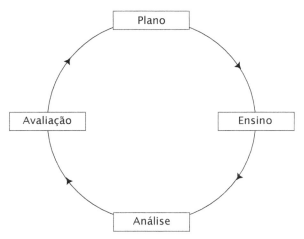

Figura 11.1 Ciclo de planejamento e avaliação.

Durante o estágio, espera-se que você produza avaliações escritas das aulas que forneçam informações mais detalhadas sobre a eficiência das lições. Poucas frases descrevendo o que aconteceu na aula não são aceitáveis, pois os comentários devem ser mais avaliativos do que descritivos. Para obter ajuda em suas avaliações, é recomendado que você configure um contexto que possibilite o surgimento de algumas metas ou questões. Essas metas garantem a você um foco na avaliação.

Uma maneira de abordar a avaliação é por meio da separação de seus comentários segundo dois focos diferentes: *qualidade de ensino* e *qualidade de aprendizado*. Quando estiver analisando a "qualidade de ensino", você deve escrever sobre aquilo que você, como professor, fez bem e sobre o que não fez tão bem. Você pode fazer comentários sobre como planejou a aula, como organizou as atividades realizadas em aula e o quão bem estabeleceu relacionamentos positivos com os alunos. Na parte sobre "qualidade do aprendizado", você deve tratar a respeito de como os alunos atingiram ou não os objetivos propostos. Você pode escrever sobre os objetivos que foram atingidos por toda a turma e sobre aqueles que foram atingidos apenas por uma parcela da turma. Também pode fazer apontamentos sobre alunos específicos que não atingiram um objetivo em particular, de modo que consiga acompanhar o trabalho desses alunos em aulas posteriores.

Uma alternativa a essas duas divisões entre *qualidade de ensino* e *qualidade de aprendizado* é usar uma lista maior de metas. A lista a seguir exemplifica como isso pode ser feito:

- *Os alunos atingiram os objetivos?* Quais atingiram e quais não atingiram? Essa avaliação é semelhante à avaliação do aprendizado descrita antes.
- *O que eu devo fazer diferente da próxima vez?* Essa é uma pergunta-chave que você deve fazer a si mesmo. Se a sua aula não tiver sido perfeita, avalie por que isso aconteceu e como você pode torná-la melhor.
- *O que deu errado e por quê?* Essa é uma forma um pouco diferente de questionar o que você poderia ter feito diferente, ressaltando o fato de que você, como professor, tem grande influência sobre o que acontece. Se os alunos não trabalharam bem, não é culpa deles. Reflita sobre como poderia ter mudado o ritmo, as relações, o planejamento ou outros aspectos da aula a fim de torná-la melhor.
- *O que deu certo e por quê?* Em seus primeiros dias como professor, é muito fácil pensar sobre tudo o que você fez errado e sobre os motivos para isso. Mas você também deve ser positivo! Mesmo quando não estiver satisfeito com alguma aula em particular, você deve ser capaz de identificar os pontos positivos dessa aula, ou seja, aquilo que deu certo. Estabeleça uma ligação entre suas ações (como um bom planejamento ou o estabelecimento de objetivos) e o impacto delas.
- *A avaliação forneceu algum* feedback *relativo ao aprendizado?* Essa questão ajuda a focar na avaliação de suas próprias atitudes em sala de aula. No final de cada aula, você deve ter alguma impressão a respeito do quanto os alunos aprenderam. Considere a partir de que dados chegou a tal impressão. Que tipo de avaliação você usou durante a aula? Deveria ter usado outra melhor?
- *Os alunos deram um bom* feedback *durante a realização de tarefas?* Também é bom refletir se os alunos saíram da aula sabendo se realizaram as tarefas corretamente ou não e se você deu orientações proveitosas a eles.

- *Tenho informações complementares a respeito do envolvimento dos alunos?* Talvez você precise atualizar seus registros escritos depois de cada aula.
- *Como se deu o acompanhamento da aula?* Acompanhe as dificuldades matemáticas encontradas por um ou dois indivíduos especificamente. Talvez você precise lidar com o fato de que alguns alunos não tenham feito a lição de casa. A partir disso, faça anotações a respeito da próxima aula.
- *Ocorreram alguns erros ou entendimentos equivocados inesperados por parte de alguns alunos?* Essa questão aborda especificamente o aprendizado da matemática. Se os alunos tiveram dificuldades inesperadas relativas ao entendimento da matéria, é importante anotar isso para consultas futuras. Pense novamente sobre como a aula poderia ter sido diferente sob a ótica de tais dificuldades matemáticas.
- *Quais metas devo estabelecer para mim mesmo?* Reflita se deve dar mais atenção a algum aspecto específico de seu modo de ensinar durante a próxima aula. Ao identificar alguma dificuldade, estabeleça metas pessoais para a lição seguinte.
- *Quais padrões você atingiu na última aula?* Se você progredir durante o estágio, é provável que seja solicitado a reunir e apontar evidências relacionadas a cada um dos padrões estabelecidos no período de qualificação. Você pode obter ajuda para reunir essas evidências associando o seu desempenho a critérios específicos para as aulas contidos nos padrões de qualificação.

É claro que essas não são as únicas metas possíveis para alcançar uma avaliação eficaz. Existem muitos outros lembretes possíveis que podem ajudá-lo a analisar efetivamente como foi a aula, como ela pode ser melhorada e como o seu modo de ensinar teve efeito no aprendizado dos alunos. Tanner e Jones (2000) afirmam que um dos pontos fundamentais deve deter-se em possíveis aprimoramentos. Se você tiver de ministrar a mesma aula novamente, precisa saber como mudá-la e por quê. Segundo os autores (TRANNER; JONES, 2000, p. 68), há quatro áreas a serem abordadas em um contexto de avaliação:
- a eficácia do seu planejamento – estrutura da aula, escolha das atividades;
- suas habilidades de ensino – explicação, questionamentos, discussões;
- até que ponto os alunos atingiram os objetivos de aprendizado;
- o comportamento dos alunos e suas habilidades de manejo da turma.

Nas próximas páginas, apresentamos três exemplos de avaliações de aulas ministradas por estagiários. Cada um deles usa um formato ligeiramente diferente de avaliação, mas cada um desses contextos fornece modelos úteis de acordo com os quais você pode trabalhar. Versões eletrônicas dessas avaliações estão disponíveis no *site*, então você pode salvá-las com facilidade e adaptá-las como quiser. O *site* também inclui muitos outros exemplos de avaliação de aulas.

AVALIAÇÃO DA AULA

7º ano   Grupo 2   Número de alunos em aula 30

Data: terça-feira, 23 de janeiro   Período 4   Sala 5

As metas de aprendizado foram atingidas?

Sim: os alunos conseguiram usar tanto a fileira de números quanto a calculadora para encontrar a diferença entre números, incluindo números negativos.

Qual foi a qualidade do aprendizado?

A aula foi menos rigorosa do que a do dia anterior. A maioria dos alunos trabalhou bem, mas alguns dispersaram-se da tarefa e ficaram conversando. Vou trocar Darren ou Sharon de lugar na próxima aula se o nível do trabalho não melhorar. Os alunos ficaram satisfeitos ao usar a fileira de números para encontrar a diferença; pude notar que eles estavam encontrando as respostas corretas, então passei rapidamente para o uso da calculadora. Alguns alunos passaram rapidamente para a tarefa da folha e demonstraram ter conseguido calcular diferenças em variados contextos.

Qual foi a qualidade do ensino?

Não tão bom quanto o das últimas aulas. Enquanto eu estava incentivando-os, eles já estavam prontos para realizar parte do trabalho que eu estava planejando. Isso me surpreendeu e eu tive dificuldades em tomar as rédeas da aula novamente. No meu planejamento, eu deveria prever quando os alunos terão dificuldade e quando terão facilidade, bem como planejar alternativas de acordo com a situação. Se eu passar a fazer isso, posso evitar vários problemas que ocorrem em sala de aula e que eu já poderia ter evitado se tivesse me preparado com antecedência.

Observei a maioria dos alunos trabalhando durante a aula, mas meu tempo estava um tanto curto: não tive tempo suficiente para uma discussão apropriada no final da aula e precisei adiar a leitura das respostas para a próxima aula. Também havia planejado devolver as tarefas corrigidas com comentários, mas não houve tempo.

Pontos positivos: usei algumas medidas de temperatura que havia pesquisado na internet anteriormente e então as projetei na tela para a turma, incorporando à aula um pouco de geografia, informática e conhecimento de mundo.

Controle da turma:

Meu controle da turma foi relativamente bom. Não permiti que os alunos conversassem enquanto eu estava falando, mas ainda preciso fazer um melhor acompanhamento da turma inteira durante a aula.

Questões que foram bem trabalhadas:

Comecei com uma tarefa fácil demais para os alunos, mas a folha de exercícios que propus em seguida estava no nível certo para desafiá-los.

Questões relativas a alunos com necessidades especiais:

Quando Bertha terminar essa tarefa, devo planejar atividades específicas para ela.

AVALIAÇÃO

Padrões atingidos
3.3.7
3.3.3
3.1.1

Ensino

A introdução à atividade principal não correu muito bem. Não tive tempo suficiente para explicar sobre o cálculo de área, pois eu me senti incomodado com alguns alunos que não estavam prestando atenção no início da atividade. Os alunos trabalharam bem na folha de exercícios, mas alguns deles não me escutaram quando eu disse que eles deveriam contar os quadrados à medida que os circulavam; por isso, essa tarefa levou mais tempo do que o planejado. Infelizmente, não consegui concluir a discussão planejada para esta aula, porque tive de me ocupar com os alunos que não tinham terminado o tema no início da aula.

Aprendizado (os objetivos foram alcançados?)

Tive a impressão de que apenas alguns alunos estavam prontos para dar uma definição de área e que a maioria se sentia confiante para identificar unidades de medida de área. Parece-me que nem todos os alunos atingiram esse objetivo de aprendizado. Os alunos conseguiram encontrar a área de formas simples contando quadrados. Não houve tempo suficiente para eu me dedicar à área da multiplicação: por isso, penso que esse objetivo de aprendizado não foi alcançado. Espero alcançar esse objetivo na aula de amanhã.

Avaliação

A avaliação do conhecimento dos alunos sobre a área ocorreu durante a introdução da atividade inicial. Cada aluno tinha de levantar um cartão para demonstrar qual unidade eles julgavam correta para medir a área de vários objetos. Como cada aluno tinha de levantar o cartão correto bem alto, isso permitiu que eu pudesse avaliar o que estava dando certo e o que estava dando errado.

Manejo da turma

A turma não se comportou muito bem durante a aula, o que me levou a interromper a atividade inicial e dizer a todos os alunos que se sentassem, porque estavam fazendo muito barulho. Ao longo da aula, tive de levantar a voz várias vezes, pedindo que se calassem e se acalmassem o tempo todo. Isso funcionou durante um tempo, mas, de modo geral, os alunos não se comportaram bem durante essa aula. Ao final, eu disse que esperava deles um comportamento mais apropriado no dia seguinte.

Metas

- Assegurar-me de que apenas ajudarei os alunos quando eles levantarem a mão (não permitir que eles gritem "Professor!").
- Assegurar-me de que todos os alunos estão calados antes de continuar falando.

AVALIAÇÃO: 09.01-7X3

Os objetivos de aprendizado foram alcançados?

Sim, muitos alunos foram até o quadro para traçar pontos em todos os quatro quadrantes. Todos os alunos já conheciam os eixos x e y.

Durante a aula, muitos alunos completaram com sucesso os pontos a serem traçados em todos os quatro quadrantes.

Alguns alunos precisam de ajuda para desenhar os eixos.

Qual foi a qualidade do aprendizado?

Muito boa/boa/satisfatória/menos do que satisfatória

Nem todos os alunos envolveram-se completamente com a aula. James, particularmente, não estava nada cooperativo; ele se recusou a ir até o quadro e trabalhou muito pouco. Tenho de lidar melhor com os alunos que têm dificuldades de responder a certas questões.

Parece-me que os alunos entenderam os conceitos, mas o desenho dos eixos levou mais tempo do que o esperado, e eles não completaram tarefas o bastante.

Qual foi a qualidade do ensino?

Muito boa/boa/satisfatória/menos do que satisfatória

Os alunos gostaram da atividade de caça ao tesouro. Eu deveria ter desenhado os eixos durante o exercício em vez de tê-los deixado prontos no quadro. Dar exemplos de como se desenha os eixos poderia ter facilitado a tarefa dos alunos de copiá-los. Superestimei a habilidade deles em desenhar linhas com uma régua e marcar os valores nelas. Interrompi a aula e expliquei novamente que a distância entre 0 e 1, 1 e 2, -2 e -3 deve ser a mesma, mas eu deveria ter insistido mais no desenho enquanto explicava isso. Muitos alunos continuaram desenhando os eixos de forma incorreta. Durante a explicação dos diferentes níveis, alguns alunos sentiram-se muito estimulados a realizar tarefas mais difíceis, e eu aproveitei esse fato para incentivá-los a se esforçarem mais. Beth realmente entendeu a questão dos níveis, provavelmente graças às suas aulas extras de matemática, e estava muito interessada em entender o conteúdo e realizar a tarefa.

Questões relativas ao manejo da turma

O manejo da turma não funcionou bem hoje. Muitos alunos não conseguiram acompanhar uma série de questões. Existem ainda muitas conversas paralelas, especialmente por causa de Neil; talvez eu deva mudá-lo de lugar na próxima aula, repreendê-lo com antecedência e apresentar a ele uma meta mais clara. Os alunos têm chegado atrasados, e limpar os equipamentos tem levado muito tempo. Preciso pensar em novos procedimentos para o início da aula e ser mais rigoroso com os comportamentos inadequados.

Questões relativas ao trabalho realizado

Muitos alunos entenderam muito bem os conceitos, mas tiveram dificuldades ao desenhar os eixos.

Questões relativas aos alunos com necessidades especiais

A tarefa de casa envolveu escrever expressões com coordenadas, o que deve ajudá-los a melhorar a leitura e a escrita. Todos os alunos deveriam conseguir

continua

continuação

completar a tarefa de casa, visto que os eixos já estavam desenhados e eles só precisavam interpretar as coordenadas. Beth estava muito interessada em completar o nível 5 da tarefa, o que a estimulou a se esforçar mais.

Pontos-chave para melhorar na próxima aula

Fazer uso do reforço positivo. Usar cartões sortidos na próxima aula. Não demorar muito para trocar de lugar os alunos que estiverem se comportando inadequadamente. Usar a política de escrever nomes no quadro. Melhorar o início da aula. Insistir que todos parem de anotar se eu tiver de interromper a aula para explicar algo novamente.

AVALIAÇÃO DAS AULAS DURANTE SUA CARREIRA

Após terminar seu período de estágio, é improvável que você redija avaliações formais no formato antes descrito. Espera-se que você use um tipo de reflexão profissional para avaliar informalmente suas aulas, para revisar seu desempenho e para assumir responsabilidades quanto à melhoria de seus métodos de ensino. O esforço aplicado em suas avaliações de aula e os auxílios recebidos irão ajudá-lo a desenvolver as habilidades necessárias para que continue melhorando seus métodos de ensino, com ou sem uma ajuda constante dos colegas. Os exemplos a seguir foram retirados de entrevistas com professores experientes.

Para mim, uma aula é bem-sucedida quando eu sei que os alunos atingiram os objetivos estabelecidos no início da aula. Minha meta é avaliar o quanto eles atingiram esses objetivos ou não por meio da minha avaliação da aula. A discussão ao final da aula é muito útil para isso: fazer perguntas e dar a eles oportunidades para refletir.

Sempre avalio minhas aulas e jamais evito pensar sobre elas. Minha tendência é fazer notas mentais durante a aula, como: isso não funcionou, não faça isso novamente; isso funcionou muito bem; esses elementos que usei não funcionam juntos, etc.

Depois vou para casa e analiso meus apontamentos. Analiso o que aconteceu e o que ensinei; então faço outras anotações mentalmente.

Faço mais anotações em casa ou escrevo diretamente atrás de minhas folhas de planejamento para o dia seguinte, ou talvez para o próximo ano, se o tópico se repetir. As anotações são muito diretas, como "Não vou fazer do mesmo jeito que da última vez" ou "O que fiz no ano passado realmente funcionou".

Penso que a avaliação vai se tornando mais fácil à medida que você mesmo evolui, porque tende a ser mais autocrítico consigo mesmo no início e, conforme o tempo passa, você se torna mais tolerante. No entanto, também tem mais opções e sabe quando algo não funciona. Você tem menos medo de tentar algo diferente.

continua

continuação

Se algo não funciona perfeitamente, digo a mim mesmo: "Bem, isso não deu certo, mas não é o fim do mundo. Não foi porque sou um péssimo professor; apenas as coisas não correram bem hoje, e amanhã vou tentar uma abordagem diferente".

Quando avalio minhas aulas, isso costuma resultar na mudança de algumas tarefas e, algumas vezes, na mudança do período de tempo que passo esperando que os alunos façam alguma coisa.

Se eu mudo alguma coisa devido à avaliação da aula, geralmente tem a ver com a dificuldade da tarefa. Se faço poucas ou muitas exigências durante a tarefa, então eu anoto isso. Se o trabalho for fácil demais, os alunos se entediarão, e é nessa situação que você pode ter problemas de comportamento em aula. Isso também acontece se o trabalho for difícil demais.

Avalio muito, mas não de uma maneira formal. Não sento e escrevo uma avaliação das minhas aulas, mas sempre reflito sobre o quão bem-sucedidas elas foram e faço anotações para ter referências futuramente.

Uma oportunidade particularmente boa de usar as avaliações para melhorar seus métodos de ensino ocorre quando você ensina para duas turmas ao mesmo tempo.

Tenho duas turmas do 9º ano, o Grupo 1 e o Grupo 3, que estão seguindo o mesmo esquema de trabalho. Como o Grupo 1 geralmente está adiantado em relação ao Grupo 3, eu avalio as aulas com o Grupo 1 e depois uso essa avaliação no planejamento das minhas aulas com o Grupo 3. Por exemplo, se surgir algum equívoco inesperado durante a aula do Grupo 1, eu planejo como lidar com esse equívoco na mesma aula para o Grupo 3. Posso oferecer orientações como "algumas pessoas podem pensar assim" ou "você sabe apontar algum erro que talvez as pessoas tenham cometido aqui?" ou, ainda, "por que você pensa que algumas pessoas fizeram isso aqui?". Se o meu planejamento de tempo para a aula não tiver sido muito bom, então eu posso adaptá-lo. Às vezes, quando algum exemplo usado não funciona, penso em outro para a próxima vez.

INSPEÇÕES DO OFSTED

As inspeções do Ofsted* são estabelecidas como parte da vida escolar e proporcionam outros meios – externos – de avaliar seus métodos de ensino. Atualmente, todas as inspeções são realizadas em parceria com a escola, e a autoavaliação dos professores fornece um ponto de partida para o trabalho da equipe de inspeção (OFFICE FOR STANDARDS IN EDUCATION, 2012a). A maior

---

* N. de R.T.: O Office for Standards in Education é um órgão que acompanha o desenvolvimento de crianças e jovens nas escolas da Inglaterra. Responde diretamente ao Parlamento e é independente. Inspeciona e regulamenta os serviços que cuidam de crianças e jovens e os serviços de ensino para alunos de todas as idades. Ao longo do ano, visita escolas em toda a Inglaterra.

parte das inspeções avalia a escola como um todo e não contém, como costuma ser o caso, um relatório específico a respeito da qualidade do departamento de matemática. Quando é possível, os supervisores trabalham junto aos professores mais experientes durante a inspeção. Por exemplo, eles consideram a autoavaliação realizada na escola, fazem observações em conjunto e convidam o professor titular para as reuniões da equipe de inspeção. Em geral, as escolas são inspecionadas a cada cinco anos. Contudo, aquelas consideradas "excelentes" são dispensadas de futuras inspeções, a não ser que o seu desempenho gere preocupações futuras, e escolas avaliadas com um conceito inferior a "bom" são inspecionadas com mais frequência.

A qualidade do ensino na escola e os resultados demonstrados pelos alunos são fundamentais para o processo de inspeção. Essas são apenas duas das linhas básicas de investigação que os supervisores devem seguir, embora provavelmente sejam aquelas que irão afetá-lo mais diretamente em sua atuação como professor recém-qualificado (*newly qualified teacher* – NQT) ou em seus primeiros anos de prática como professor. Como resultado, você deve estar a par dos critérios que os supervisores usam para determinar o que representa um ensino bem-sucedido e o que representa um progresso do aluno.

Os supervisores, de modo geral, observam partes da aula – quase sempre 25 ou 30 minutos. Além disso, os supervisores podem observar as aulas das quais participam os professores mais experientes e talvez queiram discutir o trabalho dos alunos ou suas experiências anteriores de ensino. Eles fazem uma avaliação baseada em uma escala de quatro pontos: excelente, bom, requer aprimoramento ou inadequado. O Framework for Inspection (OFFICE FOR STANDARDS IN EDUCATION, 2012b) não fornece critérios de nivelamento para aulas individuais; em vez disso, estabelece critérios que podem avaliar a eficiência do ensino em toda a escola. Apresentamos esses critérios a seguir (OFFICE FOR STANDARDS IN EDUCATION, 2012c, p. 34):

Excelente (1)

- Grande parte do ensino em todas as séries básicas e na maioria das matérias é excelente e nunca menos do que consistentemente bom. Como resultado, quase todos os alunos atualmente matriculados nas escolas, incluindo alunos com dificuldades, necessidades especiais ou contemplados com auxílios específicos, estão progredindo com rapidez e consistência.
- Todos os professores têm expectativas relativamente altas em relação a todos os alunos. Eles planejam e ministram aulas que possibilitam que os alunos aprendam grande parte do conteúdo que está proposto no currículo.
- Os professores avaliam de maneira sistemática e efetiva o entendimento dos alunos ao longo das aulas, antecipando quando e como devem intervir, fazendo isso de modo a exercer um impacto notável na qualidade do aprendizado.
- O ensino de leitura, escrita, comunicação e matemática é planejado de forma altamente coesa e muito bem-implementado no currículo.

- Os professores e outros adultos geram altos níveis de envolvimento e comprometimento com o aprendizado no que concerne à escola como um todo.
- Uma correção de alta qualidade e um *feedback* construtivo dos professores garantem que os alunos façam progressos rápidos.
- Os professores usam, com frequência, estratégias de ensino inspiradoras, incluindo tarefas de casa apropriadas, em conjunto com auxílios e intervenções com foco e tempo planejado. Isso atende com eficiência às necessidades individuais. Consequentemente, os alunos acabam aprendendo as exceções do currículo.

Bom (2)

- O ensino da maior parte das matérias, incluindo inglês e matemática, é de modo geral bom, com exemplos de momentos de excelente ensino. Como resultado, a maioria dos alunos e dos grupos de alunos matriculados na escola, incluindo alunos com dificuldades, com necessidades especiais ou contemplados com auxílios específicos, progride e atinge bons resultados com o tempo.
- Os professores têm altas expectativas. Eles planejam e ministram aulas que aprofundam o conhecimento e o entendimento, possibilitando-lhes desenvolver uma série de habilidades previstas no currículo.
- Os professores escutam, observam cuidadosamente e questionam os alunos durante as aulas a fim de reelaborar as tarefas e as explicações para melhorar o aprendizado.
- Tópicos como leitura, escrita, comunicação e matemática são ensinados com eficiência.
- Os professores e outros adultos criam um clima positivo para o aprendizado, enquanto os alunos se interessam pela matéria e se envolvem nela.
- Os professores analisam o aprendizado e o progresso de maneira periódica e coesa. Eles se certificam de que os alunos saibam o quão bem estão indo e o que precisam fazer para melhorar.
- Existem evidências de estratégias de ensino eficazes, incluindo tarefas de casa apropriadas, auxílios e intervenções que se adaptam às necessidades especiais da maioria dos alunos, e de acesso também àqueles menos capazes, de modo que todos os alunos têm bons resultados em sala de aula.

Requer aprimoramento (3)

- O ensino requer aprimoramento se não for suficientemente bom.

Inadequado (4)

O ensino provavelmente é inadequado quando ocorre **um** dos seguintes aspectos:
- Como resultado de um ensino fraco, ao longo do tempo, alunos ou grupos específicos de alunos, incluindo aqueles com dificuldades, aqueles

que têm necessidades especiais e aqueles que contam com auxílios específicos, estão progredindo inadequadamente.

- Os alunos não conseguem comunicar-se, ler, escrever ou aplicar seus conhecimentos de matemática como deveriam.
- Os professores não têm altas expectativas, e o ensino ao longo do tempo falha em envolver ou despertar o interesse de grupos específicos de alunos, incluindo aqueles com dificuldades e aqueles que têm necessidades especiais.
- As atividades de aprendizado não se ajustam suficientemente bem às necessidades dos alunos.

Embora o Ofsted não pretenda especificamente se constituir como uma lista de verificação para aulas individuais, ele oferece algumas indicações relativas ao modo como os supervisores costumam avaliar as aulas. Nenhuma aula deve contar exatamente com todas essas características, e os supervisores adotam a abordagem que melhor se adapta à sua avaliação: nem todas as características descrevem necessidades que têm de ser contempladas durante uma aula, nem devem ser vistas como critérios para uma avaliação específica. Cabe salientar que os supervisores desejarão observar evidências adicionais – como trabalhos dos alunos, registros das avaliações, esquemas de trabalho e evidências de planejamento docente ou escolar –, enquanto estiverem avaliando o ensino ministrado pelo professor e o progresso dos alunos.

Os supervisores observam a qualidade do ensino e avaliam o seu impacto no aprendizado. Como se pode notar pelos critérios descritos, eles avaliam o modo como os alunos reagem em sala de aula, se estão gostando do trabalho e envolvendo-se ativamente na aula. Se o professor for observado, mesmo que apenas durante parte da aula, poderá esperar algum *feedback* do inspetor.

A equipe de pesquisa em matemática da Ofsted também inspeciona as provisões de uma série de escolas relativas a captar informações que devem figurar no relatório relativo ao ensino da matemática, o qual deve ser apresentado a cada três anos. Se a sua escola for selecionada, um especialista passará dois dias observando seu modo de ensinar, suas qualidades de liderança e de manejo da turma e os resultados dos alunos em matemática, oferecendo ainda um *feedback* específico.

As escolas, de modo geral, consideram que as inspeções levaram a uma melhor autoavaliação das escolas desde 2005 e, sobretudo, os supervisores são vistos como profissionais que exercem "[...] um impacto direto e positivo no aprimoramento das escolas em termos de avaliação e, em certa medida, de qualidade do aprendizado, e também se acredita que eles contribuem para aumentar o envolvimento dos alunos" (MCCRONE et al., 2009, p. 4). As inspeções costumam confirmar as prioridades das escolas para o aprimoramento, sendo que 90% dos professores titulares estão satisfeitos com os relatórios de inspeção (OFFICE FOR STANDARDS IN EDUCATION, 2006), o que representa uma alta proporção, em contraste com apenas uma pequena parcela de controvérsia.

DESENVOLVIMENTO PROFISSIONAL NA ESCOLA

O desenvolvimento profissional é uma via de mão dupla, com obrigações que concernem tanto ao professor quanto à escola. Além disso, os professores devem supostamente esperar que o seu desenvolvimento profissional seja facilitado na escola onde trabalham. No início do capítulo, incluímos citações do Teachers' Standards relativas ao desenvolvimento profissional dos professores. Na verdade, as mesmas exigências aplicam-se durante toda a carreira docente. Em todos os pontos da avaliação (por exemplo, no início do primeiro ano ou no momento de promover habilidades avançadas do professor), os professores devem demonstrar (TRAINING AND DEVELOPMENT AGENCY FOR SCHOOLS, 2007):

- habilidade de avaliar o próprio desempenho;
- comprometimento em melhorar;
- atitudes construtivas referentes à inovação;
- disponibilidade para ajudar outros professores;
- abertura ao trabalho em equipe e enquanto estiverem trabalhando em equipe ou orientando alguém.

Durante o seu estágio, você precisará monitorar seus progressos de acordo com o Teachers' Standards, avaliando constantemente a si mesmo e a suas futuras necessidades de treinamento. É provável que sua confiança aumente à medida que tiver mais tempo de experiência na escola, assim como suas habilidades profissionais também aumentarão. O mais comum é que os estagiários notem que as habilidades que mais se desenvolvem nos primeiros meses de treinamento são as de estruturar a aula e de manejar a turma (CHAMBERS, 2007). Em menor proporção, eles notam ainda que desenvolvem sua administração do tempo, aprendem como se relacionar com os alunos e como sintonizar a aula no nível certo. Sua reflexão pessoal deve identificar pontos fortes e fracos; seu progresso depende do seu envolvimento regular em discussões profissionais com o orientador a respeito de necessidades de desenvolvimento.

Em seus primeiros momentos como professor, você se beneficiará muito se estiver vinculado a um departamento que estabeleça uma consistente ética de equipe, um espaço no qual vários professores compartilham ideias e reflexões profissionais. Esse apoio dos colegas é particularmente valorizado quando funciona em um nível informal. Apresentamos novamente alguns depoimentos de professores de matemática oriundos de diferentes departamentos que ilustram essa ideia:

> Temos um departamento bastante empenhado e compartilhamos ideias e recursos. Se algo não funciona ou se algo funciona realmente bem, falamos sobre isso. Mostramos uns aos outros nossas boas ideias.

> Existe muita troca no nosso departamento. Eu aproveito muitas ideias que vieram de outras pessoas, mas também compartilho as boas ideias que tenho. Por

continua

continuação

exemplo, aprendi a usar o *software* Cabri e organizei algumas reuniões nas quais ensinei todos os outros professores a usar o Cabri. Isso enriquece as práticas de ensino de todos nós; compartilhamos muito, o que de fato ajuda.

No nosso departamento, se você tem de lidar com algo com o qual teve dificuldades de ensinar, é normal perguntar se alguém tem alguma boa ideia relativa a essa matéria. Invariavelmente sempre alguém tem, e nós usamos as ideias dessa pessoa para nosso proveito.

Outros tipos de apoio junto à escola são mais formalmente organizados por meio de reuniões do departamento, como revisão do desempenho e programas pré-organizados de observação por pares.

Todos os anos, temos uma reunião relativa ao desenvolvimento profissional com o chefe do nosso departamento. Temos de estabelecer metas para nós mesmos: uma baseada em resultados, outra baseada no ensino e no aprendizado e outra ainda que pode ser baseada em qualquer assunto que estiver em foco. Mais tarde, no mesmo ano, nosso superior nos observa dando aula. No final do ano, temos outra reunião para ver se atingimos ou não as metas, as quais devem ser revisadas.

No final de cada ano, enviamos e recebemos um questionário e gravamos tudo o que ainda precisamos treinar. Com base nos resultados, nosso superior estabelece um programa de treinamento. Temos muito pouco treinamento externo; poucas pessoas vêm de fora do nosso departamento. A maior parte do treinamento de desenvolvimento profissional é interna, provém do departamento de matemática e de outros departamentos da escola.

Preparamos um programa de observação de aulas por pares, durante a qual observamos as aulas uns dos outros. Existe uma lista grande de dicas que usamos para identificar estilos de treinamento, avaliar temas curriculares que se cruzam, comentar o uso da informática, etc.

Somos observados de acordo com a perspectiva do Ofsted e então apresentamos descrições do que é uma aula excelente, uma aula boa, uma aula satisfatória e uma aula insatisfatória. Quando os colegas assistem a uma aula, eles dão uma nota para essa aula e também identificam áreas que devem ser melhoradas. Isso realmente ajuda no desenvolvimento da equipe.

Depois da observação por pares, você pode perceber algo específico, algo que precisa melhorar e pode pedir ao seu observador que comente sobre esse aspecto do seu trabalho.

Nós realizamos observação por pares ao longo de todo o ano. Visto que temos um modo de observação desenvolvido a partir das políticas de ensino de aprendizado da escola, todos nós buscamos objetivos como:

continua

continuação

• a aula tem algum gancho com o modo como foi iniciada?
• é realizada uma diferenciação adequada em aula?
• os alunos têm a oportunidade de realizar avaliação por pares?

A pessoa que está assistindo às aulas verifica essas questões; depois de recebermos o *feedback*, abordamos os pontos problemáticos.

Muitas equipes consideram a parte da discussão final muito difícil. Muitos professores de matemática estão acostumados a terminar a aula verificando as respostas e ficam nisso. Eles chamam isso de discussão final. Por isso, organizamos sessões das quais participam a escola toda e oferecemos treinamento gratuito em discussões de final de aula.

Algo que começamos a fazer há pouco é filmar as aulas. Ao acompanhar essas aulas, observamos se as políticas de ensino e aprendizado estão sendo seguidas e avaliamos a aula por pares. Observamos quais são os nossos pontos fortes e se existem áreas a desenvolver melhor, sempre focando nas necessidades de treinamento.

Usamos a observação por pares para abordar algo específico das nossas aulas que talvez desejemos melhorar. Em todas as matérias existe algo em comum.

A cultura da autoavalição prova que o desenvolvimento do ensino e do aprendizado é uma prioridade constante em muitas escolas. Como resultado, esquemas de observação por pares são lugar-comum e tendem a ser muito valorizados pelos professores.

Muitas escolas também têm necessidade de receber apoio do setor de aconselhamento das autoridades locais, ainda que a opção de várias escolas secundárias de se tornarem acadêmicas tenha diminuído o papel das autoridades. Entre outras tarefas, as equipes dos serviços de acompanhamento coordenam o treinamento em todas as escolas locais, e muitas autoridades oferecem apoio adicional para professores recém-qualificados na área. A maior parte das autoridades locais também emprega professores conselheiros que se especializam tanto em matérias específicas do currículo quanto em áreas mais gerais, especializadas em administração de uma turma em sala de aula ou em disciplina, por exemplo. Esses conselheiros auxiliam professores específicos e departamentos de matemática, bem como ajudam em eventos maiores que prescindem de autoridades maiores, como reuniões de coordenadores e orientadores, além de apoiar novas iniciativas. Antigamente, os coordenadores escolares pensavam que as autoridades locais eram ineficazes quanto a oferecer treinamento, auxiliar em matérias específicas ou ajudar as escolas a compartilhar boas práticas (NATIONAL FOUNDATION FOR EDUCATIONAL RESEARCH, 2006).

Atualmente, ainda não está muito claro como academias e escolas públicas que não têm ligação com as autoridades locais oferecerão esse tipo de serviço. É possível que elas usem seus fundos para pagar o CPD em uma base *ad hoc*, à medida que as necessidades surgirem. Outra possibilidade é que essas escolas ou grupos de escolas façam contratos para oferecer estágio e outros serviços semelhantes direcionados a professores recém-qualificados (*newly qualified teachers* – NQTs), tanto por intermédio de serviços privados de consulta e companhias de treinamento quanto junto a outras instituições especializadas no treinamento de professores iniciantes. Se você considera trabalhar em escolas como essas, é preciso informar-se sobre quais mecanismos de apoio eles dispõem para estágio e desenvolvimento.

PERFIL DE INÍCIO DE CARREIRA E DESENVOLVIMENTO

No final do estágio, o professor é requisitado a completar o Career Entry and Development Profile (CEDP). Esse documento é desenvolvido para ajudar a ultrapassar a ponte necessária entre seu treinamento e seu primeiro ano como professor e deve ser usado para refletir sobre o seu desenvolvimento profissional em momentos cruciais durante o início de sua carreira (UNITED KINGDOM, 2012). Ao completar o CEDP, o professor fornecerá detalhes resumidos sobre o seu programa de treinamento e destacará todos os aspectos diferenciados dele. O mais importante é que o CEDP oferece uma oportunidade para que o professor reflita sobre seus pontos fortes e fracos à medida que faz sua transição para o ensino profissional. A aplicação do CEDP articula-se em três "pontos de transição":

- no final do programa ITT, quando o CEDP é aplicado pela primeira vez, sob a supervisão do orientador de treinamento;
- no início do primeiro ano de estágio, quando ele é revisado pelo orientador do estágio e quando um programa de apoio é planejado;
- no final do primeiro ano de estágio, quando todas as metas que o professor estabeleceu para aquele ano são revisadas e analisadas.

O CEDP é desenvolvido para ajudar a escola a coordenar o estágio, o desenvolvimento profissional e a administração do desempenho do professor, bem como para ajudá-lo a ter um bom início de carreira. O professor deve abordar quatro questões:

1. Até o presente momento, quais aspectos do tipo de ensino que o professor utiliza são mais interessantes e recompensadores?
2. À medida que se aproxima do recebimento do título de qualificação, quais resultados e pontos fortes considera como mais importantes em sua carreira de professor?
3. Em quais aspectos do ensino considera que precisa de mais experiência para se aprimorar?
4. Quando avalia o futuro de sua profissão como professor, deve pensar em aspirações e metas profissionais a longo prazo. Até o presente momento, tem alguma ideia de como gostaria de ver sua carreira se desenvolver?

Ainda que o CEDP seja desenvolvido para beneficiá-lo como usuário, o público-alvo é o professor encarregado dos professores recém-qualificados em sua primeira experiência escolar, conhecidos como orientadores de estágio. Esse professor desejará saber mais sobre suas experiências anteriores, e o CEDP providenciará essas informações. Sua resposta à questão 3 será provavelmente de particular interesse para o orientador do estágio, pois fornecerá as bases para a discussão e para o modo como a escola pode apoiá-lo em seu desenvolvimento profissional nas áreas que destacou. O professor ficará apto a dar sugestões sobre como pensa que isso pode ser feito. O orientador do estágio pode colocar em pauta se o apoio deve vir da escola, ou se o professor precisa fazer algum outro treinamento fora dela.

Por todos esses motivos, o CEDP é muito importante para o professor. Visto que lhe oferece a chance de submeter uma requisição escrita para apoiá-lo em diferentes áreas, é importante que dedique algum tempo pensando em que aspectos necessita de mais ajuda. Quanto às ideias sobre possíveis tópicos que talvez precisem ser mais bem desenvolvidos, pode ser útil a seguinte lista:

- O percurso da sua experiência:
  - trabalho mais intenso ao longo do Key Stage 4;
  - trabalho com alunos com necessidades especiais;
  - experiência com a preparação de alunos para exames externos;
  - trabalho com grupos específicos de alunos.

- Habilidades de avaliação:
  - avaliação dos níveis de envolvimento;
  - avaliação de aspectos de processos matemáticos.

- Conhecimento em informática e uso dela em sala de aula. Talvez haja o interesse por algum programa em particular que possa ajudá-lo a aprimorar seus conhecimentos.
- Redação de relatórios, comunicação com os pais.
- Estabelecimento de metas. Talvez o professor precise de ajuda para prever as notas do GCSE ou para estabelecer metas apropriadas para alunos específicos.

- Seu papel na escola:
  - papel do formulário do orientador;
  - ensino sobre PSHE;
  - ensino de cidadania na escola.

- Atividades extracurriculares.

O ANO DE ESTÁGIO

Planos de estágio são complexos. Considerando-se a situação em que se encontra a maioria dos professores na Inglaterra, podem ser consultados os seguintes documentos para obter maiores detalhes: United Kingdom (2012) ou Wales (2012).

Por lei, todas as escolas subsidiadas devem oferecer um ano de estágio aos professores recém-qualificados por meio de uma regulamentação monitorada por um corpo de profissionais habilitado. Até recentemente, isso significava a autoridade local, mas desde 2012 outras corporações têm assumido esse papel. Nem todas as escolas são obrigadas por lei a oferecer estágio. Escolas institucionais, públicas e colégios que oferecem educação a partir do sexto ano, assim como escolas autônomas, não precisam oferecer um programa de estágio, mas podem fazê-lo se desejarem. Se o professor quer assumir um cargo em alguma dessas escolas, é melhor esclarecer os planos de estágio antes de aceitar o posto. Durante o seu ano de estágio, o professor terá uma grade de horários levemente reduzida, ou seja, de não mais de 90% daquela assumida por um professor titular, mas ainda assim estará ensinando mais, com menos períodos sem ensinar do que em sua época de treinamento. A escola reconhecerá suas necessidades de treinamento, identificando-as em seu CEDP, e desenvolverá um programa individual de apoio para o professor. É provável que isso inclua atividades como observação de outros professores, visitas a outras escolas e participação em treinamentos formais.

É muito bom, em um sentido prático, ser observado ensinando, primeiramente em suas quatro semanas iniciais na escola e depois novamente em intervalos entre seis e oito semanas. As observações serão seguidas por discussões sobre a sua prática de ensino. O professor é requisitado a realizar três avaliações formais do seu progresso durante o ano, ao longo do qual esses progressos devem ser gravados e analisados, e então serão estabelecidas novas metas para o próximo período de avaliação.

Sejam quais forem os planos para o seu desenvolvimento continuado durante o estágio, o professor precisa registrar evidências de que atendeu às exigências do Teachers' Standards. No final do seu ano de estágio, ele será novamente analisado de acordo com o Teachers' Standards, porém de forma mais exigente do que durante o treinamento, considerando-se o que se estabelece como fundamental para um professor recém-qualificado (NQT):

> A decisão a respeito do desempenho de um NQT ser relevante ou não de acordo com os padrões estabelecidos para resultados após a finalização do estágio deve levar em conta o contexto de trabalho do NQT e deve ser realizada com base no que é fundamentalmente esperado de um NQT ao final do período de estágio, de acordo com o que é estabelecido como norma nos padrões. (UNITED KINGDOM, 2012, p. 5).

ASSOCIAÇÕES PROFISSIONAIS

O National Centre for Excellence in the Teaching of Mathematics (NCETM) é uma organização relativamente nova, configurada em parte como resposta às recomendações do Smith Report (SMITH, 2004). Ela tem um perfil nacional, mas também opera em nível regional. Em nível regional, a NCETM organiza sessões de *workshop* para professores locais e reuniões para troca de informação sobre novas iniciativas. Em nível nacional, tem como meta promover a melhoria do ensino e do aprendizado a fim de melhorar a qualificação profissional dos professores de matemática. O *site* da NCETM apresenta muitas dicas úteis para aqueles que estão treinando para ser professores de matemática. Algo especialmente útil são os exemplos referentes aos Professional Standards, em que cada um dos padrões estabelecidos é contextualizado no escopo do ensino de matemática. Outra característica interessante é a "Mathemapedia", desenvolvida de forma semelhante à Wikipedia, porém com conteúdos matemáticos.

Existem duas associações profissionais bastante respeitadas para professores de matemática às quais é necessário prestar atenção: a Mathematical Association (MA) e a Association of Teachers of Mathematics (ATM). Ambas oferecem uma rede para professores e educadores de matemática voltada ao compartilhamento de ideias e à discussão de inovações. Elas também estão voltadas a questões profissionais, como representantes do General Teaching Council e da Training and Development Agency para escolas, além de outras corporações nacionais semelhantes e dignas de atenção. É preciso pagar para se tornar associado, mas cada uma dessas organizações oferece possibilidades especiais para professores recém-qualificados. Todas elas contam com uma conferência anual (às vezes organizada em conjunto), com a participação de palestrantes de renome, a apresentação de relatórios de pesquisa e resultados de grupos de pesquisas. Isso tudo envolve a publicação de livros e panfletos, a discussão de artigos acadêmicos e a oferta de materiais especializados em ensino, além de contar com a ajuda de associações locais cujos membros reúnem-se periodicamente. Acima de tudo, as duas associações mencionadas oferecem oportunidades do professor se manter atualizado quanto a novas iniciativas e desenvolvimentos relativos ao ensino de matemática, algo que será importante ao longo de toda a sua carreira. O *site* deste livro fornece *links* tanto para o *site* da MA quanto para o da ATM.

Tabela 11.1 Publicações da Mathematical Association

Título	Artigos por ano	Descrição
Equals	3	Foco na matemática e em necessidades especiais relativas ao ensino.
MA News	3	*Newsletter* gratuita enviada a todos os membros.
The Mathematical Gazette	3	Publicação original da associação. Atualmente com foco na faixa etária entre 15 e 20 anos.
Mathematical Pie	3	Pequeno panfleto que contém enigmas e desafios com foco na faixa etária entre 10 e 14 anos.
Mathematics in School	5	Direcionada a professores da escola primária e secundária. A maior parte dos artigos trata de métodos de ensino e relatórios de projetos de pesquisa.
Primary Mathematics	3	Direcionada a professores da escola primária.
Symmetry Plus	3	Revista voltada a leitores entre 10 e 18 anos. Contém atividades envolvendo enigmas e competições.

A MA oferece sete publicações regulares voltadas ao apoio de professores de matemática (Tabela 11.1). Nem todos os membros recebem todas as publicações. Pacotes diferenciados para vários tipos de associados abrangem diferentes combinações de recebimento das revistas mencionadas.

A ATM publica bimestralmente uma revista chamada *Mathematics Teaching (MT)*, que contém artigos variados escritos por professores e educadores de matemática. Alguns artigos apresentam ideias de atividades interessantes a serem realizadas em sala de aula, enquanto outros expressam pontos de vista e contribuem para os debates afins.

Você encontrará muitos artigos interessantes e úteis nessas revistas, e não há razões para que não se torne um colaborador dessas publicações em algum estágio de sua carreira.

CRÉDITOS PARA MESTRADO

Talvez o curso de formação ofereça uma chance de obter créditos que contem para qualificação no nível de mestrado. Para tanto, o professor deverá demonstrar que tem habilidades de avaliação crítica e que é competente tanto em revisar as pesquisas já existentes quanto em sintetizar argumentos. Para o nível de mestrado, as exigências referentes a critérios de sucesso incluem:
- conhecimento amplo da matéria;
- evidências de excelentes capacidades de leitura, em conjunto com a habilidade de sintetizar contra-argumentos coerentes, incluindo a consideração de pontos de vista conflitantes;
- habilidade de sustentar argumentos com evidências consistentes, muito bem-apoiadas em referências;
- reflexão crítica sobre suas habilidades em sala de aula;
- apresentação de evidências de suas próprias pesquisas, com comparações de suas ideias com a bibliografia existente;
- ideias originais.

Em muitos cursos de formação, ao menos uma das avaliações envolverá a aplicação de uma pesquisa de pequeno porte em algum projeto que envolva a realidade escolar. Isso exigirá que o professor colete evidências de maneira sistemática e que apresente suas evidências no contexto de pesquisas já existentes. O foco desse projeto provavelmente será de sua opção pessoal, mas talvez as seguintes ideias possam ajudar. O professor pode concentrar-se em:
- analisar os efeitos de alguma avaliação formativa específica no que concerne a alunos que estão aprendendo matemática;
- avaliar o impacto de alguma iniciativa específica para alunos talentosos;
- analisar os erros mais comumente cometidos em algum tópico matemático específico;
- comparar duas abordagens de ensino diferentes;
- avaliar algum *software* direcionado ao ensino da matemática;

- comparar o rendimento dos meninos com o rendimento das meninas em algum tópico específico de matemática;
- avaliar algumas aulas que considere inovadoras;
- investigar os efeitos de curto prazo de estratégias de intervenção no aprendizado da matemática por parte dos alunos;
- analisar como administrações específicas de comportamento promovem o aprendizado em matemática;
- avaliar estratégias centradas em possibilitar que alunos com necessidades especiais progridam em matemática.

Incluímos aqui três casos estudados em projetos de pesquisa. Esperamos que eles o guiem como uma metodologia a ser empregada nesse tipo de projeto.

Estudo de caso 1 – Tina

Tina escolheu estudar o entendimento dos alunos quanto à porcentagem no Key Stage 3. Depois de fazer uma pequena introdução e de explicar por que se interessava pelo assunto, ela apresentou uma ampla revisão da bibliografia existente sobre porcentagens. A revisão dessa bibliografia comparava conclusões de diferentes projetos de pesquisa, resumindo erros comuns dos alunos. Ela então desenvolveu um teste sobre o tópico "porcentagem", incluindo algumas questões referentes a cálculos, algumas em forma de frases essencialmente gramaticais e outras que exigiam uma interpretação das informações dispostas em forma de gráfico.

Ela aplicou o teste a alunos do 9º ano e analisou os resultados. Então, planejou uma série de aulas sobre porcentagens, assegurando-se de dar atenção especial às questões mais difíceis do teste. Depois do ensino, os alunos fizeram o teste de novo.

A análise de Tina chegou às seguintes conclusões:
- mesmo no teste posterior, os alunos usaram métodos de cálculo diferentes dos que ela ensinou;
- a maior fonte de dificuldade estava em converter a porcentagem em décimos ou frações.

Tina então tentou explicar suas conclusões e fez referências a outras pesquisas afins. Para encerrar, ela resumiu os pontos fortes e fracos de suas conclusões e planejou usar esses resultados futuramente.

Estudo de caso 2 – Shakira

Shakira escolheu comparar a eficácia de dois diferentes estilos de ensino. A sua intenção específica era investigar se o modo como o tópico é introduzido tem efeito no aprendizado subsequente. Ela escolheu introduzir o teorema de Pitágoras (um novo tópico para todos os alunos envolvidos) de duas maneiras completamente diferentes. Dividiu aleatoriamente o 8º ano em dois grupos de 14 alunos e combinou com a professora titular da turma que durante uma semana ela ensinaria o teorema de Pitágoras para um dos grupos e depois ensinaria ao outro grupo na próxima semana usando uma abordagem diferente.

O estudo de Shakira descreveu os dois grupos detalhadamente por meio da aplicação de um teste posterior. Com ele, Shakira pôde observar qual grupo aprendeu mais durante as aulas. Depois disso, ela esboçou conclusões referentes ao tipo de ensino que gera uma melhor atmosfera para o aprendizado. Também teceu comentários sobre suas observações, comparou seus resultados com outras evidências de pesquisa e, por fim, revisou o projeto e comentou sobre como ele poderia ser usado no futuro.

(Se escolher esse tipo de pesquisa, é preciso desenvolvê-la com muito cuidado para evitar problemas de ética. Ambos os grupos de alunos precisam receber atenção, de modo que se deve garantir que ambas as abordagens contemplem experiências de aprendizado positivas.)

Estudo de caso 3 – William

William tinha um forte interesse na matemática recreativa e queria investigar o efeito da aplicação de desafios e jogos nas aulas de matemática. Ele aplicou duas questões de pesquisa bastante claras:
- O uso da matemática recreativa melhora as atitudes e a motivação?
- A matemática recreativa ajuda a desenvolver habilidades de raciocínio que levam a um envolvimento maior?

Depois de dar aulas por algumas semanas e de conhecer melhor as habilidades e as atitudes dos alunos em sala de aula, William começou a usar desafios matemáticos com frequência. No fim dessa prática de ensino, ele aplicou um questionário que continha perguntas aos alunos sobre atitudes deles no que concerne a tópicos específicos da matemática.

Após a conclusão dessa etapa, Wiliam escreveu sobre o seu estudo de caso. Ele comparou suas observações com estudos já publicados e tentou explicar por que motivo, em alguns casos, as conclusões dele eram diferentes das publicadas em outros lugares. O relatório de William concentrou-se em duas perguntas de pesquisa específicas de seu projeto, mas ele também pôde fazer observações interessantes sobre o efeito de seu estilo de ensino diferenciado em vários tipos de grupos de alunos.

ESTUDOS E QUALIFICAÇÕES

No final da formação, sua prioridade principal será conseguir um novo emprego e ter sucesso com objetivos claros. Contudo, você também deve prestar atenção aos seus objetivos de carreira e às aspirações de longo prazo. Um modo de aumentar simultaneamente suas capacidades profissionais e suas chances de promoção é matricular-se em cursos de desenvolvimento profissional. Alguns desses cursos, particularmente aqueles administrados por uma universidade local, fornecem créditos que valem para uma qualificação em nível de mestrado.

A universidade local da cidade na qual você leciona também pode ser um bom lugar para conhecer outras pessoas interessadas em pesquisas na área de educação matemática. Você terá a oportunidade de fazer contato com pessoas envolvidas em projetos de pesquisa e contribuir de alguma forma para esses projetos. Se já tiver alguma área de interesse em mente, então é possível obter orientação sobre como estruturar o projeto você mesmo. A maior parte das pesquisas é feita por um grupo de professores que trabalha em conjunto com equipes de acadêmicos; professores envolvidos em pesquisas costumam relatar como um projeto pode ajudá-lo a refletir sobre sua prática profissional e a desenvolvê-la.

À medida que você progredir ao longo da profissão, deve buscar desenvolver um *curriculum vitae*. Sua crescente experiência nas escolas dará a você a oportunidade de ampliar seu currículo de várias maneiras. O que pode ajudar a diferenciá-lo de outros professores é a evidência de estudos extracurriculares, demonstrando com clareza como estão indo seus estudos. Mesmo que não tenha nenhuma qualificação de grande porte, é útil demonstrar como o que você fez até agora se relaciona com o seu projeto de mestrado, listando os créditos que podem ser aproveitados.

Ser membro participativo de alguma associação profissional também é muito bom para o seu currículo. O envolvimento com tarefas escritas, em conferências ou reuniões locais, demonstra que o seu interesse em matemática vai além das demandas cotidianas da sala de aula. É um modo de deixar claro que você está interessado em conhecer novas ideias e em ouvir outros professores discutindo sobre inovações.

CONCLUSÃO

Tornar-se um professor de matemática reflexivo é apenas o começo. Uma vez que você já tenha desenvolvido habilidades de autoavaliação e obtido conhecimento das diferentes formas de se desenvolver em equipe, pode considerar-se em um contínuo crescimento de habilidade profissional. Em outras palavras, você continuará exercendo o papel de professor reflexivo ao longo de sua carreira – o que significa estar sempre em busca de aprimoramento e sempre disposto a testar novas abordagens.

Como professor de matemática, você enfrentará desafios, mas encontrará recompensas das mais variadas formas, muitas vezes em circunstâncias inesperadas.

SITES ÚTEIS

Você certamente desejará visitar o *site* da Ofsted (http://www.ofsted.gov.uk/) durante o seu curso de formação. Esse *site* contém *links* para relatórios de inspeções escolares, assim como informações sobre o processo de inspeção. Detalhes específicos sobre como os supervisores fazem suas avaliações estão disponíveis em http://www.ofsted.gov.uk/resources/framework-for-school-inspection-september-2012-0.

O *site* da NCETM (http://www.ncetm.org.uk/signin) solicita um cadastro prévio. Assim, você terá acesso a novas seções e a um diretório muito útil que inclui informações sobre cursos de desenvolvimento profissional. O *site* também disponibiliza uma série de pesquisas com acesso livre, incluindo aquelas que envolvem planos de aulas e artigos sobre pesquisas interessantes. Há ainda vários outros *links* para *sites* úteis aos professores de matemática.

O *site* da Mathematical Association é http://www.m-a.org.uk/jsp/index.jsp.

A Association of Teachers of Mathematics mantém um *site* em http://www.atm.org.uk/.

As autoridades locais oferecem forte apoio *on-line*. Como é impossível listar todos eles, apresentamos aqui três exemplos de materiais disponíveis. Nottinghamshire é um útil índice de *links* sobre matemática disponível em: http://www.nottinghamshire.gov.uk/. O Suffolk mantém um *site* que aborda vários tópicos em http://www.suffolkmaths.co.uk/, com *links* para materiais de treinamento e também para pesquisas de professores.

Detalhes sobre o Career Entry e o Development Profile estão disponíveis em https://www.education.gov.uk/publications/standard/publicationDetail/Page1/TDA0876. O documento com as orientações completas também está disponível para *download*.

Para mais detalhes sobre o ano de estágio, o *site* do DfE é a melhor fonte e está disponível em: http://www.education.gov.uk/get-into-teaching/life-as-a-teacher/induction-year.

REFERÊNCIAS

CHAMBERS, P. *Mathematics trainee teachers*. Ormskirk: Edge Hill University, 2007.

MCCRONE, T. et al. *Impact of section 5 inspections:* strand 3. Berkshire: NFER, 2009.

NATIONAL FOUNDATION FOR EDUCATIONAL RESEARCH. *School improvement*: what are schools' perceptions of local authority support? Berkshire: NFER, 2006.

OFFICE FOR STANDARDS IN EDUCATION. *The framework for school inspection*. London: OFSTED, 2012b.

OFFICE FOR STANDARDS IN EDUCATION. *School inspection handbook*. London: OFSTED, 2012c.

OFFICE FOR STANDARDS IN EDUCATION. *School inspection*: an evaluation. London: OFSTED, 2006.

OFFICE FOR STANDARDS IN EDUCATION. *The evaluation schedule for the inspection of maintained schools and academies*: guidance and grade descriptors for inspecting schools in England under section 5 of the Education Act 2005 from January 2012. London: OFSTED, 2012a.

SMITH, A. *Making mathematics count*: the report of professor Adrian Smith's Inquiry into post-14 mathematics education. London: HMSO, 2004.

TANNER, H.; JONES, S. *Becoming a successful teacher of mathematics*. London: Routledge, 2000.

TRAINING AND DEVELOPMENT AGENCY FOR SCHOOLS. *Professional standards for teachers*: Why sit still in your career? London: TDA, 2007.

UNITED KINGDOM. Department for Education and Employment. *Statutory guidance on induction for newly qualified teachers in England:* career entry and development profile. London: DfEE, 2012.

WALES. Ministerial for Education and Skills. The education (induction arrangements for school teachers) (Wales) (Amendment) regulations 2012 no 1675 (W.216). [S.l.: s.n.], 2012. Disponível em: <http://legislation.data.gov.uk/wsi/2012/1675/made/data.htm?wrap=true>. Acesso em: 11 set. 2014.

Índice

Quando acrescentada a um número de página, a letra "t" indica uma tabela.

Abertura oral e mental 172-173, *ver* atividades de abertura
Abordagem
  "apenas positiva" 124-125
  linha a linha, para pôr à prova 57-58
  multicultural 164
Abuso infantil 42-43
Academia 271, 273
Aceleração 172-173
Adhami, M. 129
Adição 191-193
Adição repetida 193
Administração da sala de aula 220-221
Administrador
  de equipamentos (trabalho em grupo) 226
  de pesquisas/informações (trabalho em grupo) 226
  de relações públicas/relator (trabalho em grupo) 226-227
Agrupamento
  misto de habilidades 225
  por capacidade 167, 225
Agulha de Buffon 44
Alegações de abuso 42-53
Alfabetização 173-174
Álgebra 29-30, 199-201
  "salada de fruta" da 200-201
Algoritmos 191, 194
Aliciamento 43
Alocação de níveis 48
Alunos
  auditivos 86-87
  com altas habilidades ou muito capazes 171-173
  com dificuldade 162-163
  em desvantagem 210
  envolvimento ativo no aprendizado 120-121
  impacto da avaliação nos 136
  que se envolvem pouco 169-170
  sinestésicos 86-88
  visuais 86-87, 183
Amor pelo aprendizado, estímulo 44, 120, 221
Análise 49
  de diagnósticos 135
  formativa 135, 140, 157
Ângulos correspondentes 204-205
Ano de estágio 272-273
Ansiedades 22, 24-25
Aplicativo de reação pessoal 250
Apoio 118, 129-130, 138, 157, 181, 215
  dos colegas 268-269
  individuais 88
  no aprendizado 130
  para alunos cuja primeira língua não é o inglês 181
Aprendizado 115-130
  a curto prazo 124
  a longo prazo 120, 122, 125
  avaliação, *ver* avaliação
  compatilhado 234
  conflito cognitivo 124-126
  construtivismo 116-117, 119
  construtivismo social 117, 122-123, 129-130, 215
  cooperativo 227, 234
  criativo 217-125
  desafio 122-123
  ensino eficaz 119-120
  envolvimento ativo dos alunos 120-121
  equívocos no 123-125
  evidências de pesquisas 129-130
  habilidades de pensamento 128-129
  ideias iniciais 115-126
  metacognição 126-128
  papel do professor 118-119, 130
  passivo 245
  por meio da experiência 215
  prévio 51, 81
  significativo 78
  superando barreiras de 162-164

Índice **281**

uso do computador 238
ver também aprendizagem ativa; aprendizado personalizado
Aprendizado personalizado 162-185
   alunos com altas habilildades ou muito capazes 171-173
   cultura 164
   diferenciação 167-170
   etnia 166-167
   evidências de pesquisa 182-185
   gênero 164-166
   inclusão 162-164
   inglês como segunda língua 179-182
   linguagem no ensino de matemática 173-178
   necessidades educacionais especiais 170-171
Aprendizagem ativa 117, 215, 220-221, 233
Aprendizagem colaborativa 233
Apresentação de pirâmide, para álgebra 200-201
Apresentações, quadros brancos interativos e 247
Aprimoramento, conselhos sobre 151
AQA 153
Aritmética social 46
Artelt, C. 126
Articulação 129
Askew, M. 32, 125
Assessment for Learning (AFL) 140-144, 156-157
Assessment of Performance Unit (APU) 48, 165
Assessment Reform Group 140
Assistentes de ensino, assistência referente a 171
Associações profissionais 273-275, 278
Association of Teachers of Mathematics (ATM) 55-56, 182, 274-275
Atitudes
   no ensino 112, 257
   para teste 62
   positivas 257
Atividade
   de "dividir bolos" 198-199
   de simulação, aula japonesa 179-180
   humana, matemática como uma 35-36
Atividades
   com dominó 201
   de abertura 81, 96-113
   de discussão em grupo 96, 106-113, 142
   de extensão 168, 172
   enriquecedoras 172
   fechadas 146-147
   orais 146-147
   planejadas 88-89
Aubusson, P. 91
Audiências 136
   evidências de pesquisa 156-157
   gravação de registros 150
   impacto 136
   kit de instrumentos 182
   KS3 51, 153-156
   KS4 51
   monitoramento 136-137
   natureza da 137-140
   objetivos 156
   planejamento para 89

propósitos 135
questionamento 145-149, 157
relatórios escritos 150-152
testagem nacional 151-153
uso de informações 144-145
ver também avaliação por pares; autoavaliação
Aulas 95-113
   atividade de ensino principal 100-106
   atividades de discussão em grupo 106-113, 142
   atividades de abertura 97-100, 111-113
   características das boas 111
   de "simulação e prática" 116
   evidências de pesquisa 111-113
   níveis de estrutura e participação 166
   orientação para a estruturação das 96
   teorias construtivistas 119
   transições 171
Autoanálise 270, 278
Autoavaliação 141-143, 221, 250
Autoconsciência, no aprendizado 127
Autoestima 170, 251
Autoimagem 166
Autoridades locais, serviços de aconselhamento, apoio das 270
Avaliação 134-158
   do nível A 46, 156
   do professor 153
   formal 137-139
   informal 139-140
   por pares 141, 143, 221, 222
   somática 135, 151
   de aulas por escrito 258
Avaliação da aula
   no treinamento do professor 258-263
   posteriormente na carreira 263-264
Axiomas 35

Baldwin, C. 62
Barreiras ao aprendizado 162-164
Behaviorismo 116
Bell, A. 124
Bell, E.T. 27
Bem-estar econômico 46
Bias 45
Bishop, A. 164
Black, P. 140, 157
Boaler, J. 215, 228
Britton, J. 204
Bruner, J. 234
Butler, R. 141
Butterworth, B. 184

Calculadoras 195
Calculadoras gráficas 240
Cálculo 118
Cano-Garcia, F. 91
Características de Superfície, em Geometria 206
Career Entry and Development Profile (CEDP) 271-272
   ano de estágio 272-273
   associações profissionais 273-275

282 Índice

créditos para mestrado 275-277
do aprendizado 239
do currículo 151-152
durante o treinamento de professor 258-263
estudos posteriores e qualificações 277-278
inspeções do Ofsted 264-267
junto à escola/departamento 268-271
por meio da matemática 31-32
posteriormente na carreira 263-264
questionamento da forma de 145-147
Cartões preparados pelo professor 227
Casey, R. 173
Casos de exceção 122
Cassell, A. 128
Cassels, J. 60
Castigo 116
Centre for Innovation in Mathematics Teaching (CIMT) 231
Certeza, em matemática 35-36
Child Protection Register 42
Ciclo de planejamento e análise 257
Ciência da computação 240
Coalition Government 28-29
Cockroft Report (1982) 32
Cognitive Acceleration in Mathematics Education (CAME) 128-129
Colaboração 129, 220
Colegas, apoio dos 268-269
Combinando expressões equivalentes 201
Comitês de avaliação 153-156
Comparações 207
Complexidade 122
Comportamento impróprio 43
Compreensão 53, 149, 208-209, 252
conceitual 218-219
intuitiva, da probabilidade 208
Computador 251
Computer algebra system (CAS) 250
Comunicação
aparelhos móveis 43
como um processo-chave 49
escrita 178
matemática como forma de 29-30, 32
símbolos na escrita 178
ver também linguagem
Conceitos-chave 48-49, 68
Conexões, estabelecer 112, 184
Confiança 252
Configuração para Inspeção (2012) 264-267
Conflito cognitivo 124-126
Conhecimento 36, 118
da matéria 22, 172-173
prévio 119
Conjectura 218
Construção do conhecimento 117
Construtivismo 35, 116-117, 119
ver também construtivismo social
Construtivismo social 117, 122-123, 129
Cooper, H. 89
Corporações de renome 152-153
Council for the Curriculum Examinations and Assessment (CCEA) 151-153

Créditos para mestrado 275-277
Criatividade em matemática 31-32, 204, 216-220
Critérios de sucesso 78, 139, 141-143
Cronômetro na tela 246
Cubos multilink 232
Cultura 164, 167, 208
Curiosidade intelectual, estímulo 44, 120, 221
Currículo 28, 34
desenvolvimento de conhecimentos 22
finlandês 68
orientado ao pensamento 210
racista 167
testagem nacional e controle do 151
ver também Currículo Nacional
Currículo Nacional 27-28, 210
críticas 50, 55-56
desenvolvimento 47-49
estrutura do 50-51
metas 162-163
níveis de progresso 144-145
objetivos de avaliação 156
processos-chave 49, 68
revisão de 1999 27-30, 55-56
revisão de 2007 27, 31-32, 55-56
subníveis 145
Curriculum vitae (CV) 278
Cyberbullying 43

Dados, uso de 144-145
Dando exemplo 129, 180
De Cortes, E. 78
De Geest, E. 120, 122
Decimais 196-197
Demonstração
e justificação 57-59
equívocos sobre 62
entendimento da 252
no currículo 55
e falácia 59-61
evidências de pesquisa 61-63
dedutiva 35, 62
Demonstrações matemáticas, *ver* demonstração
Department for Education (DfE) 144, 154
Department for Education and Employment (DfEE) 29, 32, 179
Department for Education and Skills (DfES) 111-112, 184
Desafio 122-123
Desempenho
etnia 166-167
gênero 164-166
Desenvolvimento
cognitivo 117, 201
cultural 46-47
da equipe 128, 278
espiritual 44-45
moral 45
profissional continuado 256-278
social 45-46, 69
Desmotivação 168
Diagramas (geométricos) 204-205
Diferenciação 75, 86-88, 167-170
de resultados 168
de tarefas 168-169

Índice 283

Diferentes etnias 162-163
Discalculia 184
Disciplina mental, matemática como 26, 31-32
Discussão 127-128, 130
   referente à cultura 47
Dislexia 182-185
Divisão 194-195
   curta 194
   longa 194

Edexel 153-154
Education (Schools) Act (1988) 43
Edwards, J. 252
Edwards, S. 215
Empirismo 61
Enésimo termo 199
Ensinando estratégias 215-234
Ensinando para a turma inteira 129-130, 162, 167, 179
Ensino baseado em discussões 169
Ensino da matemática 189-211
   abordagem atomizada do 50
   álgebra 199-201
   eficaz 119-120
   estatística 207-209
   frações, decimais e porcentagens 196-199
   geometria 202-206
   informática no, *ver* informática no ensino
   medidas 207
   procedimentos escritos 191
   procedimentos mentais 190-191
   modelo de Swann 125-126
   motivações para o 24-26
   números 189
   observações sobre 269-270, 273
   processos-chave 210-211
   razões para o 30-32, 55-56
Ensino por transmissão 122
Ensino instrucional 129
Envolvimento
   avaliação formativa e 140
   criatividade e 217
"Enxergar" justificações matemáticas 220
Equações simultâneas 200
Equipamentos, incluídos no planejamento 89
Equívocos de entendimento 62, 123-125
Ernest, P. 26, 35, 36
Ernst, B. 204
Escala de nivelamento (registro) 149-150
Escher, M.C. 204
Escócia 151-152
Escolas
   especiais 170
   "normais" 171
   públicas 271, 273
Escolhas 129
Escriba/comunicador (trabalho em grupo) 226
Especialistas em matemática 26-27
Esquemas de trabalho 77, 81
Estabelecendo ligações entre 50-51, 86-87
Estados Unidos, eficácia da Avaliação para aprendizagem 157
Estágio operacional concreto 117
Estágio operacional formal 117

Estatística 207-209
Estilo de aprendizado 86-88, 91, 183
Estilos de ensino 120, 122-123
Estratégia pensamento compartilhado com os pares 221-225
Estratégias de intervenção 167
Ética de equipe 268
Etnia 145, 166-167
Etnomatemática 46
Evidências de pesquisa 233-234
Exemplificação 81
Exemplos de espaços 218
Exemplos limítrofes 218
Experiência(s) 112, 117, 215
Experimentos 208
Exploração 129
Expressões
   algébricas 200-201
   equivalentes, combinações 201

Facilidades, referentes a questões matemáticas 48
Falácia, demonstração e 59-61
Fase de consolidação (aulas) 101-103
Fase de trabalho independente (aulas) 104-106
Feedback
   construtivo 138, 141
   da avaliação 135-136
   escritos (desenvolvimento) 138
   importância do tipo certo de 157
   no treinamento do professor 257
   qualidade do 141
Filosofia da matemática 35-37
Fonemas sistemáticos 174
Formação do professor 21-22, 40-41, 257
Formas 206
Formulação, no questionamento 146
Frações 197-199
Fundamentação dos níveis, avaliação do GCSE 155

Gafanhotos 183
Gardiner, A. 30
Gates, P. 167
Gatilhos, na aprendizagem 116
General Certificate of Secondary Education (GCSE) 28, 47-48
   avaliação 153-155
   gênero e desempenho 165
Generalidade 199
Generalizações 201, 220
Gênero 164-166
Genética e desempenho 166
Geometria 27-28, 47, 202-206, 247-248
Gipps, C. 166
Glover, D. 252
Goulding, M. 86, 128
Gráficos
   algébricos 248
   de longa distância 249-250
Grupos
   cooperativos 234
   formais 226
   informais 225-226

284 Índice

Habilidades
de pensamento 31-32, 128-129, 234, 252
funcionais 34, 68
para tomar decisões 219
representativas 49
transferíveis 217
Haggarty, L. 86
Hannell, G. 185
Hart, K.M. 201
Hattie, J. 233
Healy, L. 61, 252
Henderson, A. 182
Hersh, R. 35-36
História, da matemática 36, 46-47, 164
Hora da discussão (em aula) 100-101
Howard, B. 251
Hoyles, C. 61, 252
Hughes, E.H. 91
Hughes, S. 184
Humor 151
Hyde, R. 240

Ideias matemáticas
entendimento de 53
introduzindo 81
potencial de exploração 202-203
tecnologia e exploração de 240
Ideias preconcebidas 91
Igualdade de oportunidades 162, 167
Imagem pública, matemática 166
Imagens mentais 251
Impacto psicológico, da avaliação 136
Incerteza 124
Inclusão 162-164
Individual Education Plans (IEPs) 88, 171
Induction for Newly Qualified Teachers (England) (DfE)
273
Inferência 35
Influência da sociedade, matemática como forma de 36
Informações visuais 86-87, 180, 182, 232
Informática no ensino 237-252
evidências de pesquisa 251-252
funções 238-239
imaginação 45, 217
outros equipamentos 249-250
projeção de dados 244-246
quadros brancos interativos 246-249, 252
questões pedagógicas 239-241
salas de informática ou computadores individuais 241-244
Inglaterra 153-154
Inglês como segunda língua 179-182
Insight 45, 58
Inspeções do Ofsted 264-267
Instrução 129
Instrumentos de comunicação móvel 43
Interação social 118
Internalização 129, 130, 184
Internet 43, 86-87, 229-230
Interpretação 49
Interrupção 220
Intuição 45

Invariância 203-204
Investigação 174
estatística 50
Irlanda do Norte 151-154

Jaworski, B. 129
Jogo da "divisão das bananas" 45
Jogo de quebra-cabeça 227-228
John, P.D. 91
Johnson, D. 74
Johnson, D.W. 234
Johnson, P. 183
Johnson, R.T. 234
Johnston-Wilder, S. 177
Jones, G.A. 208
Jones, K. 66
Jones, S. 33, 111, 124, 259
Jornada de aprendizado 75
Justificações humanísticas, ensino da matemática 31-32

Kassem, D. 35
Keating, A. 238
Key Stage 3 48
Key Stage 4 48
Kilshaw, D. 128
Kinchin, G.D. 86-87
Knight, P. 252
Knights, C. 240
Koshy, V. 173

Laborde, C. 252
Lagartas 183
Laing, G.B. 75
Lakatos, I. 35
Laptops 240
Leis de probabilidade, crenças em 208
Leitura 175
Letras arábicas 30
Leverhulme Numeracy Research Project 167
Lidando com grupo de dados 50
Líder/administrador (trabalho em grupo) 226
Ligações 191-192
entre tópicos/áreas 50, 51, 86-87
Limiares baixos em tarefas de alta exigência 230-231
Lingard, D. 36
Linguagem
demandas da, na educação 173-178, 183
e pensamento 118
matemática 29-30
no ensino 81-82
no modelo van Hiele 202-203
ver também inglês como segunda língua; vocabulário
"Linha de raciocínio" 204
Literacy and Learning in Mathematics 175
Livro-texto 74-75, 120
Livros com exemplos de exercícios 136-137
Lógica dedutiva 35-36
Logo 239-240

Macgregor, M. 201
MacInnes, I. 75
Manipulação algébrica 200-201, 250

Índice **285**

Manuais escolares 41
Manutenção de registros 149-150
Marcações 138-139, 149-150
Marcador decimal 183
Marzano, R.J. 91
Masculinidade 166
Mason, J. 145, 177, 199-200, 210, 218, 251
Matemática
   aplicada 26-27
   aprendizado da, *ver* aprendizado
   aulas de, *ver* aulas
   cultura 164
   currículo, *ver* currículo
   desenvolvimento espiritual, moral, social e cultural 43-47
   ensino de, *ver* ensino da matemática
   filosofia da 35-37
   funcional 34
   história da 36, 46-47, 164
   imagem pública 166
   natureza abstrata 45
   níveis de apresentação e participação 166
   numeralização e 32-33
   planejamento, *ver* planejamento
   progressão em 51-53
   progresso em 141, 144-145, 171
   valorização do aprendizado 26-27
Materiais de apoio
   para alunos cuja primeira língua não é o inglês 182
   para alunos com mais dificuldades 169
Materiais publicados, confiança excessiva em 74-75
Mathematical Association (MA) 31, 43, 55-56, 274
Mathematics – Understanding the Score 68
Mathematics Enhancement Programme (MEP), 231
Mathematics Glossary for Teachers in Key Stages 1 to 4 (QCA) 175
Mathematics Teaching 275
Mecanismos de busca 229
Medidas 207
Medidas métricas 207
Memória 183
   a longa duração 183
   de trabalho 183
Mendick, H. 166
Mentores 24, 41
Merrett, S. 252
Metacognição 126-128
Metas 143
Metas de envolvimento 51, 153-154
Método
   da "área" 80t, 218-219
   da "divisão" 79, 80t, 81
   da tabela 80t
   do "ponto de ônibus" 194
   do "sorriso" 80t, 81, 142
   FOIL 79, 80t, 81
Métodos
   abertos 120
   com conflito 125
   ênfase exagerada em 119-120
   que envolvem escrita 191-196
   sem o uso da calculadora 151-152
Miller, D. 252

Millet, A. 74
Mini-habilidades 50
Miniplanos 88
Minissessões em grupo 107
Minorias étnicas 179
Modelo de van Hiele 202-204
Monitorando
   a avaliação 136-137
   o progresso 138-139
Motivações
   impacto da avaliação nas 136
   Mrbartonmaths.com 231
   para ensinar 24-26
   tecnologia e 251-252
Multiplicação 193-194
Multiplicação longa 194
Murphy, P. 166

National Centre for Excellence in the Teaching of Mathematics (NCETM) 273-274
National Numeracy Project 32-33, 111
National Numeracy Strategy: Framework for Teaching Mathematics (DfEE) 32-33
   estruturando aulas 96, 104, 111
   lista de vocabulário 174
   planejamento 67-68, 70, 86-87, 91
   reagindo a equívocos 125
National Qualifications Framework (NQF) 151-153
National Strategy 182, 204, 240
National Vocational Qualifications (NVQs) 152-153
Necessidades Educacionais Especiais 170-171
Nelson, R.B. 220
Neutralidade axiológica, matemática como 35
Newton, D. 120
Newton, L. 120
Níveis
   associados a tópicos específicos 48
   de progresso 144-145
   limiares 156
Nível AS 156
Nível superior, análise do GCSE 155
North, A.C. 226
Notação algébrica 179
Notações com símbolos 30, 177-179
Nrich 230-231
Numeralização 32-33
Número π 44
Números 189
Números básicos 34
Números de Fibonacci 44

Objetivos
   da aula 78, 91, 100-101, 143
   de aprendizado 77, 138, 141
   matemáticos 67-68, 70
Observação por pares 269-270
Observações, de ensino 269-270, 273
OCR 153
Oficiais protetores de crianças 42-43
Ofqual 152
Ofsted 34, 44, 68, 111, 116, 130, 139, 142, 144, 154, 167, 170, 217
Open University 173

286 Índice

Operações inversas 196
Orientação, em geometria 206
Originalidade 217

Padrões
  de aprendizado predeterminados 245
  em álgebra 199-200
  tecnologia e matemática 239
  visuais 183
  ver também Teachers' Standards
Pais, interesse pela avaliação 136
Paivio, A. 91
Palavras
  "de proteção" 178
  "enganosamente familiares" 175
  ver vocabulário
Papéis (no trabalho em grupo) 226-227
Paradoxo de Russell 36-37
Parcerias, criativas 217
Partição 191-192, 195
Pavimentações 203-204
Pedagogia, racista 167
Pedoe, D. 28
Pensamento
  conceitual 128
  criativo 217-218
  crítico 234
  racional 45
Percepção de si mesmo 166
Perfis dos alunos, construção dos 136
Perguntas abertas 146
Perspectivas antirracistas 167
Pesquisa em pequena escala 275-277
Petty, G. 227
Piaget, J. 116-117
Pimm, D. 178
Pirâmide da discussão em grupo 143
Planejamento 66-92
  abordagem matemática 78-86
  considerando a bagagem cultural e religiosa dos alunos 208
  de aula 75-78, 88, 91, 167-168
  de curto prazo, *ver* planejamento de aula
  de longo prazo 67-69
  de médio prazo 69-75
  em conjunto 170
  evidências de pesquisa 91-92
  quadro mais amplo do 86
  questões de 86-89
  resumo do processo 90
  tarefa de casa 89-91
  tecnologias da informação e da comunicação 238
Plano psicológico, aprendendo sobre 129
Plano social, aprendizado do 129
Planos de aula (exemplos) 83-86
Planos de aula escritos 76
Política de administração do comportamento 41
Políticas escolares 41, 136, 149-150, 174
Porcentagens 197
Portugal, eficácia do AFL 156-157
Poustie, J. 184
Power-Point 245-246
Pressupostos 36

de OEAH 78
do OEP 78
Principais atividades de ensino 81, 96, 100-106
Probabilidade
  aula-exemplo
    atividade de abertura 98-99
    parte da aula dedicda à discussão em grupo 108-109
    principais atividades de ensino 100-105
  conceitual 209
  estudo de 208-209
  progressão em 52-53
  questionamentos sobre 147-149
Probabilidades teóricas 208
Problemas estendidos 68
Procedimento
  da tabela, multiplicação 193, 197
  de eliminação 200
  de substituição 200
  escrito ampliado 192-194
Procedimentos
  escritos 191-196
  escritos informais 191-192
  "frontais" 190
  mentais 190-191, 195
  prescritos 170
Processamento de informações 91-92
Processos-chave 49, 68, 210-211
Professores
  atitudes e relacionamentos 112
  bem-sucedido e eficaz 124
  desenvolvimento profissional, *ver* desenvolvimento profissional continuado
  papel no aprendizado 118-119, 130
  respostas, aos questionamentos 157
Profissionalismo 23-24
Programação 239-240
Programas de estudo 48, 50-51, 210
Programas
  GCSE 153-154
  nível AS e nível A1 155-156
Progressão 51-53
Progresso 141, 144-50, 171
  monitoramento 138-139
  planejamento para o 168
  reflexão sobre 127
Progressos esperados 144-145
Projeção de dados 244-246
Publicações, profissionais 274-275

Quadro
  de números 200
  de palavras 174
Quadros brancos interativos 246-249, 252
Qualidade
  do aprendizado 258
  do ensino 258
  do *feedback* 141
  dos relatórios 150-151
Qualifications and Credit Framework 153
Qualifications and Curriculum Authority (QCA) 147, 171-172
Questionando
  a avaliação 145-149, 157

Índice **287**

para estimular o pensamento criativo 218
ver também questões textuais
Questões
"e se" 122, 218
estilo contextual e desempenho 166
fechadas 145-147
textuais 176-177

Raciocínio 62, 117
geométrico 174-175, 202-204
lógico 55
Racionalismo 31-32
RAISEonline 144
Rastreamento 145
Razão (matemática) 57-59, 220
Recompensas 116
Recursos 88, 239
confiança excessiva em publicações 74-75
físicos 232-233
on-line 86-87, 139, 229-232
para o progresso do monitoramento 138
portáteis com internet sem fio 242-243
responsabilidade
educação SMSC 44-45
no aprendizado 143, 234
quanto à segurança 42
quanto ao aprimoramento do ensino 257
usando os quadros brancos interativos com 247
ver também equipamento; materiais de apoio; manuais;
instrumentos visuais
Redação de relatórios 150-152
Reflexão 49, 129, 217, 263
Relacionamentos 112
Relações lineares 228
Relatório de Swann (1985) 164
Representações
múltiplas 218-219, 228
visuais 91
Resolução de equações 200
Resolução de problemas 50, 129, 174
aprendizado cooperativo 234
diferenciação de resultados 168
planejando para ensinar 68-69
habilidades 211, 219
para estimular a criatividade 218
valor da 45
matemática como um instrumento de 27-30
Respostas dos alunos, às questões 157
Resultados 89, 91
análise 164
aprendizado personalizado 162-163
do aprendizado 78
insatisfatórios 166, 167
processo de inspeção 264
tecnologia 239
ver também envolvimento; desempenho
Reta numerada 191-192
Ritmo (trabalho) 88
Rothery, A. 176
Rotinas e procedimentos 170
Rowland, T. 178

Salas de informática 240-243
Sarcasmo 151
Schneider, w. 126
School Mission Statement 41
Scottish Credit and Qualification Framework 151-152
Secondary Curriculum and Assessment Authority
(SCAA) 151-152
Segurança 41-43
Segurança (computador) 240
Senso de propósito 217
Separação 194-195
Sequências de números 199-200
Sessões estruturadas 111-112
Seymour, D. 204
Shaughnessy, J.M. 208
Shayer, M. 129
Shuard, H. 176
Símbolos 180, 201
Simetria 203-204
Sintaxe 176
Sistema
de exame 172
de "semáforos" 142
Sistemas
de aprendizado integrado 242-243
de crenças e probabilidade 208
numéricos 180
Site do National Stem Centre 230
Site do Tes Resource Sharing 231-241
Sites 229-230
Skemp, R. 177
Smartphones 242-243
Smith report (2004) 26-29, 273
Socialização 227
Software
eficácia do 251-252
geometria dinâmica 206, 248, 252
Sotto, E. 111
Southern Examining Group 47
Special Educational Needs and Disability Act (2001) 170
Special Educational Needs Co-ordinators (SENCOs) 170
Stacey, K. 201
Standards and Testing Agency (STA) 151-152
Standards Unit 230
Stylianides, A. 62
Subníveis 145
Subtração 192-193
Subtração repetida 194-195
Swan, M. 122, 125-126

Tabelas
de comparação 151-156
de multiplicação 97
Tablets 242-243
Tanner, H. 33, 124, 259
Tarefa de casa 89-91, 244
Tarsia 201
Teachers' Standards 22
aprendizado personalizado 167, 170, 173-174
avaliação 135
avaliação após o estágio 273

288 Índice

estabelecendo objetivos e desafios 230
incentivando o amor ao aprendizado 44, 120, 221
monitorando o progresso em relação a 268
planejamento 67
promoção de valores educativos e sociais 44
Teaching and Learning Geometry 30-39 (Royal Society)
202-203
Teaching Agency (TA) 151-152
Técnicas de compensação, dislexia 182
Tecnologias de apresentação 245
Tempo
de esperar 222
de reflexão 143
para pensar 221-222
Teorema de pitágoras, demonstrações de 58-59
Teoremas 35
Teoria 208
Teoria da fase 116-117
Termos da sociedade, pondo à prova 62-63
Testagem nacional 151-153
Teste dedutivo 35, 62
Testes 137-138
The Education Induction Arrangements for School Teachers (Wales) Regulations 2012 273
Tópicos 27-28
Trabalho
com números 32-33
em dupla 221-225
em equipe 24
em grupo 127, 180, 225-228, 230
Transferência de habilidade 120

Transferência do conhecimento 211
Transições, entre as aulas 171
Treinamento de professores iniciantes 40-41
Triângulo de Pascal 46-47
Trigonometria 47

Unidades de trabalho, avaliação do nível a e as 156
Uso do computador 238

Valor agregado (RAISEonline) 144
van Boxtel, c. 234
Verdades universais 36
Virtual Learning Environments (VLEs) 244
Visão
purista, da matemática 26-28, 30
utilitária, da matemática 26-32
Visualização 204, 220
Visualizações da verdade, em matemática 35-36
Vocabulário 29-30, 127, 173-175, 178
Vygotsky, L. 117, 129, 130, 233

Wales 151-154, 273
Waring, S. 56, 62
Watson, A. 120, 122, 218
Wiles, A. 29
Wiliam, D. 125, 140, 141
Wilson, P. 107
WJEC 153-154

Zaslavsky, O. 124
Zona de desenvolvimento proximal 130, 233